심오한 중도의 새로운
문을 여는 지혜의 등불

프라즈냐 총서

29

심오한 중도의 새로운 문을 여는 지혜의 등불

중관철학, 귀류논증학파를 중심으로

게쎄 텐진 남카 著

༄༄། ཟབ་མོ་དབུ་མའི་ལྟ་བའི་སྒོ་གསར་སྒོ་འབྱེད་
ཤེས་རབ་སྒྲོན་མེ་ཞེས་བྱ་བ་བཞུགས་སོ།།

운주사

THE ABBOT
GADEN JANGTSE MONASTIC UNIVERSITY

༄༅། །དེང་དུས་འཛམ་གླིང་འདིར་ཕྱིའི་དཔལ་འབྱོར་ཐོག་ཡར་རྒྱས་འགྲོ་བཞིན་ཡོད་ནའང་། ཕྱུམས་པ་དང་བརྩེ་
བས་ཕོངས་པའི་དབང་གིས་རྒྱལ་ཁབ་ཕན་ཚུན་བར་འཐབ་རྩོད་དང་། འགྲོ་བ་མིའི་སྤྱི་ཚོགས་ནང་ཆགས་སྡང་རྩོངས་
པའི་དབང་གིས་མི་འདོད་བཞིན་དུ་སྐུ་གར་བསྐྱལ་སྟུ་ཚོགས་སྟོང་དང་སྟོང་བཞིན་ཡོད་པའི་མཚོང་ཚོམས་སུ་ཡོད་པའི་ལགས།
སྐྱེར་མེམས་ཅན་བསམ་ཅད་དང་བྱེ་བྲག་ཏུ་མི་རྣམས་ཤི་བའི་དང་འདེ་སྐྱེད་ཕུན་སྐྱོ་ཚོགས་ལ་ཡོན་པའི་རྒྱ་ནི། ནང་
སེམས་རྒྱུད་འདུལ་བར་བྱེད་དགོས་ལ། དེའི་ཆེད་དུ་བདག་ཅག་གི་སྟོན་པ་སངས་རྒྱས་བཅོམ་ལྟན་འདས་ཀྱིས་ཆོས་
ཀྱི་ཕུང་པོ་དེ་སྟེང་ཅིག་གསུངས་པ་བསམས་ཅད་ཀྱི་སྙིང་པོ་འམ་མཆོག་ཏུ་གྱུར་པ་ནི་ཤེར་ཕྱིན་གྱི་མདོ་སྟེ་རིན་པོ་ཆེ་ཡིན་
ལ། དེའི་དགོངས་འགྲེལ་གྱི་བསྟན་བཅོས་ཤེས་ཏུ་མང་ནའང་དོ་གས་པར་དགའ་བར་བཞེད།

ད་ལམ་དགའ་ལྡན་བྱང་རྩེ་དགེ་འཕེལ་ལྭ་རམས་ལ་བསྟན་འཛིན་རྣམ་མཁའ་ལགས་ནས་སྐུལ་བསམ་དཀར་བའི་དང་ནས་
ལོ་མང་རིང་གཏུང་ལུགས་ཆེན་པོ་རྣམས་ལ་ཐོས་བསམས་སློམ་གསུམ་བགྱིས་པའི་འབྲས་བུ་དང་། རང་ཉིད་གཏུང་འདིར་
བག་ཆགས་ཐབ་ མོ་འཛིག་པའི་ཆེ་ད་དང་།

གཞན་ཡང་རང་དང་སྐལ་བ་མཉམ་པའི་དོན་གཉེར་ཅན་རྣམས་ ཐབ་དོན་བའི་ཐུག་ཏུ་དོ་གས་པའི་ཆེ་ད་དུ་བསྐན་བཅོས་
ཐབ་མོ་དབུ་མའི་ལྟ་བའི་ལྟོ་གསར་སྟེ་འབྱེད་ཤེས་རབ་ཀྱི་སྙིན་མི་ཤེས་ཏུ་བ་འདི་བཞེད་དུ་དང་དོན་བྱེད་གང་བད་ནས་དེད་
རབས་དང་བཏུན་པའི་སློ་ནས་ཆིག་དོན་ལེ་གས་ཚོགས་ཆེ་ཞིང་། སེམས་ཀྱི་ཞི་བདེ་དོན་དུ་གཉེར་བའི་གང་ཟག་རྣམས་
ལ་རྣམ་དཔྱོད་ཀྱི་སློ་རྒྱ་ཡངས་པོ་ར་ཕྱེ་ཐུབ་པའི་དགེ་མཚན་མང་དག་ཐོག་མཛེས་པས། ཐབ་མོའི་དོན་ལ་ཐོས་བསམ་
གཉེར་མཁན་རྣམས་ལ་ཕན་ཐོགས་རྒྱ་ཆེན་པོ་ཡོང་བའི་སློན་ལམ་དང་བཅས། དགའ་ལྡན་བྱང་རྩེའི་མཁན་མིང་འཛིན་
པ་བློ་བཟང་ཚོས་ཉིད་ཀྱིས་ ཕྱི་ལོ་༢༠༡༥ ཟླ་བ་༡ ཚེས་༡༠ ལ།།

༄༅། །བཅོམ་ལྡན་འདས་མ་ཤེས་རབ་ཀྱི་ཕ་རོལ་ཏུ་ཕྱིན་པའི་སྙིང་པོ་ཞུགས་སོ།

박가불모 반야바라밀의 핵심

반야심경

성스러운 삼보께 절하옵니다.

한때 이와 같이 내가 들었다. 박가범薄伽梵께서 왕사성 영축산에서 비구 대중과 보살 대중과 함께 머무셨다. 그때 박가범께서 깊고 밝음이라는 삼매에 들어가셨다. 또한 그때 보리菩提를 향하는 큰마음을 갖춘 관자재보살이 반야바라밀의 깊은 행을 확실하게 관찰하여, 오온五蘊조차도 자성으로 공함을 명확히 보았다. 곧이어 부처님의 위신력으로 장로 사리불이 보리를 향한 큰마음을 갖춘 관자재보살에게 이렇게 여쭈었다. "어떤 선남자와 선여인 누군가 반야바라밀의 깊은 행을 닦길 원할 때 어떻게 배워야 합니까?" 이렇게 여쭈었을 때 보리를 향하는 큰마음을 갖춘 관자재보살이 장로 사리불에게 이렇게 말하였다. "사리자여! 어떤 선남자, 선여인이 반야바라밀의 깊은 행을 닦기를 원할 때, 그는 이렇게 명확히 알아야 한다. 오온조차도 자성이 공空함을 철저히 알아야 한다. 색色은 공하고, 공성은 색이다. 색 이외에 공성이 다르지 않으며, 공성 이외에 색도 다르지 않다. 이와 같이 수受, 상想, 행行, 식識 모두 공이다. 사리자여, 이와 같이 모든 법은 오직 공이다. 무상無相이며, 무생이며, 무멸이다. 더러움이 없고, 더러움에서 벗어남이 없으며, 줄어듦이 없고, 늘어남이 없는 것이다. 사리자여! 그러므로 공함에 색色이 없고, 수受가 없으며, 상想이 없고, 행行이 없으며, 식識이 없는 것이다. 눈이 없고, 귀가 없고, 코가 없고, 혀가 없고, 몸이 없고, 의식이 없다. 형상이 없고, 소리가 없고, 냄새가 없고, 맛이 없고, 촉감이 없고, 의식의 대상이 없는 것이다. 안계眼界부터 식계識界까지 없고, 의식의 계界까지도 없다. 무지無知 없고, 무지의 소멸이 없는 데서부터 늙음과 죽음이 없고, 늙음과 죽음의 소멸까지도 없다. 이와 같이 고苦, 집集, 멸滅, 도道가 없다. 지혜가 없고, 얻음이 없고, 얻지 못함이 없는 것이다. 사리자여, 이렇게 보살들은 얻음이 없기 때문에 반야바라밀에 의지하여 머물며, 마음에 장애가 없고, 두려움이 없는 것이다. 전도됨에서 완전히 벗어나 구경열반에 들어간다. 삼세의 모든 부처님 또한 이 반야바라밀에 의지하여 위없는 원만구족하신 깨달음을 성취하였다. 그러므로 반야바라밀의 만뜨라, 큰 밝음의 만뜨라, 위없는 만뜨라, 동등하지 않은 것과 동등한 만뜨라, 일체의 고통을 완전히 멸하는 만뜨라, 거짓이 아니므로 진실로 알아야 한다. 반야바라밀의 진언을 말한다.

तद्यथागतेगतेपारगतेपारसंगतेबोधिस्वाहा।

।དྟ་ད་ག་ཏེ་ག་ཏེ་དྟ་ར་ག་ཏེ་དྟ་ར་སྶ་ག་ཏེ་བོ་དྷྀ་སྭ་ཧཱ།

떼야타 가떼가떼 빠라가떼 빠라쌍가떼 보디히 쏠하

사리자여, 보리를 향하는 큰마음 갖춘 보살은 이와 같이 깊은 반야바라밀을 배워야 한다." 그 다음 박가범께서 삼매에서 일어나 보리를 향하는 큰마음 갖춘 관자재보살에게 "선재 선재라!"라고 칭찬하시고 말하셨다. "선남자여! 그래, 그와 같다. 선남자여! 그래, 그와 같다. 네가 말한 바와 같이 깊은 반야바라밀을 닦아야 한다. 여래들도 역시 뒤따라 기뻐하신다." 박가범께서 이렇게 설하실 때 장로 사리불과 보리를 향한 큰마음을 갖춘 관자재보살마하살, 모든 권속들과 천신, 인간, 아수라, 건달바를 포함한 세계가 함께 기뻐하며 박가범의 말씀을 완전히 칭송하였다.

연기 찬탄문

스승과 문수보살께 절하옵니다.

연기에 대하여
소멸하지도 않고 생겨나지도 않으며
단절된 것도 없고 항상한 것도 없으며
오는 것도 없고 가는 것도 없으며

다른 의미도 아니고 동일한 의미도 아닌
희론이 적멸하며 상서롭게 가르쳐 주신
원만한 정각자, 설법자들 중 제일인 그분께 예경합니다.

연기를 알고 설하시는
위없는 지혜를 갖추신 최고의 설시자設施者
승자이시여. 연기(의존하여 관계로 생기는 것)를 알고
〔자유자재로〕 설하시는 그분께 예경합니다.

세속의 쇠퇴한 모든 것
그 뿌리는 무명이니

연기를 아는 지혜로써 〔무명을〕 멸하므로
이를 설하셨네.

그때 지혜를 갖춘 이는
연기의 도가
당신 가르침의 핵심임을
어떻게 이해하지 않을 수 있을까.

그러므로 보호자이신 당신께
누군가가 찬탄하는 문門 중에
연기를 설한다는 것보다
더 훌륭한 찬탄이 어디 있겠는가.

연에 의지하는 어떤 것이든
그것은 자성으로 공空하다고
설한 것보다 더 신비롭고
훌륭하게 설한 것이 어디 있겠는가.

범부들이 연기를 잘못 파악하므로
상견과 단견으로 공고히 묶이고
지혜로운 자들이 연기를 잘 파악하므로
아집(희론)의 그물을 자르나니.

이 가르침은 다른 곳(외도)에서 볼 수 없기에
설시자라는 것은 오직 당신뿐이니
여우에게 사자라고 부르는 것과 같이
외도들에게도 설시자라고 말하는 것은
아첨의 말이라네.

오, 스승이시여! 오, 수호자이시여!
오, 최고의 설시자이시여! 오, 보호자이시여!
연기를 바르게 설하신 세존께 나는 귀의하옵니다.

유익을 주시는 당신께서
중생을 돕기 위해 설하신
가르침의 핵심인 공성을
알게 한, 더할 바 없는 이유인

연기의 방식에 대하여
모순되고 이유가 되지 못한다고
보는 자들이 (자성을 인정하는 자)
당신의 이 방식을 어떻게 이해할 수 있을까.

당신께서 〔누군가가〕 언젠가 공성을
연기의 뜻으로 본다면
자성으로서 공한 것과

행위로 타당한 것이 모순되지 않고

그것을 전도하여 취한다면
공한 것에 행위는 타당하지 않고
행위를 지닌 것에는 공한 것이 없으므로
곤궁함의 나락으로 떨어진다고 했네.

그러므로 당신의 가르침에서
연기를 보는 것이 훌륭하다고 찬탄하는 것이니,
연기 또한 완전히 없는 것도,
자성으로 존재하기 때문에도 아니네.

의존하지 않는 것은 허공의 꽃과 같으니,
그러므로 의존하지 않는 것은 없다네.
자성으로 존재한다면 그것이 생기는 것과
인과 연에 의지하는 것은 모순된다네.

그러므로 의지하여 생기는 것 외에
다른 어떤 법은 존재하지 않기 때문에
자성으로 공한 것
그 외에 다른 어떤 법은 없다고 설하였네.

자성을 부정할 수 없기 때문에

제법에 자성이 존재한다고 하면
열반에 든다는 것은 타당하지 않고
모든 〔아집의〕 희론이 소멸되지 못함을 설하였다네.

그러므로 "자성이 없다"고
〔세존께서〕 사자후로 거듭 반복하여
많은 학자들 가운데 훌륭하게 말씀하신 것
이것에 누가 도전할 수 있겠는가.

모든 것에 자성이 없다는 것과
이것에 의존하여 저것이 생기는
타당한 원칙, 이 두 가지가
모순되지 않고 합일되는 것을 말할 필요가 있을까.

의존해서 생기는 이유로
극단의 견해에 의지하지 않는다고
훌륭하게 설한 것이 보호자인 당신이
위없는 설시자가 되는 이유라네.

이 모든 것이 자성으로 공하다는 것과
그것으로부터 그 과보가 생긴다는 것
이 두 가지 확실함이
서로 모순되지 않고 서로 도움이 되는 것이니

이것보다 더 신기한 것과
이것보다 더 훌륭한 것이 무엇이 있겠는가.
이런 방식으로 당신을 칭송한다면
찬탄될 것이고 다른 방식으로는 아니라네.

미혹으로 노예가 되기 때문에
당신(세존)을 증오하는 이가
자성이 없다는 소리를
견디지 못하게 되는 것에 놀랄 것이 무엇이 있겠는가.

당신의 보배로운 가르침의 보고寶庫인
연기를 인정하면서
공성의 사자후를 견디지 못하는 것
이것에 나는 놀라게 된다네.

무자성無自性으로 이끄는
위없는 문門인 연기를
명칭(연기)으로서 자성이 존재한다고 취한다면
이런 중생들을

최고의 승자들이 잘 다가가는
비교할 수 없는 입문인
당신을 기쁘게 하는 훌륭한 도에

어떤 방법으로 이끌겠는가.

개조하지 않고 의존하지 않는 자성(공성)과
개조하고 의존하는 연기(인과법), 이 두 가지를
어떻게 하면 한 토대에
모순되지 않고 모을 수 있을까.

그러므로 의존해서 생기는 것은
자성으로 본래부터 공하더라도
그것은 현현하기 때문에
이 모든 것은 환幻과 같다고 설하셨네.

당신의 가르침에
어떤 반론자라도 법답게
이기지 못한다고 말하는 것을
이것(연기의 가르침)만으로도 잘 이해하나니.

왜냐하면 이것을 설함으로써
보이고 보이지 않는 사물에 대한
상견과 단견의
경우에서 멀어지게 하기 때문이라네.

당신의 설함이 위없는 것이라고

보는 이유는 연기이며
이 도로써 다른 가르침들도
바른 것이라는 확신이 생긴다네.

뜻(일체법)을 여실히 알아서 설하신
당신을 따르고 배운다면
모든 쇠퇴함에서 멀어지리라.
모든 악행의 뿌리를 멸하기 때문이다.

당신의 가르침에서 반대 방향으로
오랫동안 고행하더라도 오히려
뒤에서 허물들을 부르는 것과 같나니
아집을 공고히 하기 때문이라네.

오호라! 지혜로운 이가
이 둘의 차이를 이해한다면
그때 뼛속 깊이에서
당신을 왜 공경하지 않겠는가.

당신의 많은 가르침은 말할 필요도 없고
다만 한 부분의 뜻만이라도
피상적으로 확신이 생기면
그것만으로도 최고의 기쁨을 준다네.

오호! 내 마음은 무명으로 부서져
이러한 공덕의 쌓임(부처님)에
오랫동안 귀의하더라도
티끌만큼의 공덕도 얻지 못했네.

그러나 죽음을 향한
목숨의 흐름이 끊어지기 전까지
당신을 조금이라도 믿는 것
이것 또한 행운이라고 생각한다네.

설시자 중에 연기를 설하는 것과
지혜 중에 연기를 깨닫는 것,
이 둘을 세간에서 최고의 왕과 같은
훌륭한 당신만이 알 뿐 다른 이는 아니라네.

당신이 설하신 모든 가르침은
연기로부터 시작해 들어가고
또한 고통에서 벗어나기 위해서이며
적정寂靜의 원인이 되지 않는 행이 당신에게 없네.

오호라! 당신의 가르침은
어떤 이가 귀로 듣는다면
이들 모두 적정寂靜이 될 것이므로

당신의 가르침을 배움에 누가 공경하지 않을까.

모든 반론자를 격파하고
위아래 모순되는 것이 없고
중생에게 두 가지 의미(해탈, 세간의 행복)를 주는 것
이 방식에 나는 환희심이 늘어나네.

그것을 위하여 당신이
어떤 때는 몸, 다른 때에는 목숨
사랑하는 친척과 물질들을
무한한 수 겁 동안 거듭 보시하였네.

연기의 특징을 보고서
낚시로 물고기를 낚는 것처럼
당신의 마음을 이끄는 이 법을
당신께 못 듣는 것은 복이 부족한 것이리라.

그런 고통의 힘으로
사랑하는 아들을 향해 어머니의 마음이
뒤따르는 것과 같이
내 마음은 떠나지지 않네.

그래도 당신의 가르침을 생각하면

위대한 상호相好에 의하여 최고로 빛나는
광명의 빛에 둘러싸여
세존의 범음梵音으로

이분께서 이렇게 말씀을 하셨다고 생각할 때
마음에 세존의 상호가
나타나는 것만으로도
뜨거운 고통에 달빛과 같은 약이 되나니.

이렇게 훌륭하고
고귀한 가르침도 무지한 중생들은
발바자 풀이 뒤엉킨 것 같이
항상 혼란에 빠지네.

이러한 방식을 보고
나는 많은 노력으로 학자들을
따라서 당신의
의도를 거듭거듭 찾았네.

그때 자타 종교들의
많은 문헌들을 배울 때는
끊임없이 의심의 그물 때문에
내 마음은 항상 고통스러웠네.

당신의 위없는 대승의 방식(空性)이
유변有邊과 무변無邊에서 벗어남을
여실하게 주석할 것이라고 예언한
흰 연꽃 밭 같은 용수보살의 논서.

무구한 지혜의 완전한 태양(월칭보살)은
가르침의 허공에서 막힘없이 유전하고
극단적 견해의 어둠은 가슴에서 벗어나고
그릇된 가르침의 별빛을 압도하여

영광스러운 월칭보살의 훌륭한 가르침으로
흰빛의 화환으로 〔공성을〕 밝히는 것을
스승의 은혜로 알게 될 때
내 마음은 휴식을 얻었네.

〔부처님의〕 모든 행 중에 언설言說은
최고의 행이고 그것 또한
연기의 가르침이기 때문에 지혜로운 자들이
이것으로써 부처님을 상기한다네.

세존을 따라서 출가자(쫑카빠)가 되어
승자의 가르침에 노력을 소홀히 하지 않고
유가행에 정진하는 비구가

위대한 부처님께 이렇게 공경한다네.

위없는 세존의 가르침을
이렇게 만난 것은 스승의 은혜이기 때문에
이 공덕(연기찬탄의 공덕) 또한 일체 중생들이
위대한 선지식을 만나는 원인이 되기에 회향하나니.

구원자(부처님)의 가르침은
윤회세계의 마지막까지
악한 생각의 바람으로 흔들리지 않고
가르침의 본성을 알고서 설시자에 대한
확실한 믿음을 얻음으로 항상하소서.

연기를 밝히신
부처님의 훌륭한 방식을 세세생생
몸과 목숨을 다 바쳐 취함에
한 찰나도 태만하지 않게 하소서.

최고로, 이끌어주신 분(부처님)께서
무량한 고행으로 치열하게 정진하여 성취함을
어떠한 방법으로 증대시킬 수 있을지를
밤낮으로 신중히 숙고하게 하소서.

순수한 마음으로 이 가르침을 정진함에
브라만과 인드라, 사천왕과
마하깔라 등 수호신들도
어김없이 항상 지켜주소서.

*위대한 선지식인 부처님, 위없는 설시자께서
 심오한 연기를 설하심에 다문多聞비구 쫑카빠가
 찬탄문 「렉쎄닝뽀」를 눈의 나라(티벳)의
 오대궁겔에서 저술했다.
 지은이는 남카 뻴(쫑카빠의 제자)이다.

방장 스님 추천사

현재 이 지구상에는 물질적 측면에서 경제가 발전하고 있습니다. 그러나 자애慈愛와 사랑(愛)이 부족하여 국가와 국가 사이에 분쟁과 다툼이 끊이지 않고 있습니다. 또한 인간사회는 탐진치貪瞋癡로 인해 다양한 고통을 원하지 않으면서도 겪고 있으며, 또 앞으로도 겪어야 할 것이라는 점은 지금의 현실을 보면 잘 알 수 있습니다.

보통 일체중생, 특히 인간들은 평화와 풍요로운 행복의 원천을 얻기 위해 내적으로 마음을 다스려야 합니다. 이를 위해 세존께서는 다양한 설법을 하셨는데, 이 모든 설법의 핵심이며 최상의 것이 '반야경'입니다. 반야경의 의도를 해석한 논서가 많이 있지만, 이해하기가 매우 어렵습니다. 때문에 게쎄 하람빠 텐진 남카 스님이 자신의 훌륭한 습기習氣를 심기 위해, 또 중도를 추구하는 행운을 가진 많은 분들이 심오한 의미를 쉽게 이해할 수 있도록, 선한 마음으로 수 년 동안 광대한 경론을 배우고 문사수를 실천한 결과로 이 책을 저술하였습니다. 이『심오한 중도의 새로운 문을 여는 지혜의 등불』은 말의 표현이나 그 내적 의미가 현시대에 맞게 지어져 있습니다.

마지막으로 이 책에는 마음의 평화와 적정을 원하는 분들에게 광대한 지혜의 문이 열릴 수 있는 많은 열쇠가 있기에, 심오한 중도를 문사수하며 정진하는 분들께 이 책이 큰 도움이 되기를 기원합니다.

겔룩빠 본사 간댄 장쩨 방장 롭상 최니 합장

귀의 삼보하옵고,

우리 불가에는 예로부터 '사람으로 태어나기도 어렵고, 사람으로 태어나더라도 부처님 가르침을 만나기가 어렵다'라는 말이 있습니다. 그만큼 부처님과 부처님의 가르침을 만나는 것이 매우 소중하고 값진 인연이며, 큰 기쁨이라는 의미일 것입니다. 이처럼 귀한 부처님의 가르침을 따르며, 우리는 궁극적으로 업장윤회業障輪廻를 끊고서 해탈의 길로 나아가 성불하기를 서원합니다.

부처님께서 깨치신 진리의 핵심은 『반야경』에 나타난 '공사상'이라 할 것입니다. 이러한 '공성'과 '중도'의 진리는 용수보살과 월칭보살, 그리고 '중관학파'의 수많은 선지식들에 의해 우리 곁에 전해져 왔습니다. 그러나 우리 중생은 그 진리가 사뭇 현묘玄妙하고 심오深奧하여 그 핵심에는 이르지 못한 채 변두리에 머물 수밖에 없었습니다.

한편, 부처님께서는 열반유훈涅槃遺勳으로 "자기 스스로를 등불로 삼고 스승으로 삼아라. 진리의 법을 등불로 삼고 스승으로 삼아라"라고 이르시며 해탈에 이르는 길을 다시금 일깨워 주신 바 있습니다. 이처럼 부처님께서 깨달으신 진리의 말씀이 담긴 경전을 등불로 삼고 스승으로 삼아 스스로 용맹정진하기를 이르셨지만, 그동안 우리 중생은 너무나 나약하고 우매하여, 이 진리의 등불마저 제대로 알아볼 수 없었던 것입니다.

　이런 안타까운 현실 속에서, 이번에 텐진 남카 스님께서 펴내신 『심오한 중도의 새로운 문을 여는 지혜의 등불』은 그야말로 우리 중생들이 의지하여 해탈의 길로 나아가게 하는 진리의 등불이요, 해탈의 문을 여는 열쇠가 되어 줄 것입니다.

　텐진 남카 스님께서는 우리 대학의 티벳대장경역경원의 연구초빙교수로 재직하시며, 달라이 라마 존자님께서 우리 대학에 기증하여 주신 티벳대장경 역경에 힘쓰시는 한편, 티베트하우스코리아 원장이자 서울 삼학사원 주지 소임을 맡아 한국에 티벳불교의 가르침을 전하기 위하여 애쓰시고 계십니다. 이처럼 다망多忙한 중에도, 부처님의 가피와 존자님의 은혜로운 가르침에 스님의『중론』에 대한 깊은 수행 원력願力을 더해 '공사상'과 '공성', '중도'의 의미를 중관학파 중 귀류논증학파의 8가지 특성을 바탕으로 한글로 상세히 해설해 주신 것입니다.

　이제 우리는 비로소『심오한 중도의 새로운 문을 여는 지혜의 등불』에 의지하여 부처님께서 깨치신 진리의 핵심을 향해 한 발 더 내디딜 수 있게 되었습니다. 그리고 이 등불을 더욱 밝혀 발걸음을 계속 이어나간다면 해탈과 성불에 도달할 수 있을 것이라 자신합니다.

　그런 만큼 텐진 남카 스님이 한국에 오시어 이 책을 집필하게 되기까지 이어진 인연因緣을 만들어주신 부처님의 가피와 존자님의 은혜, 그리고 스님의 원력에 새삼 다시 한 번 감사드립니다.

　나무석가모니불 나무석가모니불 나무시아본사 석가모니불

　　　　　　　동국대학교 경주캠퍼스 총장 이계영 합장 정례

서문

중관학의 유래

중관학과 중관학에 관한 논서들이 어떻게 생겨나게 되었는지에 대한 유래는 본론에서 설하겠다. 티벳의 학자들 사이에는 '강물의 기원은 설산이며 법의 기원은 부처님이다'라는 말이 잘 알려져 있다. 이처럼 중관학의 기원과 발전 과정, 그리고 전수 과정에 대해 간략하게 언급하고자 한다.

중관학은 세존께서 초전법륜부터 차례대로 삼전법륜을 굴리실 때, 그 중 중간 법륜에 따라서 중관학파와 중관학파의 논서들이 생긴 것에서 유래한다. 그러므로 중간 법륜의 핵심인 『반야경』이 중관학파와 중관 논서의 기원이자 원천이다. 세존께서 열반하신 후 대승불교는 쇠퇴하게 되었고 불교는 인도 이외의 다른 지역에서 번성하게 된다. 그러나 이때 대승불교가 전혀 존재하지 않았던 것은 아니다. 대 성취자이신 사라하 성인 등과 같이 숨어서 수행하던 유가행자들이 많이 있었기 때문이다.

중관학 논서의 유래

세존께서 열반의 행을 하신 지 400년 이후에 용수 보살이 이 지구상에 나타나 위대한 두 가지 행을 한다고 알려져 있다. 이 위대한 두 가지 행은 바로 『중관육법』을 설함으로써 『반야경』의 의도인 공성의 체계를 설한 것과 『최잉뙤봐』를 저술함으로써 공성의 체계를 다시 밝힌 것이다. 용수 논사를 따라 아리야데바, 빠오, 루이장춥, 불호 논사, 청변 논사, 적천 논사, 예셰닝보, 셍게상보, 사자현, 월칭 논사, 대리베쿠주, 소리베쿠주, 아띠샤 등과 같이 능통하고 열반을 성취한 여러 스승들이 중관학의 논서를 저술하여 이 지구상에 중관의 승리의 깃발을 세웠다.

티벳 내 중관학의 역사

티벳에 불교가 전파되던 초창기에 대역경사로 알려진 쪽로루이겐첸(ཅོ་གྲོ་ཀླུའི་རྒྱལ་མཚན) 비구가 인도의 중관학의 대학자인 갸나까봐에게 의지하여 함께 『중론』을 티벳어로 번역하였고, 최초로 티벳에서 중관 논서의 가르침을 증장시켰다. 이후 낙쪼 역경사, 충팅계봐 역경사가 인도의 대학자인 아띠샤에 의지하여 『중관장론(우마닝보)』과 그 자주석 『사택염』을 티벳어로 번역하였고, 인도의 대학자이신 띡나 뺀디따에 의지하여 『입중론 자주석』까지 티벳어로 번역하여 이를 가르침으로써 중관학을 확립하기도 하였다. 또한 역경사 까와뺄쩩이 인도의 대학자였던 갸가봐에 의지하여 『회쟁론』과 그 주석서를 티벳어로 번역하였고, 샹예셰뻬, 쿠우(ཁུ་འོ་ཙ་བ), 탁조르셰랍 등 여러 역경사들이 중관의 수많은 논서를 티벳어로 번역하였다.

후기에 역경사 빠찹니마댹(སྤ་ཚབ་ཉི་མ་གྲགས)가 인도와 캬슈미르 쪽에서 23년 동안 수많은 학자들을 스승으로 모시고 크게 노력하며 중관학을 배웠다. 그는 다시 티벳으로 돌아와 '짠죽시숨'으로 알려진(짠은 『중론』,

죽은 『입중론』, 시는 『사백론』을 의미한다.) 세 가지 논서와 다른 중관학의 수많은 논서들을 새로 번역하고 교정하였다. 또한 그는 인도의 대학자이신 마하수마띠에게 의지하여 『명구론』을 번역하기도 하였으며, 인도의 대학자였던 띨라까까라샤에 의지하여 『입중론』과 그 『자주석』까지 카슈미르의 원본을 티벳어로 번역한 뒤 동인도의 원본과 대조, 교정한 뒤 완성하였다.

그 다음으로 그는 인도의 대학자였던 수까샤까에게 의지하여 『사백송』을 티벳어로 번역하였고, 인도의 대학자였던 띨라까까라샤와 함께 예전에 쪽로 역경사가 번역했던 『중론』을 다시 교정하였다. 이러한 여러 은혜로운 역경사들이 수고로이 번역하고 법을 설하는 고행으로 인해 티벳이라는 눈의 나라는 중관법이 흐르는 바다가 되었다.

현재 우리가 부처님의 법을 문사수로써 마음껏 공부할 수 있는 것은 예전의 여러 역경사들과 그들을 지지했던 왕들과 후원자들의 은혜 덕분이기에 그분들의 은혜를 기억해야 한다. 이들의 은혜를 기억하기 위해 옛날 티벳의 오래된 불경에는 경의 양쪽에 가운데 구멍이 있는 동그라미 그림을 넣어 표시했다. 그 표시들은 역경사들이 인도에서 불경을 짊어지고 가져왔다는 것을 상징한다.

티벳에는 여러 종파가 있었는데, 그 중에서도 대 종파인 닝마, 까담, 샤까, 까규가 깊이 전달되어 오랫동안 광대하게 발전되었다. 4대 종파 모두 중관학을 바탕으로 하고 중론의 경론을 광대하게 배워 왔다는 것은 예전 학자들의 전기를 보면 알 수 있다. 그러므로 기본적으로 닝마를 비롯한 대 종파 모두의 견해는 주로 중관학의 견해이다. 그러나

42

여러 종파 가운데 몇몇 학자 개인이 자신의 사고방식에 따라 견해를
해석할 때 완벽하게 하지 못하거나 전도되게 해석하는 경우도 있었다.
이러한 부분 외에 기본적으로는 닝마를 비롯한 티벳의 4대 종파 모두
귀류논증학파의 견해를 가지며, 이 모든 견해는 올바른 견해라고 모든
학자들이 똑같이 주장한다.

제 쫑까파께서 중관학을 배운 역사

그 다음에 선현 역경사들과 위대한 학자들이 중관학의 가르침을 전달하
고, 그 후 오랜 시간이 지난 뒤 티벳에서 중관학에 대한 가르침의
전수와 해석이 쇠퇴되고 그것과 함께 견해와 행위의 부분이 많은 오염이
되었을 때, 용수 논사께서 이 지구상에 다시 오신 것처럼 제당이첸보
(རྗེ་བདག་ཉིད་ཆེན་པོ), 쫑까파라고 알려진 삼지의 대 등불이 티벳에 오셨다.
제 쫑까파는 현교와 밀교의 모든 가르침을 배울 때 중관학에 대한
큰 호기심으로 수많은 스승을 찾아 다녔다. 그러나 그때에는 중관학의
완벽한 해석은커녕 『중론』의 전수 정도를 얻기에도 어려운 시기였다.
중관사상을 완벽하게 찾기 위해 인도에 루이장춥 스승을 뵙기로 하여
몇 명의 제자들과 함께 이동하였다. 그러나 본존불의 현현을 가지는
많은 스승들이 인도에 가지 말라며, '티벳에 계시면서 중관학을 공부하
면 빠른 시일에 견해를 찾을 수 있다. 특히 티벳에 계시면 부처님의
가르침에 대한 광대한 행위를 짓게 된다'고 예언하였다. 그래서 인도에
가는 것을 취소하고 티벳의 중심 지방으로 돌아와 중관학을 계속 공부하
였다. 처음에 수많은 스승에게서 가르침을 받고 라마 우마빠(དབུ་མ་པ;
쩬뒤쎙게), 나르탕켄보, 꾼가겔첸, 데와쩬붸, 라마 잠링빠와 특히 사꺄

의 대학자이신 렌다와(རེད་མདའ་བ་) 스승 등 위대한 학자들로부터 중관학에 대한 설법을 많이 들었다.

라마 우마빠라는, 문수보살을 직접 친견한 분을 뵙고 처음 우마빠가 통역의 역할을 하여 문수보살님께 중관학의 많은 핵심을 들었다. 제 쫑까빠가 현재 자신이 가지는 견해는 자립적 견해인가, 귀류적 견해인가를 여쭈었는데 "아무것도 아니다"라는 답을 하셨다. 그때 제 쫑까빠는 무작의(ཙ་ཡང་ཡིད་ལ་མི་བྱེད་པ)의 견해에 대한 깊은 믿음을 가졌다고 한다. 문수보살님께서 "현재 중관에 대한 해석은 렌다와보다 더 잘하는 이가 없으며 이분도 완벽하게 설하진 못한다"라고 말씀하셨다. 그러면 어떻게 배워야 하는가를 묻자 "싹장(བསགས་སྦྱང, '싹빠'는 '공덕을 짓다' '장'은 '악업을 멸한다'는 뜻함)하여 스승과 이담(ཡི་དམ)을 하나로 관상해서 권청을 올려 인도의 중관학 경론을 배우고, 이 세 가지에 집중하면 멀지 않아 중관학의 견해를 얻게 될 것이다"라고 말씀하셨다. 그 후 제 쫑까빠는 많은 제자들 중에서 닥빠남게라는 여덟 명의 청정한 제자들을 데리고 토굴로 가셨다. 토굴에서 고행 정진하고 싹장하여 스승과 이담을 하나로 관상함으로써 중관학의 경론을 계속해서 배웠다. 어느 날 『중론』의 주석서인 『붓다빨리따』의 제18장을 볼 때 '두 극단에서 벗어난 중도의 의미'를 깨닫게 되고 부처님에 대한 깊은 신심을 일으켰다. 바로 그때 부처님의 은혜를 생각하여 '연기찬탄문'을 저술하셨다. 공성에 대한 이해로 인과의 연기에 대한 믿음이 부서지지 않고, 인과에 대한 믿음으로 공성의 견해를 이해함으로써 견해와 행동이 청정하게 된 제 쫑까빠의 전기는 아주 신기하고 놀라운 것이다.

공성을 깨달은 다음에 문수보살을 원하는 대로 친견할 수 있게 되었고, 수행력이 높아짐에 따라 많은 스승과 이담들을 친견하여 원하는 대로 법을 받게 되었다. 특히 문수보살님을 선지식으로 모셔 중관의 미세하고 깊은 핵심들을 많이 배우고, 또한 현교와 밀교의 어려운 요점들을 많이 배움으로써 무지와 사견, 의심의 때를 완벽하게 제거하였다. 또 생기차제와 원만차제를 수행함으로써 보통의 지관의 삼매, 특히 밀교 원만차제의 현관인 높은 경지에 올랐다.

제 쫑까파께서 설법하신 이야기

제 쫑카파께서 설한 방식은, 한 인생 동안 수많은 제자들을 선설로 가르침으로써 연꽃 호수에 새가 모여 있는 것처럼 티벳의 수많은 학자들이 모여서 10여 년 만에 제자가 티벳의 3대 지역을 가득 채웠다고 현재의 서양의 고고학자들이 말한다. 현밀의 모든 경론에 대한 전례 없는 선설의 대 법문으로 깨달음을 추구하는 모든 학자들이 만족하였다. 다양한 경론 15권을 동시에 한꺼번에 설하는 등 신기한 전기가 많다. 현밀의 주석서 18권을 저술함으로써 중관학의 어려운 핵심 등 현밀의 매우 심오하고 비밀스러운 많은 핵심을 경과 논리에 근거하여 매우 명확하게 확립함으로써 부처님의 가르침을, 모든 불순물을 제거한 순금과 같이 이 지구상에 태양이 뜬 것처럼 밝혔다.

특히 중관에 대한 『선설장론』(렉셰닝보), 소대의 『선설장론』 두 가지, 그리고 『중론의 주석서』(릭베갸초), 『의취선명』(공빠랍셀), 『보리도차제』의 관품을 비롯한 다섯 가지를 저술함으로써 중관의 큰 등불을 다시 한 번 이 지구상에 밝히셨다. 『의취선명론』은 제 쫑카파께서

인생의 마지막에 저술한 것이다. 제 쫑카파의 선설 가운데 문수보살을 친견하기 전, 그리고 중도의 의미에 대한 분석이 원만하게 되기 전에 공성에 대한 다른 해석이 있는데, 이것이 제 쫑카파께서 처음에 무작의에 대한 확신을 가진 것이라고 알려져 있다. 그러나 견해의 분석을 원만하신 다음의 선설들에서는 상견과 단견에서 벗어난 중도의 의미만을 설했다는 것이 제 쫑까파의 선설들을 자세히 보면 알 수 있다.

이렇게 본다면 티벳 학자들 사이에서 문수보살이 불법을 제 쫑카파에게 가르치기 위해 화현하셨다고 알려져 있는 것도 실제의 의미와 맞음을 알 수 있다. 제 쫑까파께서 중관학 등에 관한 많은 논서를 저술하고 오랫동안 설법함으로써 설통에 따라 위대한 학자와 제자들이 여름의 나무 풀처럼 모든 곳에 퍼져 나갔다. 그 선설들은 현재까지 쇠퇴하지 않고 존재한다. 현재는 수많은 나라에서 세존 붓다의 말씀을 추구하는 많은 사람들이 제 쫑까파의 선설을 공부하고 있다. 제 쫑까파의 전기에 대해 광대하게 알고 싶다면 케듀 린포체가 지은 『신심의 원천』 등 많은 전기를 통해 알아보길 바란다.

제 쫑까파의 후대 제자들이 불법을 지속하기 위한 노력

현재까지 붓다의 가르침이 오염되지 않게 전수되었다. 이 또한 많은 스승들이 체, 쩨, 짬(설하다, 논쟁하다, 저술하다)인 학자의 삼보로 가르침을 징, 꽁, **뻴**(취하다, 보호하다, 발전·확대시키다)함으로써 현재까지 쇠퇴되지 않고 설통과 전통이 지속된 것이다. 이와 더불어 티벳인과 특별한 인연을 가지신 관음불이 화신으로 끊임없이 나타나면서, 티벳에 먼저 부처님의 가르침이 전파되었다. 그 다음부터 티벳불교의 전기와 후기의 모든 시기에 걸쳐 광대한 행위를 하였는데, 그 모든 것을 여기에 다 표현할 수가 없다. 특히 티벳의 구세주, 일체지자이자 세간 사람들에게 달라이 라마라고 알려진 그분께서 14대까지 티벳의 가르침을 보호하였다.

현재는 중국 공산당의 세력이 티벳을 침략하여, 티벳의 역사상 한 번도 일어난 적이 없는 큰 고통이 생겨 티벳의 자연과 인간 모두에게 큰 피해를 입혔다. 이로 인해 잠시 동안 티벳에서는 불법이 사라지는 듯했다. 그러나 인도를 비롯한 전 세계적인 나라에서 다시 티벳불교의 부흥이 시작되어 현재는 수많은 나라에서 붓다의 가르침을 추구하는 사람들에게 광대한 도움을 주고 있다. 이러한 과정에서 티벳의 구세주, 일체지자, 14대 달라이 라마 존자님께서 이전 13대까지의 달라이 라마 존자님들의 행위를 당신의 몸에 함께 모은 것처럼 하늘과 같은 활동을 행하였다. 부처님께서 가르침을 펴기 시작한 지 2,500년 동안 한 번도 나타난 적이 없는 이러한 훌륭한 분이 이 지구상에 나타나서 티벳의 가르침을 보호하고, 또 인간 모두를 보호할 뿐만 아니라 그분의 가피로 인해 이 지구상 곳곳에 부처님의 가르침이 전해지게 되어 수많은 중생들에게 마음의 평화와 즐거움을 보시하고 있다는 것은 모든 사람들의 경험으로 알 수 있는 사실이다. 구호자인 그분의 가피로 티벳인들이 이 지구상에서 완전히 사라지지 않았을 뿐만 아니라 티벳의 미래의 희망도 사라지지 않고 지속되고 있다. 그렇다면 14대 달라이 라마 존자님께서는, 나의 계사이신 금강지불, 관음불이 티벳인들을 구제하고 부처님의 보배로운 가르침을 위해 화현하셨다고 모든 티벳인들에게 알려져 있는 것도 실제 의미와 일치한다고 할 수 있다.

위대한 학자이신 존자님께서는 대자대비로 수많은 중생들에게 법과 재물로써 만족시켜 특히 실사의 심오한 가르침으로 많은 사람들을 행복으로 이끌어줌으로써 현재 존자님을 좋아하는 사람이 민족, 종교와는 상관없이 다양한 나라와 다양한 종교에서 생겨나고 있다. 더욱더 심오한 중관의 의미에 대하여 선설을 끊임없이 밝혀, 그 능통한 지혜의 기술은 용수 보살과 무착보살을 계승하는 불교 모든 학자들이 정수리에 모신다. 대승을 따르는 분들은 물론이고 소승의 비구들도 해마다 그분의 말씀을 들으러 오고 있다. 현밀과 중관의 심오한 선설들도 많이 출판하고 계신다. 특히 존자님의 제안으로 티벳의 많은 고승학자들이 모여 불교에 대한 견해 사상과 심리학, 수행 이 세 가지로 요약된 『따둡꾼뒤렉밤첸모(ནང་པའི་ཚན་རིག་དང་ལྟ་གྲུབ་ཀུན་བཏུས་སྩེ་གས་བམ་ཆེན་མོ།』도 적극적으로 출판하고 있다.

이 책들은 불자들에게 큰 도움을 줄 뿐만 아니라 불자가 아니라도 불교에 관심이 있는 사람, 심리학자와 물리학자들에게 광대한 도움을 줄 수 있으므로 가치가 크다고 하겠다. 그리고 또한 존자님께서 직접 저술하신 저서와 말씀을 옮긴 저서들이 수백 권 출판되고 있다.

필자의 경험과 이 책의 목적

이 책에서는 주로 공사상에 대해 설하였는데, 공성의 지혜인 무아의 뜻을 설하는 것은 필자의 자력으로 역부족인 것은 물론이고 경과 논서에 의지하여도 해석하기 어려운 일이다. 그러나 나의 계사戒師이신 보배로운 쿤둔, 존자님으로부터 중도의 법맥과 공사상에 대한 법문을 수차례

받았다. 그리고 간덴사원의 전 방장이신 켄수르 툽땐왕축, 현 방장이신 롭상최니 스승을 비롯하여, 지혜와 방편에 능통한 수십 분의 스승들에 의지하여 『중론』에 대한 설법의 은혜를 받았다. 또한 『중론』에 대해 20년 넘게 공부한 경험을 바탕으로 심오한 의미를 해석하였다.

필자는 은혜롭고 비할 바 없는 많은 선지식들로부터 중관학의 경론에 대한 수많은 가르침을 잘 전수받았다. 좋은 인연을 가진 도반들과 함께 오랫동안 공부하여 혼자 있을 때에도 중관학의 의미를 계속해서 사유하여 총 30년이 넘는 기간 동안 노력하였다. 하지만 심오한 중도에 대한 확신이 생기지 않았지만 '중도의 의미는 이것이다'라고 거친 이해 정도는 파악하여 그것을 믿고 있을 뿐이다. 또한 중관의 어려운 많은 핵심에 대해 지금도 완전히 제거하지 못한 의심이 많이 있기에, 스승의 현현을 하루도 빠지지 않고 할 수 있을 만큼 싹장하여 꾸준히 공부하는 중이다.

우리는 성불을 추구하는 존재이다. 필자가 이 책을 쓰는 목적 또한 보리를 추구하는 이들에게 도움이 되기 위해서이다. 또 다른 다툼의 논쟁을 일으키거나 타인을 비판하거나 자신의 명예를 높이기 위해서는 아니다.
『삼매왕경』에서는

어떤 이는 법을 들어서 집착이 생기고
비법非法을 듣곤 성낸다.

아만으로 행동을 잘못하여

아만으로 고통을 뒤따라 경험한다.[1]

라고 하였다. 『구사론』에서

쟁근諍根의 원인이며

순서상의 이유 때문에

심소법 중에서

수受와 상想을 별도로 온이라 한 것이다.[2]

라고 말씀하신 대로, 자타의 견해에 대한 집착과 성냄으로 부정하거나 성립하는 것이 윤회의 진흙에 빠지게 된 원인임을 설한 것과 같이, 배척하지 않고 정직하게 청정한 논리로써 분석하여 많은 경론의 근거가 있으면 믿음을 갖기 때문에 경과 논서를 많이 인용하였다.

저술 계기

귀류논증학파의 여덟 가지 핵심에 대해 해석한 '심오한 중도의 새로운 문을 여는 지혜의 등불'이라는 본 논서는 대한민국 내 대한불교조계종의 종립대학교인 동국대학교 경주캠퍼스 티벳대장경역경원에서 개최된 『입중론』을 주제로 한 세미나를 준비하면서 저술하게 되었는데,

---

1 『삼매왕경』, 경부經部(mdo sde), 경장經藏(bka' 'gyur), 데게판(sDe dge), 1733.
  69쪽, 6줄.

2 『아비달마구사론』, 논장論藏(bstan 'gyur), 데게판(sDe dge), 6장, 5줄.

먼저 티벳어로 쓴 뒤 한국어로 번역을 하였으며, 세미나를 통해 발표와 문답의 과정을 거쳤다. 본서는 세미나 개최 이후에 원본 티벳 글에 내용을 더 보충하여 한글본으로 번역하여 도반 친구들과 많은 학자 분들의 도움으로 수차례의 수정작업을 통해 완성된 것이다. 필자의 개인적인 소견은 많이 담지 않고 되도록이면 인도의 경과 논서들을 인용한 것은 이 글을 보는 이들로 하여금 믿음을 가지도록 하기 위해서다. 그래서 경과 그의 해석인 논서의 견해를 따라서 쉽게 풀어서 설명하려고 하였다.

본 논서의 주제가 중관학을 해석하는 것이기 때문에 귀류논증학파의 방식대로 공성의 의미를 주로 설하였고, 유식학을 비롯한 다른 학파의 견해는 요약하여 말하였다. 다음에 기회가 주어지면 유식학파의 근, 도, 과의 체계에 대해서 저술할 생각이다.

본 논서에서 귀류논증학파의 여덟 가지 특징을 『입중론』을 중심으로 요점만 간추려 해석한 것은, 제 쫑카빠의 『의취선명(dGongs pa rab gsal, དགོངས་པ་རབ་གསལ་)』을 토대로 하여 말투까지 그대로 본받아 조금씩 풀어서 해석하였다. 그리고 『보리도차제광본(大菩提道次提廣本, Lam rim chen mo, ལམ་རིམ་ཆེན་མོ་)』과 『보리도차제중본(Lam rim 'dring po, ལམ་རིམ་འབྲིང་པོ་)』, 『지혜의 바다(རྩ་ཤེའི་ཊིག་ཆེན, rTsha she'i Tig chen)』, 『선설심론(善說心論, drang nges legs bshad snying po, དྲང་ངེས་ལེགས་བཤད་སྙིང་པོ་)』을 참고하였다. 이와 더불어 제 쫑카빠의 수제자인 갤찹 린뽀체와 캐둡 린뽀체의 논서를 참고하였다. 현재 티벳 본사의 강원에서 배우고 있는 교재에서도 도움을 받았다. 그러나 본사의 강원에서 배우

고 있는 여러 가지 교재 중 어느 한 교재에 일치하는가를 염두에 두지
않고, 인도의 중론에서 설한 것과 제 쫑까파의 선설에 의지하여 할
수 있을 만큼 분석하여 글로 남겼다. 특히 현재 공성에 대해 설함에
있어서 비할 바 없고, 서원을 성취한 달라이 라마 존자의 저서인『중론의
열쇠』 등도 참고하여 많은 도움을 받았다.

　중도의 의미를 해석하는 글의 내용에 있어서도 선현들이 경론에서
설하지 않은 새로운 의미는 없다. 그러나 중관학의 경론을 해석하는
다양한 방식을 하나로 모아 쉽게 볼 수 있게 하고, 또한 목차와 설하는
방식을 특별하게 하여 쉽게 이해하도록 하였다. 그렇기 때문에 선현들
의 가르침들을 다시 반복한 허물은 없을 것이라 생각한다.
　여기의 문장들은 논리 방식 그대로 쓰였으므로, 간혹 한국말로는
이해하기 어려운 곳도 있지만 심오한 내용에 대해서는 일상의 말투보다
논리의 방식이 중요하다는 생각으로 그대로 수용하였다.

　　　겔룩파의 본사인 삼대 사찰 중 간덴사원의 장쩨 게쎼
　　　동국대학교 경주캠퍼스 티벳대장경역경원 연구초빙교수
　　　　　　　　　　　　　　　　　게쎼 텐진 남카

자신의 수행 없이 다른 이에게 법을 설한 게으른 자, 석가의 비구
텐진 남카가 산란함 속에서 저술하였다. 동국대학교에서 이 글을
　　　시작하여 랍숨새둡링(삼학사원)에서 마무리하였다.

I. 귀경게

대자대비하신 스승님께 예경하여 귀의합니다.
언제나 지켜 주소서!

수 겁 전에 두 자량이 완전히 익숙해졌으므로
몸에 상호相好를, 말씀에 육십의 음音을
마음에 무루지無漏智를 원만 성취하신
비할 데 없는 최고의 세존께 예경하나이다.

해탈을 원하는 행운을 지닌 자가 환희심으로 들어가는 대상
신기한 부정과 성립의 논리의 광명光名으로
심오한 견해의 전승을 구전하신
지혜의 보물이신 문수 존자께 예경하나이다.

무량한 여래와 보살들이 다가가는 길
행하기 매우 어려운 행위를 설한 논서
광대한 행위의 법맥法脈을 구전口傳하신
자비의 보물을 가지신 미륵 존자께 절하나이다.

미륵 존자의 가르침의 핵심을
완전히 전수하신
무착 논사 등 행위의 전승에 능통하신 분들께
매우 밝은 마음으로 귀의하나이다.

설법왕의 의도의 밝은 허공에
천개의 빛을 비춘 가르침의 태양
신기로운 논리로써 지구상에 가져오신
용수 논사의 발을 정수리에 모시겠나이다.

비할 데 없는 석가왕의 의도의 핵심
용수 논사의 잘 해석된 것을
이 지구상에 수 겁 동안 쇠퇴되지 않도록 보호해 주신
덕 높으신 성천 보살께 예경하나이다.

용수의 의도인 궁극적 견해의 핵심
극단에서 벗어난 연기의 심오한 의미
수백의 논리의 교리로 밝히신

불호 논사께 예경하나이다.

귀류의 신비로운 논리의 거울에서
명칭만으로 가유인 연기의 불사不死의 얼굴을
보기에 능통하게 설하신 월칭 논사의 발을
윤회의 끝까지 정수리의 장식으로 모시겠나이다.

불가사의한 보살의 광대한 행위
심오하고 광대한 법의 방식이 무량함으로
행운을 지닌 제자의 마음을 완전히 만족스럽게 하시는
대보살이신 적천 논사께 예경하나이다.

외경外境의 무지개가 뜬 천막에
자성으로 성립된 '인因의 삼상三相'의 논리로써
실공의 감로수甘露水를 끊임없이 내려 주신
청변 논사께 지심귀명至深歸命하나이다.

외경의 착란한 현현顯現의 어둠 속에서
자립적 논리의 새로운 여명으로써
실공의 일산日傘을 이 지구상에 가져오신
적호 논사 부자께 예경하나이다.

성스러운 인도 대학자의 영락없는 논서,

중관학과 인명학을 조합한 현밀의 가르침을
취하고 전하심에 비할 데 없는 제 쫑카빠
부자夫子의 전수傳受까지 예경하나이다.

현밀심해現密深海의 깊은 의도를
문사수聞思修의 기술로 유영游泳함으로
이 지구상에 전함에 소원을 성취하신
계사이신 존자께 보리를 얻을 때까지 예경하나이다.

모든 경론에 무구한 지혜로써
뛰어난 방편과 대자대비로 의미를 완벽하게 설하신
능인의 섭정왕이신 스승들의
은혜를 기억하여 가슴에서 존경하나이다.

이 심오한 도를 설하기가 어렵지만 바른 선지식의 가르침과
비할 바 없는 스승들의 은혜로 중도의 전수를 잘 받았고
선한 기원으로 불모경佛母經과 논서들을 경험함으로써
세존께서 예언한 제 쫑카빠의 선설들에 의지하면서

행운을 지닌 자의 해탈의 입문인 심오한 중도인 견해에 대하여
무지, 사견, 의심의 그물인 깊은 어둠을 완전히 제거하여
광대한 지혜를 가진 자에게 무구식無垢識의 새로운 광명의 문을
열게 하는 지혜의 등불을 자비의 마음으로 밝히겠나이다.

II. 대승학파의 성립에 대하여

비할 데 없는 능인 석가의 왕이신 세존 박가범薄伽梵께서 수 겁 전부터 대자대비로 보리심菩提心을 발하시고, 삼무량겁三無量劫 동안 중생의 뜻을 보살피며 광대한 자량資糧을 쌓아, 오래 전부터 무상정등정각無上正等正覺을 성취하셨다. 이와 관련하여 『현관장엄론』에서는

다양한 방편으로 중생들과 함께 하신
능인能仁[3]의 화신化身은 윤회의 끝까지 끊임이 없네.
그처럼 윤회가 존재하는 한
그 분[4]의 행업은 끊어지지 않네.[5]

---

3 부처님.
4 부처님.
5 『현관장엄론』 8 일체지품, 32게송.

라고 설하였다. 또한『대승보성론』에서는

  여름철의 구름은 풍부한 수확의 원인이며,
  많은 비를 노력 없이 땅에 계속 내리게 하네.
  그처럼 대비의 구름에서 승리자의 수승한 법우法雨는
  중생의 선과善果의 원인으로, 분별없이 내리네.[6]

라고 설하였다.

  부처님께서는 중생들을 돕기 위해 항상 흔들림 없이 윤회가 다할
때까지 이타행利他行을 하시고, 무량한 화현으로 나타나시는데, 대비
심으로 행하신 일대기 가운데 주된 것이 법을 설하시는 것이며, 그것이
팔만사천법문이다. 부처님께서는 이 지구상에서 삼전법륜三傳法輪을
굴리셨는데 그 세 가지는 세존께서 성불을 행하는 해에 사성제 법륜,
세존께서 성불을 행한 다음해에 무상 법륜, 그 다음 바이샬리 등에서
잘 구별한 법륜을 굴리셨다. 삼전법륜의 체계에 대해서는 뒤에 요의경
과 불요의경을 설할 때 함께 설명하겠다. 초전법륜을 설함에 따라서
유부와 경량부가 생겨났고, 중간 법륜을 설함에 따라서 중관학파가
생겼으며, 마지막 법륜을 설함에 따라서 유식학파가 생겼다. 그러므로
소승·대승 불교의 사대학 모두 세존 박가범의 말씀에서 나타났으며,
그들의 견해 또한 세존의 의도이기에 해탈을 성취하는 데 있어서 필요한
것이다.

6『대승보성론』, 반야부, 경장經藏(bka' 'gyur), 데게판(sDe dge), ba, 12쪽, 6줄

부처님 가르침의 가장 중요한 핵심은 『반야경般若經』으로, 그 의미를
요약한다면 두 가지가 있다. 첫째는 직접적으로 설한 심오한 '공성空性
의 차제次第'이고 둘째는 간접적으로 설한 광대한 '현관現觀의 차제'이
다. 또한 부처님 말씀의 의도를 해석하여 설명한 논서로 미륵 논사께서
미륵오법彌勒五法을 저술하셨다. 미륵오법은 『현관장엄론(現觀莊嚴
論, Abhisamayālakāra, མངོན་རྟོགས་རྒྱན་, mNgon rtogs rgyan)』, 『대승보성론
(大乘寶性論, Ratnag otra vibhāga-mahāyāna-Uttaratantra, རྒྱུད་བླ་མ; rGyud
bla ma)』, 『대승장엄경론(大乘莊嚴經論, Mahāyāna sūtrā lakāra, མདོ་སྡེ་
རྒྱན་, mDo sde rgyan)』, 『중변분별론(中邊分別論, Madhyānta vibhāga,
དབུས་དང་མཐའ་རྣམ་འབྱེད་, dBus dang mtha' rnam 'byed)』, 『법법성분별론
(法法性分別論, Dharmadharmatāvi bhāga, ཆོས་དང་ཆོས་ཉིད་རྣམ་འབྱེད་, Chos
dang chos nyid rnam 'byed)』의 다섯 가지이다. 이 중에서 앞의 두
저술은 중관학에 관한 것이며, 뒤의 세 저술은 유식학에 관한 것이다.
   일시적으로 심오한 공성의 의미를 이해할 수 있는 근기가 되지 못하는
대승 제자들을 섭수하기 위하여 『반야경』에서 설한 공성의 의미를
『해심밀경』에 의거하여 유식학적으로 설하신 것이 『대승장엄경론』,
『중변분별론』, 『법법성분별론』이다.
   이 세 논서 가운데 『대승장엄경론』에서는 이공二空의 실유實有를
부정하지 않고 대승의 종성을 깨우는 방법부터 보살도를 수행하는
방식까지를 광대하게 설하였다. 『법법성분별론』에서는 이현二顯의
식識을 실제로 성립시키는 것[7]이 윤회의 토대이며, 그것에 소연所緣하

---

7 능취能取와 소취所取 두 가지로 현현하는 의타기성이 진실로 성립하는 것.

여 익숙해짐으로써 해탈을 얻게 하는 도(道, 지혜)의 인식대상인 능취能取와 소취所取가 다른 실체로 공하다는 것이 법성法性, 혹은 미세한 법무아임을 설하였다.『중변분별론』에서는 이공二空의 실유를 토대로 하여 소지所知를 삼상三相으로 구분하고 일체법을 삼상에 포함시켜, 이것들에 대해 실제로 성립하는지 그 여부를 구별한다. 이 세 논서는 유식학의 특별한 '근根, 도道, 과果'의 세 가지 체계를 설명하고 유식 제자의 근기에 맞추어 공성의 거친 의미 정도를 설하였을 뿐, 일체법의 자성이 공한 궁극의 실상은 설하지 않았다.

『대승보성론』은 대승의 종성種姓을 가지고 처음부터 궁극적 공성의 의미를 받아들일 만한 근기가 되는 중관학 제자에게 일체법은 승의의 모든 희론戲論이 제거된 공한 것이『반야경』의 의미임을 용수 논사가 해석한 것처럼, 중관학의 방식으로 해석하였다. 그리고 대승의 보리는 물론 성문·연각의 보리를 얻기 위해서도 자성으로 공한 승의제勝義諦를 깨달아야 한다고 주장하였다. 또한 구경일승임을 확립하고『여래장경 (如來藏經, Tathagatagarbha sutra, དེ་བཞིན་གཤེགས་པའི་སྙིང་པོའི་མདོ།, de bzhin gshegs pa'i snying po'i mdo)』,『반야십만송(般若十萬頌, Prajñāpāramitā Sūtra)』,『이만오천송반야경』,『팔천송반야경』의 의도를 하나로 확립 하였다. 그리고『반야경』의 핵심인 '삼승의 제자들의 심상속에 도가 생기는 이치(ཚུལ, tshul)'에 대해 저술한 논서가『현관장엄론』이다. 미륵 논사는 현관現觀의 체계가 마치 지하 깊숙이 묻혀 있는 보물처럼, 겉으로 드러나 있지 않기에 매우 알기 어렵지만 그럼에도 큰 가치가 있다는 것을 깨닫고 이를 밝히는 법맥으로써『현관장엄론』을 저술하 였다.

『반야경』의 의도를 여실하게 해석할 것이라고 세존께서 예언한 용수 논사는『중관이취육론』을 저술함으로써 직접적으로 설한 심오한 '공성 空性의 차제次第'를 밝히셨으며 그 중 주된 것이『중론』이다. 세존께서 용수 논사를 예언한 것은 다음과 같다.

『능가경(楞伽經, Lankāvatāra-sūtra, ལང་དཀར་གཤེགས་པའི་མདོ། , Wyl. lang kar gshegs pa'i mdo)』에서는

남쪽 베따라는 곳에서
빤덴(대덕)이라 알려진 비구는
용龍이란 이름으로 불릴 것이다.
이 비구는 상견과 단견을 멸하고
나의 가르침을 이 지구상에
위없는 대승으로 잘 설하며
환희지를 성취하여
극락세계로 갈 것이다.

라고 예언하였다.

또『금광명경金光明經』에는 용수 논사의 탄생 시기와 이름이 같은데, 사백 년을 살아간다고 설하였다. 『하잉아오체(ཕྱིའི་ཇ་སོ་ཆེའི་མདོ།)』에서는

세존 재세 시에 모든 세간 사람들이 보면 좋아하는 리짜지(ལི་ཙྪ་བྱི; li tsa byi)라는 이름을 가진 아이는 열반 후 팔십 년 내 부처님의 가르침이 쇠퇴될 때 세존의 이름을 가진 비구로 태어나 가르침을

증장시키며, 백 년 이후 죽음에 이르러서는 극락세계에 태어난다.

라고 하였다.

　인도의 대학자이신 장상(གནས་བརྟན་བྱང་བཟང་, gNas brTn byang bzang)
존자와 아띠샤 존자는 이것을 용수에 대한 예언으로 해석한다. 왜냐하
면 리짜지와 용수 논사는 한 심상의 흐름[8]이라고 인정하기 때문이다.
　『입중론자석』에서는 『대운경(大雲經, འཕགས་པ་སྤྲིན་ཆེན་པོ་སྟོང་ཕྲག་བཅུས་
པ་)』을 인용하여

아난다여, 모든 세간 사람들이 보면 좋아하는 리짜지(ལི་ཙྪ་བྱི; li tsa
byi)라는 아이는 내가 열반에 든 이후 400년이 지나면 '용'이라는
비구가 되어 나의 가르침을 증장시키고, 마지막에 '청정한 빛'이라는
우주에서 '근본 지혜의 빛(དེ་བཞིན་གཤེགས་པ་དགྲ་བཅོམ་པ་ཡང་དག་པར་རྫོགས་པའི་
སངས་རྒྱས་ཡེ་ཤེས་འབྱུང་གནས་འོད་, de bzhin gshegs pa dgra btsom pa yang
dag par rdjogs pa'i sangs rgay ye shes 'byung gnas 'od)'이라는 분이
될 것이다.

라고 예언하였다.

　이처럼 부처님께서 현교現敎와 밀교密敎의 많은 경에서 예언하신
용수 논사는 경전을 인용하거나 논리를 이용하여 중도中道의 요의要義
에 관한 많은 논서를 저술하였다. 용수 논사께서 저술하신 논서가
많이 있는데 그 중 『보만론(寶鬘論, Ratnāvalī, རིན་ཆེན་འཕྲེང་བ; Rinch-

---

8 용수 논사는 아이 리짜지의 환생으로 여겨지므로 두 사람은 같은 흐름이다.

en´phreng ba)』, 『찬법계송(讚法界頌, Dharmd hātu-stava, ཆོས་དབྱིང་བ་
སྟོད་པ་, Chos dbying stod pa)』, 『대승보요의론(大乘寶要義論, Sūtra sa-
muccaya, མདོ་ཀུན་ལས་བཏུས་པ་; mDo kun las btus pa)』 등이 광범위한 내용을
담고 있는 완전한 논서로 알려져 있다.

그 중 『대승보요의론(집경론)』에서는 『반야십만송』과 『보살장경』
등의 많은 경전을 인용하여 중도의 심오한 의미를 설명하고 있으며,
중도의 의미를 경으로 확립하였다. 심오한 의미를 논리로써 확립
한 것은 『중관이취육론(中觀理聚六論, རིགས་ཚོགས་དྲུག་, Rigs tshogs dru
g)』이다. 『중관이취육론』이란, 즉 『중론(中論, Madhyama kakārikā,
རྩ་བ་ཤེས་རབ་, rTsa ba shes rab)』, 『공칠십송(空七十頌, Śūnyatāsaptati,
སྟོང་ཉིད་བདུན་བཅུ་པ་ sTong nyid bdun bcu pa)』, 『육십송여리론(六十頌如理
論, རིགས་པ་དྲུག་བཅུ་པ་; rigs pa dRug bCu pa)』, 『회쟁론(廻諍論, Vigrahav-
yāvartanī, རྩོད་བློག་ rTsaod zlog)』, 『광파론(廣破論, Vaidalyaprakaraa, ཞིབ་མོ་
རྣམ་འཐག་; zhib mo rnam ´thag)』, 『보만론(寶鬘論, Ratnāvalī, རིན་ཆེན་འཕྲེང་བ་
rin chen apreng ba)』이다.

이 여섯 논서는 '유무有無의 두 가지 극단을 제거한 실상實相을 확립'하
는 네 가지 논서와 '유무의 두 가지 극단을 제거한 중도로써 윤회의
뿌리를 자르는 방식'을 확립하고 '윤회에서 벗어나기 위한 아집을 멸해
야 하는 방식을 확립'하는 논서 두 가지로 구분된다.

전자는 다시 부정대상인 진실유眞實有를 주로 부정하는 『중론』과
『광파론』의 두 논서와, 진실로 존재하지 않지만(실체가 없지만) 행위가
타당한 방식을 설하는 『회쟁론』과 『공칠십송』의 두 가지로 나뉜다.

후자에는 『보만론』과 『육십송여리론』이 해당된다. 『중론』에서는 실유론자들이 증익增益한 아我와 법法의 자성을 부정하고, 『광파론』에서는 니야야Nyāya학파의 논리 구성 요소인 16구의句義의 실재성을 부정한다.

진실로 존재하지 않지만(실체가 없지만) 행위의 타당한 방식을 설하는 두 가지는 다음과 같다. 『중론』 제1장 관인연품觀因緣品에서는

사물들의 자성은 연緣 등에 존재하는 것이 아니다.

라는 게송에 대해, 실유론자들[9]이

만일 일체 사물의 자성이 모든 것에 존재하지 않는다면
당신의 말도 자성이 없으므로 자성을 부정할 수 없다.

라고 논쟁하였다. 이 게송은 '사물들이 자성으로 비존재이면 반론자의 견해를 부정하는 당신의 말도 비존재가 된다. 그렇다면 당신이 던지는 자성을 부정하는 논리들 또한 비존재가 되기 때문에 반론자가 주장한 자성을 부정하지 못하게 된다'라고 반론한 것이다.

이에 대해서 『중론』의 무자성에 대한 오해를 시정하여, 실체는 없지만 부정과 긍정의 체계에 대한 타당성을 설하는 것이 『회쟁론』이다.

또한 『중론』의 생주멸을 분석하는 제7장 관삼상품觀三相品에서

---

9 자성이 존재한다고 주장하는 학파.

마치 꿈과 같이, 환영과 같이, 건달바의 성과 같이,
그처럼 생겨나고, 그처럼 머물고, 그처럼 소멸한다고 설하셨네.

라고 설하였다. 이에 대해 실유론자들은 다음과 같이 논쟁한다.

그렇다면 생·주·멸이 자성으로 존재하지 않으면, 그것들은 존재하
지 않게 될 것이다.

그런데 이것은 경에서

이 세 가지는 유위有爲의 정의다. 유위는 생하는 것도 드러나고,
멸하는 것도 드러나며, 머무르는 것에서 다른 것으로 변하는 것도
드러난다.

라고 말씀하시며 생·주·멸 셋이 존재한다고 설한 것과 모순이 된다고
논쟁한다. 이에 대한 답으로

생이나 주·멸이 있는가, 없는가? 상중하의 근기에 따라
부처님은 세간의 언설로 설하였지, 진리로 (설한 것이) 아니다.

라고 말하였다.
생·주·멸 세 가지는 언설로 존재한다고 설한 것이지, 진실로 존재한
다고 설하지 않았다. 진실로 존재하지 않지만 단지 언설만으로 성립하

기에 행위(業)가 가능하다. 이러한 이치를 보여주는 것이 『공칠십송』이다. 상常·단斷의 이견二見을 제거한 중도로써 윤회에서 벗어나는 방식에 대해서, 그리고 윤회에서 벗어나려면 아집을 멸해야 한다는 것에 대하여 『육십송여리론』과 『보만론』 두 논서에서 설하였다.

먼저 『육십송여리론』에서 말하길

유有로써 해탈하지 못하며, 무無로써 윤회에서 벗어나지 못한다.
사물과 비非사물을 완전히 앎으로써 위대한 성인은 해탈한다.

라고 하였다. 그리고

어떤 대상을 발견하면 번뇌의 교활한 독사는 붙잡을 것이다.
그러나 마음에 대상이 없다면 잡히지 않게 된다.
유상有相의 마음을 가지면 독을 가진 번뇌가 왜 생기지 않겠는가?
언젠가 중간에 머물더라도 번뇌의 뱀에게 잡히게 된다.

라고 설하였으며, 또한

범부들은 색에 집착하고
중간 사람들은 집착에서 벗어나게 된다.
색의 자성을 앎으로써 지혜를 가진 자는 윤회에서 벗어나게 된다.
아름답다고 생각하면 집착하게 되고, 그 반대는 집착에서 벗어나게
된다.

환상의 사람과 같이 공함을 보면 열반에 들 것이다.

라고 설하였다.

이 게송은 제법이 법성인 무아를 깨달음으로써 윤회에서 벗어남을 설하였다.

『보만론』에서는

없다고 하는 자는 악도惡道에 간다. 있다고 하는 자는 선도善道에 간다.

실상을 여실히 알며 양변兩邊에 의지하지 않는 자는 해탈하게 된다.

라고 설한다.

위의 게송들에서는 유무의 두 극단을 벗어나는 중도로써 윤회에서 벗어난다는 것을 설하였다. 그리고 『보만론』에서는 선도善道를 성취하는 원인인 신심信心에서부터 대승의 견해와 수행체계 일체를 기술하고 있다. 이와 같이 삼지三地의 등불이신 용수 대논사께서는 대승의 궁극적인 견해를 완벽하게 밝혀 승리자[10]의 보배로운 가르침이 쇠퇴하지 않도록 깃발을 세웠다.

---

10 석가모니 부처님.

68

　그렇다면 각각의 중관학파들은 어떻게 유래하였는가? 처음에 용수 논사가 『중론』을 저술할 때는 '중관中觀'이라는 명칭 외에 '자립自立'과 '귀류歸謬'라는 용어가 존재하지 않았으며, 자립과 귀류 중 어느 것이 타당한가에 대한 논쟁 또한 없었다. 성천(聖天, Āryadeva, འཕགས་པ་ལྷ, 'phags pa lha) 논사의 『사백론(四百論, Catuśataka, བཞི་བརྒྱ་པ, bshi brgya pa)』과 그 주석서에서는 용수 논사의 견해에 따라서 대승의 견해를 광대하게 설하였지만 귀류와 자립의 구별은 없으며, 이 둘 중에 어느 것이 타당한가에 대한 여부도 분명하게 드러내지 않았다. 또한 그 당시에는 유식학파도 등장하지 않았기 때문에 이에 대한 반론도 분명하게 드러나지 않았다. 이처럼 '자립'이 타당한지에 대해 밝히지 않았기 때문에 『중론』의 의도에 대한 다양한 해석들이 생겨나게 된다.

　불호(佛護, Buddhapālita, སངས་རྒྱས་བསྐྱངས sangs rgyas bskyangs) 논사는 『불호근본중론주(佛護根本中論註, Budddhapalita mūla madhyamaka vrtti, བུད་དྷ་པ་ལི་ཏ, bud-d-ha pa li ta)』를 저술함으로써 『중론』의 의도를 귀류로 해석하였고 이로써 '귀류논증학파'라는 학파가 창조되었다. 이에 대해 청변(青辯, Bhāvaviveka, ལེགས་ལྡན་འབྱེད legs ldan 'byed) 논사는 『중관심론(中觀心論, དབུ་མ་སྙིང་པོ)』, 『반야등론석』(般若燈論釋, Prajñā-pradīpa, ཤེས་རབ་སྒྲོན་མེ shes rab sgron me), 『사택염(思擇炎, Tarkajvālā, རྟོག་གེ་འབར་བ, rtog ge 'bar ba)』 등을 저술하였다. 이 논서들에서 실체는 없지만 행위성은 타당하다고 설한 것 정도가 불호 논사의 귀류논증 방식과 같은데, 불호 논사의 귀류적 해석방식을 비판함으로써 자립논증방식의 타당성을 논증하여 『중론』의 의도를 자립으로 해석하였다. 이로써 '자립논증학파'라는 학파가 생겼다.

이들 가운데 월칭(月稱, Candrakīrti, ཟླ་བ་གྲགས་པ zla ba grags pa) 논사
는 청변 논사의 자립을 확립하는 해석들이 용수 논사의 의도가 아님을
밝히고, 청변 논사가 불호 논사에게 가한 비판들이 타당하지 않다고
주장하여 청변의 선설에 대한 장점을 수용하며 불호 논사의 견해를
옹호했다. 특히 월칭 논사는『중론』의 의미를 중점적으로 해석한『입중
론(入中論, Madhya-makāvatāra, དབུ་མ་འཇུག་པ: dbu ma 'jug pa)』[11]과『중
론』의 게송을 중점적으로 해석한『명구론(明句論, Prasa nnapadā, 'grel
bshad tshig gsal)』을 저술하여, 용수 논사의 의도를 자립논증학파와
공통되지 않으며 유식학파와도 차별되는 귀류논증의 방식으로 확립
했다.

---

[11] 티벳불교에서는 용수에서 월칭으로, 월칭에서 다시 제 쫑카빠(rJe Tsong kha
pa, 1357~1419)로 이어지는 귀류논증학적 견해를 모든 불교학파 중 최상위에
위치시키는데, 이에 핵심적인 위치를 차지하는 논서가『입중론』이다.『입중론』은
대승불교의 대표적인 논서로『중론』의 의도를 해석하는 내용뿐만 아니라 대승의
견해와 행 일체를 광범위하게 설하고 있기에 대승의 길을 따르는 이에게 중요한
논서로 알려져 있다. 티벳강원의 중관학 수학과정에서 중요한 위치를 차지할
뿐만 아니라 수행과정에 있어서도 반드시 습득해야 하는 논서이다.
겔룩빠(dGe lugs pa)의 종조인 제 쫑카빠 역시『입중론』의 주석서인『의취선명』
(意趣善明, dgongs pa rab gsal)을 저술했다. 그는 티벳불교의 역사에 있어서
귀류논증학파의 우월성을 논리적인 방식으로 증명하고, 귀류논증학적 입장에서
이하 학파의 견해를 포용하는 통불교적인 교판을 확립하는 데 큰 역할을 한
인물이다.『의취선명』에서도 역시 유식학파의 견해가 중관학파의 견해보다 하위
에 위치하는 이유를 증명하고, 귀류논증학파의 불공不共의 8가지 특징을 밝힘으로
써 그러한 입장을 확고히 한다. 그는 이 외에도『정리해正理海』,『관소론觀小論』,
『관대론觀大論』,『선설심수善說心髓』등을 저술하였다.

　일반적으로 인도에는 『중론』에 대한 여덟 가지 주석서가 있다고 알려져 있다. 이들 가운데 『입중론』은 『중론』의 주석서 중에 분량이 적으며 매우 분명해서 이해하기 쉽고, 또한 대승의 견해와 행위의 부분을 완벽하게 설하여 대승의 근根·도道·과果의 체계를 완전히 설하였다. 『입중론』 문장에 대한 자세한 해석은 다른 곳에서 설명하고 있으며, 여기서는 그 견해의 부분을 주로 살펴볼 것이다.

　중관학의 특별한 특징이 여러 가지 많은데, 그 중 주된 것이 대승학파 중에 유식학파와 대립되는 견해, 그리고 중관학파 중에서도 자립논증학파와 구별되는 귀류논증학파의 특별한 특징인 『입중론』에 드러난 여덟 가지 핵심을 은혜로운 선지식인 스승들께 의지하여 제 쫑까파(rJe Tsong kha pa)의 『의취선명(意趣善明, viśuddhabhāvaḥ, དགོངས་པ་རབ་གསལ, dgong pa rab gsal)』에 따라서 해석하고자 한다. 또한 이해를 돕기 위해 다양한 경전과 중관학 논서를 인용하여 내용을 보충할 것이다.

III. 『입중론』의 석명釋名

이 논서의 이름은 인도말로 '마드야마까와따라(Madhyamakāvatāra)'로 『중론中論』에 들어간다(入)'는 의미를 갖는다. 티벳말로는 '우말라죽빠(དབུ་མ་ལ་འཇུག་པ)'라고 한다. 이 논서를 『입중론』이라고 하는 이유에는 두 가지가 있다. 첫째는 심오한 의미를 설하고, 둘째는 광대함을 설하기 때문이다.

첫째, 『입중론』이 심오함을 설함으로써 『중론』에 들어간다는 방식은 유식학파와 달리 외경外境과 식識 두 가지가 모두 언설로 성립한다고 주장하며, 자립논증학파와는 달리 자성自性으로 성립하는 것이 언설로도 존재하지 않음을 밝힘으로써 『중론』의 의도를 분명하게 해석한다는 것이다.

둘째, 『입중론』이 광대함을 설함으로써 『중론』에 들어간다는 방식은 광대한 도道의 차제를 기술함으로써 『중론』을 해석한다는 것이다.

『중론』자체에서 광대한 도의 차제를 설하지는 않지만, 『입중론』은 용수 논사의 또 다른 논서인『보만론』에 나타난 가르침으로 보완하여 범부지에서 무학도無學道까지의 수행체계를 설명하고 있기 때문이다. 이 또한 귀경게歸敬偈에서는 범부의 삼법三法을 기술하고, 본론에서는 유학有學 보살의 십지十地와 무학의 과지果地를 설하는데, 특히 오지五地에서 선정의 핵심인 지止를 설하고 육지六地에서는 공성의 지혜의 핵심인 관觀 등을 자세하게 설함으로써 『중론』의 의도를 분명하게 밝히고 있다.

월칭 논사의 『입중론자석入中論自釋』에서는

이『중론』의 논서는 법무아法無我를 무량한 논리로써 설하기 때문에 대승의 논서이다. 이것은 오직 대승의 제자들에게만 해당하기 때문이다.[12]

라고 하였고, 또한

법무아를 밝히기 위해서 대승을 설하는 것은 타당하다.
왜냐하면 광대하게 설하고자 하기 때문이다.
성문승에서는 법무아를 요약해서 설할 뿐이다.[13]

---

12 『입중론자석』 중관부中觀部, 논장論藏(bstan 'gyur), 데게판(sDe dge), a', 228쪽, na, 1줄.
13 위와 같음.

라고 설하였다.

『중론』은 대승의 논서이다. 왜냐하면 공성을 광대하게 설하기 때문이다. 일반적으로 공성을 설한다고 해서 다 대승의 논서라고는 할 수 없다. 그와 같이 공성을 깨닫는 도로써 대·소승을 구별할 수 없다는 것 등에 대해서는 뒤에서 설명하겠다.

공성을 무량한 논리로써 상세하게 확립하기 때문에 광대하다는 것과 또한 근·도·과 세 가지의 체계를 확립함으로써 중론의 의도를 설명하기 때문에 광대하다는 것 한 가지가 있다고 학자들이 주장한다. 이것이 타당한가의 여부와, 과연 『중론』에서 광대한 도의 체계를 설하는가에 대해서는 여러 논쟁이 있다. 그리고 삼보와 삼학, 해탈, 두 가지 불신佛身, 그리고 이제二諦 및 공성을 확립하는 논리 등을 설하고 있는가, 또한 광대한 세속법을 설하는가에 대해서도 많은 논쟁이 있다.

IV. 공성을 이해해야 하는 필요성

『중론』에서 공성을 확립하는 이유에 대해 『입중론』에서는 다음과 같이
설한다.

중론에서 분석하는 것은
논쟁에 대한 집착 때문에 저술한 것이 아니라
해탈하기 위해서 진여眞如를 설한 것이다.
만일 진여를 확실하게 설명할 경우라면
타인의 논서가 파괴되더라도 잘못이 없다.[14]

자신의 견해에 집착하고, 그와 같이
타인의 견해에 성내는 것은 분별이다.

---

14 『입중론』 6지, 118게송.

그러므로 욕망과 성냄을 제거하여
분석하는 자는 속히 벗어나게 된다.[15]

또한 『사백론』에서는

이 법은 여래들께서
논쟁하기 위해 설하는 것이 아니다.
그러나 불이 나무를 태우는 것처럼
이로써 전도된 반론자를 불태운다.[16]

라고 설하였으며, 또한 같은 논에서

그대가 자기편에 집착하고 상대편을 싫어하면
열반에 이르지 못한다.
두 가지를 행하면 적정은 불가능하다.[17]

라고 하였다. 『삼매왕경』에서는

어떤 이는 법을 들어서 집착이 생기고
비법非法을 듣곤 성낸다.

---

15 『입중론』 6지, 119게송.

16 『사백론』 12품, 15게송.

17 『사백송』 8품, 10게송.

아만으로 행동을 잘못하여

아만으로 고통을 뒤따라 경험한다.[18]

라고 하였다.

이와 같은 구절처럼 수많은 경론에서 공성에 대해 증명하고 분석하는 것은, 자타의 견해에 대해 집착과 성냄으로써 논쟁을 추구하거나 타인을 압도하기 위해서가 아니다. 그렇다면 무엇을 위한 것인가?

『입보리행론』에서

세존께서는 이 모든 가지(支分)[19]들을

지혜를 위해서 설하였다.

그러므로 고통들이 적정해지기를 원한다면

지혜를 일으켜야 한다.[20]

라고 말씀하신 대로, 공성을 설하는 것은 나를 포함한 모든 일체중생이 고통에서 벗어나 무주열반無住涅槃을 증득하기 위해서이다. 이것을 위해서는 부처님 말씀의 핵심인 무아의 공성을 깨달아야 한다.

그러나 공성을 이해하는 것은 매우 어렵기 때문에 공덕자량功德資糧을 광대하게 쌓고, 공성을 설한 경론을 문사수聞思修하고, 분석명상과

---

18 『삼매왕경』, 경부經部(mdo sde), 경장經藏(bka' 'gyur), 데게판(sDe dge), 1733. 69쪽, 6줄.

19 보시 등 세존이 설하신 방편의 법들.

20 『입보리행론』 9장 지혜품, 1게송

집중명상을 두루 닦음으로써 공성에 대한 사견私見과 의심들을 제거해
야 한다. 이들을 제거하지 않으면 공성에 대한 확신이 생기지 않는다.
단순한 믿음만으로는 의심과 사견을 제거하지 못하므로 반드시 올바른
논리에 의지해야 한다.

　논리로써 깊이 분석하는 이유 역시 해탈의 유일무이唯一無二한 문인
궁극적인 공성을 깨닫는 지혜를 일으키기 위해서이다. 어떤 법이든
올바른 이해를 통해 확신이 생기지 않은 상태에서는, 단순하게 믿는
것만으로는 증익(增益, samaropa, ཐྲོ་འདོགས, sgro 'dogs)을 제거하지 못
한다.

　『석량론(釋量論, Pramāavārttika, ཚམ་འགྲེལ, rnam 'grel)』에서는 다음과
같이 설한다.

　그 대상을 부정하지 않으면
　그것을 제거하지 못하네.[21]

　또한

　확신과 증익의 마음은 각각
　해침을 당하는 것과 해롭게 하는 것이니
　이것은 증익을 제거하는 데
　작용하는 것임을 알아야 하네.[22]

---

21 『석량론』 2품, 223게송.
22 『석량론』 1품, 51게송.

라고 설한 것과 같이, 어떤 증익을 제거하려면 그와 행상行相과 상위된 식識이 필요하고 그 외의 다른 식으로는 제거할 수 없기 때문에 근본번뇌와 상위된 행상을 가지는 공성에 대해 바르게 이해하고 있어야 한다.

왜 공성을 추구해야 하는가? 불교를 배우는 우리는 해탈과 깨달음을 목표로 한다. 이를 위해서 윤회에서 벗어나고자 하는 출리심出離心을 참으로 일으켜야 하고, 또한 "어디로부터 해탈할 것인가?" 그리고 "어디로 해탈할 것인가?"를 반드시 알아야 한다. 어디로부터 해탈할 것인가를 알지 못하면 그 윤회의 허물을 보지 못하므로 그로부터 벗어나고자 하는 마음이 생기지 못하며, 그렇다면 출리심이 생기지 못하기 때문이다. 출리심은 윤회에서 벗어나고자 하는 해탈의 문이므로 먼저 이 마음을 일으켜야 한다.

삼계三界 모두가 고통으로 가득 찬 고제의 방식을 여실히 알지 못하면 윤회에서 벗어나고자 하는 마음을 가지고 있더라도 외도들처럼 단편적인 출리심이 되어버려, 윤회의 원만함에 대한 염리심이 생기지 않는데 어떻게 완벽한 출리심出離心이 생길 수 있겠는가?

또한 묶이는 이유는 업과 번뇌이며, 묶이는 대상은 오온五蘊의 짐을 진 '나'이며, 묶이는 장소는 끝이 없는 윤회의 대해大海인 삼계이다. 묶여서 윤회하는 방식은 오온의 짐을 진 '나'가 업과 번뇌의 힘으로 무시이래로부터 지옥에서 유정(비상비비상처)까지 자유가 없이 헤매며, 고고苦苦뿐만 아니라 괴고壞苦와 행고行苦의 세 가지 고통으로 다양하고 끊임없이 고통스럽게 생사를 쉼 없이 반복하면서 끝이 없는 윤회의 대해大海에 머무는 것이다.

이러한 끝이 없는 윤회의 대해에서 계속되는 고통의 원인은 집제이다. 집제의 궁극적이고 주된 원인은 무명이며 이 또한 아집의 무명이다. 뿌리를 자르면 모든 가지가 마르는 것처럼, 무명을 제거하면 이에서 생기는 모든 번뇌가 제거되기 때문에 무명을 제거하기 위해 그에 반대되는 무아를 깨닫는 지혜를 일으켜야 한다.

앞에서 말한 것과 같이 출리심은 해탈의 입문이지만, 해탈에 다가가는 실제의 도와 장애를 멸하게 하는 도는 무아를 깨닫는 지혜이다. 이 도가 없이 출리심과 지관, 근본정根本定과 미지정未至定, 오신통 등 어떤 공덕이 있더라도 윤회의 뿌리인 구생아집俱生我執을 조금도 제거하지 못하기 때문에 이들만으로는 해탈에 도달할 수 없다. 자량도 등 오도五道23를 차례로 거쳐 가는 것 또한 방편의 벗을 가지는 무아를 깨닫는 지혜를 수습하여 증장되어 가야 하기 때문이다. 아집을 멸하지 못하는 한 윤회에서 빠져나갈 수 없다.
『삼매왕경』에서는 다음과 같이 설한다.

세간 사람들이 삼매를 수습할지라도
그것은 아상我相을 무너뜨리지 못한다.
번뇌가 더욱더 그대를 산란케 할 것이다.
이는 웃다까 라마뿟다Udaka Rāmaputta24가 삼매를 수습하는 것과 같다.

---

23 자량도資糧道, 가행도加行道, 견도見道, 수도修道, 무학도無學道를 말한다.
24 부처님이 성불하시기 전 찾아간, 삼매를 성취한 외도의 스승.

그렇다면 해탈을 얻기 위해 없으면 안 되는 원인이 무엇인가? 어떤 원인을 수습해서 열반을 증득해야 하는가에 대한 답으로, 『삼매왕경』에서

> 만일 제법의 무아를 상세히 이해하고
> 낱낱이 그것을 분별하여 수습한다면
> 바로 그것이 열반을 성취하는 결과의 원인이며
> 다른 어떤 원인이든 그것으로는 적정을 얻지 못한다.

라고 설했다.

이러한 목적에서 부처님께서는 『성호국소문대승경(聖護國所問大乘經, Ārya Rārapāla paripcchā nāma mahā yānasūtra, འཕགས་པ་ཡུལ་འཁོར་སྐྱོང་གིས་ཞུས་པ་ཞེས་བྱ་བ་ཐེག་པ་ཆེན་པོའི་མདོ, 'phags pa yul 'khor skyong gis zhus pa zhes bya ba theg pa chen po'i mdo)』에서 다음과 같이 설하였다.

> 공空·무상無相·무생無生[25]을
> 알지 못하기에 윤회를 떠도는 중생들에게
> 대비심을 일으켜 방편과
> 수많은 논리로써 이끌었다.

그러므로 끝이 없는 윤회의 대해에서 벗어나려면 윤회에 묶이는 방식을 알고서 참된 출리심을 일으켜 해탈의 토대로 삼고, 윤회의

---

25 공해탈문空解脫門, 무상해탈문無相解脫門, 무생해탈문無生解脫門을 말한다.

뿌리인 아집에 대해 직접적으로 대치하는 공성을 깨닫는 지혜를 얻는 것, 이 두 가지를 갖추어야 한다. 마치 새가 두 개의 날개로 나는 것처럼 해탈의 원인 혹은 윤회에서 벗어나게 하는 원인인 방편과 지혜를 가지고 정진해야 한다. 왜냐하면 윤회에서 벗어나고자 하는 출리심이 해탈도解脫道의 토대이고, 무아를 깨닫는 지혜는 윤회의 뿌리인 아집에 대한 대치인 까닭이다.

또한 어디로부터 벗어나는지를 모르면 해탈의 공덕을 알지 못하고, 해탈의 공덕을 모르면 말로만 해탈을 원하는 것이 되기 때문에, 해탈을 추구하는 참된 마음을 일으키지 못한다. 어디로 벗어나야 하는가에 대한 그 대상은 해탈과 무주열반이다. 해탈은 고통에서 완전히 벗어난 상태이며, 무주열반은 자신이 윤회에서 벗어날 뿐만 아니라 고통을 생기게 하는 원인인 번뇌가 남긴 습기까지 멸하여 궁극적 지혜와 자비, 힘, 이 세 가지 공덕을 갖는 것이다. 이것을 이해하지 못하면 해탈과 일체지라는 것이 말뿐인 것이 되어버리고, 그렇다면 그것을 추구하는 것 또한 말뿐인 것이 되어버리기 때문에 해탈과 일체지를 추구하는 마음 또한 청정하게 생기지 못한다. 해탈을 원하는 청정한 마음이 생기지 않으면 해탈이라는 목적을 이루기 위한 강력한 정진이 생기지 못한다. 정진하지 않으면 결과가 생기지 않는 것이 연기의 법성이다. 그러므로 얻어야 하는 대상인 멸제의 체계와 멸제를 얻게 하는 도제의 체계를 알아야 하는 것이 매우 중요하다.

그리하여 은혜로운 부처님께서 설하신 '4제四諦'가 바로 이러한 해탈의 토대와 대상을 설명한다. 첫 번째 "어디로부터 해탈할 것인가?"에 대해 알도록 하기 위해 고제苦諦와 집제集諦 두 가지를 설하셨고, 두

82

번째 "어디로 해탈할 것인가?"를 알게 하기 위하여 멸제滅諦와 도제道諦 두 가지를 설하였다. 그러므로 사성제는 모든 부처님의 가르침의 토대 이다. 또한 당신이 설하신 모든 교리가 사성제의 범위에서 벗어나지 않는다.

따라서 대승경전에서 공성의 체계를 설한 것은 소승경전에서 설한 사성제를 다양한 논리로써 광대하거나 혹은 심오하게 설한 것이다. 이것은 소승경전에서 전혀 설하지 않거나 그와 모순되게 설한 것이 아니다. 대승의 가르침은 부처님의 말씀이라는 이유가 많은데, 그 중 주된 이유는 사성제를 설했기 때문이다.

대승학파에서는 소승경전을 부처님의 가르침으로 인정할 뿐만 아니라 소승경론에서 설한 사성제, 특히 무아의 가르침을 확립하는 논리와 세밀한 궁극적인 해석도 한다. 그러므로 소승의 가르침은 대승의 가르침의 기초이며, 대승의 가르침은 소승의 가르침의 근거와 능립能立[26]이 된다.

『반야경』에서 공성을 설한 것은 초전법륜에서 설한 사성제 중 멸제를 심오하게 설한 것이라고 대학자이신 스승께서 말씀하셨다.

공성을 알지 못하면 윤회로부터 벗어날 수 없기 때문에 해탈하고자 한다면 반드시 공성을 깨달아야만 한다. 그러나 이것은 매우 알기 어렵고 수승한 근기와 선업을 지녀야만 하기 때문에 자비로운 부처님께

---

26 인명의 3지작법三支作法을 완전히 갖춘 논법. 입론자가 진리라고 인정한 것(宗)을 정당한 이유(因)와 적당한 비유(喩)를 들어 이것을 알지 못하는 상대편에게 능히 알도록 하는 논법.

서 제자들의 근기에 따라 다양한 방편으로 공성을 설하신 것이다. 때로는 공성을 직접적으로 설하기도 하셨고 때로는 마치 계단과도 같이 단계적으로 설하기도 하셨다. 이것이 곧 불교의 4대종의四大宗義 인 설일체유부, 경량부, 유식학파, 중관학파가 나온 이유이다.

4대종의 각각의 견해는 모두 청정한 것이다. 왜냐하면 이 모두는 부처님께서 설하셨기 때문이고 번뇌에 대치하기 때문이다. 또한 대치하는 것은 직접적으로나 간접적으로 번뇌에 대한 해독이 된다. 어떤 교리는 번뇌에 대해 직접적으로 대치하고 어떤 교리는 간접적으로 대치하는 까닭이다. 이들은 상호 보완적인 관계에 있다. 하위 학파의 종의는 근본번뇌를 대치하는 과정에서 방편이 될 수 있다. 하위 학파의 견해의 부정대상이 완벽하게 부정되면 상위 학파의 부정대상이 절반 정도 부정되며, 상위 학파의 종의를 완성하는 것은 하위 학파의 부정대상을 부정하는 것에 의지하기 때문이라고 학자이신 스승께서는 말씀하신다. 이런 핵심 내용과 부정대상의 차이에 따라 4대학파의 견해에서 거칠고 미세한 차이는 존재한다.

공성을 알지 못하면 윤회에서 벗어나지 못하기 때문에 해탈을 원하는 자에게 이것은 중요하다. 제법의 실상인 진여는 매우 알기 어렵고 자력으로 이해할 수 있는 것이 아니다. 따라서 이것을 제대로 이해하려면 부처님 말씀에 의지해야 한다. 그러나 부처님 말씀은 제자의 근기에 따라 아주 다양하고 많다. 그러므로 어떤 경에 따라 공성의 의미를 찾아야 하는지 그것 자체도 알기 어렵기 때문에, 먼저 부처님의 말씀을 요의경과 불요의경으로 구분해야 한다.

V. 요의경과 불요의경을 구별함

요의경과 불요의경을 구별함을 설함에 두 가지가 있다. 부처님 말씀을 요의경과 불요의경으로 구분해야 하는 이유, 요의경과 불요의경을 구분함이다.

1. 부처님 말씀을 요의경과 불요의경으로 구분해야 하는 이유

공성은 비현전非現前이기 때문에 범부들이 현량現量으로 지각하지 못한다. 공성을 현량으로 지각하는 식이 없으면 번뇌에 직접적으로 대치하지 못한다. 번뇌에 대치하는 공성을 현량으로 깨닫는 식은 어느 날 갑자기 생기는 것이 불가능하다. 수습해서 생기는 지혜인 분별심을 지속적으로 수습함으로써 공상을 제거하여 공성에 대한 선명함이 생기면 그 분별심이 현량으로 변하는 것이다. 이러한 수습에서 생기는

지혜 또한 사유에서 생기는 지혜가 선행되어야 하고, 그 전에 들음에서
생기는 지혜가 선행되어야 한다. 그러므로 공성에 대한 문사수聞思修를
차례로 닦아야 하므로, 공성은 먼저 분별로써 분석하여 이해해야 한다.

이것은 알기 매우 어렵기 때문에 초보자들이 부처의 말씀에 의지하지
않고서는 자력으로 이해하지 못한다. 은혜로운 부처님께서는 중생들
에 대한 대자대비심과 뛰어난 방편을 가지고 계시기 때문에, 그분의
말씀에는 중생의 근기와 사고방식에 따라 요의경과 불요의경이 다양
하다.

『보만론』에서

문법교사들이 글자의 기본자로도 읽게 하듯
그와 같이 부처님께서는 제자들에게
받아들일 수 있는 만큼의
법을 가르치신다.[27]

라고 말씀하신 것처럼, 세존이신 부처님께서는 이것이 제일 심오하기
때문에 일체 제자들에게 오직 이것만을 설한 것이 아니라, 중생의
근기와 사고방식, 전생에 어떤 업을 지었는지 등을 직접 봄으로써
얼마만큼 설하면 도움이 되는지까지도 알고서 그의 근기에 맞게 법을
설하신 것이다.

부처님의 제자 중에 유부 등 사대학파와 성문 등의 삼승이 존재하는

27 『보만론』 중관부中觀部(dbu ma), 논장論藏(bstan 'gyur), 데게판(sDe dge), 4품,
94게송.

86

것도 그 때문이다. 그러므로 어떤 경전에 의지하여 공성을 찾아야
하는가 하는 것도 알기 어렵기 때문에, 먼저 부처의 말씀 중에서 요의경
과 불요의경의 구별을 이해하는 것이 매우 중요하다. 따라서 여기에서
공성을 확립하기 전에 먼저 요의경과 불요의경을 구별하는 방식을
간략히 설명한다.

2. 요의경과 불요의경을 구분함

요의경과 불요의경을 구분함을 설함에는 두 가지가 있다. 소승학파의
주장, 요의경과 불요의경을 실제로 구분함이다.

1) 소승학파의 주장

보통 소승학파들은 세존의 말씀을 요의경과 불요의경으로 구분하지
않는다. 언설 그대로인 것과 그대로가 아닌 것 둘을 구분하지 않는
까닭이다. 그들은 대승 또한 세존의 말씀임을 인정하지 않는다. 그러나
세존의 말씀 중에는 요의경·불요의경 두 가지가 있으며, 대승이 부처님
의 말씀임을 인정하는 소승부파가 존재한다고 『사택염(思擇炎,
Tarkajvālā, རྟོག་གེ་འབར་བ, rtog ge ʼbar ba)』에서 말했다.

2) 요의경과 불요의경을 실제로 구분함

대승학파에는 요의경과 불요의경을 구분하는 방식이 두 가지가 있다.
『해심밀경』에 의지하여 세존의 말씀을 요의경과 불요의경으로 구분하
는 방식과, 『무진혜경』에 의지하여 요의경과 불요의경 둘로 구분하는

방식이 다. 첫째는 유식학이며, 둘째는 중관학이다. 여기서 요의경과 불요의경을 구별하는 경은 앞에서 말한 두 경전이며, 구별해야 하는 대상은 삼전법륜三轉法輪이다.

(1) 『해심밀경』에 의지하여 요의경과 불요의경으로 구분하는 방식

첫째에는 다섯 가지가 있다. 유식학 논서들의 유래, 유식학에서 요의경과 불요의경을 분류하는 근거, 유식학에서 요의경과 불요의경 각각의 정의, 유식학에서 요의경과 불요의경을 구분하는 방법, 결론이다.

가. 유식학 논서들의 유래

유식학파가 근거로 삼은 주된 경은 『해심밀경』이다. 『해심밀경』은 총체적으로 유식학파의 근, 도, 과의 체계를 모두 갖추어 10품으로 설했다. 『해심밀경』의 10품은 열 분의 보살들이 세존에게 각각 질문을 올리고 그에 대한 답의 내용을 담은 것으로 구분된다. 이 질문은 열 분의 보살이 의심을 가져서 묻는 것이 아니라 미래의 제자들을 위해 자신이 의심을 가지는 모습으로 나타나 부처님께 질문을 올린 것이다.

　10품은 다음과 같다. 1품은 유식의 실상을 설함, 2품은 승의제를 세속식이 제대로 알지 못함을 설함, 3품은 이제가 한 본성이며 반체反體는 다른 것임을 설함, 4품은 법성은 본성으로 분리가 없음을 설함, 5품은 아뢰야식의 체계를 설함, 6품은 삼상三相의 체계를 설함, 7품은 요의경과 불요의경을 설함, 8품은 지止와 관觀의 체계를 설함, 9품은 십지의 체계를 설함, 10품은 과신果身인 불지의 체계를 설함이다.

미륵 논사께서 미륵오법을 저술하였는데 그 중『대승장엄경론』,
『중변분별론』,『법법성분별론』의 세 가지는『해심밀경』에 따라 유식
학의 견해를 설하였다. 이에 따라서 무착 논사와 세친 논사 두 분이
『오부지론五部地論』[28]과『섭대승론』,『아비달마집론』,『석궤론(釋軌
論, Reasoning for Explanations, Namshé Rigpa)』,『유식이십송』,『유식
삼십송』과 이들의 주석까지 저술함으로써 유식학의 모든 견해의 체계
를 확립하였다.

또한「섭결택분攝決擇分」에서는『해심밀경』의 서품을 제외한 모든
품의 단어를 인용하여 부처님의 의도를 해석하였다.『보살지菩薩地
(Bodhisattvabhūmiḥ, བྱང་ཆུབ་སེམས་དཔའི་ས; Byang chub sems dpa'i sa)』에서
는 무아를 확립하는 방식을, 그리고『섭대승론』에서는 아뢰야식의
체계와 외경을 부정한 이공二空의 실상과 세 가지 특성(三相)[29]의 체계를
설하였는데, 이 모든 것을 요약해서 설한 것이『아비달마집론』이다.
진나 논사와 법칭 논사 등 많은 학자들이 유식학의 견해를 설하는
이 모든 것이 오로지『해심밀경』에서 요의경과 불요의경을 구분하는
방식에 의지하는 것이다.

나. 유식학에서 요의경과 불요의경을 분류하는 근거

『해심밀경』[30]에서는 다음과 같이 설하였다.

---

28 『유가사지론』의 별칭으로「본지분本地分」,「섭결택분攝決擇分」,「섭사분攝事分」,
　　「섭이문분攝異門分」,「섭석분攝釋分」으로 구성되며, 본지분 17지 중에 성문지와
　　보살지가 포함된다.
29 삼상三相: 변계소집상, 의타기상, 원성실상.

세존께서 처음에 바라나시의 '선인이 머무는 장소'라는 녹야원에서 성문승에 올바르게 들어간 사람들에게 성자의 4가지 진리(4성제)에 대해 가르치신 그 법륜은 놀랍고 신기하여, 예전에 천신이든 인간이든 누구도 법에 맞게 이 세상에서 굴린 적이 없었던 것에 대해 굴리셨습니다. 세존께서 법륜을 굴린 것 또한 위가 있고, 때가 있고, 불요의경이며, 논쟁의 처가 됩니다.

세존께서 제법의 무자성에 관하여 생겨남이 없으며 소멸함이 없으며 본래부터 적정하며, 본질적으로 소멸한 것에 관하여, 대승에 올바르게 들어간 사람들에게 공성을 설하여 더욱 놀라운 두 번째 법륜을 굴리셨습니다. 세존께서 그렇게 법륜을 굴린 것 또한 위가 있고, 때가 있고, 불요의경이며, 논쟁의 처가 됩니다.

세존께서 제법의 무자성에 관하여 생겨남이 없으며 소멸함이 없으며 본래부터 적정하며, 본질적으로 소멸한 것에 관하여, 모든 승에 올바르게 들어간 사람들에게 매우 잘 드러나고 지극히 놀라운 세 번째 법륜을 굴리셨습니다. 세존께서 이렇게 법륜을 굴린 것은 위가 없고, 때가 없고, 요의경이며, 논쟁의 처가 되지 않습니다.

그의 의미를 요약해서 말하자면, 삼전법륜을 설한 세 부분의 경이 있다. 이 세 가지 각각에 대한 아홉 가지의 의미를 원측圓測은 『해심밀경소』에서 설한다. 1부경의 의미에는 아홉 가지가 있다. 법륜을 굴리시는

---

30 『해심밀경』 제2권 5. 무자성상품無自性相品.

분, 법륜을 굴리시는 시간, 법륜을 굴리시는 장소, 법륜을 굴리신 대상인 제자, 그 법륜의 의미, 어느 제자에게 설하는 방식, 그 법륜의 본성, 그 법륜의 칭송, 그 법륜이 요의경인가 불요의경인가를 구별한 것이다.

초전법륜에 대하여 법륜을 굴리시는 분은 사마四魔[31]를 제거하여 여섯 가지 공덕을 가진 세존 부처님이시며, 시간은 처음이며, 장소는 바라나시, 즉 성인인 연각과 성문들과 또한 오신통을 가지는 성인들이 머물기 때문에 '성인이 머무는 장소'라고 한다. 그 법륜의 제자는 성문승에 대해 문사수로써 정진하는 다양한 천신과 인간들이다. 그 법륜이 설하는 것은 사성제이다. 설한 방식은, 제법이 실제로 존재하는지의 여부를 구별하지 않고 모든 것은 실제로 존재한다고 설하였고, 이 법륜의 본성은 첫째 법륜이다. 이 법륜의 칭송은 예전에 이와 같이 들어본 적이 없기 때문에 놀라운 것이며, 이러한 법륜은 예전에 본 적이 없기 때문에 신기한 것이다. 이러한 법륜은 세존이신 석가모니 부처님 외에 천신이든 인간이든 누구도 법에 맞게 이 세상에서 굴린 적이 없었던 것인데, 부처님께서 이에 대해 굴리셨다.

그 법륜의 요의경과 불요의경의 구별은, 법륜은 위가 있고, 때가 있고, 불요의경이라는 것이다. 또한 세존께서 말씀하신 이 법륜은 그 위에 더 심오한 의미를 설한 요의경이 있기 때문에 위가 있는 것이다. 이 법륜에서 설한 언설의 문장 그대로를 인정하면 다른 반론자가 증익의 극단을 제거하는 논리로써 논쟁하는 때가 있기 때문에 때가 있다는

---

31 사마四魔란 온마蘊魔, 천마天魔, 번뇌마煩惱魔, 사마死魔이다.

것이다. 또한 이 법륜의 문장에 직접적으로 나타나는 의미와는 다른 의미로 해석해야 하기 때문에 불요의경이며, 일체법에 대하여 자상으로 성립된다고 똑같이 설하여 승의와 세속의 차이를 구별해서 설하지 않으므로, 이 법륜의 의미가 무엇인지에 대한 의견이 일치하지 않는 논쟁이 있기 때문에 논쟁의 처가 된다는 것이다.

2부경에도 아홉 가지 의미가 있다. 중간 법륜에 대하여 법륜을 굴리시는 분은 세존 부처님이시며, 시간은 둘째이며, 장소는 왕사성 영축산에서, 그 법륜의 제자는 대승경전을 주로 문사聞思로 잘 들어간 대승의 전승을 가진 다양한 천신과 인간들이다. 그 법륜의 의미는 무자성 등 5가지[32]이다. 설한 방식은, 제법이 진실로 존재하는지의 여부를 구별하지 않고 모든 것은 진실로 존재하지 않는다고 설하였고, 이 법륜의 본성은 첫째 법륜에 비해 중간 법륜이다. 이 법륜은 공성을 광대하게 설한 것으로 최고의 경이기 때문에 놀랍고 신기한 것이라고 찬탄한다.

그 법륜의 요의경과 불요의경의 구별은, 법륜은 위가 있고, 때가 있고, 불요의경이라는 것이다. 또한 세존께서 말씀하신 이 법륜은 그 위에 더 심오한 의미를 설한 요의경이 있기 때문에 위가 있는 것이다. 이 경이 설한 언설의 문장 그대로를 인정하면 다른 반론자가 논쟁하는 때가 있기 때문에 때가 있는 것이며, 또한 이 법륜의 문장에 직접적으로 나타나는 의미와는 다른 의미로 해석해야 하기 때문에 불요의경이며, 일체법에 대하여 구별 없이 자성으로 성립되지 않는다고 설하여 승의와

---

32 무자성, 무생, 무멸, 본래적정, 본질소멸.

세속을 구별해서 설하지 않으므로, 이 법륜의 의미가 무엇인지에 대한 논쟁이 있기 때문에 논쟁의 처가 된다는 것이다.

3부경에도 아홉 가지 의미가 있다. 셋째 법륜에 대하여 법륜을 굴리시는 분은 세존 부처님이시며, 시간은 셋째이며, 장소는 바이샬리에서, 이 법륜의 제자는 모든 승에 입학한, 즉 소승과 대승의 모든 경전을 문사로 올바르게 들어간 대승의 전승을 가진 자이며, 첫째와 중간 법륜의 제자는 각각 소승·대승의 제자이지만, 여기서 셋째 법륜의 제자에는 소승·대승 둘 다 있다. 그 법륜의 의미는 무자성 등 5가지[33]이다. 5가지가 있다는 것은 중간 법륜과 같다.

설한 방식은, 제법에 진실로 존재하는지의 여부를 구별한 것, 즉 소지를 세 가지 자성으로 분류하여 이에 대한 진실로 성립하는지의 여부를 구별해서 설하였다. 이 법륜의 본성은 첫째 법륜에 비해 셋째 법륜이다. 이 법륜은 공성을 광대하게 설한 것으로 최고의 경이기 때문에 놀랍고 신기한 것이라고 찬탄한다.

앞에서 제시된 『해심밀경』에서 첫째와 중간 법륜을 표현할 때는 '그 법륜'이라고 표현한 것과 달리, 셋째 법륜을 설할 때는 '이 법륜'이라고 가까운 표현을 쓰는 것은 의미가 있다.

이 법륜의 요의경과 불요의경의 구별은, 세존께서 굴리신 이 법륜은 위가 없고, 때가 없고, 요의경이라는 것이다. 또한 세존께서 말씀하신 이 법륜은 그 위에 더 심오한 의미를 설한 요의경이 없기 때문에 위가 없는 것이다. 이 경이 설한 언설의 문장 그대로를 인정하면 다른 반론자

---

33 위와 같음.

가 논쟁하는 때가 없기 때문에 때가 없는 것이며, 또한 이 법륜의 문장에 직접적으로 나타나는 의미를 다른 의미로 해석할 필요가 없기 때문에 요의경이며, 이 경의 언설의 의미와 내적 의미의 둘에 대해 지자智者가 분석하면 타당하지 않은 논쟁처가 없으며 이 법륜의 의미가 무엇인지에 대한 논쟁이 없기 때문에 논쟁의 처가 되지 않는다는 것이다.

다. 유식학에서 요의경과 불요의경 각각의 정의

그렇다면 이들의 주장에 요의경과 불요의경의 정의는 무엇인가? 경을 요의경과 불요의경으로 구별하는 방식이 무엇인가?

경의 의도를 문자 그대로 인정할 수 없고, 그 의미를 경의 문자와는 다른 의미로 해석해야 하는 경은 불요의경의 의미이며, 경의 의도를 문자 그대로 인정할 수 있고 그 의미가 다른 의미로 해석할 필요가 없는 경은 요의경의 의미라고 주장한다. 그렇다면 첫째 법륜인 사성제 법륜과 중간 법륜인 『반야경』은 불요의경이며, 셋째 법륜은 요의경임이 인정된다.

라. 유식학에서 요의경과 불요의경을 구분하는 방법

초전법륜은 사성제법륜이며 『사부율장四部律藏』, 『사념처경』, 『대유희경』, 『백업경』, 『똑죄갸빠(ᢀᢔᢁᢛᢔᢔᢑᢊ, rtogs brjod brgya pa)』 등이 초전법륜에 속한다. 중간 법륜은 무상법륜인 광본, 중본, 약본의 『반야경』이며, 『금강경』, 『삼매왕경』, 『대보적경大寶積經』, 『화엄경』 등이 중간 법륜에 속한다. 셋째 법륜은 『해심밀경』이며, 『해심밀경』에

94

는 십품이 있는데 전체가 셋째 법륜이 아니며 「승의생품」이 셋째 법륜이다. 『대승밀엄경(大乘密嚴經, Ghanavyhastra, རྒྱན་སྟུག་པོ་བཀོད་པའི་མདོ, rgyan stug po bkod p'i mdo)』, 『능가경』, 『십지경』, 『여래장경』 등도 셋째 법륜에 속한다. 이 학파는 첫째 법륜과 중간 법륜은 언설로 표현한 그대로를 인정할 수 없기 때문에 불요의경이며, 셋째 법륜은 언설 그대로를 인정할 수 있기 때문에 요의경이라 한다. 이에 대해 불요의경을 해석하는 방식과 요의경을 해석하는 방식의 두 가지가 있다. 첫째에는 두 가지가 있다. 초전법륜을 불요의경으로 해석하는 방식과, 중간법륜을 불요의경으로 해석하는 방식이다.

첫 번째로 초전법륜은 색부터 37보리분법까지 7부에 대해 자성으로 성립됨을 설했으며, 또한 외경이 존재함을 설하였다. 이 경은 사성제를 설하였는데 그의 측면에서 불요의경으로 해석할 필요가 없으며, 색 등이 외경으로 존재함과 변계소집성으로 속한 법들이 자성으로 성립됨을 직접적으로 설하진 않지만 외경이 존재함과 변계소집성이 자성으로 성립됨을 바탕을 두고 설하였으므로 그런 측면에서 불요의경으로 해석해야 한다. 또한 초전법륜의 제자가 외경이 존재함에 대한 관심이 많고 외경이 비존재함을 이해할 수 있는 근기를 익히지 못하므로, 세존께서도 대자대비로 그 제자의 근기와 맞게 색 등이 소연연所緣緣하여 색을 인식한 안식이 생기는 것을 설하였다. 즉 세존께서는 첫 번째 법륜 때 자성으로 성립됨을 부정하지 않으시고 일체법에 대한 자성으로 성립됨을 설하신 것이다. 따라서 후대의 제자들인 유부와 경량부는 존재하면 반드시 자성으로 존재함을 인정하였던 것이다.

그러므로 이 경이 불요의경임을 해석하는 방식은 경의 의도, 경의 의미, 경의 언설 그대로 인정한다면 타당하지 않음, 이 세 가지로써 해석한다.

첫째, 초전법륜이 외경을 설한 의도는 무엇인가.

『이십송』에서

자신[34]은 어느 씨앗에서 생기는가?
식이 현현하는 것은 무엇을 대상으로 생기는가?
그것과 그의 처
두 가지라고 부처님께서 설하였다.[35]

라고 말씀하신 대로, '육식을 생기게 하는 여섯 가지 씨앗에서 안식 등의 육식이 생긴다는 것을 의도하여 안 등의 내부 육처가 존재한다고 설하였고, 안식 등의 육식에 대상인 색 등의 여섯 가지가 현현하는 것을 의도하여 색 등의 외부 육처가 존재한다고 설하였다. 이는 곧 '그것과 그것의 처 두 가지로 세존께서 설하였다'라는 의미이다.

초전법륜이 외경인 외부 육처를 설하지만 이것은 이 경의 의도가 아니며, 식의 습기가 쌓이는 토대인 아뢰야식이 이 경의 의도다. 또한 이 경이 자성으로 성립되는지 안 되는지를 특별히 구별하지 않고, 오온 등의 법들에 대해 자성으로 성립한다고 설한 것은 의타기성과

---

34 6식六識을 말한다.

35 『이십송』, 논부, 논장論藏(bstan 'gyur), 데게판(sDe dge), 유식, shi, 3쪽, ba, 1줄.

원성실성에 포함한 법들을 의도한 것이라고 주장한다.

둘째, 그와 같이 이렇게 설한 의미가 무엇인가? 이렇게 설함으로써 유부와 경량부 제자에게 색色을 인식하는 안식이 색 등의 외처와 안眼 등의 내처에서 생긴다고 설하면 이들과 무관한 아我 등의 인아人我가 없음을 알게 하는 의미가 있다. 예를 들면 현생의 몸이 전생과 후생을 오고가는 것이 없으며, 현생의 바로 이 몸에 대해 '아'로 생각하여 전·후생을 인정하지 않는 순세파에게 인과의 토대인 '자아' 정도는 존재한다고 설하기 위해, 중유(中有, 중음신中陰身)를 의도하여 세존께서 화생化生의 중생이 존재한다고 설한 것과 같다.

『이십송』에서

색 등의 육처가 존재하는 것은
이것으로 교화할 제자들에게
의도 때문에 설한 것이다.
마치 화생의 중생과 같다.[36]

라고 설하였다. 여기서 말한 화생은 4생 중 화생이 아니라 인아를 화생으로 표현한다고 어떤 학자들이 말했다. 이 경이 자성으로 성립한다고 설하는 의도는 변계소집성이 전혀 없다고 집착하는 단견을 제거하기 위해서이다. 그러므로 이 학파는 초전법륜의 언설의 의미와 이 법륜의 의도는 모순임을 인정한다.

---

36 『이십송』, 논부, 논장論藏(bstan 'gyur), 데게판(sDe dge), 유식, shi, 3쪽, ba, 1줄.

셋째, 경의 언설 그대로 인정한다면 타당하지 않다는 것은, 초전법륜이 외경을 설한 그대로 외경이 존재함을 인정하는 것은 타당하지 않다. 왜냐하면 뒤에서 설할 외경을 부정하는 논리로써 해[37]가 되기 때문이다.

그와 같이 이 경이 제법을 자성으로 성립됨을 설하는 측면에서 불요의경을 해석하는 방식에 세 가지가 있다. 이 경의 의도, 경의 의미, 경의 언설 그대로 인정한다면 타당하지 않음, 이 세 가지로써 해석한다.

첫째로 이 경의 의도, 즉 초전법륜이 제법을 자성으로 성립됨을 설한 의도는 제법이 언설로 존재한다는 것이다. 이 경의 제자가 언설로 존재하면 반드시 자성으로 성립되어야 한다고 주장하는 까닭이다. 둘째로 이 경이 제법을 자성으로 성립됨을 설한 의미는 그의 제자들 중 유부와 경량부 둘을 섭수攝受하기 위해서이며 변계소집성이 비존재함을 인식한 단견을 제거하기 위해서이다. 셋째로 초전법륜은 제법이 자성으로 성립됨을 설하였는데 경의 언설 그대로 인정한다면 타당하지 않다. 왜냐하면 뒤에서 설할 변계소집성이 자성으로 성립됨을 부정하는 논리로써 해가 되기 때문이다.

두 번째로 중간 법륜을 불요의경으로 해석함에도 세 가지가 있다. 경의 의도, 경의 의미, 경을 언설 그대로 인정한다면 타당하지 않음이다.

첫째, 중간 법륜은 색부터 일체지까지 108부를 모두 자성으로 성립되지 않는다고 설하였는데, 제법에 대해 자성으로 존재하는지 안 하는지

---

37 논리로써 타당하지 않음을 증명.

를 구별하여 설하지 않았다. 중간 법륜이 일체법은 자성으로 성립하지 않는다고 설하는 것은 삼무자성을 의도한 것이다. 이 또한 의타기성은 생무자성, 원성실성은 승의무자성, 변계소집성은 상무자성을 의도하여 일체법이 무자성임을 설한다고 해석한다.

『해심밀경』에서 승의생(勝義生, དོན་དམ་ཡང་དག་འཕགས།, don dam yang dag 'phags) 보살이 "세존께서는 어떤 경에서는 온蘊 등이 자성으로 존재한다고 설하셨고, 어떤 경에서는 자성으로 존재하지 않는다고 설하셨습니다. 자성이 없다고 설하신 의미는 무엇을 의도한 것입니까?" 라고 여쭈었다.

그에 대한 답으로 부처님께서는 『해심밀경』에서

> 승의생이여, 내가 제법의 삼무자성을 설하는 것은 이와 같다.
> 상무자성, 생무자성, 승의의 무자성을 의도하여 일체법이 무자성임을 설하였다.[38]

라고 말씀하셨다. 「섭결택분」에서는

> 세존께서는 무엇을 의도로 하여 일체법의 무자성임을 설하시는가?
> 말한다. 교화하기 위해 이것을, 삼무자성을 의도하여 설하였다.[39]

라고 설하였고, 『삼십송』에서는

---

38 『해심밀경』, 경부經部(mdo sde), 라싸판, ca, 26쪽, na, 6줄.
39 『섭결택분』, 논부, 베이징판, 유식, 'ai, 17쪽, ba, 8줄.

자성은 세 가지이며

세 가지의 무자성을

의도하여 일체법은

자성이 없다고 가르친 것이다.[40]

라고 설한 까닭이다. 그렇다면 세 가지 특성(삼상)은 무엇인가? 그것들은 어떻게 자성이 없는가? 세 가지 특성은 변계소집성, 의타기성, 원성실성이다. 그것들이 무자성인 방식은 다음과 같다. 변계소집성은 명칭과 언설로써 건립하는 것뿐이지, 자신의 특성(자상)으로 성립되지 않기 때문에 상相무자성이다. 의타기성은 다른 원인과 조건에 의지해서 생기고 자력으로 생기지 않기 때문에 생生무자성이다. 원성실성은 승의이며, 두 가지 아의 자성으로 없기 때문에 승의勝義무자성이라고 한다.

『해심밀경』에서

제법의 상무자성은 무엇인가 하면 변계소집의 특성들이다. 그것은 무엇 때문인가 하면 이와 같다. 그것은 명칭과 언설로써 건립한 것을 특성으로 하는 것이지, 자신의 특성으로 머무는 것이 아니기 때문이다. 그러므로 그것을 '특성의 측면에서 무자성'이라 한다.[41]

라고 하였고, 또한

---

40 『삼십송』, 논부, 데게판(sDe dge), c, 2쪽, ba, 6줄.

41 『해심밀경』, 경부經部(mdo sde), 라싸판, ca, 26쪽, ba, 1줄.

제법의 생무자성은 무엇인가? 제법의 의타기성의 특성 바로 그것이다. 그것은 무엇 때문인가? 이와 같다. 그것은 다른 조건의 힘으로 생기는 것이지, 본성으로 생기는 것이 아니기 때문이다. 따라서 이것을 생의 측면에서 무자성이라고 한다.[42]

라고 하였고, 이어

제법의 승의의 무자성은 무엇인가? 의존하고 관련하여 생긴 생무자성으로 무자성인 어떠한 법, 이것들은 승의의 무자성으로 무자성이기도 하다. 그것은 무엇 때문인가? 승의생이여, 제법에 대한 청정한 인식대상은 어떤 것이든 승의임을 가르쳤으며, 의타기성은 청정한 인식대상이 아니기 때문이다. 따라서 '승의의 무자성'이라고 한다.[43]

라고 하였다. 또한

제법의 원성실성은 어떤 것이든 또한 승의의 무자성이라고 한다. 그것은 무엇 때문인가? 승의생이여, 제법의 법무아는 그것들의 무자성이라고 한다. 그것은 승의이며, 승의는 일체법의 무자성만으로 건립하기 때문이다. 따라서 '승의의 무자성'이라고 한다.[44]

---

42 『해심밀경』, 경부經部(mdo sde), 라싸판, ca, 26쪽, ba, 1줄.
43 『해심밀경』, 경부經部(mdo sde), 라싸판, ca, 26쪽, ba, 4줄.
44 『해심밀경』, 경부經部(mdo sde), 라싸판, ca, 27쪽, na, 1줄.

라고 설하였다.

둘째, 중간 법륜에서 일체법이 실체가 없음과 자성으로 성립되지 않는다고 설한 의미는 그와 같이 인정하는 제자인 귀류논증학파를 섭수攝受하기 위한 것이다.

셋째, 중간 법륜을 언설 그대로 인정하면 문제가 있다. 이 경을 언설 그대로 인정하면 의타기성과 원성실성은 진실로 성립되지 않음을 인정해야 하고, 그렇다면 이 둘이 존재하지 않게 되어버리며, 특히 의타기성은 자성으로 성립되지 않으면 생기는 것과 생기게 하는 것 등 인과의 체계가 타당하지 않게 되기 때문에 단견에 떨어지는 등의 논리로써 해치게 되는 까닭이다.

이 학파는 중간 법륜의 제자들에 중관학파와 유식학파 둘 다 있다고 인정한다. 중간 법륜이 일체법을 중관학의 방식대로 실공임을 직접적으로 설하여, 삼상에 대한 유식학의 방식대로 진실로 존재하는지(실유), 진실로 존재하지 않는지(실공)의 체계를 간접적으로 설했기 때문이라고 주장한다.

또한 이 학파가 초전법륜과 중간 법륜을 불요의경으로 단지 인정하는 것은 같지만 불요의경으로 해석하는 방식은 다르다. 이 두 법륜은 경의 의도를 의미로 삼는지의 여부와 경의 언설 그대로를 의미로 삼는지의 여부가 다르기 때문이다.

아뢰야식의 씨앗과 그것에 의존해서 생기는 색의 현현, 이 두 가지는 모두 초전법륜의 의도이지만 그것은 그 경의 의미가 아니다. 왜냐하면 그것들은 그 경의 제자인 유부와 경량부들에게 설할 수 없기 때문이고, 그 경의 제자인 두 학파가 인정하지 않기 때문이며, 초전법륜의 제자이면 소승학파인 것을 충족하기 때문이다. 그러므로 이 경의 의미와 이 경의 의도 둘은 모순이다.

삼무자성은 중간 법륜의 의도이며 그 경의 의미이기도 하다. 그것은 이 경이 설해야 하는 궁극적 의미이기 때문이다. 또한 삼무자성은 셋째 법륜의 의도이기도 하다. 중간 법륜과 셋째 법륜 둘의 의도는 하나이기 때문이다.

이 학파는 중간 법륜과 셋째 법륜 둘이 의도는 하나이지만 설한 방식이 분명한지에 대한 차이로서 요의경과 불요의경 각각으로 나눈다. 또한 중간 법륜의 제자는 셋째 법륜의 제자보다 근기가 매우 뛰어나다. 왜냐하면 중간 법륜의 제자가 셋째 법륜에 의존하지 않고 중간 법륜의 의도를 이해할 수 있지만, 셋째 법륜의 제자는 셋째 법륜에 의지하지 않고서 중간 법륜의 의도를 이해할 수 없기 때문이라고 주장한다.

첫째 법륜과 중간 법륜은 언설 그대로를 의미로 삼는지의 여부가 다르다. 첫째 법륜의 언설로 설한 외경인 외처는 그 경의 제자에게 설해야 하는 의미이며, 또한 그 경의 제자인 유부와 경량부 둘은 외경을 인정하고 무경을 인정하는 근기가 안 되기 때문에, 대비를 지닌 세존께서도 그 제자의 근기에 맞게 설한 까닭이다.

중간 법륜의 언설로써 직접 설한 일체법이 승의로 무자성인 것은 그 경의 내적 주제가 아니다. 그 경의 내적 주제를 받아들이는 제자라면 유식학파이어야 하며, 유식학파는 그것을 인정하지 않고 세존께서도 그 제자에게 그렇게 설하지 않은 까닭이다.

그렇다면 셋째 법륜의 『해심밀경』은 『반야경』의 의도를 해석함으로써 삼상에 대해 진실로 성립되는지의 여부를 구별하여 설한다. 의타기성과 원성실성에 포섭된 제법은 자신의 특성으로 성립되고, 변계소집성에 포섭된 제법이 자신의 특성으로 성립되지 않는다고 설하였다. 그러므로 이 경은 제법이 자신의 특성(실체)으로 성립되는지의 여부를 분명하게 구별하여, 그와 같이 언설 그대로인 것이기 때문에 요의경이라고 주장한다.

마. 결론

요약하면, 셋째 법륜에서 인무아人無我에 대하여 초전법륜에서 설한 바와 별도로 설한 방식이 없지만 셋째 법륜이 초전법륜과 중간 법륜을 문장의 언설 그대로가 아닌 것으로 확립하였으며, 그것들의 의도를 직접 해석함으로써 간접적으로 불요의경으로 확립하였고 소지에 대해 세 가지 특성(삼상)으로 구별하여 이 세 가지에 대해 진실로 성립되는지의 여부를 분명히 구별했다. 그것은 유식학파가 법무아法無我의 공성을 확립하는 데 있어서 부정해야 하는 증익과 손감을 바르게 파악하여 그것들을 부정함으로써 법무아를 어떻게 건립하는지를 알기 위해서이다. 여기서 알아야 하는 것이, 세존 붓다께서는 일체지와 일체중생에 대한 대자대비심을 가지시며 제자에 대해 근기와 인식하는 능력이 어느 정도인지 모두 알고서 설하신다. 그러므로 세존의 말씀 중에 세존 자신의 의도가 아닌 것이 매우 많다. 그러므로 한 경의 의도가 모두 세존 자신의 의도이어야 하는 것이 아니다. 그 경의 의도와 그 경을 설하신 세존의 의도, 이 둘을 잘 구별하는 것이 매우 중요하다.

또한 아상가 대논사는 유식학의 제자들을 섭수하기 위해서 유식학의 전통을 열었지만 그 자신은 중관학파였다. 이 논사가 저술한『보성론석』에서 구경일승을 확립하였기 때문이다.『보성론석』에서는 유식학이 주장한 이공과 그의 논제로서의 아뢰야식을 인정하지 않는다. 이 논서에서는 아뢰야식을 설한 경은 어떤 제자의 근기 때문에 설하였다고 주장하기 때문에 아뢰야식을 인정하지 않은 것이 분명하게 드러나는 까닭이다.

(2)『무진혜경』에 의지하여 요의경과 불요의경으로 구분하는 방식

둘째,『무진혜경』에 의지하여 부처님 말씀을 요의경과 불요의경으로 구분하는 방식에 네 가지가 있다. 중관학 논서들의 유래, 중관학에서 요의경과 불요의경을 분류하는 근거, 중관학에서 요의경과 불요의경 각각의 정의, 중관학에서 요의경과 불요의경을 구분하는 방법이다.

가. 중관학 논서들의 유래

중관학은『무진혜경』에 따르는 것이다. 귀류논증학파의 논사인 월칭 논사와 자립논증학파의 청변 논사 둘이 요의경과 불요의경을 구별하였을 때,『무진혜경』을 근거로 설한 까닭이다.

이 두 논사는 중관학파에 따르는 모든 이들이 신뢰하는 대상이다. 불호 논사는 중론의 주석서로『불호근본중론주(佛護根本中論註, Budddhapalita mūla madhyamaka vrtti, congchub sembai)』를 저술함으로써 용수 논사의 의도를 귀류적으로 해석하였다. 그 다음 청변 논사가 자립의 타당성을 많은 논리로써 확립함으로써 용수 논사의 의도를 자립적으로 해석하

였는데, 『중관심론』과 그의 자주석自註釋인 『사택염』, 『반야등론』 등
을 저술하였다. 월칭 논사는 『명구론』과 『입중론』, 그의 자주석까지
저술함으로써 용수 논사의 의도를 귀류적으로 명확하게 확립하였다.
적천 논사 또한 보리심 법맥의 왕으로 알려진 『입보리행론』과 『집학
론』을 저술하였는데, 여기에서 용수 논사의 저술들을 근거로 하였다.
그와 같이 마명보살, 루이장춥[45], 쌰꺄쎼녠shakya bshes gnyen 등 많은
논사 또한 용수 논사를 따르는 중관학의 학자들이다. 청변 논사에
따라서 예셰닝뽀ye shes snying po는 『중관이제론』을 저술하였는데,
이 두 논사는 외경을 인정하여 자증을 인정하지 않았다. 그 다음 적호(寂
護, Shantarakshita, ཞི་བ་འཚོ) 논사는 자증이 존재하여 외경과 실
체가 없다고 능립能立하여 『중관장엄론』을 저술함으로써 유가행 자립
논증학파를 창립하였다.

이에 따라서 연화계(蓮華戒, Kamalashila, པད་མའི་ངང་ཚུལ) 논사가 『중관
광명론』과 『수습차제(상중하)』를 저술하였다. 또한 성해탈군(Araya
Vimuktisena, འཕགས་པ་རྣམ་གྲོལ་སྡེ) 논사, 사자현(師子賢, Haribhadra, སེང་
གེ་བཟང་པོ) 논사, 쌍개예쎼샵(snags rgyas ye shes zhyabs), 아비
야까라 등 많은 학자들이 자립논증의 견해를 가지고 많은 논서를 저술하
였다. 이 모든 논서들은 『무진혜경』에 따라서 부처님의 말씀을 요의경
과 불요의경으로 구별하는 방식과 동일하다.

---

[45] 용수보살의 제자이다.

나. 중관학에서 요의경과 불요의경을 분류하는 근거

요의경과 불요의경을 분류하는 근거로 『무진혜경』에서

> 요의경은 무엇인가? 불요의경은 무엇인가? 어떤 경이 세속법을
> 가르치면 불요의경이라고 한다. 어떤 경이 승의제를 가르치면 요의
> 경이라고 한다. …… 어떤 경이 다양한 문장과 글자로 가르치면
> 불요의경이라고 한다. 어떤 경이 심오하고 알기 어려운 것을 가르치
> 면 요의경이라고 한다.[46]

라는 등등을 설하였다. 또 『삼매왕경』에서

> 여래께서 공성을 설한 것이
> 요의경임을 알아야 한다.
> 어떤 경에는 중생과 인간, 아를 설하는 것
> 이 모든 것이 불요의경임을 알아야 한다.[47]

라고 설하였다.

다. 중관학에서 요의경과 불요의경 각각의 정의

자립논증학파에게는 승의제를 주로 설하여 언설 그대로 인정할 수

---

46 『무진혜경』, 경부經部(mdo sde), 라싸판, pha, 231쪽, na, 6줄.

47 『삼매왕경』, 경부經部(mdo sde), 경장經藏(bka' 'gyur), 데게판(sDe dge), da,
20쪽, ba, 3줄.

있는 경이 요의경의 정의이다. 세속제를 주로 설하거나 경의 언설 그대로 인정할 수 없는 경은 불요의경의 정의로 인정한다. 이것은 『중관광명론』에서 설하였다. 한편 귀류논증학파는 승의제를 주로 설하는 경이 요의경의 정의이며, 세속제를 주로 설하는 경을 불요의경으로 인정한다.

요의경과 불요의경의 정의에 대해 이렇게 각각 다르게 주장하기 때문에, 두 중관학파와 유식학의 세 학파는 요의경과 불요의경의 사례가 서로 다르다. 자립논증학파의 경우 승의제를 주로 설한 경이면 반드시 요의경이어야 하는 것이 아니다. 『반야심경』 같은 경우는 요의경이 아닌 까닭이다. 이로써 귀류논증학파의 주장과 다르게 드러난다. 경의 언설 그대로를 인정할 수 있는 경이면 반드시 요의경이어야 하는 것이 아니다. 제행무상을 설한 초전법륜은 요의경이 아닌 까닭이다. 이로써 유식학파의 주장과 다르게 드러난다.

의미가 다른 것으로 해석해야 하는 여부의 뜻은 주제를 표현하는 언설과 그 언설의 주제, 이 두 가지에 적용할 수 있다. 언설에 대해 적용할 경우, 경의 문장 그대로인 것인지 그대로인 것이 아닌지로 구별하여 언설 그대로인 것이면 요의경이며, 언설 그대로인 것이 아니면 불요의경이다. 주제에 대해 적용할 경우, 경의 주제가 궁극적 실상이 되는지 아닌지로 구별하여 주제가 승의제를 주제로 두면 요의경이며, 주제가 승의제를 주제로 두지 않으면 불요의경이다.

그러므로 귀류논증학파는 주제상의 측면에서 요의경과 불요의경을 구분한다. 예를 들어 제행무상을 설한 경은 제행무상을 설한 측면에서 문장의 언설 그대로이지만 요의경이 아니며, 『반야심경』은 문장의 언설 그대로는 아니지만 궁극적 승의를 설하기 때문에 요의경이라고 인정한다. 그런데 자립논증학파는 표현하는 언설과 주제상, 이 두 가지 측면에서 요의경과 불요의경을 구별한다. 『반야심경』 같은 경우는 궁극적 승의를 설하였지만 문장의 언설 그대로를 인정할 수 없기 때문에 불요의경이라고 인정한다. 유식학파는 표현한 언설의 측면에 의거하여 요의경과 불요의경을 구별한다.

라. 중관학에서 요의경과 불요의경을 구분하는 방법

자립논증학파와 귀류논증학파는 삼전법륜을 요의경과 불요의경으로 파악하는 것이 서로 다르다. 자립논증학파 내부에서도 두 가지가 있다. 자립논증학파의 논사인 성해탈군, 사자현 둘은 초전법륜과 셋째 법륜이면 불요의경임을 충족한다고 보며, 중간 법륜을 불요의경과 요의경 둘로 나눠 구별하였다. 또한 『반야십만송』 같은 경우는 요의경이며, 『반야심경』은 궁극적 공성을 설하였지만 언설 그대로 인정할 수 없기 때문에 불요의경이라고 주장한다. 그러므로 셋째 법륜은 유식학의 방식으로 공성의 체계를 설하였을 뿐 궁극적 공성을 설하지 않았다. 그의 제자인 유식학파는 궁극적 공성을 설할 만한 근기가 안 되기 때문이다. 그는 상견과 단견에 머무는 자인 까닭이다. 그와 같이 초전법륜에서 인무아를 설하였지만 법무아는 설하지 않았다. 그의 제자가 법무아를 인정하지 않은 까닭이라고 그들은 주장한다.

청변 논사, 예셰닝뽀, 적호 논사, 연화계 논사 등은 셋째 법륜이 중간 법륜을 요의경임을 능립하기 때문에 중간경이라고 주장한다. 그러므로 셋째 법륜의 제자에는 중관학파와 유식학파 둘 다 있다고 인정한다. 이 또한 셋째 법륜이 유식학의 방식대로 삼무자성의 체계를 직접적으로 설하여 중관학의 방식대로 실공의 방식을 간접적으로 설했기 때문에 그의 언설적 의미와 내적 의미는 다르다고 주장한다.

귀류논증학파는 초전법륜을 요의경과 불요의경 둘로 나누고, 중간 법륜은 오직 요의경이며, 셋째 법륜은 오직 불요의경임을 주장한다. 또한 초전법륜에 무상 등 십육행상을 설한 경은 불요의경이며, 아공과 법공을 설한 경은 요의경이라고 주장한다.

이 초전법륜은 언설적 표현에는 일체법이 차별 없이 자성으로 성립됨을 설하였지만 내적 의미상에서는 제법이 자성으로 성립되지 않은 것이 존재한다. 그러므로 초전법륜의 제자는 소승의 종성을 가진 것을 충족하지만 꼭 소승학파이어야 하는 것이 아니다. 그의 제자에는 귀류논증학파도 존재하는 까닭이다.

초전법륜에서 제법이 자성으로 성립됨을 설했기 때문에 불요의경으로 해석한 것에는 세 가지가 있다. 첫째, 초전법륜에서 제법이 자성으로 성립됨을 설한 의도는 제법이 언설로 존재한다고 의도한 것이다. 둘째, 이렇게 설한 의미는 언설적으로 제법이 자성으로 공함을 설하면 그의 언설로 인해 제자가 단견에 빠지게 되기 때문에 단견을 제거할 목적이 있으며, 또한 먼저 거친 무아無我 정도를 설함으로써 마음을 청정하게 하고, 그 다음 미세한 무아로 이끌기 위한 것이다. 셋째, 이 경은 설한 문장 그대로 인정하면 문제가 있다. 이 논서에서 설한 제법에 자성을 부정한 논리 그것으로써 해가 되기 때문이다.

중간 법륜은 요의경이다. 왜냐하면 제자인 대승의 종성을 가진 매우 뛰어난 근기를 가진 자에게 제법의_궁극적 실상인 승의제를 설한 경이기 때문이다.

『반야십만송』과『반야심경』둘 다 승의의 모든 희론이 제거된 궁극적 공성을 설했기 때문에 요의경임을 주장한다.

셋째 법륜은 3상에 대한 유식학의 방식대로 자성으로 성립되는지의 여부와 유식학의 방식대로 제법에 명칭으로 가립되는지의 여부를 잘 구별해서 설한 불요의경이다. 이 경을 요의경으로 해석함에 세 가지가 있다. 첫째, 그 의도는 세 가지 무자성에 대한 의도로 설하였다. 둘째, 이렇게 설한 목적은 그 경의 제자인 유식학파에게 자성으로 공한 궁극적 실상을 설하면 단견에 떨어지게 되기에 단견을 제거하기 위해서이며, 또한 먼저 거친 무아를 설하여 그 다음에 미세한 무아에 이끌기 위한 것이다. 셋째, 이 경을 언설 그대로 인정하면 문제가 있다. 변계소집성이 자성으로 성립되지 않음을 주장하는 정도는 문제가 없지만, 의타기성과 원성실성에 속한 제법이 자성으로 성립됨을 인정하면 타당하지 않다. 왜냐하면 귀류논증학파의 인무아와 법무아를 능립한 논리로써 해가 되기 때문이다.

VI. 귀류논증학파의 여덟 가지 특징

이에 대한 두 가지가 있다. 여덟 가지 특징을 요약해서 소개함, 각각의 의미를 광대하게 설함이다.

첫째, 여덟 가지 특징을 요약해서 소개함

이에 대해 『입중론자석』에서

> 이 방식은 특별한 것이라고 현자들은 알아야 한다.[48]

라고 설하였다. 월칭 논사는 『입중론』에서 용수 논사의 『중론』의 의도

---

[48] 『입중론자석』 중관부中觀部, 논장論藏(bstan 'gyur), 데게판(sDe dge), a', 347쪽, na, 7줄.

를 특별하게 해석함에 있어서 제법은 무자성無自性이지만, 모든 행위체계가 타당하다는 것을 논리로써 확립하고 있다. 따라서 그에게는 다른 학파와는 다른 사상이 많이 등장한다. 이 중에 주요한 것은 유식학파의 견해를 부정하는 귀류논증학파의 다섯 가지 주장과 자립논증학파와 차별된 세 가지 특징으로, 이를 여덟 가지로 간추려 설명하겠다. 월칭 논사는 『입중론』에서 자립논증을 부정하는 내용과 유식학파를 부정하는 내용의 과문科文을 별도로 구분하여 설하는데, 이 책에서도 이 방식에 따라서 과문을 구분하여 제 쫑카파가 저술한 『의취선명意趣善明』[49]에 의지하여 설명하고자 한다. 여타의 논서에서도 여덟 가지 핵심에 대한 다양한 과문을 나열하고 있으며, 인정하는 주장과 인정하지 않는 주장도 다양하다. 또한 자립논증학파와 구별되는 특징과 유식학파와 구별되는 귀류논증학파의 특징의 가짓수를 다르게 구분하는 경우도 있다. 그러나 이 모든 의견들을 여기에 모으려는 시도는 하지 않았다.

귀류논증학파가 유식학파와 공통되지 않은 다섯 가지 특징은 1) 외경(外境, ཕྱི་དོན་)을 인정함, 2) 자증(自證, savitti, རང་རིག་, rang rig)을 인정하지 않음, 3) 아뢰야식(ālayavijñāna, ཀུན་གཞི་, kun gzhi)을 인정하지 않음, 4) 괴멸(壞滅, ཞིག་པ་)을 사물로 인정함, 5) 삼세(三世, དུས་གསུམ་)에 대한 특별한 주장이다. 여기서 괴멸을 사물로 인정하는 방식과 삼세에 대한 특별한 주장은 자립논증학파 이하의 모든 불교학파들과 공통되지 않은 특징이다. 그런데 이 두 가지를 유식학파의 과목 내에서

---

49 『입중론』의 주석서. 여기서 쫑카파는 귀류논증학파를 불교의 최고 견해로 정립한다.

설한 이유는, 삼세는 괴멸에서 나오고 괴멸은 아뢰야식을 설함에서 나오기 때문이다. 아뢰야식은 유식학파의 주장이기 때문에 이들을 하나의 과목으로 합쳐서 설하는 것이다.

한편, 귀류논증학파가 자립논증학파와 공통되지 않은 특별한 세 가지 특징은 6) 삼승三乘의 성자聖者는 법무아法無我를 깨닫는 것으로 충족된다, 7) 실집(實執)은 번뇌(煩惱, ཉོན་མོངས་)임을 인정함, 8) 자립인(自立因, རང་རྒྱུད་ཀྱི་རྟགས) 을 인정하지 않음이다.

앞에서 말한 여덟 가지 특징은 무자성의 특성을 적용해서 설한 것이다. 무자성의 특성을 적용한 여덟 가지는 귀류논증학파의 특별한 요점이 되는데, 무자성의 특성을 적용하지 않으면 특별한 특징이 되지 않는다. 예를 들면 괴멸이 사물이라는 정도는 설일체유부도 인정함으로 귀류논증학파의 특별한 특징이 아닌 까닭이다. 아뢰야식을 인정하지 않는 것 또한 유식학파 외에 모든 불교학파들이 인정하기 때문에, 아뢰야식을 인정하지 않는 정도는 귀류논증학파의 특별한 요점이 되지 않는 까닭이다. 그와 같이 자증을 인정하지 않는 것, 외경을 인정하는 것만으로는 귀류논증학파의 특별한 요점이 되지 않는다.

둘째, 각각의 의미를 광대하게 설함

귀류논증학파의 여덟 가지 특징을 광대하게 설함에 두 가지가 있다. 유식학파와 공통되지 않은 특징 다섯 가지와 자립논증학파와 공통되지 않은 특징 세 가지이다.

1. 유식학파와 공통되지 않는 특징 다섯 가지

유식학파와 공통되지 않는 특징에는 다섯 가지가 있다. 외경(外境, ཕྱི་དོན་)을 인정함, 자증(自證, savitti, རང་རིག)을 인정하지 않음, 아뢰야식(ālayavijñāna, ཀུན་གཞི)을 인정하지 않음, 괴멸(壞滅, ཞིག་པ་)을 사물로 인정함, 삼세(三世, དུས་གསུམ)에 대한 특별한 주장이다.

1) 외경(外境, ཕྱི་དོན་)을 인정함

첫째 특징인 외경을 인정함을 설함에 2가지가 있다. 유식학파의 주장, 귀류논증학파의 주장이다.

(1) 유식학파의 주장

첫째, 유식학파의 주장에 다섯 가지가 있다. 유식의 의미, 유식학의 두 가지 법무아, 두 가지 법무아를 설한 경의 근거, 두 가지 법무아를 설한 논서의 근거, 두 가지 법무아를 확립하는 논리이다.

가. 유식의 의미

귀류논증학파는 외경을 인정한다. 이에 대한 해석은 뒤에서 설하겠다. 이와 반대로 외경을 부정하는 자는 유식학파이며, 유식학파는 외경을 인정하지 않는다. 제법은 마음이 본성임을 인정하는 까닭이다. 이들은 무경無境의 의미를 제법에 대해 '오직 마음자체일 뿐'이라고 설명한다. 제법은 마음의 현현일 뿐, 그 현현은 아뢰야식의 저장된 습기가 익음으로써 성립되기 때문에 마음의 현현이 겉으로 드러나는 것일 뿐 그

외의 외경이 없다고 주장한다. 그리고 이 학파는 법을 세 가지로 분류한
다. 공한 토대인 의타기성依他起性, 그의 실상인 원성실성圓成實性,
그 원성실성의 부정대상인 변계소집성遍計所執性이다. 예컨대 항아리
같은 경우에 자신이 의타기성이며, 항아리의 법성이 항아리의 원성실
성이고, 항아리의 법성의 부정대상이 항아리의 변계소집성이다. 또한
항아리가 다양한 명칭의 토대[50]인 것 역시 변계소집성에 해당한다.

이 세 가지가 '마음의 현현일 뿐'이라는 것은 다음과 같다. 항아리를
인식하는 안식眼識에 항아리를 현현하는 것이 동류습기同類習氣에 의한
것임을 의미한다. 항아리가 마음의 본성 외에 별도로 존재하지 않지만
항아리를 인식하는 안식에 외경으로 현현하는 것은 아견습기我見習氣
에 의한 것이다. 그리고 안식이 항아리를 본 다음 그 항아리가 작거나
크고, 좋고 나쁘고, 색깔과 형태 등에 대해 다양하게 현현하는 것은
명언습기名言習氣에 의한 것이다.

중생들이 착란한 마음으로 외경을 존재하는 것처럼 현현하지만,
의미상으로 이 모든 법이 마음의 본성일 뿐이라고 깨닫는 것이 대상의
궁극적 실상을 깨닫는 것이라고 이 학파에서는 말한다. 이 학파가
'제법이 마음의 본성뿐이며 마음이 현현할 뿐'이라고 하는 의미가 이와
같다. 다만 이것이 제법을 마음대로 만들 수 있다는 의미는 아니다.

나. 유식학의 두 가지 법무아
유식학파의 견해에는 인무아人無我와 법무아法無我 두 가지가 있다.

---

50 크고 작고 선하고 악하다는 등 여러 가지 명칭을 붙이는 대상.

116

인무아는 자립논증학파 이하의 모든 학파가 같은 반면, 법무아는 외경을 부정하는 이공二空과 의타기성이 부정대상인 변계소집성으로 공한 원성실성의 공성 두 가지를 설하고, 이것을 『십지경』과 『해심밀경』의 의도로 인정한다.

여기서 강조하자면, 유식학파는 능취와 소취가 다른 실체(རྫས་སུ་གྲུབ)로 성립되는 것, 색이 외경으로 존재하는 것 둘은 같은 것이며 무분별지에 현현한 법아이고, 이것을 인식하는 것이 법아집임을 인정한다. 능취와 소취가 다른 실체로 공한 것, 색이 외경으로 존재하지 않는 것 둘은 같은 의미이며 법공이다. 이것은 이공二空, 외공外空이라고 하여 모두 같은 의미이다.

이러한 공성, 즉 이공과 외공은 많이 알려져 있다. 그러나 유식학의 법무아에 대해 이공만을 생각하여 이 외에 분별지가 취한 대상이 자성으로 성립됨을 인식하는 것, 즉 변계소집성이 자성으로 성립되는 것과 그것을 인식하는 식이 법아집인 것, 이 법아집이 인식하는 대로 공한 것, 다시 말해 변계소집성이 자성으로 공한 것이 법무아임을 설한 것을 모르는 경우가 많이 있었다.

만일 이 학파에 근식根識의 측면에서 능취와 소취가 다른 실체로 부정된 공성을 법무아임을 인정하며, 이외에 분별지가 취한 대상이 자신의 특성으로 성립되므로 공한 법무아의 공성을 『해심밀경』에서 설한 것과 같이 인정하지 못하면, 능취와 소취가 다른 실체로 공한 것이 일체법에 충족하지 못하기 때문에 일체법에 대한 충족한 무아의 공성을 건립하지 못하게 된다.

만일 법공에 대하여 외공만을 인정하고 그 외의 법공을 인정하지 않으면, 허공의 공성을 확립할 경우 허공의 공성은 허공이 외경으로 공한 것에 해당하게 된다. 이것은 타당하지 않다. 이것은 미세한 법무아가 아니며, 허공이 외경으로 성립되는지에 대하여 누구라도 의심할 바 없는 까닭이다.

『반야경』에서 설한 일체법이 공하다고 하는 것을 외경으로 공하다는 의미로 적용하면 이 공성은 유위법에만 해당하고 무위법에는 충족되지 못한다. 그렇다면 『반야경』에서 설한 공성을 일체법에 적용하지 못하는 꼴이 된다. 그러므로 『반야경』에서 설한 일체법이 공하다는 것은, 변계소집성이 자성으로 공하다는 의미로 알아야 한다. 이 공성은 유위와 무위의 일체법에 충족시킬 수 있다. 이는 『반야경』에서 일체법이 공하다고 설한 것을 『해심밀경』에서 해석한 것이다.

다. 두 가지 법무아를 설한 경의 근거

첫째 법공은 『대승밀엄경』에서

흙으로 만든 그릇 등 물질적인 형상은
다른 것(외경)에 존재하는 것이 아니다.
이러한 모든 것들은 오로지 마음뿐이기 때문이다.[51]

라고 했으며, 『십지경』에서

---

[51] 『대승밀엄경』, 경부經部(mdo sde), 라싸판, cha, 34쪽, na, 5줄.

118

삼계는 오직 마음뿐이다.[52]

라고 하였고, 『해심밀경』에서

"세존이시여! 삼매의 대상인 영상은 무엇입니까? 마음과 다른 것이
라고 말해야 합니까? 아니면 마음과 다른 것이 아니라고 말해야
합니까?"
세존께서 말씀하셨다. "미륵이여! 마음과 다른 것이 아니라고 말해
야 한다. 그것은 무엇 때문인가? 식은 인식대상이 오직 식에 의해
드러난 것이다."[53]

라고 설하였다.
　의타기성이 변계소집성으로 공한 법공도 『해심밀경』에서 설하였다.
『반야경』에서 자성으로 공함을 설한 것을 『해심밀경』에서 해석할 때,
의타기성을 본성과 특성으로 증익한 변계소집성이 자성으로 공한 것을
의도로 하여 설한 의미로, 의타기성이 변계소집성으로 공한 것을 법무
아로 설하였기 때문이다. 즉 의타기성이 변계소집성으로 공한 것,
의타기성의 변계소집성이 자성으로 공한 것이 법무아임을 설한 까닭
이다.

---

52 『십지경』, 화엄부華嚴部(phal chen), 경장經藏(bka' 'gyur), 데게판(sDe dge), kha,
220쪽, ba, 4줄.
53 『원측소에 따른 해심밀경』 9장, 원측 지음, 지운 역주, 연꽃호수, 2009, 326쪽.

유식 논서인『보살지』에서는 경과 논리의 근거로 법무아를 설하였는데, 경은『해심밀경』을 인용하지 않고 소승의 알려진 경을 인용하였다. 그것의 반론자가 소승학파이기 때문이었다. 소승학파이기에 그들이 인정한 경을 인용하는 것이다. 그 경에는 세 가지가 있다.『유전제유경流轉諸有經』,『된기데첸기도(དོན་གྱི་སྡེ་ཚན་གྱི་མདོ། don gyi sde mtshan gyi mdo)』,『가전연경迦旃延經』이다.

첫째,『유전제유경』에서

어떠한 명칭에 의해
어떠한 법들을 표현하든지
그것에 그것은 존재하지 않는다.
그것이 바로 법들의 법성이네.[54]

라고 설하였다.

둘째,『된기데첸기도』에서는

세간에 어떠한 세속이 존재하는가?
이 모든 것을 능인能仁이 인정하지 않는다.
보거나, 듣거나, 인정하지 않으니
인정하지 않은 것을 누가 취하는가?[55]

---

54 『유전제유경』, 경부經部(mdo sde), 데게판(sDe dge), dza, 176쪽, ba, 4줄.
55 『된기데첸기도』, 논부, 베이징판, 유식, shi, 32쪽, ba, 6줄.

라고 설하였다.

그 의미는 다음과 같다. 색 등 명칭의 토대가 되는 것이 자성으로 성립됨을 인정하는 것이 타당하지 않다. 색 등이 명칭의 토대가 되는 것이 자성으로 성립됨을 취하는 식이 법성을 보는 데 있어서 장애가 된 세속이다. 이 식이 취하는 대로 성립되는 것이 능인인 부처님께서 보지도 않고, 듣지도 않고, 인정하지 않는다는 뜻이다.

셋째, 『가전연경』에서는

가전연(迦旃延, Kātyāyana) 비구는 지에 의존하여 선정을 닦지 않는다. 수·화·풍·허공·식·무소유처·비상비비상처와 이 세간과 다른 세간, 해와 달, 보이는 것, 듣는 것, 구별하는 것, 의식, 찬 것, 마음으로 가립되는 것, 따라서 분석하는 것, 이 모든 것에 의존하여 선정을 닦지 않는다.

라고 설하였다.

라. 두 가지 법무아를 설한 논서의 근거

『해심밀경』에서는 논제(공한 토대인)인 의타기성에 대한 본성[56]과 특성[57]으로 가립된 변계소집성이 자성으로 공한 법무아임을 밝혔다. 이로써 유식학파의 법아집의 파악도 건립할 수 있다. 앞에서 경에 따라서, 즉 무착 논사가 저술한 유식 논서인 『보살지』, 『섭결택분』, 『섭대승론』

---

56 색의 본성, 즉 색 자신을 의미한다.
57 색의 생멸과 크고 작은 등 여러 가지 특성들을 말한다.

등에서 앞에서 말한 공성이 궁극적 중도의 의미임과 법무아의 원성실성임을 많은 경과 논리로써 확립하였다. 『섭대승론』에서는 외경이 없지만 식이 실제로 성립됨의 예시로 꿈, 착란한 식, 신기루를 현현하는 식, 환의 말과 소를 현현하는 식, 부정관을 수습하는 삼매의 현현 등 많은 예시를 세워서 능취와 소취가 실질로 각각인 외경을 부정하는 많은 논리를 설하였다. 특히 『보살지』에서 의타기성이 부정대상인 변계소집성으로 공한 것이 궁극적 중도이며, 법아를 부정한 원성실성이며, 소지장을 청정하게 하는 도의 대상임을 많은 논리로써 확립하였다.

이 두 가지 법무아의 공성에 대해 첫째는 무착의 방식이며, 둘째는 진나 부자父子의 방식이라고 예전에 티벳에서 몇몇 곳에 알려지기도 했었지만 이는 사실이 아니다. 이 두 가지 법무아는 세존께서 『해심밀경』에서 설한 것뿐만 아니라 무착 논사 부자 등이 저술한 유식의 논서에서도 설하였고, 진나 논사 등이 저술한 논리에 따르는 유식학의 논서에서도 두 가지 법무아를 설하였다.

또한 무착 논사께서 『섭대승론』에서 광대하게 확립하며, 진나 논사 또한 『반야팔천송석』에서 의타기성에 대한 본성과 특성을 가립된 변계소집성이 자신의 특성으로 공한 것을 법무아의 원성실성이며, 이것이 『반야경』의 의미임을 『섭대승론』과 같이 설한 까닭이다.

마. 두 가지 법무아를 확립하는 논리

법무아를 확립하는 논리에 두 가지가 있다. 의타기성이 변계소집성으로 공한 법공(법무아)을 확립하는 논리, 능취와 소취가 다른 실체로서 공한 법무아를 확립하는 논리이다.

①의타기성이 변계소집성으로 공한 법공(법무아)을 확립하는 논리

의타기성이 부정대상인 변계소집성으로 공한 것을 확립하는 논리를 설함에, 먼저 그의 반론자는 경량부이며, 이는 색 등이 본성과 특성으로 가립된 변계소집성이 자성으로 성립됨을 주장하며, 유식학파는 색 등이 본성과 특성으로 가립된 변계소집성은 자성으로 공함을 주장한다. 예를 들어 항아리로 비유하자면, 항아리 자신이 의타기성, 항아리가 항아리를 표현하는 소리와 항아리를 인식하는 분별지分別智의 대상이 되는 것이 존재한 변계소집성이며, 항아리가 항아리를 표현하는 소리와 항아리를 인식하는 분별지의 대상이 되는 것이 자성으로 성립된 것이 비존재인 변계소집성이다. 항아리가 항아리를 표현하는 소리와 항아리를 인식하는 분별지의 대상이 되는 것이 자성으로 공한 것은 원성실성이거나 법성이다.

　여기서 변계소집성이 자성으로 공한 방식은 이와 같다. 만일 항아리가 항아리라는 이름의 적용하는 대상이 되는 것이 자성으로 성립된다면 항아리를 표현하는 소리가 항아리의 실체로 적용되어버리고, 항아리라는 명칭이 항아리를 표현하는 것이 명칭에 의존하지 않게 되는데, 그것은 타당하지 않다. 그렇다면 배가 불룩한 것에 항아리라고 명칭을 붙이기 전에 그 자체를 보는 것만으로 "이것이 항아리이다"라는 인식이 생기게 된다. 왜냐하면 배가 불룩한 것이 항아리라는 명칭을 붙이는 대상이 되는 것이 자성으로 성립된다면, 배가 불룩한 것이 항아리라는 명칭을 붙이는 대상이 되는 것이 배가 불룩한 것의 측면에서 이름 붙이는 대상이 되어야 한다.

그와 같이 배가 불룩한 것이 항아리를 인식하는 분별지의 인식대상이 되는 것이 자성으로 성립된다면, 배가 불룩한 것이 항아리를 인식하는 분별지의 인식대상이 되는 것이 배가 불룩한 것의 측면에서 행상을 드러내야 하는 까닭이다. 만일 배가 불룩한 것이 항아리를 인식하는 분별지의 대상이 되는 것이 배가 불룩한 것의 측면에서 현상을 드러내는 것이라면, 명칭을 적용하거나 하지 않은 차이가 없이 어떤 식이 배가 불룩한 것을 보자마자 항아리라고 인식해야만 하는 까닭이다.

또한 한 사람에게 작명가가 달이라고 이름을 붙이면 그때부터 그 사람이 달이라는 이름의 대상이 되고, 그 사람에게 작명가가 처음 해라고 이름 붙이면 그때부터 그 사람이 해라는 이름의 대상이 될 것이므로, 여러 장소와 다양한 나라에서 다양한 작명가가 이름 붙이는 데에 따라서 한 법에 다양한 명칭을 붙이는 것이 가능하다. 만일 그 사람이 달 이름을 붙이는 대상이 되는 것이 자성으로 성립된다면 달 이름이 그 사람에게 대상의 실체로서(대상의 실체의 힘에 의해) 적용하게 된다. 그렇다면 그 사람이 달이라는 이름의 대상이 되는 것이 작명가가 붙이는 데에 의존하지 않게 되거나, 또한 어느 장소와 어느 때에도 그 사람에게 달이라는 이름 외에 다른 이름을 붙이는 것이 불가능하게 되어버린다. 그러므로 어떤 법에 어떠한 이름을 붙일 경우, 이름들이 대상인 그 법의 실상의 힘에 의해서 붙이는 것이 아니라 명칭과 바람, 즉 원하는 마음에 의해 붙이는 것이다. 때문에 다양한 법들이 다양한 명칭을 붙이는 대상이 되는 것은 자성으로 공한 것이다. 따라서 『섭대승론攝大乘論』에서 변계소집성이 자성으로 성립됨을 부정하는 세 가지 논리를 설하였다.

『섭대승론』에서

명칭의 이전에 식이 없기 때문이다.
많기 때문이고 확실하지 않기 때문이다.
그것의 본성, 아가 많은 것
아가 섞이는 모순된 논리로 성립되는 것이다.[58]

라고 설하였다.

ㄱ. 첫째 귀류

'항아리'라는 말을 항아리에 적용하는 것이 명칭에 의존하지 않게 될 것인가? 왜냐하면 항아리가 '항아리'라는 말의 적용대상이 되는 것이 자신의 특성으로 성립되기 때문이다. 충족한다. 즉 항아리가 '항아리'라는 말의 적용대상이 되는 것이 자신의 특성으로 성립된다면 명칭에 의존하지 않게 된다.

왜냐하면 항아리가 '항아리'라는 말과 항아리를 인식하는 분별지 둘의 적용대상이 되는 것이 자신의 특성으로 성립한다면, 이 두 가지가 항아리에 적용되는 것이 명칭에 의존함으로써 적용되는 것이 아니라 항아리 자신의 실상의 측면에서 적용되게 될 것이기 때문이다. 이것을 인정하면 명칭을 붙일 필요 없이 항아리로 지칭되는 토대인 어떠한

---

58 『섭대승론』, 논부, 베이징판, 유식, li, 20쪽, ba, 7줄.

법도 보자마자 '항아리다'라고 인지하는 식이 생겨야 될 것이다.

이것이, 항아리(의타기성)가 '항아리'라는 명칭을 붙이는 대상이 되는 것(변계소집성)이 자성으로 성립됨을 부정(원성실성)함으로써 법아공을 능립하는 귀류이다.

논리는, 항아리가 '항아리'라는 말을 적용하는 대상이 되는 것은 자신의 특성으로 성립하지 않는다. 왜냐하면 항아리에게 '항아리'라고 명칭을 붙이기 전에 "이것을 항아리이다"라고 인지하는 식이 생기지 않기 때문이다.[59] 그의 충족은 앞과 같다.

ㄴ. 둘째 귀류

한 사람에게 정약용, 다산, 여유당 등 많은 이름을 적용할 경우, 이러한 명칭들이 그 사람에게 실체로써 적용하는가? 그 사람은 여러 가지 이름을 적용하는 토대로서 사물의 실상으로 머물기 때문이다.[60] 충족한다. 즉 그 사람이 여러 가지 이름을 적용하는 토대로서 사물의 실상으로 머문다면, 이러한 명칭들이 그 사람에게 실체로써 적용되는 것을 충족

---

59 뚱뚱한 어떤 남자에게 '최 씨'라고 부를 경우, 그 뚱뚱한 남자는 최 씨라고 이름을 붙이는 대상이 되는 것이 뚱뚱한 남자의 측면에서 성립되는 것이 아니다. 만일 뚱뚱한 남자가 최 씨라는 명칭의 토대가 되는 것이 뚱뚱한 남자의 측면에서 성립이 된다면, 뚱뚱한 남자에게 붙이는 최 씨라는 이름이 명칭으로 붙이는 것만이 아니게 된다. 그렇다면 뚱뚱한 남자에게 최 씨라는 이름을 붙이기 전에 그 뚱뚱한 남자가 최 씨가 되어야 하고, 따라서 누군가 뚱뚱한 남자를 보자마자 이것이 최 씨라고 생각이 일어나야 한다. 그러나 사실상 그렇지 않다.

60 앞의 논리방식은 한 사람(의타기성)이 여러 명칭을 붙이는 대상되는 것(변계소집성)이 자성으로 성립됨을 부정함으로써 법아공(원성실성)을 능립하는 논리이다.

한다. 왜냐하면 그 사람에게 다양한 명칭을 적용하는 것이, 그 사람의 실상의 측면에서 적용하는 것이라면 그러한 다양한 명칭들이 그 사람에게 타자배제로 적용되는 것이 아니라 능립으로 적용되어야 하는 것으로, 즉 그 사람에게 다양한 명칭을 적용하는 것이 그 사람이 실상의 측면에서 적용되는 것이라면, 작명가가 이름을 붙이는 것에 의존하지 않고 그 사람이 존재하는 것만으로 처음부터 다양한 이름들을 적용하는 것이 성립해야 하기 때문이다. 그것을 인정하면 한 사람에게 여러 가지 명칭이 있는 것처럼 그 사람 또한 여러 명으로 되어야 하는 오류에 빠질 것이다.

논리는, 한 사람은 많은 이름을 적용하는 토대로 자신의 특성으로 성립되지 않는다. 왜냐하면 그 사람에게 여러 명칭을 적용할 경우, 그러한 명칭들이 그 사람에게 실체에 의해 적용되는 것이 아니기 때문이다.

ㄷ. 셋째 귀류
두 사람에게 똑같은 하나의 이름을 적용할 경우, 두 사람에게 한 이름이 실체에 의해 적용하는 것인가? 두 사람이 한 명칭의 표현대상이 되는 것이 자성으로 성립되기 때문이다.[61] 그의 충족은 앞과 같다. 이것을 인정하면 이름이 하나인 것처럼, 같은 이름을 적용한 두 사람도 하나가 되는 오류에 빠질 것이다.

이것은 한 명칭이 두 사람에게 실체로써 적용되는 것을 부정함으로써

---

61 이것은 여러 사람이 한 명칭을 붙이는 대상되는 것이 자성으로 성립됨을 부정함으로써 법아공을 능립하는 논리이다.

두 사람이 한 명칭의 대상이 되는 것이 자성으로 공한 법아공을 능립하는 것이다.

논리는, 두 사람이 한 명칭의 대상이 되는 것은 자성으로 성립되는 것이 아니다. 두 사람이 한 이름의 대상이 되는 것이 명칭에 의존하기 때문이다.

②능취와 소취가 다른 실체로서 공한 법무아를 확립하는 논리

능취와 소취의 이공의 법무아를 확립하는 논리에 두 가지가 있다. 유부와 경량부가 외경을 주장하는 방식과

유식학파가 그것을 부정하는 방식이다. 유식학파가 외경을 부정하는 대상은 유부와 경량부이며, 외경을 부정하려면 부정하는 대상이 외경을 주장하는 방식을 알아야 하기 때문에, 먼저 두 학파의 외경의 주장에 대해서 기술하겠다.

ㄱ. 유부와 경량부가 주장한 외경

유부와 경량부의 외경에 대한 주장은 다음과 같다. 물질들의 근본 토대는 해체할 수 없는 무방분無方分[62]의 극미(極微, phra rab)이다.

이 또한 각각 능조能造의 본성을 가지는 실체로 성립된 실물유(實物有, 미취)와 이러한 8개의 물질이 모여 성립된 극미, 이 두 가지는 다른 색色으로 부서지지 않으며 크기에도 차이가 없다. 이것이 가까이 합쳐짐으로써 거친 외경을 성립한다고 말한다.

---

[62] 부분을 갖지 않는 것.

가섭유부迦葉遺部들은 많은 극미들이 한 극미를 둘러싼 경우에 서로
접촉하지 않으며 간격이 있다고 주장한다. 또 어떤 부파는 간격이
없고 서로 접촉하지 않는다고 주장하고, 또 다른 부파에서는 서로
접촉하지만 간격이 없다고 주장한다. 이 세 가지 학파는 미진들이
모여서 다양한 거친 법을 성립시키기 때문에 외경이 실재로 성립한다고
인정하는 점에는 차이가 없다.

경량부는 더 이상 해체가 불가능한 극미가 네 가지 능조能造와 네
가지 소조所造의 자성을 가지고 있다고 하지만, 유부가 말한 것처럼
극미가 별개로 머무른다는 것을 인정하지 않는다. 7개의 극미의 모임이
미진微塵(rdul phran)을 이룬다. 그러므로 극미와 미진은 다르며, 극미
가 모여서 외경을 성립한다는 것은 유부의 견해와 같다.

『구사론』에서 다음과 같이 설하였다.

미취와 극미, 그와 같이
금金, 수水, 토兎, 양羊, 우牛, 극유진隙遊塵[63]과
기蟣와 슬蝨과 맥麥과 지절指節이 있어 뒤로 갈수록
그 양은 일곱 배씩 증가한다.
24지指는 1주肘이며, 4주는 1궁弓의 양羊이 되며,
5백 궁弓은 1구로사俱盧舍이니, 이것의 여덟 배가 1유선나踰繕那
이다.[64]

---

63 햇빛의 먼지.
64 『구사론』, 논부, 데게판(sDe dge), 아비달바부, 10쪽, na, 4줄.

ㄴ. 유식학파의 외경을 부정하는 논리

외경을 부정하는 방식은 『섭대승론』에서 부정하는 논리, 『유식이십송
唯識二十頌』에서 부정하는 논리, 『관소연연론(觀所緣緣論, Ālambana-
parīkṣā, dmigs brtags, དམིགས་བརྟགས་)』에서 부정하는 논리, 『석량론』과
『양평석(量平擇, Pramāṇaviniścaya, རྣམ་ངེས་, rnam nges)』에서 부정하는
논리 등이 있다.

『섭대승론』에서는 외경을 부정하는 네 가지 논리를 설한다.

아귀와 축생, 인간과

천신들이 현현하는 것처럼

한 대상에 마음은 여럿이기 때문에

외경은 성립하지 않는다고 주장한다.[65]

『섭대승론』에서는 한 대상에 여러 가지 식이 생긴다는 논리로 외경을
부정한다.

첫째 논리는 다음과 같다. 액체로 가득 찬 그릇은 외경으로 성립되지
않는다. 자신을 외경으로 현현하는 식이 착란한 식이기 때문이다.
이것은 마치 꿈의 현현과 같다.[66]

외경으로 성립됨을 현현하는 식이 착란한 식이면, 외경으로 성립되
는 것이 비존재로 충족된다. 왜냐하면 외경으로 성립되면 자신의 형상
形象이 자신을 현현하는 안식에 나타내야 하는데, 그러면 안식은 대상

---

65 『섭대승론』, 논부, 데게판(sDe dge), 유식, ri, 16쪽, na, 1줄.
66 이것이 첫째의 근본 논리이다.

130

이 나타내는 대로 그 현상을 가지는 것으로 생겨야 하는 까닭이다.

근본 이유는 성립한다. 액체로 가득 찬 그릇은 자신을 현현하는 식이 착란하는 식이다. 액체로 가득 찬 그릇을 현현하는 식이 그 현현하는 그대로 성립되지 않기 때문이다. 왜냐하면 그 그릇을 현현하는 업을 가진 천신, 인간, 아귀 등 세 중생의 안식에 현현하는 그대로 성립되지 않는 까닭이다. 이 또한 이러한 세 중생에게 감로수, 물, 피고름으로 각각 현현하는 것이 현현하는 그대로 성립되지 않기 때문이다.

액체가 담긴 한 그릇을 업을 가진 천신, 인간, 아귀 세 중생이 동시에 볼 경우, 천신에게는 감로수로, 인간에게는 물로, 아귀에게는 피고름으로 현현한다. 만일 근본 액체가 외경으로 존재한다면 업을 가지는 세 중생에게 세 가지 그릇이 현현하는 것이 불가능하다. 왜냐하면 한 토대에서 세 가지 그릇이 머무는 것은 불가능하기 때문이다. 또한 외경으로 존재하면 거친 색으로 존재해야 하는데, 한 자리에 거친 유색有色 세 가지가 존재할 수 없다. 거친 색이 머무는 한 자리에 다른 유색들이 존재할 수 없는 까닭은, 거친 것이면 다른 유색이 다가오는 데 장애가 되기 때문이다.

또한 세 그릇이 외경으로 존재한다는 것은 타당하지 않다. 만일 세 가지 그릇이 외경으로 존재하면 처음부터 근본 액체의 자리에 존재해야 하는데 그렇지 않기 때문이다. 세 그릇이 본래부터 근본 액체의 자리에 머물고 있다면 업을 가지는 세 중생이 볼 때 새롭게 발생해야 할 이유가 없는 까닭이다. 그러나 근본 액체의 자리에 처음부터 세 그릇이 존재하는 것은 아니지만 업을 가지는 세 중생의 업에 따라

감로수, 물, 피고름 세 가지로 성립하여 그 세 가지로 현현하는 것도 타당하다. 세 그릇은 외경으로서 존재하지 않고 오직 내심의 현현일 뿐이기 때문에 문제가 되지 않는다.

업을 가지는 세 중생에게 현현하는 세 그릇은 근본 액체의 한 부분으로 근취인近取因이 되고, 천신, 인간, 아귀의 세 중생 각각의 업이 아뢰야식에 남긴 습기가 구유인具有因이 되어 감로수와 물, 피고름 등으로 발생한다. 업에 의해서 천신, 인간, 아귀의 세 중생에게 세 가지로 현현이 생기는 것이다. 그러므로 세 가지 그릇은 마음의 현현하는 부분일 뿐이며, 마음의 현현하는 부분 자체가 외경에 나타날 뿐이면 근본 액체 또한 마음의 현상일 뿐이고 외경으로 존재하지 않는다고 성립된다.

그와 같이 가지, 열매, 꽃을 가지는 한 나무를 업을 가진 아귀가 볼 때, 시든 나무로 보는 것도 가능하다. 이렇게 보이는 시든 나무 또한 없는 것은 아니다. 존재하지만 다른 중생에게 아귀가 보는 것과 같이 보이지 않는 것은 원인인 구유인이 부족하기 때문이다. 아귀에 현현하는 시든 나무는 가지, 열매, 꽃을 가지는 그 나무의 한 부분이 근취인이며, 업을 가지는 그 아귀의 한 업이 구유인이 되어 이와 같이 생겨난 것이다. 그와 같이 일체법은 마음의 본성뿐이고 그 외에 외경으로 성립하는 것이 조금도 없다고 하는 것이다.

둘째 논리는 다음과 같다.

『섭대승론』에서

과거 등 이와 같이 꿈

두 가지 영상[67] 또한

대상[68]이 존재하는 것이 아니니

이를 인지하는 것이 타당하기 때문이다.[69]

라고 하였다. 파랑색은 자신이 외경으로 존재하지 않더라도 자신을 인식하는 식이 생길 수 있다. 왜냐하면 꿈속의 작은 방에서 많은 코끼리들의 존재를 인식하는 식이 생길 수 있기 때문이다. 이것이 둘째 근본 논리이다.

여기서 외경이 존재하지 않아도 인식하는 것이 생길 수 있는 예로는 꿈, 거울 속 영상, 부정관 삼매의 대상 셋을 제시한다. 첫째는 아주 작은 방에서 잠을 자다 꿈에서 매우 큰 동물인 코끼리 무리의 꿈을 꿀 수 있다. 만일 외경이 존재한다면 작은 방에서 코끼리의 꿈을 꾸는 것이 불가능하게 된다. 외경으로 성립된 큰 코끼리의 몸집은 작은 방에 들어가지 못하는 까닭이다. 그러나 코끼리의 몸은 마음의 현상일 뿐이고, 이 또한 법처소섭색法處所攝色[70]이므로 외경으로 존재하지 않기 때문에 작은 방에 들어갈 수 있을지를 문제 삼을 필요가 없다.

그와 같이 거울 속 영상과 부정관 삼매의 대상들이 자신을 인식하는

---

67 거울 속의 형상과 부정관 삼매의 대상인 형상이다.

68 외경을 의미한다.

69 『섭대승론』, 논부, 베이징판, 유식, ri, 17쪽, na, 6줄.

70 정신적인 法處(法境)에 속한 물질. 의처의 대상이 되는 색. 예컨대 극미나 꿈속에서 보는 색 등.

식이 생기지만, 외경으로 존재하는 것이 아니다. 만일 거울 속 영상 등이 외경으로 존재한다면 거울 속에서 다양한 색들이 나타나는 것이 불가능하다. 그와 같이 부정관 삼매의 대상들도 외경으로 존재한다면 이 대상들이 삼매로 인해 마음대로 화현시킨 것도 불가능하게 되어버린다.

셋째 논리는 다음과 같다.
『섭대승론』에서

대상이 외경으로 성립한다면
인지하는 식[71]이 없어지는 것이다.
그것[72]이 없으므로
부처 또한 증득하는 것이 타당하지 않다.[73]

라고 하였다. 일체중생은 노력 없이 성불하게 되거나 본래부터 성불한 상태인 것인가? 외경이 존재하기 때문이다.[74] 외경이 존재한다면 일체중생이 본래부터 성불한 상태가 된다는 것이 타당하다. 왜냐하면 외경이 존재한다면 그 자체가 실상이어야 하고, 그렇다면 범부들이 외경이

---

71 "무경을 지각한 식"을 뜻한다.
72 "외경을 지각한 식"을 뜻한다.
73 『섭대승론』, 논부, 베이징판, 유식, ri, 17쪽, na, 7줄.
74 이것이 외경이 존재한다면 노력 없이 성불하게 되거나 노력하더라도 성불을 하지 못하게 된다는 논리이다.

존재한다고 인식하는 식을 본래부터 가지고 있기 때문에 실상을 지각하는 지혜도 본래부터 가지게 된다. 따라서 그 지혜의 힘으로 성불을 하지 못하는 것이 불가능하게 된다.

또한 중생들이 노력해서 윤회에서 벗어나는 것이 불가능한가? 외경이 존재하기 때문이다. 외경이 존재한다면 그 자체가 실상이어야 하기 때문이다. 범부가 실상을 현량으로 보는 식을 본래부터 가지고 있어도 이로써 성불하지 못했으며, 그 외에 다른 능지와 소지가 실체로 둘이 아닌 이공을 지각한 성자의 지혜는 성도가 아니며, 그 외에 다른 성도가 없기 때문이다. 왜냐하면 외경이 존재한 까닭이다. 그러므로 외경이 존재한다면 범부들이 본래부터 성불하거나, 아니면 노력하더라도 성도가 없기 때문에 성불하는 것도 불가능하게 되어버린다.

다시 설명하자면, 무루의 성도가 수습하여 장애를 멸하게 되는 대상은 무경無境이다. 이것이 유식학파의 법무아이자 궁극적 실상이며, 이것을 보는 지혜는 궁극적 견해라고 주장한다. 삼승의 유학有學의 성자들이 이러한 견해를 수습함으로써 삼계의 모든 번뇌와 소지장까지 남김없이 제거한다고 주장한다.

무경은 일체법의 실상인 까닭에, 만일 외경이 존재한다고 한다면 그 자체가 제법의 실상으로 되어야 한다. 그렇다면 외경을 인식하는 식은 실상으로 보는 식이 되고, 무경을 보는 식은 실상을 보는 식이 아닌 것이 되어버린다. 그렇다면 범부들이 도道에 노력함이 없이 해탈하거나, 노력하더라도 해탈하지 못하는 두 가지 큰 문제가 생긴다. 그것이 무엇인가?

외경을 인식하는 식이 실상을 보는 식이라면 그것은 장애를 멸하게 하는 식이 되어야 한다. 그러면 그 식이 범부들에게 처음부터 구생으로 존재하기 때문에, 범부들이 장애를 제거하는 대치법을 처음부터 가지고 있는 것이 되므로 도에 노력할 필요 없이 처음부터 벗어나게 될 것이다. 왜냐하면 벗어나게 하는 도를 가지고 있다면 벗어나지 않은 것이 불가능한 까닭이다.

혹은 만일 벗어나게 하는 도를 가지고 있어도 벗어나지 못한다면 벗어난 자체가 불가능한 허물이 생긴다. 무경을 인식하는 식이 실상을 보는 식이 아니라면 그것은 장애를 제거하는 도가 아니게 된다. 그렇다면 성자의 등인지等引智 또한 해탈도가 아니게 되고, 그것을 수습하는 성문·연각·보살들이 수 겁 동안 이 도를 아무리 배우고 수습하더라도 장애를 멸하거나 해탈하는 것이 불가능하게 된다. 그러한 도가 장애의 해독제가 아닌 까닭이다. 그러므로 외경을 인정하면 그 논리로써 많은 허물들이 생기기 때문에 외경은 반드시 인정하지 말아야 한다.

『섭대승론』에서 외경을 부정하는 넷째 논리는 다음과 같다.

자재함을 증득한 보살과 유가행자에게는 그러하지만
승해勝解에 의해서 지地 등의 사물이 그와 같이 존재한다.
이것에 대해 누구든 지혜를 지닌 자와 적정을 성취한 자는
일체법을 작의作意하여 이와 같이 의미들이 드러나기 때문이고
무분별지가 존재하지 않게 된다. 일체 외경의 현현이 없기 때문이다.
무경을 이해해야 한다. 이것이 없기 때문에 식 또한 없다.[75]

___
75 『섭대승론』, 논부, 베이징판, 유식, ri, 17쪽, na, 7줄.

라고 설하였다. 여기서 지혜를 지닌 자는 보리심을 가지는 자이며, 적정은 지止이며 성취는 관觀이다. 일체법은 십이부경十二部經을 말한다. 이것이 없기 때문에 식 또한 없다는 것은 외경이 없기 때문에 유식에 외경의 대상이 없다는 것이다.

네 번째 논리는 다음과 같다. 지地 등의 사대四大는 외경으로서 존재하지 않는다. 세 가지 식과 일치하기 때문이다. 이것이 지 등의 세 가지 식과 일치하는 까닭으로 외경으로 존재함을 부정하는 논리이다. 세 가지 식은 보살의 마음, 지관을 성취하는 유가행자, 무분별지이다.

자재한 보살들이 마음대로 사물들을 변화시킬 수 있고, 지관을 성취한 유가행자가 제법을 무경을 인식하여 무분별지에 외경을 인식하지 않는 까닭이다. 만일 외경이 실재로 성립한다면 보살이 자유자재로 화현할 수 없게 되며, 지관을 성취한 수행자의 지혜에 일체법이 외경으로 성립함을 인지해야 하고 무분별지에 현현해야 하는데, 그렇지 않다. 마음의 자재함을 얻은 보살들은 화현함에 자유자재하기 때문에 마음대로 화현할 수가 있다.

예를 들면 『입중론』에서

(『연화경』에서) 지자인 안내자는 보석 나라에 나가서 힘든 중생들이 쉬기 위한 아름다운 도시[76]를 화현한다(고 설하였다).

당신(부처님)이 제자[77]들을 적정의 방식에 붙이기 위해 이승二乘[78]을

---

76 성문과 연각의 해탈을 의미.

77 해탈을 추구하는 자.

(설하며)

또한 윤회의 허물이 없는 마음을 닦은 자에게는 별도로 (대승을)
설하였다.[79]

라고 설하였다. 부처님께서는 업을 가진 상인들을 보호하기 위해서
바다 속에도 도시를 화현한다고 설한 것과 같다. 이뿐만 아니라 중생들
에게 도움이 된다면 불보살들은 어떤 화현이라도 꺼리지 않는다고
한다. 어느 때는 인간으로, 어느 때는 천신이나 축생 등의 모습으로,
어느 때는 산이나 집 등의 다양한 모습으로 중생들을 구제한다. 중생에
게 의미가 있다면 부처님은 마왕의 모습으로도 나타난다고 경에서도
설한다.

만일 외경이 존재한다고 하면 이와 같은 화현의 체계가 불가능하게
된다. 어째서 그러한가? 화현하는 유색有色들이 외경으로 존재한다면
그 유색들은 기술자가 손으로 만들듯이 형성되어야 하는 것처럼 되어버
리기 때문에, 불보살이 삼매로써 자유자재하게 화현하지 못하게 되기
때문이다.

그러나 색은 마음의 현상일 뿐이고 외경으로 존재하는 것이 아니기
때문에, 마음의 자유자재함을 얻는 삼매의 힘으로 다양한 화현이 가능
하다.

『유식이십송唯識二十頌』에서 무방분無方分의 극미를 부정하는 논리
는 다음과 같다.

---

78 성문과 연각.

79 『입중론』 10지, 47게송.

이러한 미진微塵은 성립하지 않으니
여섯 가지가 한꺼번에 결합하면
극미의 부분이 여섯 가지로 되네.
여섯 가지의 장소가 하나이면
결합체가 미진만큼 될 것이네.[80]

이것은 유식학파가 무방분의 미진을 부정하는 논리이다. 이 논리로써 부정되는 반론자는 경량부이며, 이 학파는 외경을 성립시키기 위해서 무방분을 논증인論證因으로 해서 외경을 확립하고 있다. 이것을 부정하는 논리는 '파랑색은 외경으로 존재하지 않는다. 자신이 최초의 무방분의 극미가 없기 때문이다'라는 것이다.[81]

최초의 무방분의 극미가 없는 이유가 무엇인가? 하나의 극미에 여섯 가지 극미가 사방과 상하 등 여섯 방향에 둘러싸일 경우, 중간에 있는 극미가 여섯 가지의 부분을 가지기 때문이다. 또 중간 극미의 동쪽 방향의 부분은 다른 방향의 부분에 접촉하지 않는 까닭이다. 중간 극미가 동쪽의 접촉하는 부분이 여섯 가지 방향에 접촉하지 않으면, 그것이 여섯 가지 부분을 가지므로 무방분이 아니게 될 것이다. 만일 중간 극미가 여섯 방향 각각의 모든 극미에 접촉하면 동쪽과 서쪽 부분이 섞이게 되어버리고, 혹은 이러한 극미는 아무리 쌓이더라도 거친 색으로 성립할 수 없게 된다.

---

80 『유식이십송唯識二十頌』, 데게판(sDe dge), 논부, 유식, shi, 3쪽, ba, 3줄.
81 파랑색은 자신의 최초의 무방분의 극미가 없다. 그렇기 때문에 외경으로 존재하지 않다고 확립하는 것이다.

진나(陳那, Dignāga, ཕྱོགས་ཀྱི་གླང་པོ་; phyogs kyi glang po) 논사의 『관소
연연론(觀所緣緣論, Ālambanaparīkṣā, དམིགས་བརྟགས་; dmigs brtags)』에서
는 다음과 같이 설한다.

> 각각의 극미들이 근식의 원인이지만[82]
>
> 이것은[83] 현현하지 않기 때문에
>
> 극미는 그의 대상이 아니며[84] (예를 들면) 근과 같다.
>
> 현현한 것은[85] 그와 다른 실체가 아니다.
>
> 실체로 현현하기 때문이다. 두 달과 같다.
>
> 두 가지 외경[86]은 식의 대상[87]이므로 타당하지 않다.[88]

이것은 『관소연연론』에서 외경을 부정하기 위해 미취와 극미가 소연
연所緣緣임을 부정하는 논리를 설하는 것이다. 이 논리는 다음과 같다.
'파랑색 등은 외경으로 성립하지 않는다. 만일 파랑색이 외경으로
존재한다면 자신을 취하는 안식眼識의 소연연이 되어야만 하는데,
파랑색은 파랑색을 인식하는 안식의 소연연이 아니기 때문이다'라는

---

82 파랑색 속에 존재한 미세한 각각의 극미들은 파랑색을 인식하는 안식의 원인이
　지만.

83 극미의 각각 티끌들이.

84 근식의 대상이 아니다.

85 극미의 모임.

86 각각의 극미와 극미의 모임.

87 소연연所緣緣.

88 『관소연연론』, 논부, 데게판(sDe dge), 임명학, ce, 50쪽, ba, 1줄.

것이다.

　이러한 이유[89]가 성립되지 않는다면 파랑색은 파랑색을 취하는 안식의 소연연이 아니다. 왜냐하면 파랑색의 결합에 있는 미세한 극미 하나하나가 그의 소연연이 아니며, 파랑색의 미취의 결합 또한 안식의 소연연이 아니기 때문이다. 만일 파랑색의 극미 하나하나가 그의 소연연이라면 그 안식에 현현해야만 하는데 현현하지 않는 까닭이다. 또한 파랑색의 극미의 모임 역시 안식의 소연연이 아니다. 왜냐하면 극미의 모임은 실체로 존재하지 않기 때문이다. 이것은 마치 두 개의 달이 존재하는 것과 같은 것이다.

　『석량론』에서는 다음과 같이 설한다.

　확실히 식과 함께 직접적으로 경험하기 때문에
　대상이 그것(식)과 다른 그 무엇으로 성립하겠는가?[90]

　『양평석』은 다음과 같이 설한다.

　함께[91] 취[92]하는 것이 확실[93]하기 때문에
　파랑색과 식은[94] 다른 것[95]이 아니다.[96]

---

89 '파랑색은 파랑색을 인식하는 안식의 소연연이 아니기 때문이다'라는 이유.

90 『석량론』, 논부, 데게판(sDe dge), 임명학, ce, 133쪽, na, 5줄.

91 동시.

92 인식함, 지각함.

93 충족한다.

94 파랑색과 파랑색을 인식하는 식은 이 게송의 주제이다.

위 내용은 파랑색을 인식하는 안식과 그에 현현하는 파랑색 둘은 실체로서 여럿이 아니라는 말이다. 왜냐하면 이 둘이 동시이며, 인식과 인식대상이며 확실하기 때문이다. 예를 들어서 소리와 듣는 대상, 이 둘과 같다.

이 논리로 색과 색을 인식하는 양量, 이 둘이 다른 실체임을 부정함으로써 색이 외경으로 존재하지 않음을 능립하는 것이다. 파랑색과 파랑색을 인식하는 두 양은 하나가 존재하면 또 다른 하나도 존재해야 하므로, 둘이 관계를 가진 것으로 성립된다.[97] 동시의 관계라면 실체로 여럿이 되는 것이 불가능하기 때문에, 이 두 양이 하나의 본성으로 성립될 수 있으며 이로써 외경을 부정할 수 있는 까닭이다.

여기에 제시한 논증인에 세 가지 의미가 있다. 함께함, 취함, 확실함, 이 세 가지이다. '함께함'은 동시라는 것이며, 이는 파랑색이 생기면 파랑색을 인식하는 안식이 생기며, 그 안식이 생기면 파랑색이 생긴다는 뜻이다. '취함'이라는 것은 인식과 인식대상이라는 것이며, 이는 파랑색은 대상이며 그것을 인식하는 안식이 파랑색을 지각한다는 뜻이다. '확실함'이라는 것은 파랑색이 존재하면 파랑색을 인식하는 안식도 존재하여, 그것을 인식하는 안식이 존재하면 파랑색도 존재한다는 뜻이다.

---

95 실체로 다른 것.
96 『양평석』, 논부, 데게판(sDe dge), 임명학, ce, 166쪽, na, 2줄.
97 이 둘이 하나가 있으면 하나가 있어야 하고, 하나가 양으로 성립되면 다른 하나도 양으로 성립되어야 한다. 그래서 서로 충족함이 성립된다.

법칭(法稱, Dharmakīrti, ཆོས་གྲགས, chos grags) 논사가 『석량론』과 『양평석』에서 외경을 부정하는 논리는, 능취와 소취가 자성으로 생함에 같다는 것을 부정하는 것이다.

『석량론』에서

> 외경을 인식하는 것이 무엇인가?[98]
> 각각을 인식하는 현량이 그것이다.[99]
> 이것이 어떻게 외경을 인식하는가?[100]
> 이것과 같은 것으로[101] 착란하게 된[102]다.[103]

라고 설하였다. 파랑색은 외경으로 인식하는 식이 없기 때문에 외경으로 존재하지 않는다는 것이다. 이것이 유식학파가 경량부와 논쟁함으로써 외경을 부정하는 주장이다. 이에 대해 논쟁을 제기한다.

경량부가 외경을 확립하는 논리는 '파랑색을 인식하는 안식은 파랑색과 실체로 하나가 아니다. 왜냐하면 파랑색과 똑같고 파랑색에서 생기기 때문이다'라는 것이다. 경량부는 이 논리로 외경이 성립할 수 있다고 생각한다.

───────────────

98 유식학이 경량부에게 하는 질문.
99 경량부의 답이다.
100 유식학의 질문.
101 경량부의 답.
102 유식학이 경량부의 주장을 부정한 논증인.
103 『석량론』 3품, 320게송. 파랑색을 인식하는 안식이 파랑색에서 생하여 안식이 파랑색과 같다는 의미다.

이 또한 파랑색을 인식하는 안식은 파랑색에서 생기므로 파랑색과 이 두 가지가 인과가 된다. 인과이면 실체로 하나가 될 수 없기 때문이다.[104] 그렇다면 파랑색이 안식과 실체로 다른 것임을 확립시킬 수 있다면 파랑색이 안식의 본성일 뿐만 아니라 외경으로도 존재하게 됨을 주장한다.

유식학은 경량부를 부정하면서 경량부에게 질문한다. '경량부 당신이 외경이 존재한다고 주장하는데, 그것을 지각한 식이 무엇인가?' 이것을 논리로 표현하면 '외경은 존재하는 것이 아니다. 외경 자신을 지각한 식이 없기 때문이다'라는 것이다. 경량부가 답한다. '외경을 지각한 식이 없는 것이 아니다. 파랑색 등을 지각한 현량이 그것이다. 왜냐하면 파랑색 등과 같은 것으로 생겨난 식이기 때문이다.' 이에 유식학이 말하기를 '그렇다면 그와 같은 것으로 생기는 식이면, 그것을 지각하는 식인 것으로 충족하게 된다. 그것을 인정하면 달을 보고 두 달을 현현한 안식이 두 달을 지각하는 식인가? 두 달과 같은 것으로 생기는 식이기 때문이다'라고 경량부를 부정한다.

또한 경량부의 이와 같은 논리를 부정한다. '그것에서 생기고 그것과 같다'는 이유로써 외경이 성립하는 것은 타당하지 않다. 파랑색을 인식하는 안식을 기억하는 식은 파랑색을 인식하는 안식을 외경으로

---

104 인과관계는 반드시 실체로서 각각이 되어야 한다. 실체가 각각이라면 유식학파의 이공二空의 부정대상이 된다. 이공의 '이二'는 능취와 소취가 실체로 둘이 아닌 것을 의미하고, 이것이 없다가 이공이다. 즉 능취와 소취가 실체로 하나가 되는 것이 이공이다. 경량부는 능취와 소취가 인과이기 때문에 실체로 하나가 될 수 없다고 하지만, 이것은 이공이 아니다.

지각하여 경험하는 것인가? 파랑색을 인식하는 안식으로 생기며 그것
과 같기 때문이다. 예를 들어서, 파랑색을 인식하는 안식에 파랑색을
현현함과 같이 파랑색을 인식하는 안식을 기억하는 식에도 파랑색을
인식하는 안식이 현현하는 것과 같다. 이것을 인정하면 파랑을 인식하
는 안식을 기억하는 자라면, 파랑을 인식하는 안식이 외경으로 존재함
을 인정해야 하는 꼴이 된다.

이와 관련하여 『석량론』에서는 다음과 같이 분석한다.

한 여인의 몸은 외경으로 존재하지 않는다. 왜냐하면 자신을 인식하
는 안식의 소연연所緣緣이 아니기 때문이다. 왜냐하면 자신의 현상을
그 안식에 나타내지 않기 때문이다. 만일 그 여인의 몸을 자신을 취하는
안식에 나타낸다면, 이러한 여성의 몸을 가운데 두고 오른쪽과 왼쪽에
서 아름답고 아름답지 않게 보는 그 안식이 존재하는 경우에, 이러한
몸이 두 안식에 현상을 보여주게 된다. 그렇다면 이러한 몸은 아름답고
아름답지 않은 두 색이 된다. 그러나 이러한 몸에 아름답고 아름답지
않게 보는 두 식이 생긴 것은 가능하지만, 이것이 두 안식이 각각
보는 것이 그 대상이 아름답고 아름답지 않게 보여주기 때문이 아니다.
안식에 이렇게 보이는 것은 그의 원인인 습기를 예전부터 가지기 때문에
이로 인해 각각의 식에 서로 다른 각각의 모습이 보이는 것이다. 그러므
로 그러한 색이 외경으로 존재하는 것이 아니다.

(2) 귀류논증학파의 주장

둘째, 귀류논증학파의 주장에 다섯 가지가 있다. 귀류논증학파의 외경
의 의미, 외경이 없으면 과실이 있다, 무경의 예시가 타당하지 않음,

무경을 설한 경전의 의도, 외경을 확립하는 논리이다.

가. 귀류논증학파의 외경의 의미

귀류논증학파는 외경을 인정하지만 유부와 경량부의 주장과는 다르다. 경량부는 최초의 토대인 무방분無方分의 극미가 존재하며, 이것이 차례로 거친 것으로 되는 외경을 인정한다. 그러나 귀류논증학파에서는 최초의 무방분을 인정하지 않는다. 이 학파에서 주장하는 외경이란 무엇인가? 유집색有執色이면 외경이고, 무집색無執色이면 내색內色이라고 세간에 알려진 바와 같이 세간에 알려진 그대로를 인정한다. 예를 들면 심상속에 속하지 않은 오경五境은 식識으로 집수執受되지 않기 때문에 외색外色이고, 안眼 등의 오근五根은 식으로 집수되기 때문에 내색內色인 것과 같다.

나. 외경이 없으면 과실이 있다

유식학파는 외경을 부정하기 위해 식이 실제로 성립한다고 주장하고 그 예시로 꿈의 식을 말한다. 이에 대해 귀류논증학파가 논리의 모순을 지적한다. 즉 꿈의 식이 식을 실제로 성립함을 능립하지 못하며, 그것을 능립하지 못하기 때문에 이로써 외경을 부정하지 못한다. 또한 꿈의 식은 현현하는 그대로 성립하지 않기 때문에 현현과 실제가 일치하지 않는 법이다. 그렇다면 허위이기 때문에 실재가 될 수 없다.

왜냐하면 실제로 성립한다면 현현과 머무는 모습이 일치해야 하는 까닭이다. 그러므로 유식학파가 예시로 건립한 꿈은 식이 실제로 성립하는 근거가 될 수 없다. 실제로 성립하는 식이 없기 때문에 유식학파가 주장한 무경의 공성을 확립하는 토대인 식이 없으며, 확립해야 하는 소립所立인 이공二空 또한 존재하지 않는다. 요약하면 이공을 성립시키는 식과 그 예시, 이 둘이 논리적으로 모순되기 때문에 성립해야 하는 대상인 이공 역시 불가능하다고 말하는 것이다.

유식학파가 부정하는 외경은 파랑색을 인식하는 안식에 파랑색을 외경으로 현현하는 것이다. 이것은 어떤 논리로도 부정하지 못한다. 왜냐하면 세속을 분석한 논리로써 부정할 수 없으며 승의를 분석하는 논리로써도 부정할 수 없기 때문이다. 첫째 이유는 성립한다. 세속법을 분석하는 논리로써 외경을 부정하는 것은 귀류논증학파가 인정하지 않으며 유식학도 인정하지 않기 때문이다. 귀류논증학파는 외경이 존재한다고 인정하기 때문에 세속을 분석하는 논리로써 외경을 부정함을 인정하지 않는다. 이것은 유식학파도 인정한다. 왜냐하면 유식학파 입장에서는 무경無境이 궁극적인 실상이기 때문에 속제를 분석하는 논리로써 외경을 부정하지 못하며, 외경을 부정하기 위해서는 진제를 분석하는 논리에 의존해야 한다고 인정하기 때문이다.

둘째 이유도 성립된다. 외경을 부정하는 논리에 승의제를 분석한 논리가 없다. 이 또한 외경은 진제를 분석하는 논리의 부정대상이 아니기 때문이다. 또 진제를 분석하는 논리의 부정대상인 두 가지 아我 중 어떤 것에도 해당하지 않는 까닭이다.

만일 외경을 부정하는 진제의 분석하는 논리가 있다고 한다면, 그것은 앞에서 유식학파가 건립한 구생연(俱生緣, lhan cig dmigs rkyen)의 논리 등이다. 이것들은 유부와 경량부가 주장한 외경을 부정하는 것일 뿐이며, 이 정도로는 승의의 부정대상을 부정하지 못한다.

유식학의 논서에서 설한 외경을 부정한 논리들은 유부와 경량부가 인정한 무분無分의 외경을 부정하는 것이다. 그러나 무분의 외경은 귀류논증학파가 인정하지 않기 때문에 그 논리들이 이 학파에 해가 되지 않는다.

이 논리들은 무분의 외경을 부정할 뿐, 일반적인 외경을 부정하지는 못한다. 이 학파가 인정하는 외경은 유부와 경량부가 인정하는 무분의 외경이 아니며, 일반적인 세간인들에게 알려져 있는 외경이기에 유식학파가 제시한 논리로써 무분이 쌓인 외경을 부정하지만, 이로써 외경을 부정하지 못한다. 뿐만 아니라 외경을 부정하면 세간에 알려지는 것으로도 해를 끼치게 된다. 또한 유식학파는 색 등의 법들이 마음의 현현 뿐이며 이 또한 내적 식을 생기게 하는 습기로 생김을 주장한다. 만약 그와 같이 색 등의 제법이 외경으로 성립되지 않고 마음의 현현뿐 그 외에 존재하지 않다고 한다면, 맹인에게 색을 인식하는 안식이 왜 생기지 않는가? 생기게 된다. 왜냐하면 당신이 안식이 생기기에 외적 색이 존재함에 의존하지 않고 내적 습기만으로 생긴다고 주장하기 때문이고 맹인에게도 안식을 생기게 하는 습기는 매우 많이 가지고 있기 때문이다. 그것을 인정하면 현실과 모순되는 것이다.

요약하면, 안식 등 내적 습기만으로 생기지 못하기 때문에 외경의 색 등에 의지해야 하고, 그러므로 외경이 없으면 안식 등도 생기는 것이 불가능한 꼴이 된다.

또한 유식학파가 외경을 인정하지 않는 것은 자성으로 성립됨을 인정하는 것과 관련되어 있다. 외경을 부정하는 자들은 색色 등을

148

마음의 사물로 인정한다. 그렇다면 색 등이 마음의 본성으로 성립하는
것에 대해 분석하지 않은 일반식은 성립하지 못하며, 색에 대해 '외경으
로 성립되는가?' 아니면 '마음의 본성인가?'라고 분석함으로써 건립해
야 하고, 그렇다면 가립된 의미를 찾아서 밝혀내야 하기 때문에 자성으
로 성립하는 것을 인정하는 것이 된다. 결국 무경을 인정하면 자성으로
성립되는 것을 인정해야 한다.

다. 무경의 예시가 타당하지 않음
유식학파는 무경無境을 주장하기 위해 꿈의 식을 현현하는 안식眼識을
비유로 들었다. 이는 무경의 적합한 예시로 승인되지 않는다. 왜냐하면
꿈에서 꿈의 식에 나타난 코끼리는 실제로 없는 것이지만 있는 것처럼
현현하기 때문에 허위이다. 그와 같이 유경식有境識 또한 허위를 인식하
기 때문에 거짓이며 진리가 아니다. 경境과 유경有境 둘이 자성으로
성립되는지의 여부에 차이가 없는 까닭이다.

　그러므로 꿈의 예시는 무경과 식이 자성으로 성립되는 예시가 아니
다. 꿈속에서는 근식根識이 없기 때문에 꿈속의 코끼리는 근식에 현현
하는 색처色處가 아니라 육식에 현현하는 법처소섭색法處所攝色이다.
그와 같이 부정관不淨觀의 삼매에 현현하는 '땅에 가득 찬 뼈' 역시도
법처소섭색이다. 그와 마찬가지로 부정관 삼매에 현현한 온 지구에
뼈로 가득 찬 것도 법처소섭색이다.
　『입중론』에서

　외경 없는 마음의 예는 어디에 있는가?[105]

꿈과 같다[106]고 하면 그것을 분석해야 한다.
언젠가 나에게 꿈에도 마음이 존재하지 않은 그때는
당신의 예 또한 존재하지 않는다.[107] [108]

라는 등을 설하였다. 그 의미는 "외경은 없고, 자성으로 성립된 마음의 예시는 어디에 있는가?"라고 귀류논증학파가 질문한 것에 대해, 유식학파가 "꿈과 같다. 즉 꿈에서 대상 코끼리가 없지만 그것을 꾸는 꿈의 식은 자성으로 성립되는 것이 존재하는 것과 같다"라고 답한다.

이것을 분석해야 한다. 꿈에서 대상 코끼리가 없는 것과 같이 그것을 꾸는 자성으로 성립되는 식 또한 존재하지 않는다. 왜냐하면 이러한 식이 생기는 것이 불가능하기 때문이다. 그러므로 외경 없는 자성으로 성립된 식의 예시로 당신이 제시한 예는 존재하지 않는다.

라. 외경을 확립하는 논리

외경을 확립하는 논리를 설하기에 먼저 유식학파의 외경을 부정하는 방식에 대해 반론자로 설명하겠다.

청변 논사는 『중관심론(中觀心論, དབུ་མ་སྙིང་པོ; dbu ma snying po)』에서 다음과 같이 설한다.

---

105 귀류논증학파가 유식학파에게 묻는 질문.
106 유식학파의 답.
107 유식의 답을 부정함.
108 『입중론』, 6지, 48게송.

150

식의 대상이 두 가지 중 하나인가?[109] 결합인가?[110]
논리로써 분석하면 이 둘 모두 타당하지 않다.[111]

이것은 극미 각각이 안식의 대상인지 아니면 각각의 극미의 결합이
안식의 대상인지를 묻는 것이다. 극미의 각각의 부분과 극미들의 결합
둘 다 안식의 대상임을 일반적으로 부정하였다.
극미의 각각의 부분과 극미들의 결합 둘 각각이 안식의 대상임을
부정하는 것은 다음과 같다.

색色의 미세한 부분은 근식根識의 대상이 아니네.
그것이 현현하는 것으로 성립되지 않기 때문이다.
근색根色이 (안식의) 대상이 아닌 것과 같네.[112]

라고 설하였다. 논리는, 극미는 색을 인식하는 안식의 대상이 아니다.
왜냐하면 색을 인식하는 안식에 현현하지 않기 때문이다. 예를 들면
색온色蘊이 안식의 대상이 아닌 것과 같다. 두 번째 질문에 다음과
같이 답한다.

색의 각각의 부분들이 안식의 대상인가?
색의 부분들의 조합이 안식의 대상인가?
111 『중관심론』, 중관부中觀部, 논장論藏(bstan 'gyur), 데게판(sDe dge), dza, 21쪽,
  na, 5줄.
112 『중관심론』, 중관부中觀部, 논장論藏(bstan 'gyur), 데게판(sDe dge), dza, 21쪽,
  na, 6줄.

극미의 많은 부분의 결합은 마음의 대상이라고 주장하지 않는다.
실체로 존재하지 않기 때문이다. 예를 들면 두 달과 같다.[113]

논리는, 극미의 결합은 인식하는 안식의 대상이 아니다. 색이 실체로
존재하지 않기 때문이다. 예를 들면 두 달이 실체로 존재하지 않기
때문에 안식의 대상이 아닌 것과 같다. 여기까지는 유식학파의 외경을
부정하는 방식을 반론자의 입장으로 제기한 것이다. 이제는 중관학파
의 방식대로 앞의 논리들을 분석하면서 부정한다.

만일 상대방이[114] 쌓지 않은 색이
마음의 대상이 아니라고 성립시킨다면
그것은 이미 성립된 것을
다시 성립하게 되는 것이네.

만일 상대방 유식학파인 당신이 극미의 쌓지 않은 색의 각각 부분들이
안식의 대상이 아닌 것으로 성립한다면, 그것은 중관학파가 이미 성립
한 것으로 다시 성립할 필요가 없다.

만일 쌓여 있는 색이면 논증인이 성립하지 않는 것이다.
다른 것이 쌓인 색은 현현하는 식이 생기기 때문이다.

---

113 『중관심론』, 중관부中觀部, 논장論藏(bstan 'gyur), 데게판(sDe dge), dza, 21쪽,
na, 6줄.

114 유식학파.

152

또한 당신이 극미가 쌓인 결합을 안식의 대상이 아닌 것으로 확립하는
것에 대해 실체로 존재하지 않는다는 논증인을 제시했는데, 그 논증인
이 나에게 성립되지 않는다. 색의 결합은 자신을 취하는 안식이 자신의
행상을 가진 것을 생기게 하는 원인이기 때문이다.

논리는, 미취微聚는 자신을 취하는 안식의 소연연所緣緣이다. 왜냐하
면 자신을 취하는 안식이 자신의 행상을 가진 것으로 생기게 하는
원인이기 때문이다. 예를 들면 여자의 미취인 몸을 인식하여 욕망이
생긴 것과 같다. 그러므로 쌓인 색을 인식하지 않는다고 말하는 것이
논리로써 해가 된다고 말한다.

적호(寂護, Śāntirakṣita) 논사의 『중관장엄론(中觀莊嚴論, Madhya
mālaṃkāra-panjika, དབུ་མ་རྒྱན; dBu ma rgyan)』에서는 다음과 같이 설한다.

접촉과 둘러쌓는 것이나 무간無間으로 머물더라도
중간에 머무는 한 극미에 대해 자성을 바라보면
다른 극미를 보더라도 이것이 만일 '이다'라고 한다면
그렇다면 그와 같이 이것이 지와 수 등이 늘어나거나
다른 극미를 보는 측면, 만일 다른 것으로 인정한다면
궁극적으로 미세한 극미와 같이 혼자인 부분이 없게 될 것이다.[115]

위와 같은 내용은 『중관광명론中觀光明論』에서도 동일하게 설해
진다.

중관학의 무경을 부정하는 논리를 광대하게 알고 싶다면 『대승장진

115 『중관장엄론』, 중관부, 논장, 데게판(sDe dge), sa, 53쪽, na, 6줄

론』, 『중관심론』, 『반야등론』 등을 참고하라. 귀류논증학파도 같은
내용이다.

마. 무경을 설한 경전의 의도

『십지경』에서 "삼계는 오직 마음뿐이다"[116]라고 설하는 경은 외경을
부정하는 근거로써 『섭대승론』에서 인용한 경이다. 그러나 이 경은
무경의 논증인으로 승인되지 못한다. 왜냐하면 이것은 외경을 부정하
는 것이 아니라 마음 외에 다른 창조주가 있다는 것을 부정할 뿐인
까닭이다. 그렇다고 중관의 대논사인 청변 논사와 월칭 논사 두 분이
인정한다.

청변 논사는 이 경이 외경을 부정하여 유식을 설한 것이 아니며,
식 외에 창조주를 부정하는 것이라고 주장한다. 『반야등론』에서 "본성
에 존재하지 않기에 외경이 무자성이지만…… 예를 들면 토끼 뿔은
현현으로 안 되는 것과 같다"라고 하였다.[117] 청변 논사는 『십지경』은
유식의 "유唯"자가 항상한 행위의 아를 부정한 것이라고 주장한다.
월칭 논사도 『십지경』의 외경을 부정하지 않는다고 주장한다.

『입중론』에서 다음과 같이 설한다.

육지六地인 현전지現前地를 증득한 보살은 삼계가 오직 식識뿐임을
지각한다.

---

116 『십지경』, 화엄부華嚴部(phal chen), 경장經藏(bka' 'gyur), 데게판(sDe dge),
    kha, 220쪽, ba, 4줄.
117 『반야등론』.

항상한 아我가 작자作者를 부정하는 것을 깨닫기에
이것은 작자란 오직 마음뿐이라고 이해되네.[118]

앞 게송은 앞에서 제시한 『십지경』의 해석이다. 그 의미는 『십지
경』이 외경을 부정하지 않으며, 무경은 이 경의 의도가 아니다. 경의
의도는 외경을 부정하는 것이 아니라 삼계의 작자作者에 대해 마음
외에 다른 '항상한 아我'의 존재가 없다고 부정하는 것으로 작자는
오직 '마음뿐'임을 말하는 것이다. 그러므로 이 경에서 '마음뿐'이라고
하는 '뿐'은 항상한 존재인 작자를 부정하는 것이다. 왜냐하면 이 경에서
오직 마음뿐이라고 하신 말씀하신 다음에 이어서 마음으로 행하여
마음으로 그리는 것이며, 마음 외에 다른 어떠한 작자와 먹는 자가
존재하지 않는다고 말씀하신 까닭이다. 그러므로 이 경에서 '마음뿐'이
라고 하는 '뿐'자는 외경이 없고 마음뿐이라고 설한 것이 아니라, 마음
외에 창조주인 항상한 아我를 부정한 것이라고 주장한다.

그러면 외경이 없다는 것은 세존의 어떠한 경에서도 설하지 않은가?
이에 대해 두 논사는 의견이 다르다. 『십지경』에서 외경을 부정하지
않고 무경을 설하지 않는다는 정도에서 두 논사의 의견은 같다. 두
논사의 차이점은 『능가경』에서 설한 방식을 해석하는 점에서 다르다.
청변 논사가 『능가경』에서 '외경의 현현이 존재하지 않는다'라고
설한 의미는 식이 외경을 무상無相으로 취하는 것을 부정한 것이며,
이 또한 식이 외경을 무상으로 현현하는 것을 부정하는 것이고 무상으로

---

118 『입중론』, 중관부中觀部, 논장論藏(bstan 'gyur), 데게판(sDe dge), 1733, 6지,
84게송.

현현하는 것은 존재하지 않는다는 의미이다. 왜냐하면 식은 5온蘊과 재산 등 다양한 현현으로써 마음을 일으킬 뿐이고 무상으로 보는 것이 아니라고 주장하기 때문이다.[119] 그러므로 청변 논사는 외경을 부정하는 것은 『십지경』의 의도가 아닐 뿐만 아니라, 다른 어떤 경의 의도도 아니라고 주장한다.

월칭 논사는 『십지경』이 외경을 부정하지 않았지만, 『능가경』에서는 외경을 부정하여 무경을 설하였다고 인정한다. 그러나 『능가경』은 외경으로 설한 것이 불요의경이며, 언설 그대로를 인정한 요의경은 아니라고 주장한다.

『능가경』에서 설한다.

현현하는 외경이 존재하지 않으며
마음이 다양하게 현현하는 것이네.
몸과 재산, 집 같은 경우
마음뿐이라고 내가 설하였다.[120]

월칭 논사는 이 경이 언설 문장으로는 외경을 부정하였지만, 무경은 그 경의 의도가 아니라고 한다. 왜냐하면 이 경은 중생과 사바세계는

---

119 『입중론』에서 다음과 같이 설한다. "현현하는 것이 없음으로써 안식에 색깔과 형태 등의 여러 행상들이 있는데, 이런 것 없이 인식하는 것이 아니다. 안식이 무상으로 취하는 것을 부정한다. 보통 외경을 부정하는 것이 아니다."

120 『능가경』, 경부經部(mdo sde), 경장經藏(bka' 'gyur), 데게판(sDe dge), 107, ca, 116쪽, na, 6줄.

업으로써 생기며, 업은 사업思業[121]과 사이업思已業[122] 두 가지로 확정되기에, 이 모든 것이 마음으로 지은 것이라고 하기 때문이다. 그들의 행위자는 마음뿐이며, 세간은 마음 외에 다른 작자作者인 브라만, 주主 등이 존재하지 않는다고 하는 것은 다른 창조자를 부정한 것이라고 해석한다. 즉 다른 작자를 부정할 뿐이며 경의 의도는 외경을 부정하는 것은 아니다. 색과 마음 중 마음이 주된 것이라는 이유도 그와 같다. 외도들이 창조주를 인정하지만 우리는 모든 세간은 마음으로 만들어지며, 마음이 업을 지음으로써 다양한 세간이 나타난다고 주장한다.

그러므로 외경과 식 둘에 대해 승의로 존재하는지의 여부와 언설로 존재하는지의 여부를 구별하는 것은, 승의제와 세속제의 두 체계에서 쇠퇴되는 것이기 때문에 이제에서 멀어질 것이라고 용수 논사의 『보리심석론菩提心釋論』과 성천 논사의 『사백론』에서 설한다. 외경을 부정하는 것이 『십지경』의 의도가 아니라는 것은 그 근거를 『능가경』에 두고 있다.

『입중론』에서는 다음과 같이 설한다.

그러므로 지혜로운 이가 지혜를 증장하기 위해서,
일체지자께서 『능가경』에서 외도의 아만我慢의 높은 산을 부수기 위해
금강金剛의 자성自性과 같은 말씀으로 의도를 알리기 위해서이다.[123]

---

121 사업: 마음에 여러 가지로 생각하는 일.
122 사이업: 마음속에 둔 생각이 밖으로 나타나 짓는 업. 여기엔 동작으로 나타나는 신업身業과 말로 나타나는 구업口業이 있다.

『입중론』에서는 『능가경』을 인용해 은혜로운 세존, 일체지자께서 외도들이 아我와 주主 등 세간의 창조자를 인정하는 아견我見의 높은 산을 제거하기 위해서 설하였다고 주장한다.

『능가경』에서 설한다.

아는 흐름과 온,

그와 같이 연과 물질

주主와 브라만 등 작자作者들

오직 식識뿐이라고 내가 설했다.[124]

위 게송은 주主와 브라만 등의 세상의 작자를 부정하는 것으로, 오직 마음만이 세간의 작자임을 부처님이신 내가 설했다는 의미이다.

『입중론』에서 설한다.

세존께서는 각각의 논서[125]에서

외도들이 주장한 작자들

이들이 없음을 보고, 오직 마음만이 세간의 행위자임을 설했다.[126]

---

123 『입중론』, 중관부中觀部, 논장論藏(bstan 'gyur), 데게판(sDe dge), 1733, 6지, 85게송.

124 『능가경』, 경부經部(mdo sde), 경장經藏(bka' 'gyur), 데게판(sDe dge), ca, 164쪽, 2줄.

125 외도와 불교 등의 다양한 논서.

126 『입중론』, 중관부中觀部, 논장論藏(bstan 'gyur), 데게판(sDe dge), 1733, 6지, 86게송.

위『입중론』의 의미는 다양한 종의宗義와 논서에서 외도들의 아我
등에 속하는 흐름과 온蘊 등을 작자로 말했지만, 세존께서 이러한
것들은 작자가 아님을 보시고, 마음만이 오직 세간의 작자임을 설하였
다는 뜻이다.

또한『입중론』에서

실상을 깨닫는 것을 '붓다'라고 말하는 것처럼,
세간 사람들에게 마음만이 주된 것이기에
경에서 '오로지 마음뿐'이라고 말한 것이지,
색을 부정하는 것이 경의 의미가 아니다.[127]

라고 설하였다. 예를 들어서 실상을 깨닫는 것을 '붓다'라고 표현한다.
붓다라는 명칭에 '멸함'이란 의미가 드러나지 않아도 문제되지 않는
것과 같다. 이처럼 색과 마음 둘 중에 마음뿐이라고 하는 것을 경에서
설하는 데 있어서 '주된'이라는 명칭이 드러나지 않지만 삼계의 세간이
마음만이라고 설하는 것이다. 이 경에서 마음만이라고 설하는 것은
삼계를 생기게 하는 원인에 색과 마음 둘 중에 마음이 주된 것이라고
설하는 것이며 외경의 색을 부정하는 것이 아니다.

『입중론』에서

만일 이것들이 오직 마음뿐임을 알고서

---

127 『입중론』, 중관부中觀部, 논장論藏(bstan 'gyur), 데게판(sDe dge), 1733, 6지,
    87게송.

그 경에서 (부처님께서) 색을 부정한다면

또 다시 부처님께서 그 경에서

'마음은 무명과 업에서 생긴다'라고 왜 설하셨겠는가?[128]

라고 설하였다. 만일 삼계가 자성으로 성립되는 마음뿐이라는 것을 알고서『십지경』에서 외경인 색을 부정한다면 타당하지 않다. 그렇다면 또『십지경』에서 다시 식은 무명과 업에서 생긴다고 왜 설하였는가? 이것도 타당하지 않게 된다. 이 경에서 식은 무명과 업에서 생긴다고 설하였지만 자성으로 성립한다고는 설하지 않았다. 식이 자성으로 성립된다는 것은『십지경』의 의도가 아니다. 왜냐하면 세존께서 일체법을 연기라고 설하였기 때문에, 연기라면 자성으로 성립되는 것과 모순되는 까닭이다. 그러므로 자성으로 성립된다는 것은 방편설교이다.

『입중론』에서

마음이 중생의 세간과

우주의 세간 등을 매우 다양하게 생기게 한다.

모든 중생이 업에서 생긴다고 설하니

마음이 없으면 업도 존재하지 않는다.[129]

128『입중론』, 중관부中觀部, 논장論藏(bstan 'gyur), 데게판(sDe dge), 1733, 6지, 88게송.

129『입중론』, 중관부中觀部, 논장論藏(bstan 'gyur), 데게판(sDe dge), 1733, 6지, 89게송.

160

라고 설하였다. 창조주인 '항상한 아' 등은 존재하지 않고, 마음이 업을 짓고 이로써 중생과 우주가 다양하게 생기게 된 것이다. 그러므로 모든 중생이 업에서 생기므로 마음이 없으면 업 또한 존재하지 않는다.

『입중론』에서

> 만일 색이 존재하더라도 그것에는
> 마음과 같이 작자가 존재하지는 않는다.
> 그러므로 마음 외에 다른 작자를 부정하는 것이지
> 색을 부정하는 것이 아니다.[130]

라고 설하였다. 색이 존재하지만 색에 대한 마음처럼 작자가 존재하지 않는다. 그러므로 색과 마음 둘 중에 마음을 주된 것으로 설하였기에, 마음 외에 다른 항상한 아와 주, 브라만 등 창조주를 부정하지만 마음뿐 이라는 '뿐'자가 외경의 색을 부정하는 것이 아니다.

『입중론』에서

> 세간의 실상에 머무는 것(측면에서)에
> 세간에 오온 모두 알려진 대로 존재한다.
> 공성의 지혜를 증득함을 원할 경우
> 유가행자에게(측면에서)는 이 다섯 가지가 존재하지 않는다.[131]

---

130 『입중론』, 중관부中觀部, 논장論藏(bstan 'gyur), 데게판(sDe dge), 1733, 6지, 90게송.

131 『입중론』, 중관부中觀部, 논장論藏(bstan 'gyur), 데게판(sDe dge), 1733, 6지,

라고 하였다. 세간이 실상에 머무는 세속의 측면에서는 오온들이 알려져 있고 존재한다. 실상을 지각하는 성자의 등인지等引智를 원하는 경우, 실상을 보는 유가행의 지혜인 등인지의 측면에서 오온이 존재하지 않는다.

『입중론』에서

색이 없으면 마음이 존재한다고 집착하지 마라.
마음이 있다면 또한 색이 없다고 집착하지 마라.
이 둘은 세존께서 반야경에서
똑같이 멸해야 한다고 설하셨고, 아비달마에서도 설하였다.[132]

그러므로 외경의 색이 없으면 마음 또한 존재한다고 생각하지 말아야 하고, 안의 마음이 존재하면 외경의 색 또한 없다고 생각하지 말아야 한다. 내외의 법들이 자성으로 존재하면 똑같이 존재하고, 자성으로 없으면 똑같이 존재하지 않음이 같기 때문이다. 『반야경』에서 이 모든 것이 자성으로 똑같이 성립되는 것이 없다고 설하는 까닭이다. 아비달마 논서에서도 오온 모두에 대해서 개별적 특성(자상)과 공통된 특성(공상)으로 똑같이 설하였다.

『구사론』에서 다음과 같이 말한다.

91게송.

132 『입중론』, 중관부中觀部, 논장論藏(bstan 'gyur), 데게판(sDe dge), 1733, 6지, 92게송.

162

지止를 성취하려는 자는 사념주四念住를 수습해야 한다.
신수심법身受心法에 대해 두 가지 특성으로 분석해야 한다.[133]

『구사론』 6장 주석서에서는 다음과 같이 말한다.

신수심법에 대해 두 가지 특성으로 분석하는 것은 신수심법에 대해
개별적 특성과 공통된 특성으로 분석하는 것이다. 이들의 개별적
특성은 자신의 본성이다. 공통된 특성은 유위는 무상이고, 유루는
고통이고, 일체법은 공한 것이며 무아다.[134]

유식학파는 이제를 체계적으로 논파하지만 의타기성이 실체로 성립
되는 것을 성취하지 못한다. 왜냐하면 앞에서 의타기성이 실체로 성립
된 것을 몇 차례로 부정했기 때문이다. 이로써 외경을 부정하기 위해
노력하는 것이 의미가 없게 된다.
　『입중론』에서

어떤 경(십지경)에서 '현현하는 외경은 존재하는 것이 아니다.
마음이 다양하게 현현한 것이다'라고 말씀하신 것은
색에 대해 매우 집착하는 이들에게

---

133 『구사론』, 아비달마부, 논장論藏(bstan 'gyur), 데게판(sDe dge), khu, 19쪽,
na, 4줄.
134 『구사론자석』, 아비달마부, 논장論藏(bstan 'gyur), 데게판(sDe dge), khu, 11쪽,
ba, 6줄.

색의 집착을 제거하기 위해 설한 것이며, 이것은 불요의경이다.[135]

이것이 세존께서 불요의임을 설하였고
이것이 불요의임이 논리로써 타당하다.
이와 같이 다른 경 또한 불요의임을 이 경으로 밝혔다.[136]

소지가 없으면 식을 밝히는 것이
쉽다고 세존께서 설하였다.
소지가 없으면 식도 부정되기 때문에
먼저 소지를 부정하는 것이다.[137]

이와 같이 경의 역사를 이해함으로써
어떤 경이 실상이 아닌 것을 설한 것이
의도를 가진 불요의를 설하는 것임을 알고서 다른 의미로 이끌고(해석하여)
공성의 의미를 가지는 것(설한 경)이 요의경임을 알아야 한다.[138]

---

135 『입중론』, 중관부中觀部, 논장論藏(bstan 'gyur), 데게판(sDe dge), 1733, 6지, 94게송.
136 『입중론』, 중관부中觀部, 논장論藏(bstan 'gyur), 데게판(sDe dge), 1733, 6지, 95게송.
137 『입중론』, 중관부中觀部, 논장論藏(bstan 'gyur), 데게판(sDe dge), 1733, 6지, 96게송.
138 『입중론』, 중관부中觀部, 논장論藏(bstan 'gyur), 데게판(sDe dge), 1733, 6지, 97게송.

라고 하였다.

안眼 등의 근처根處들과 색, 성 등 오경五境과 기세간 등은 마음 밖에 별도로 외경으로 존재하는 것이 아니다. 의식이 몸, 재산 등으로 현현할 경우 이들을 외경처럼 인식하게 된다고 설한 이 경에서 외경을 부정하는 것이 아니냐는 물음에『입중론』에서는 다음과 같이 설한다.

이러한 경전과 다른 경전들도 불요의경임을 이 경의 근거로써 밝힌다.[139]

귀류논증학파는『능가경』에서 무경을 설하지만 이 경은 불요의경이라고 해석한다. 경에서 무경을 설하더라도 무경이 성립할 수 없다. 이 경에서 무경을 설하는 것은 색에 대해 매우 집착하는 중생들의 강한 탐착을 제거하기 위해서이며, 이를 위해 외경이 없지만 마음에 현현할 뿐이라고 설한 것이다. 그러므로 이것은 요의경이 아닌 불요의경이다. 마치 욕망을 가진 자의 욕망을 제거하기 위해 세존께서 부정관의 삼매를 설하신 것과 같은 방편설교인 것이다.

요약하면, 이 경의 의도는 창조주인 '항상한 아' 등을 부정하는 것이며 목적은 색에 대한 욕망을 제거하기 위한 것이다.

여기서 불요의경으로 해석해야 하는 경과 해석하는 경을 파악한다. 불요의경으로 해석해야 하는 네 가지 경이 있으며, 불요의경으로 해석하는 세 가지 경이 있다. 불요의경으로 해석해야 하는 네 가지 경은

139『입중론』, 중관부中觀部, 논장論藏(bstan 'gyur), 데게판(sDe dge), 1733, 6지, 95게송.

아뢰야식이 존재함을 설한 경, 외경이 없음을 설한 경, 삼상三相이
실제로 존재하는지의 여부를 구별하여 설한 경, 구경삼승을 설한 경
이다.

첫째는 『해심밀경』에서

아타나식阿陀那識은 심오하고 미세하며
일체종자가 강물처럼 흘러내린다.
자아로 분별하게 되면 타당하지 않다고
내가 어리석은 범부들에게 이것을 설하지 않았네.[140]

라고 설하였다.

둘째는 『해심밀경』에서

"세존이시여. 삼매의 대상인 영상映像은 무엇입니까? 마음과 다른
것입니까? 마음과 다르지 않은 것입니까?" 세존께서 말씀하셨다.
"미륵이여, 다른 것이 아니라고 말해야 한다. 이것은 무엇 때문인가?
식의 인식대상은 오직 식에 의해 드러나는 것이기 때문이다."[141]

라고 설하였다.

셋째는 『해심밀경』에서

140 『원측소에 따른 해심밀경』 9장, 원측 지음, 지운 역주, 연꽃호수, 2009, 173쪽.
141 『해심밀경』, 경부經部(mdo sde), 경장經藏(bka' 'gyur), 데게판(sDe dge), 106,
ca, 13쪽, ba, 7줄.

제법의 상무자성相無自性은 무엇인가? 변계소집의 특성들이다. 이
것은 무엇 때문인가? 이것은 명칭과 언설로써 건립한 특성이며,
자신의 특성으로 머무는 것이 아니기 때문이다. 그러므로 이것을
상무자성이라 한다.[142]

라고 설하였으며, 또한

제법의 생무자성生無自性은 무엇인가? 제법의 의타기성의 특성 모
두이다. 이것은 무엇 때문인가? 이와 같다. 이것이 조건의 힘으로
생기는 것이고, 본성으로가 아니기 때문이다. 그러므로 이것을 생무
자성이라고 한다.[143]

라고 하였고,

제법의 승의의 무자성은 무엇인가? 의존하여 생기는 법, 생의 자성
으로 자성 없는 이것들이 승의의 자성으로 무자성이기도 하다.
이것은 무엇 때문인가?
승의생이여, 제법에 청정함의 대상 모든 것이 승의임을 가리키며,
의타기성은 청정함의 소지가 아니기 때문이다. 그러므로 승의의

---

142 『해심밀경』, 경부經部(mdo sde), 경장經藏(bka' 'gyur), 라싸판, ca, 41쪽, ba,
7줄.
143 『해심밀경』, 경부經部(mdo sde), 경장經藏(bka' 'gyur), 라싸판, ca, 26쪽, ba,
1줄.

무자성이라고 한다.[144]

라고 설하였다.

넷째는 『해심밀경』에서

성문의 종성인 오직 적멸寂滅에 나아가는 사람은 제불諸佛의 정진精進을 가지게 되더라도, 보리의 정수를 일으키더라도 무상정각을 성취할 수 없다. 그것은 왜 그런가? 이처럼 이들은 비심悲心이 너무 적고 고통을 너무 두려워하기 때문이다. 자성이 낮은 종성뿐이기 때문이다.[145]

라고 설하였다.

앞에서 말한 네 가지 경은 불요의경이다. 이 네 가지 경을 여기서 불요의경이라고 해석한다.

첫째, 아뢰야식을 설한 경을 불요의경으로 해석하는 경은 여래장경을 불요의경으로 해석하는 것이다.

둘째, 외경이 없음을 설한 경을 불요의경으로 해석하는 경은, 『능가경』에서

---

144 『해심밀경』, 경부經部(mdo sde), 경장經藏(bka' 'gyur), 라싸판, ca, 26쪽, ba, 4줄.

145 『해심밀경』, 경부經部(mdo sde), 경장經藏(bka' 'gyur), 라싸판, ca, 30쪽, ba, 2줄.

환자가 아픔에 의사가 약을 주는 것

이와 같이 부처님께서는 중생에게 근기에 맞게 법을 설하신다.[146]

라고 설하였다.

셋째, 삼상이 실제로 존재하는지의 여부를 구별하여 설한 경을 불요의경으로 해석하는 경은 "대지혜여, 공함과 무생……"이라는 경이다.

넷째, 구경삼승을 설한 경을 여기서 불요의경으로 해석할 필요는 없다. 『집경론석』에서 이미 불요의경으로 해석했기 때문이다.

---

146 『능가경』, 경부經部(mdo sde), 경장經藏(bka' 'gyur), 데게판(sDe dge), ca, 174쪽, na, 1줄.

2) 자증(自證, savitti, རང་རིག, rang rig)을 인정하지 않음

자증을 인정하지 않음을 설함에 두 가지가 있다. 유식학파의 주장과 귀류논증학파의 주장이다.

(1) 유식학파의 주장

유식학파의 주장에는 두 가지가 있다. 자증의 의미, 자증을 확립하는 논리이다.

가. 자증의 의미

귀류논증학파는 자증自證을 인정하지 않으며 자증을 인정하는 반론자는 유식학파이다. 유식학파가 자증을 인정하는 방식은 다음과 같다. 어떤 법이든지 그것을 능립能立하는 식識이 있어야 한다. 능립하는 식에는 대상(境)을 능립하는 식과 유경有境을 능립하는 식 두 가지로 구분한다. 첫째는 타증他證이고 둘째는 자증이라고 한다. 타증은 파랑색을 인식하는 안식으로, 파랑색을 능립하고, 자증은 파랑색을 인식하는 안식을 인지하는 식으로, 파랑색을 인식하는 안식을 능립한다. 대상을 능립하는 식은 외견식外見識, 소취상(所取相, grahya-akara), 타증他證이라고 하고, 유경有境을 능립하는 식은 내견식內見識, 능취상 (能取相, grahaka-akara), 자증自證이라고 한다.

　유식학파는 파랑색을 능립하는 식은 파랑색을 인식하는 안식인 한편, 파랑색을 인식하는 안식 자신을 능립하는 식은 무엇인지를 분석한 결과로 자증이 발견된다고 한다. 이러한 견해는 경량부와 유식학파에 공통된다. 설일체유부는 명료한 경험 정도는 인정하지만 식을 무행상無

行相으로 인정하기 때문에 자증을 인정하지 않는다. 이들은 소취상과 능취상이라는 명칭을 인정하지 않기 때문에, 소취상을 가지는 식과 능취상을 가지는 식 또한 인정하지 않는다.

그러므로 식을 유행상有行相으로 인정하는 이들은 소취상을 가지는 식과 능취인 유경有境의 상을 가지는 식, 두 가지를 인정하기 때문에 대상을 능립하는 식은 '경험대상'과 '타증'이라고 표현하며, 유경을 능립하는 식은 '경험하는 자'와 '자증'이라고 한다. 여기에 타증과 자증이라고 표현하는 것은 일체법을 자와 타 두 가지로 나누어서, 식들을 '자自'라고 하고, 그 외의 법들을 '타他'라고 하는 것이다. 따라서 식을 능립하는 것은 자증이라 표현하며, 식 외의 다른 법을 능립하는 것은 타증이라 표현한다.

나. 자증을 확립하는 논리

유식학파의 입장에서 자증은 확실히 인정되어야 한다. 자증이 없다면 어떠한 법도 기억한다는 것이 불가능하게 된다. 왜냐하면 기억은 자증의 발자취와 같은 까닭이다. 어째서 그러한가? 자증이 없다면 "예전에 이것을 봤다"라고 그 대상을 기억하는 것과, "예전에 내가 보았다"라고 유경有境을 기억하는 것이 둘 다 불가능하게 될 것이다. 왜냐하면 일체의 기억은 전에 어떤 것을 경험함에 따라 후에 기억이 되는 까닭이다. 전에 경험하지 않은 것에 대해 기억이 생긴다는 것은 불가능하다.

파랑색을 취하는 안식이 파랑색을 경험하지 않았다면 후에 파랑색에 대한 기억이 생기지 않는다. 만일 기억이 있다면 그 전에 경험이 있어야 한다. 그러므로 파랑색을 기억하는 이유로 인해 파랑색에 대한 경험이 존재한다는 것이 성립하며, "내가 파랑색을 봤다"고 기억하는 이유로 인해 파랑색을 보는 것을 경험하는 식인 자증이 존재한다는 것이 성립될 수 있는 것이다.

논리는, 파랑색을 인식하는 안식은 자신을 경험하는 자가 존재한다. 다음에 기억하는 것이 존재하기 때문이다. 예를 들어서 '파랑색'과 같다.

따라서 유식학파는 유경에 대한 기억이 존재하므로 이전에 경험하는 자가 선행된다고 확립할 수 있으며, 바로 이러한 경험하는 자가 자증이라고 주장한다. 경험이라는 것은 자신의 경험이거나 타他의 경험 중에 하나임이 확실하고, 타의 경험이 아니라는 것은 분명하다. 왜냐하면 여기는 타의 경험을 부정할 때이기 때문이다.

만일 식들을 자신과 무관한 어떤 식이 경험해야 한다면 무한한 반복의 오류에 빠지게 되는 문제가 발생된다. 자신이 자신을 취하지 못하고 다른 식이 취해야 한다면 경험하는 식 또한 자신이 취하지 못하므로 다른 식으로 취해야만 하는 문제가 발생한다. 또한 이 경험식에 대해 지각하는 또 다른 경험식이 필요하기 때문에 이러한 식은 무한한 반복이 될 것이다.

또한 자증이 없으면 다른 대상을 지각할 수 없는 문제가 발생한다. 왜냐하면 두 번째 찰나의 식이 첫 찰나의 식을 인식한다면, 두 번째 찰나의 식은 색色 등에 접촉하지 않게 되어 인식이 불가능하게 된다. 왜냐하면 두 번째 찰나의 식은 첫 찰나의 식을 소연所緣하므로 색을 소연할 수 없기 때문이다. 이유가 성립된다. 왜냐하면 파랑색을 인식하는 두 번째 찰나의 안식은 파랑색을 인식하는 첫 찰나의 안식을 소연하고, 이것을 소취경所取境으로 삼아 생겨나기 때문이다. 충족함이 있다. 후 찰나의 안식이 전 찰나의 안식을 인지한다면, 후 찰나의 안식이 첫 찰나의 안식을 소취경으로 삼아서 생겨야 하기 때문이다. 그렇다면 후 찰나의 안식이 내적의 가까운 소취경을 버리고 외적의 먼 색을 인식하지 못하는 까닭이다. 또한 안식이 안식을 인식하면 안식이 색을 인식하지 못하기 때문이고, 이는 색을 인식하면 안식을 인식하지 못하는 까닭이다. 또한 파랑색을 인식하는 두 번째 찰나의 안식이 첫 찰나의 안식을 인식하면 같은 종류인 실체로 각각인 두 안식이 동시에 생기게 되는 꼴이 되어버리는 것이다. 왜냐하면 파랑색을 인식하는 첫 찰나의 안식을 인식하는 두 번째 찰나의 안식과 파랑색을 지각한 둘째 찰나의 안식 둘이 동시에 생기며, 이 둘이 안식의 한 종류이고 실체로 각각이기도 하기 때문이다. 따라서 실체로 각각인 한 종류의 두 의식이 동시에 생기는 것은 불가능하다.

경에서 말하기를

중생들의 심상속心相續은 (각각) 하나씩이다.

라고 설하였다.

요약하면, 유식학파는 무한한 반복이 생기는 오류와 다른 대상을 인식하게 되지 못하는 오류, 이 두 가지를 제거하기 위해 자증을 인정해야 한다고 주장한다.

(2) 귀류논증학파의 주장

둘째, 귀류논증학파의 주장에 두 가지가 있다. 자증을 부정함, 자증이 없어도 기억이 생기는 방식이다.

가. 자증을 부정함

귀류논증학파는 자증을 인정하지 않는다. 유식학파가 파랑색을 인식하는 안식을 능립시키는 자증을 별도로 건립하지만, 이 학파는 자증이라는 별도의 식을 인정하지 않는다. 식 자신이 자신을 건립할 수 있다고 보기 때문이다. 파랑색을 인식하는 안식이 파랑색을 직접적으로 파악함으로써 파랑색을 인식하는 식 자체를 자신이 간접적으로 이해한다. 이 학파는 모든 식은 자신의 현현하는 상의 양임을 인정하기 때문에, 식 자신이 자신을 성립한다고 인정한다. 그러므로 식 자신을 확립시키는 것이 식 자신 외에 별도로 자증이라는 것이 필요 없다고 주장한다. 『입중론』에서 다음과 같이 설한다.

만일 후에 기억함으로써 (자증을) 성립한다면
성립되지 않은 (자증을) 성립하기 위해서 세우는
(이유인 자성으로) 성립되지 않은 기억, 이것은 (자증을) 성립시킬
수 있는 것이 아니다.[147]

(언설로 존재한 기억으로) 자증을 성립시키더라도
(후의) 기억으로 (전의 식을) 기억하는 것이 타당하지 않다.

---

[147] 『입중론』, 6지, 73게송.

(자성으로 성립된) 타他이기 때문이고, (이것이) 모르는 마음속에 생기는 것과 같다.

이 논증식으로써 특별한 경우도 부순다.[148]

만일 파랑색을 기억하는 후의 기억함으로써 자증을 성립한다고 유식학파가 주장한다면, 이것이 존재하지 않은 자증을 성립하기 위해 이유로 세우는 자성으로 성립되지 않은 기억, 이것은 자증을 성립시킬 수 있는 것이 아니다. 즉, 자성으로 성립된 기억으로 자증을 성립시킨 것은 소리가 무상임을 성립시키기 위해 안식에 대상임을 이유로 세운 것과 같다.

언설로 존재한 기억으로 자증을 성립시키더라도 후의 기억으로 전의 식을 기억하는 것은 타당하지 않다. 왜냐하면 후의 기억은 전의 식과 자성으로 성립된 타他임을 유식학파 당신이 인정했기 때문이다. 이것이 철수의 식의 증거로 그것을 모르는 영희의 마음속에 기억이 생긴다고 하는 것과 같다.

유식학파가 답하기로, 철수와 영희는 심상속이 다르기 때문에 하나의 기억으로 하나의 마음을 증명할 수 없지만, 심상속의 흐름이 하나일 경우에 후의 기억으로 전의 식을 증명할 수 있으므로 자증이 성립된다고 한다. 자성으로 성립된다는 특성을 적용할 경우에 심상속이 하나이건 아니건 모든 것이 자성을 부정하는 논증식으로써 부정한다.

---

148 『입중론』, 6지, 74게송.

다시 설명하자면, 유식학파가 후에 기억이 생긴다는 근거로 기억의 대상인 전의식을 자증으로 성립시키는 주장에 대해 귀류논증학파는 다음의 의문을 제시한다. "자성으로 성립된 기억을 이유로 제시하는 것인가? 아니면 언설로써 존재하는 기억을 이유로 제시하는 것인가?" 첫 번째 질문에 따르면 자성으로 성립된 기억이라는 것은 타당하지 않다. 왜냐하면 자증을 성립시키기 위해서 이유로 제시된 '자성으로 성립된 기억'은 반론자에게 자증을 성립하게 하는 올바른 능립能立이 아니다. 왜냐하면 귀류논증학파 입장에서는 자성으로 성립된 것은 어떤 것도 존재하지 않기 때문이다. 예를 들면 소리의 무상함을 능립하기 위해서 안식의 대상을 이유로 드는 것과 같다.

두 번째 질문을 인정한다면 이에 대해 다음과 같이 질문할 수 있을 것이다. 자증의 결과인 기억을 이유로 제시하는 것인가? 일반적인 기억을 이유로 제시하는 것인가? 전자라면 타당하지 않다. 왜냐하면 귀류논증학파는 자증 자체를 없는 것으로 인정하기에 자증의 결과 역시 있을 수 없기 때문이다. 후자 또한 충족하지 못한다. 왜냐하면 기억의 존재만으로는 자증을 성립시키지 못하기 때문이다. 예를 들면 불이 있다는 이유만으로 불을 만들 수 있는 돋보기의 존재를 성립시킬 수 없고, 물의 존재만으로 수정水晶이 존재함을 성립시킬 수 없는 것과 같다.

이에 대해서 유식학파는, 후의 기억으로 전의 경험이 성립되는 것이라고 대답한다. 경험은 자自경험과 타他경험으로 확정되고, 이 기억이 타경험이라고 하면 논리로써 부정되기 때문에 자경험이 된다. 그래서 이 자경험을 자증自證이라고 주장한다. 이에 대해 귀류논증학파는 다음과 같이 반박한다. 후의 기억이 있다면 경험이 선행된 것으로 충족하지 못한다. 이러한 이치는 다음에 설명하겠다. 만일 경험이 있더라도 경험을 자경험과 타경험으로 확정하지 못한다. 예를 들어서 등불에 밝음이 있지만 그 밝음은 등불 자신이 스스로를 밝게 하는 것도 아니고, 다른 것이 밝게 하는 것도 아닌 것과 같다. 이처럼 식 자신이 자신을 밝게 하지 않고 다른 것이 식을 밝게 하지 않지만, 식에 대한 밝음은 존재한다.

이에 대해 유식학파가 '식 자신이 자신을 밝게 한다'고 말한다면, 이것도 타당하지 않다. 왜냐하면 등불이 자신이 자신을 밝게 한다면 같은 논리로 어둠이 어둠을 가리게 되는 꼴이 되어버리기 때문이다. 따라서 식이 스스로를 밝힌다는 것을 인정한다면 어둠에 가려져 색을 못 보는 것과 같이, 어둠 또한 어둠에 가려져 어둠을 못 보게 되는 꼴이 되어버린다.

『중론』에서 다음과 같이 설한다.

등불이 자와 타의 사물을 만일 밝게 한다면
어둠 또한 자와 타의 사물을 가리게 한다는 것에 의심이 없다.[149]

이에 대해 귀류논증학파가 답하기를, 식이 자신을 인식하고 대상을 확립시킬 수는 있지만 후의 기억으로 전 경험인 유경有境을 확립하는 것은 타당하지 않다고 한다. 왜냐하면 후의 기억과 전 경험 둘이 자성으

---

149 『중론』 7품, 중관부中觀部, 논장論藏(bstan 'gyur), 데게판(sDe dge), 1733, 12게송.

로 성립된다고 유식학파가 인정했기 때문이다.

전·후의 기억 둘이 자성으로 성립되면 이 둘이 서로 무관한 의미가 되어버린다. 그렇다면 무관한 원인에서 무관한 기억이 생길 수 있다고 인정하는 것이 되어버린다. 마치 철수가 이전에 어떤 것을 경험한 것이, 그 의미를 전혀 모르는 영수의 심상속에 기억이 생기게 되는 꼴이 되는 것과 같다.

유식학파는 이에 대해, 이 둘의 심상속은 각각이지만, 여기서 말하는 것은 마음의 한 흐름의 측면에서 말하는 것이기 때문에 허물이 없다고 답한다. 귀류논증학파는 자성으로 성립된 각각의 것이기 때문에 심상속이 하나거나 각각이거나 모든 것이 부정된다고 말한다.

이 둘이 자성으로 성립된다면 심상속이 하나이든 여럿이든 아무 차이가 없다. 왜냐하면 심상속이 하나이든 여럿이든 자성으로 존재한다면 어떤 것에도 의지하지 않고 독립적으로 존재해야 하는 까닭이다. 그렇다면 의지하지 않는 원인에서 결과가 생기는 꼴이 되어 각각의 심상속에 경험과 기억의 인과 또한 존재하지 않은 이유가 없다.

예를 들어 말하자면, 칼이 아무리 날카롭다 하더라도 자신을 자르지 못하며, 손가락 끝부분은 자신이 자신을 접촉하지 못하고, 숙련된 운동선수라도 자신이 자신의 어깨 위에 올라가지 못한다는 세 가지 예시로써 식은 자신이 자신을 경험하지 못한다는 의미에 적용하여 자증은 없다는 의미로 설한다.

나. 자증이 없어도 기억이 생기는 방식

귀류논증학파가 자증이 없어도 기억이 생기는 방식을 설한 것에 두 가지가 있다. 『입중론』에서 설한 것과 『입보리행론』에서 설한 것 두 가지이다.

『입중론』에서 설하는 것은 다음과 같다.

누가 대상을 경험하는 것에
다른 기억[150]이 나[151]에게는 없네.
그러므로 내가 봤다고 기억하게 될 것이니
이 또한 세간의 언설의 방식이네.[152]

자증은 없지만 내가 전에 파랑색을 봤다고 기억하는 것은 타당하다. 왜냐하면 전에 파란 대상을 본 안식으로 인해 다음에 기억이 생기는 경우, 그 기억에 의해 내가 대상을 파랑색으로 봤다고 기억하는 것이기 때문에, 한 가지 기억으로써 대상인 파랑색과 파랑색을 인식한 유경 둘 모두가 동시에 기억되는 까닭이다. "내가 봤다"고 생각하는 것은 유경을 기억하는 것이고, "파랑색을 봤다"고 생각하는 것은 대상을 기억하는 것이다.

『입중론석』에서는 보는 것 자체가 식이지만 내가 봤다고 생각하는 것 역시 타당하다고 설명한다. 예를 들면 팔은 내가 아니지만 그것이 아프면 내가 아프다고 생각하는 것과 같다. 후의 기억으로써 앞의 경험을 기억할 수 있는 것이 가능한 것은 자증 때문이 아니다. 전에

---

150 자성으로 성립된 타생.
151 중관학파.
152 『입중론』, 6지 75게송

대상을 경험한 식과 후에 기억하는 식 둘의 대상이 똑같기 때문에 전에 내가 보거나 들은 대상이 후에 기억나서 "전에 내가 이것을 봤다, 이것을 들었다"라는 기억이 생기는 것이다. 이렇게 기억하는 방식은 세간의 언설로써 가립된 그대로를 인정해야 하는 것이지, 마치 공성을 분석하듯이 가립된 의미를 분석하여 건립하는 것이 아니다. 일체법은 가립된 의미에 대해 그 이유를 분석하면 모두가 사라지게 되는 허위이다.[153]

『입보리행론』에서는 다음과 같이 설한다.

> 만일 자증이 없다면
> 식은 어떻게 기억하겠는가?
> 다른 (파랑색을)경험한 관계로
> 기억하는 것이 마치 쥐의 독과 같다.[154]

첫 번째 두 행은 자증의 존재를 입증하는 유식학파가 자신의 주장을 세우는 것이며, 그 다음 두 행은 앞의 유식학파의 주장에 대한 비판으로 자증이 없어도 식 이외의 다른 대상을 보거나 경험함으로써 그 유경을 또한 기억한다고 하는 귀류중관학파의 주장이다. 후의 기억으로 대상을 기억할 때 유경有境을 멸하여 기억하는 것이 아니며, 또한 후의 기억으로 유경을 기억하는 것도 역시 대상을 멸하여 기억하는 것이

---

153 『입중론석』, 중관부中觀部(dbu ma), 논장論藏(bstan 'gyur), 데게판(sDe dge), a', 273쪽.
154 『입보리행론』 9장, 23게송.

아니다. 왜냐하면 대상과 유경 둘은 서로 연결하여 기억되는 까닭이다.

예를 들면 겨울에 동면에 든 곰을 어떤 쥐가 물었는데, 이듬해 봄에 천둥소리를 듣고 잠에서 깼을 때 몸이 아픈 것을 알고, '지금 아픈 것은 전에 쥐가 몸을 물었을 때 독을 넣은 것이다'라고 기억을 떠올리게 된다. 그러나 전에는 쥐에 물린 경험은 있지만 독을 경험하지는 않았다. 나중에 아프게 되었을 때 독이 들어왔다고 기억하게 된다. 이것은 기억이라는 것이 경험하지 않은 것에서도 기억할 수 있다는 것을 설명해 준다.

여기에 다섯 가지 예시와 그 의미상의 작용이 있다. 첫째, 파랑색을 인식하는 안식이 파랑색을 경험하는 것은 겨울에 어떤 쥐가 몸을 무는 것과 같다. 둘째, 안식이 대상인 파랑색을 인식함과 동시에 유경인 안식을 경험함도 있다는 것은 쥐가 몸을 물음과 동시에 독이 들어온 것과 같다. 셋째, 파랑색을 파악한 시점에 안식이 있지만 안식이 안식 자신을 경험하지 않은 것은 겨울에 쥐가 몸을 물었을 때 몸에 독이 들어왔지만 이때 독을 경험하지 않은 것과 같다. 넷째, 후의 기억이 전의 파랑색을 기억하는 것은 나중에 천둥소리를 듣고 깨었을 때 어떤 쥐가 몸을 물었던 것을 기억하는 것과 같다. 다섯째, 후의 기억이 파랑색을 기억하는 힘으로 안식을 기억할 수 있는 것은 후에 천둥소리로 깨어났을 때 물림을 기억하는 힘으로 독이 들어왔다고 기억하는 것과 같다. 또한 안식이 파랑색을 인식할 때 안식 자신이 자신을 경험하지 않은 것은 겨울에 어떤 쥐가 몸을 물었을 때 곧바로 독이 들어왔다고 경험하지 않은 것과 같다.

따라서 자증을 인정하면 행위대상, 행위자, 행위 이 세 가지가 하나로 되는 꼴이 되기 때문에 자증은 확립할 수 없다. 자증을 인정하는 이들은 파랑색을 인식하는 안식 자체에서 등무간연等無間緣으로 인해 발생하는 '경험한 밝고 명료한 본성'과 소연연으로 인해 발생하는 '파랑색을 현현하는 근식' 두 가지를 인정한다. 전자가 자증이고, 후자가 자증의 경험대상이라고 주장한다. 귀류논증학파는 이러한 경험하는 자과 경험 대상에 대해 아무리 집중하더라도 서로 다른 행상行相이 현현할 수 없기 때문에 자증을 인정하는 것은 헛된 것이라고 주장한다.

요약하면, 대상을 성립시키는 양量 이외에 별도로 유경을 성립시키는 양이 필요 없는 것이다. 왜냐하면 대상을 능립시키는 양 그 자체로서 유경 또한 성립하기 때문이다. 예를 들면 파랑색을 능립하기 위해서 파랑색을 취하는 안식이 필요하고, 파랑색을 인식하는 안식이 파랑색을 건립하는 그 자체로서 파랑색을 인식하는 안식 또한 건립하기 때문에, 파랑색을 인식하는 안식을 능립하는 별도의 것을 확립할 필요 없다.

유식학파가 '자증'이라는 '파랑색을 취하는 안식을 능립하는 식'을 별도의 것으로 확립하여 내적 식인 것만을 주목하여 두 가지 현현(내적인 식과 외적인 대상)이 제거된 별도의 능취상을 가지는 식을 인정하지만, 이와 같은 별도의 능취상을 가지는 것은 존재하지 않으며, 하나의 식이 경을 확립하는 것 그 자체로 유경有境도 확립한다. 이와 같은 내용은 『중관심론』과 『중관이제론』 등에서 설한다.[155]

---

155 『중관심론』, 중관부中觀部(dbu ma), 논장論藏(bstan 'gyur), 데게판(sDe dge), dza, 20쪽,

『중관이제론』, 중관부中觀部(dbu ma), 논장論藏(bstan 'gyur), 데게판(sDe dge),

sa, 1쪽,

『중관이제론석』, 중관부中觀部(dbu ma), 논장論藏(bstan 'gyur), 데게판(sDe dge), sa, 1쪽,

『중관』1품, 중관부中觀部(dbu ma), 논장論藏(bstan 'gyur), 데게판(sDe dge), a', 25쪽.

3) 아뢰야식(ālayavijñāna, ཀུན་གཞི་, kun gzhi)을 인정하지 않음

아뢰야식을 인정하지 않음을 설함에 두 가지가 있다. 유식학파의 주장, 귀류논증학파의 주장이다.

(1) 유식학파의 주장

유식학파의 주장에 네 가지가 있다. 아뢰야식의 정의, 아뢰야식은 인과의 토대임, 아뢰야식이 있다는 경전의 근거, 아뢰야식이 있다는 논리의 여덟 가지 근거이다.

가. 아뢰야식의 정의

귀류논증학파는 아뢰야식을 인정하지 않으니, 이 학파에서 아뢰야식을 부정하는 대상은 유식학파이다. 그러므로 먼저 반론자(유식학파)의 의견을 설명하겠다.

유식학파에는 수교행隨敎行 유식학파와 수리행隨理行 유식학파의 둘이 있다. 이 중에 수리행 유식학파는 아뢰야식을 인정하지 않으며 이에 대해 설하지도 않았다. 진나(陳那, Dignāga, ཕྱོགས་ཀྱི་གླང་པོ་ phyogs kyi glang po) 논사와 법칭(法稱, Dharmakīrti, ཆོས་གྲགས་, Chos grags) 논사 모두 아뢰야식을 인정하지 않으며, 진나 논사의 저서인 『집량론 (集量論, Pramāasamuccaya, ཚད་མ་ཀུན་བཏུས་ tshad ma kun btus)』과 그 주석서인 법칭 논사의 『인명칠론因明七論』에서도 아뢰야식에 대해 기술하지 않는다. 따라서 아뢰야식을 인정하는 것은 오직 수교행 유식학파뿐이다.

이 학파는 보통 어떤 법이든 이름을 붙이는 의미를 찾을 때 발견되지 않으면 존재한다고 건립하지 못하는 것이 다른 학파와 같다. 특히 자아를 분석할 때 자아라는 명칭이 무엇에 적용하는가를 그 토대인 온蘊 등에서 찾을 경우 아뢰야식이 발견되었다고 한다. 이 또한 나라고 생각할 때 마음에 드러나는 나가 무엇인가 분석할 때 색온 등에 대해 후생에 가지 않고 확고하지 않다는 등의 논리로 자아임을 부정하여 무시이래로부터 내려오고, 보리를 얻을 때에도 명료하여 인식의 성분을 가지는 등의 특성을 가지는 아뢰야식을 건립해야 한다고 생각한다.

수교행 유식학파에 의하면 아뢰야식은 다섯 가지의 특성을 가진다. 확고한 것, 무기인 것, 습기를 저장하는 토대인 것, 저장하는 자와 관련된 것, 오직 토대인 것이다.

첫째는 7식과 색이 아뢰야식임을 부정한다. 왜냐하면 7식[156]은 두 가지 무심의 삼매와 멸진정의 시점에는 존재하지 않고, 색은 무색계에 태어날 때에 존재하지 않기 때문에 이것들은 확고한 것이 아니다. 이를 이유로 습기를 저장하는 토대가 될 수 없다.

둘째는 선과 불선이 아뢰야식임을 부정한다. 왜냐하면 선이면 불선의 습기를 저장하지 못하고, 불선이면 선의 습기를 저장하지 못하기 때문이다.

셋째는 무위법無爲法이 아뢰야식임을 부정한다. 왜냐하면 습기를 저장하는 토대이면 유위법有爲法인 것을 충족하기 때문이며, 무위법은 습기를 저장하는 토대가 될 수 없다.

넷째는 습기와 동시가 아닌 법들은 아뢰야식임을 부정한다. 왜냐하

---

156 7식은 안식, 이식, 비식, 설식, 신식, 의식, 말나식을 의미한다.

면 습기의 저장 대상과 저장하는 주체가 동시인 관계가 성립해야 하는
데, 동시가 아닌 것에 습기를 저장할 수 없기 때문이다.

다섯째는 아뢰야식의 권속眷屬인 다섯 심소心所[157]들은 아뢰야식임
을 부정한다. 왜냐하면 심소들은 반드시 아뢰야식에 의지하기 때문에
오로지 의지처가 아니므로 습기를 저장하는 토대가 될 수 없다.

보통 아뢰야식에 대한 명칭은 여러 가지가 있다. 아타나식阿陀那識,
일체종자식一切種子識, 소지所知의 토대, 세의식細意識, 심의식深意識
등이다. 일체업의 습기를 저장하는 토대이기 때문에 '아뢰야식'이고,
몸을 받는 자이기 때문에 '아타나식'이며, 내외의 일체법들이 아뢰야식
의 습기의 힘으로써 식에 현현하여 현현하는 대로 나타날 뿐이기에
'소지처'라 하며, 세간 사람들은 알기 어렵기 때문에 '세의식'이며,
성문·연각들은 여실하게 이해하지 못하기 때문에 '심의식'이라고 한다.

나. 아뢰야식이 인과의 토대임

아뢰야식이 등장하게 된 것은 업과業果 사이의 연속성을 설명하기
위한 것으로서 시간적인 간격을 갖는 인과관계를 가능하게 하는 토대가
무엇인지를 분석하여 발견된 결과물이 아뢰야식이다. 유식학파는 업
의 습기가 저장되어 있는 토대가 없으면 업과 이숙異熟의 간격이 오래되
어 결과가 생길 수 없기 때문에 업이 낭비될 것이라고 생각하였고,
그래서 업이 저장되는 장소로 아뢰야식을 인정하게 된 것이다.

---

157 다섯 심소心所란 촉觸·수受·상想·사思·작의作意를 의미한다.

보통 업의 행위가 끝나고, 시간이 지나 그 업의 과보가 생긴다고
하는 사상은 불교의 모든 학파에 공통된다. 아뢰야식의 개념 이전에도
대중부大衆部의 근본식根本識, 화지부化地部의 궁생사온窮生死蘊, 상좌
부上座部의 유분식有分識, 독자부犢子部의 보특가라補特伽羅, 경량부經
量部의 세의식細意識 등으로 업의 상속을 증명하고자 하였다. 한편,
『중론』에서 다시 업의 상속에 대한 논쟁이 등장하게 되자 유식학파에서
도 이에 대한 답을 탐구하게 된 것이다.

『중론』에서

만일 (업이) 익을 때까지 머문다면 업이 항상하게 될 것이다.
만일 (업이) 멸한다면, 멸한 것으로 과보가 어떻게 생길 수 있겠는
가?[158]

라고 설하였다.

어떤 업이든 지은 지 두 번째 찰나에 이 업이 멸하지 않고 머문다고
하면 자신이 성립된 지 두 번째 찰나에 멸하지 않은 것이 되기 때문에
항상하게 될 것이다. 그러면 작용이 불가능하기 때문에 업에서 과보가
생기는 관계가 불가능하게 된다.

만일 업을 지은 지 두 번째 찰나에 이 업이 멸한다고 한다면 그때부터
결과가 발생하기 전까지 그 업이 멸하여 사라지며, 또한 업의 괴멸도
사물이 아니면 업에서 결과가 어떻게 생기는가? 그렇다면 업과業果와

---

158 『중관』 17품, 5게송.

윤회와 해탈의 토대는 무엇인가? 그 질문에 모든 불교학파들이 답해야 한다. 경량부 등이 아의 사례로 무엇을 세우는지에 대한 주장은 다른 곳에서 설하고자 한다. 유식학파는 아뢰야식이 아의 사례로 인정한다. 아뢰야식은 말나식未那識이 인식하는 대상인 아이며, 습기를 저장하는 토대이며, 윤회와 열반의 토대, 그리고 업을 짓는 자, 이숙을 받는 자, 전생에서 오고 내생으로 가는 자, 윤회에 도는 자, 해탈에 다가가는 자라고 주장한다. 유식학파가 습기를 조장하는 토대가 없으면 업과 이숙 사이에 오래되면 결과가 불가능하게 되므로 업이 소비된다고 생각한다. 그러므로 인과의 관계의 토대로 아뢰야식을 인정한다.

   이것은 업이 끝나 그 결과가 생기기까지 시간의 간격이 아무리 오래되더라도 업의 괴멸로 인해 과보가 생길 수 있다는 이유로 업이 낭비되지 않는다는 방식을 모르는 허물이다. 유식학파는 업의 괴멸壞滅을 사물로 인정하지 않기 때문에 그렇다면 업의 괴멸로써 과보가 생길 수 없게 된다.

다. 아뢰야식이 있다는 경전의 근거
『해심밀경』에서 다음과 같이 설한다.

   아타나식阿陀那識은 심오하고 미세하다
   일체종자가 강물처럼 흐르네.
   이것을 아我로 분별하게 되면 타당하지 않음이라고
   나는 어리석은 범부들에게 이것을 설하지 않았네.[159]

또한 『해심밀경』에서 말한다.

어떤 경우에는 이 아뢰야식이 하나의 식識과 함께 유전流轉하는데
의식과 (함께 유전한다고 하며),
어떤 경우에는 두 개의 식과 함께 유전하는데
의와 의식이다. (함께 유전한다고 하고),
어떤 경우에는 7개의 식識 모두와 함께 유전한다.

『능가경』에서도

이와 같이 아뢰야식은 다양한 대상의 바람으로 인해 간다.
파도와 같이 다양한 식들이 생기게 된다.

라고 설했으며, 또한 『능가경』에서

마음이 아뢰야식이다.
나를 취하(아집)는 것이 식(말나식)이다.
대상을 요별하는 것,
이것을 전식轉識이라 주장한다.[160]

라고 설하였다. 『금광명경金光明經』에서는

---

159 『원측소에 따른 해심밀경』 9장, 원측 지음, 지운 역주, 연꽃호수, 2009, 173쪽.
160 『능가경』, 경부經部(mdo sde), 경부經部(mdo sde), 라싸판, ca, 260쪽, ba, 4줄.

아뢰야식에 머무는 마음을 닦아서 보신報身을 증득한다.

라고 설하였다. 『대승아비달마경』에서도 다음과 같이 설한다.

무시이래로부터 가지는 계界는 모든 법의 토대이다.
이것이 있기에 모든 중생이 윤회와 열반을 증득하게 된다.

일체법의 씨앗인 의식은 아뢰야식이다.
그러므로 아뢰야식은 성스러운 자들에게 내가 설했다.

또한 『대승밀엄경大乘密嚴經』에서는

이와 같이 아뢰야식은 7식과 함께 머무른다.[161]

라고 설하였다.

또한 『대승밀엄경』, 『능가경』 등 다른 경전에서 제8식인 아뢰야식을 설하고 있기에 유식학파는 이를 근거로 아뢰야식을 성립시킨다.

라. 아뢰야식이 있다는 논리의 여덟 가지 근거

유식학파는 아뢰야식이 성립하는 논리적 근거로 성자의 삼매를 제시한다. 유정(有頂, 비상비비상처천)에 머무는 성자가 하지下地인 무소유처

---

161 『대승밀엄경大乘密嚴經』, 경부經部(mdo sde), 경부經部(mdo sde), 라싸판, cha, 62쪽, ba, 2줄.

정의 삼매를 증득할 수 있다는 것은 소승과 대승 모두가 인정하는 사실이다. 만일 아뢰야식이 존재하지 않는다면 유정의 성자가 무소유처정의 삼매를 증득할 경우, 이 성자가 유정의 성자인지 무소유처의 성자인지를 구별할 수 없게 된다.

왜냐하면 아뢰야식이 없이 일어나는 식만을 아로 인정하면, 그때는 무소유처정의 식을 증득한 상태이기 때문에 유정의 성자가 무소유처의 성자가 되어버린다. 또한 이 성자가 유정의 성자라고 하기에는 유정의 식이 일어나 있지 않기 때문에 유정의 성자임을 능립할 수 없게 된다.[162] 따라서 아뢰야식이 존재한다면 유정과 무소유처의 성자를 구분할 수 없는 문제들이 제거된다.

아뢰야식에 대한 또 다른 근거로 견도見道의 등인지等引智[163]에 머무는 동안은 수소단修所斷의 장애가 아뢰야식에 있다고 제시한다. 견도의 무간도無間道는 법성이 심일경성心—境性인 등인지이며 속제에 대한 현현이 사라진 식이다. 그렇다면 다음과 같은 쟁론이 발생할 수 있다. 이 등인지에 머무는 성자의 마음속에 수소단이 있는 것인가? 없는

---

162 유정의 성자가 그 이하의 삼매를 증득할 때 발생하는 식은 이하의 식이다. 자립논증학파의 견해처럼 제6식을 나라고 할 경우에 성자의 의식은 유정에 속하는지, 무소유처정에 속하는지 구별하지 못하게 된다. 왜냐하면 유정의 식이라고 할 근거가 사라지기 때문이다.

163 등인지等引智(等至, samāpatti)에는 무간도, 해탈도, 이 둘 모두 아닌 등인지의 세 가지가 있다. 무간도는 자신의 입장에서 멸해야 하는 장애를 직접적으로 대치하는 도이다. 해탈도는 자신을 이끄는 무간도의 장애에서 벗어나는 도이다. 둘 모두 아닌 등인지는 무간도 이전의 등인지이다. 이 세 가지는 차례로 생겨야 한다. 먼저 둘 모두가 아닌 등인지가 생기고 그 다음 차례로 무간도와 해탈도가 생겨야 한다.

것인가? 그것에 수소단이 없다면 그 성자가 왜 성불을 하지 않는 것인가? 성불하는 데 장애가 되는 수소단이 없는 까닭이다. 그러므로 견도에 머무는 성자는 부처가 아니기 때문에 수소단의 장애를 가지는 것이 확실하다. 만일 견도의 등인지에 머무는 성자의 마음속에 수소단이 있다고 하면 색온은 이러한 수소단의 토대에 타당하지 않으니, 그렇다면 다른 토대는 무엇이 있는가? 등인지의 시점에서 현전한 식은 무루無漏이기 때문에 무루식은 수소단의 이치에 맞지 않고, 아뢰야식이 없으면 그때 다른 식을 습기의 토대로 세울 수 없다. 그러므로 이 성자는 성불하지 않았기 때문에 그의 마음속에 수소단이 있어야 한다. 그렇다면 그의 토대로 아뢰야식이나 이숙식異熟識 외에 다른 어떤 것도 세울 수 없기 때문에 아뢰야식을 인정해야 한다.

또한 아뢰야식을 확립하는 논리는 『섭대승론』에서 다섯 가지, 『오온론五蘊論』에서 네 가지, 『집론集論』에서는 여덟 가지의 논리로써 설하였다. 이 모든 의미를 제 쫑카파가 여덟 가지 논리로 요약하여 설명하였다.

아뢰야식이 없다면 다음 여덟 가지가 불가능하다.

첫째, 몸을 받는 것이 불가능하다.

둘째, 본래부터 생겨나는 것이 불가능하다.

셋째, 밝음이 불가능하다.

넷째, 종자가 불가능하다.

다섯째, 업이 불가능하다.

여섯째, 신체를 경험하는 것이 불가능하다.

192

일곱째, 2종의 등인지[164]가 불가능하다.

여덟째, 죽음 자체가 불가능하다.

첫째 논리는 다음과 같다. 몸을 받는 자가 없는 것인가? 아뢰야식이 없기 때문이다. 충족한다. 아뢰야식이 없으면 몸(有根身)을 바꾸는 자가 없어야 한다. 왜냐하면 아뢰야식이 없으면 말나식도 없게 되고, 그렇다면 몸을 취하는 자가 전6식前六識이라고 하는 것도 타당하지 않기 때문이다. 전6식이 왜 몸을 취하지 못하는가? 이에 대한 다섯 가지 이유가 있다.

①전6식은 몸을 취하는 자가 아니다. 왜냐하면 아뢰야식이란 전생부터 이어져 현생이 시작하는 첫 찰나부터 존재하는 것이지만, 전6식은 쪽 근경식의 화합으로 인해 생기는 것으로, 입태(入胎, nying ma tsams spyar ba) 시점에 없기 때문이다.

②전6식은 몸을 취하는 자가 아니다. 왜냐하면 전6식에는 선, 불선, 무기의 세 가지가 존재하기 때문이다. 충족한다. 오직 무기만이 몸을 취할 수 있는 까닭이다.

③전6식은 몸을 취하는 자가 아니다. 왜냐하면 전6식에는 무심無心의 상태에서 깨어날 때 새로 생기기 때문이다. 충족한다. 왜냐하면

---

164 멸진정과 무상정을 가리킨다. 여덟째의 다섯 가지는 아뢰야식이 없는 것을 비판함으로써 존재를 성립시키는 것이고, 나머지 세 가지 논리는 아뢰야식이 있다는 주장에 대한 반론자의 쟁론에 대한 답이다. (본 논문에서는 요약해서 적었지만 다른 기회에 상세히 저술할 것이다.)

전 육식이 몸을 취하는 자이면 이것이 새로 생길 때 몸 또한 그때 새로 생겨야 하는 오류에 빠지기 때문이다.

④ 전6식은 몸을 취하는 자가 아니다. 왜냐하면 전6식은 몸의 각 부분에 머물기 때문이다. 충족한다. 왜냐하면 몸을 취하는 자이면 이로써 접촉하지 않는 몸의 부분들은 심상속에 속하지 못하게 되어버린다. 즉 안식이 몸을 취하는 자라면 이근 등 다른 근들은 안식으로 접촉하지 않기에 이근 등은 몸이 아닌 것으로 되어버린다.

⑤ 전6식은 몸을 취하는 자가 아니다. 왜냐하면 전6식은 한생에 생멸을 수없이 반복하기 때문이다. 만일 전6식이 몸을 취하는 자이면 몸도 이와 같이 한생에 생사를 반복되어야 하는 꼴이 되어버린다.

이 5가지 원인으로 6식이 몸을 받는 자임을 부정하므로 아뢰야식이 자아임이 긍정적으로 성립하였다.

둘째 논리는 다음과 같다. 반론자가 말하기를 "아뢰야식의 존재는 타당하지 않다. 아뢰야식이 존재한다면 아뢰야식과 제6식 둘이 동시에 현전現前하기 때문에 한 중생의 마음에 두 가지 식이 동시에 현전現前하게 된다"라고 한다. 이에 대해 유식학파는 한 중생의 심상속에 두 가지 식이 동시에 일어나는 것이 가능하다고 답한다. 예를 들면 색色 등 오경五境이 차별 없이 가까이에 있고 오근五根 또한 쇠퇴하지 않고 존재하고, 색을 보고 싶은 생각 등을 가지게 되면 근, 경, 식이라는 세 가지 조건으로 인해 오근식이 생기기 때문이다.

5근식을 생기게 하는 모든 조건을 가지고, 어떠한 장애도 없는 까닭이다. 조건을 가지고도 오근식이 생기지 않는다면 오근식 중에 어느 하나도 먼저 생기지 못하게 된다. 왜냐하면 똑같은 조건을 가지고 있는 오근식 중에 어느 하나가 먼저 생기고 하나가 생기지 않는다는 차별은 이치에 맞지 않기 때문이다.

또한 두 가지 식이 동시에 생기는 것이 불가능하다면 색을 인지하는 안식이 소리를 인지하는 이식이 생기는 데 장애가 되는 꼴이 되어버리고, 혹은 눈이 색을 보는 데 소리가 장애가 되는 꼴이 되어버리는 등 허물이 많다. 이와 같은 논리로 알록달록한 색을 인지하는 안식 역시 불가능하게 된다. 왜냐하면 흰색을 보는 데 검은 색이 장애가 되는 까닭이다.

셋째 논리는 종류가 같은 여러 가지 식이 동시에 일어날 수 있다는 것이다. 왜냐하면 똑같은 원인과 조건이 모이면 안식과 이식이 모두 동시에 현전現前하기 때문이다. 그렇지 않다면 조건을 모두 갖추더라도 밝은 의식 하나도 역시 생기지 못하게 된다. 이유는 같기 때문이다.

넷째 논리는 선불선업의 습기나 종자가 없게 된다는 것이다. 왜냐하면 습기를 놓는 토대인 아뢰야식이 없다고 하기 때문이다. 충족한다. 전6식은 의지처가 확고하지 않고 선, 불선, 무기의 세 가지 본성이 있으며, 또한 기절할 때 전6식이 끊어져버리기 때문에 습기 또한 끊어지게 되므로 업을 지은 것들이 낭비되는 꼴이 되어버린다.

다섯째 논리는 다음과 같다. 여러 가지 식이 동시에 일어나는 것이 불가능하다면 행위 대상, 행위자, 행위 등을 마음에 떠올리지 않고 오가는 행위들이 가능하게 된다. 이들 행위 대상, 행위자, 행위 각각을 식에 떠올리지만 한 가지 식에 많은 처處들이 현현하는 것이 불가능하기 때문이다. 그렇다면 업을 행하는 것이 불가능하다. 따라서 아뢰야식이 타당하다고 설한다. 이것이 전의 반론자에게 던지는 논리이다.

여섯째 논리는 다음과 같다. 선심善心이 일어나는 시점에 몸에 손해와 이익 등으로 고락苦樂의 신수身受가 생기는 것이 불가능한가? 아뢰야식이 없다고 하기 때문이다. 충족한다. 왜냐하면 제6식은 선한 대상을 인식하고 있는 중이므로 신체의 고통 등이 의식에 작용하지 못하는 까닭이다.

일곱째 논리는 멸진정, 무상정, 성자의 등인지가 존재하지 않게 되어버릴 것인가? 아뢰야식이 없기 때문이다. 충족한다. 『섭대승론』에서 "무상정과 멸진정에 머무는 자가 중생이 아니게 된다"라고 설하였고, 그와 동시에 6식 역시 멸하여 아뢰야식도 없으면 죽음과 구별하지 못하게 된다.

여덟째 논리는 사람이 죽을 때 몸의 따뜻한 기운이 점차로 흡수되는 것이 불가능한가? 아뢰야식이 없다고 하기 때문이다. 충족한다. 왜냐하면 아뢰야식으로 온몸이 집수執受되어 머물기 때문에 죽을 때 온기가 점차로 흡수되어 몸의 온기가 사라지는 부분의 몸은 아뢰야식의 토대가 될 수 없기 때문이며, 그때 밝은 의식(제6식)이 존재하기 때문이다. 만일 6식 외에 별도로 아뢰야식이 없으면 이러한 이치에 맞지 않다.

196

이와 같은 논리 중에서 첫째, 넷째, 여섯째, 일곱째, 여덟째의 다섯 가지는 아뢰야식이 없는 것을 비판함으로써 존재를 성립시키는 것이고, 나머지 세 가지 논리는 아뢰야식이 있다는 주장에 대한 반론자의 쟁론에 대한 답이다.

(2) 귀류논증학파의 주장

둘째, 귀류논증학파의 주장에 세 가지가 있다. 경론에서 아뢰야식을 설하고 설하지 않는 두 가지 방식, 아뢰야식을 부정하는 논리, 아뢰야식을 설한 경전의 의도이다.

가. 경론에서 아뢰야식을 설하고 설하지 않는 두 가지 방식

『반야경』에서는 식識의 법수法數에 대해 여섯 가지만을 설할 뿐 그 이상의 것은 기술하지 않았다. 이와 같은 법수를 따르는 경전은 많다. 즉 경전에는 아뢰야식을 건립하거나 건립하지 않은 두 가지 방식이 존재하며 논서에도 마찬가지로 두 가지 방식이 있다.

미륵 논사는 『중변분별론』과 『대승장엄경론』, 『법법성분별론』에서 아뢰야식이 존재함을 설하고, 외경을 부정한 이공二空이 실제로 성립한다고 설하였다. 이에 따라서 무착 논사도 『섭대승론』에서 아비달마경을 근거로 아뢰야식을 확립하였다.

『현관장엄론』과 『대승보성론』에서는 아뢰야식을 설하지 않고, 『대승보성론』에서는 외경을 부정하지도 않았다. 이에 따라 무착 논사는 『대승보성론석』에서 『대승보성론』의 의도를 해석함에 있어서 유식학의 견해로 해석하지 않고 중관학적으로 해석하였다는 것은 전에 언급하였다. 그리고 다른 경에서 아뢰야식을 설하는 것이 제자의 근기에 따른 방편교설이라고 설명한다.

나. 아뢰야식을 부정하는 논리

유식학파는 업의 습기의 토대와 업과가 낭비되지 않기 위한 이유로 아뢰야식의 필요성을 주장한다. 일체법은 아뢰야식에 저장된 습기가 익음으로써 성립되는 것이고, 마음의 현현이 대상으로 드러나는 것은 마음의 빛깔이 밖으로 나타나는 것일 뿐이라고 말한다. 이에 대해 다음과 같은 논쟁을 제기한다.

유식학파의 견해대로 무경無境이라면, 무위법인 허공은 외경으로 존재하는 것인가? 그렇지 않은가? 외경으로 존재한다면 유식학파의 기본 주장과 모순되고, 만일 외경으로 존재하지 않는다고 한다면 허공 또한 아뢰야식에 저장된 습기가 익음으로써 성립되어야 하는 법이 되어버린다. 그렇다면 허공이 조건에 의해서 생기는 법이 되어 허공이 사물이 되어버리는 오류가 발생한다. 허공은 마음의 현현이 밖으로 드러나는 것이 아니다. 허공은 인연에 의해 생기지 않는 항상한 법으로 존재하는 까닭이다. 그러므로 이와 같은 주장은 허공을 무위법으로 인정하는 사실과 모순되는 것이라면 어떻게 답할 것인가?

또한 한 여성의 친척과 원수인 두 명이 동시에 그 여성을 볼 경우, 원수의 마음은 여성을 추하게 보고, 친척의 마음은 그 여성을 아름답게 보는 것이 가능한 것인가? 이것이 불가능하다고 한다면 현실과 모순된다. 만일 가능하다면 다음과 같은 질문을 한다. 두 사람의 마음에 현현하는 여성의 아름답고 추한 두 모습은 각각 자신의 아뢰야식에 저장된 습기가 익음으로써 성립되는 것인가? 또는 마음의 현현이 밖으로 드러날 뿐인 것인가? 존재하며 외경으로 성립되는 것이 아니기 때문이다. 그렇다고 인정하면, 보는 대상인 아름답고 아름답지 않은 여성의 두 몸은 보는 대상인 그 여성의 몸이 아닌가? 보는 자의 아뢰야식의 습기가 익어서 성립한 것이기 때문이다. 이것을 인정할 경우 '보는 대상과 보는 자 둘이 심상속에서 하나가 되어버리는 허물이 생긴다'라고 논쟁하면 어떻게 답하는가?

또한 유식학파가 아뢰야식을 인정하는 것이 앞에서 유식학파의 주장을 세울 때 말한 것과 같이, 자아라고 할 때 자아라는 이름을 어디에 붙이는지 붙인 대상을 찾으면 타구他句를 부정하는 논리로써 아뢰야식을 발견한다고 주장하는 것이다. 그렇다면 인아를 인정하게 될 것이다. 왜냐하면 자아가 이름 붙이는 대상의 측면에서 발견되는 것이 있으면 그것이 자신의 이름 붙이는 대상에 가립될 뿐이 아니게 되기 때문이다. 그렇다면 경에서 마차의 예로써 자아가 오온에 가립될 뿐임을 설한 것과 모순된다. 특히 유식학파 스스로가 아뢰야식을 인정하는 것이 독립적인 아를 인정하는 꼴이 될 것이다. 왜냐하면 오온에 가립될 뿐이 아닌 자아를 건립하면 그 자아가 오온에 의존하게 될 것이기 때문이다. 그와 같이 색온 등을 자아의 사례로 세우면 이름 붙이는 토대와 붙여진 이름인 법, 이 두 가지가 하나로 되는 꼴이, 행위와 행위자가 하나로 되는 꼴 등을 제거하지 못한다.

유식학파의 주장에 이와 같이 분석한다. 자아는 이름 붙이는 토대인 오온의 측면에서 성립된다고 주장하면서 당신(유식학파)의 주장에 따라도 의미상을 오온의 측면에서 성립되는 것이 불가능하다. 왜냐하면 어떤 법이 이름 붙이는 토대에 가립될 뿐이 아니면, 그 토대에 가립함으로써 가립된 법을 세우지 못하기 때문이다. 이름 붙이는 대상에게 이름 붙임으로 성립된 붙여진 법이 없으면, 이름 붙이는 대상의 측면에서 성립한 붙여진 법이 불가능하다. 또한 이렇게 분석한다. 견도의 무간도자無間道者라고 말할 경우, 그의 이름을 붙이는 대상이 무엇인지를 분석하면 견도의 무간도자의 아뢰야식을 발견한다고 주장해야 한다. 그것을 인정하면 견도 무간도자의 아뢰야식이 견도 무간도자인가? 그때 발견한 자아의 사례가 아뢰야식 밖에 없기 때문이다. 만일 그때 아뢰야식 외에 다른 것이 있다면 그것을 자아의 사례로 세우면 되지 반드시 아뢰야식을 세워야 할 이유가 없다. 견도 무간도의 아뢰야식이 견도 무간도자로 인정하면 이것은 성자가 되므로 무아를 현량으로 지각하게 된다. 이것은 타당하지 않다. 왜냐하면 아뢰야식은 대상을 깨닫지 못한 식임을 당신이 인정하기 때문이라고 말하면 어떻게 답하는가? 이러한 논리들이 매우 많다.

보는 자의 아뢰야식의 습기가 익어서 아름답고 추한 두 가지 모습이 나타나는 것이라면, 이것은 보는 자의 업의 결과가 된다. 그렇다면 본 대상의 아름답고 추한 몸 자체는 보는 자의 몸이 되어버리므로, 그 몸은 자신이 지은 업으로 생기는 결과가 아니게 되는 문제가 생긴다. 그러므로 이 몸은 보는 자의 업으로 인해 생긴 것이라 할 수 없다. 따라서 상대의 몸이 보는 자의 업에 의해 생기는 것이 된다면, 이와 같은 논리로 보는 자와 대상의 심상속이 하나가 되어버리는 결과를 낳는다. 업을 지은 결과가 하나인 까닭이다.

만일 아름답고 추한 그 몸은 대상인 그 여성의 몸이 아니라고 한다면,

다른 사람이 대상인 그 여성의 몸을 누구도 보지 않은 꼴이 되어버린다. 만일 대상인 여성의 몸이 보는 사람의 업으로 생긴다고 한다면, 보는 자와 대상 둘의 심상속이 하나가 되는 오류가 성립된다.

『입중론』에서는 다음과 같이 설한다.

> 왜냐하면 자성으로 이것이 멸하지 않는다.
> 그러므로 아뢰야식이 없지만 이것이 가능하기 때문에
> 때로는 업이 소멸한 지 오래 지나더라도
> 과보가 반드시 생긴다는 것은 타당하다.[165]

중관학파는 아뢰야식을 인정하지 않아도 업의 과보를 설명할 수 있다고 주장한다. 중생들의 심상속에서 업을 완성하고, 그 업과 과보 사이의 시간이 오래 지나더라도 선善과 불선不善의 결과인 고락苦樂이 분명히 생긴다는 것은 타당하다. 왜냐하면 업이 자성으로 멸하지 않고 흐름이 지속되는 까닭에 업의 괴멸(壞滅, zhig pa)에서 업의 이숙과異熟果가 생기는 것을 건립할 수 있기 때문이다.

다. 아뢰야식을 설한 경전의 의도
그렇다면 아뢰야식이 없어도 인과의 관계를 건립할 수 있다는 것은, 다른 경전에서 아뢰야식을 인과의 토대로 설하는 것과 모순되지 않는가?

---

165 『입중론』 6지, 39게송.

이에 대한 답으로 『입중론』에서는 다음과 같이 말한다.

아뢰야식을 인정하여 아가 존재하며, 오온 등 역시 존재한다고
설하는 것은 심오한 의미를 이해하지 못하는 자를 위한 것이다.[166]

귀류논증학파의 답은 업과와 윤회와 해탈이 토대로 아뢰야식을 인정
하지 않아도 아뢰야식을 설하는 경전과 모순되지 않는다. 이것을 방편
교설로 받아들인다. 경전에서 전6식과 본성이 다른 아뢰야식이 있고
'아我'가 실재하여 오온 등이 실제로 존재한다고 설하는 것은 무자성의
공성의 의미가 매우 심오하기 때문에, 이것을 이해하지 못하는 제자들
을 위한 대기설법의 의미를 가진다. 실제 기술된 경전의 내용과 다른
의도로 아뢰야식을 해석함으로써 공성을 받아들일 만한 근기가 안
되는 제자를 보호하는 것이다. 이러한 의미로 아뢰야식을 설한 것뿐만
이 아니라 아我가 실체로 존재한다고 설하는 경우도 있다. 이렇게
설함으로써 제자를 교화하기 때문이다.

경전에서 "비구여, 오온은 짐이다. 짐을 가진 자는 아我이다"라고
설한 것과 같다. 근기가 되지 않는 제자들에게 심오한 궁극적인 의미를
설하지 않고 먼저 아뢰야식을 설하거나 오온이 실제로 성립하는 것을
설명함으로써 이 제자들을 보다 큰 의미로 이끌 수 있기 때문에, 이와
같이 설하는 것은 공덕이 있을 뿐 어떤 허물도 존재하지 않는다.

---

166 『입중론』 6지, 43게송.

이처럼 아뢰야식을 설한 경전을 불요의경으로 수용하는 것은 자립논
증학파 역시 마찬가지이다.『중관심론』역시 아뢰야식을 설한 경을
불요의경으로 해석한다. 자립 논사인 예쉐닝뽀(지혜장, ཡེ་ཤེས་སྙིང་པོ་ yes-
hes nying po) 또한 외경을 인정하기 때문에 아뢰야식을 인정하지
않는다. 외경을 인정하지 않는 까말라쉴라 또한 오직 의식만이 내생에
이어진다고 주장하기 때문에 아뢰야식을 인정하지 않는다.

4) 괴멸(壞滅, ৰিশ་ང་)을 사물로 인정함

괴멸(壞滅, vināśa, zhig pa)을 사물(事物, bhāva, dngos po)로 인정함을 설함에 두 가지가 있다. 괴멸을 사물로 인정하지 않는 학파의 주장, 귀류논증학파가 주장하는 괴멸의 의미이다.

(1) 괴멸을 사물로 인정하지 않는 학파의 주장

어떤 사물을 마음에 떠올릴 때 다른 법의 반체(反體, vyatireka, ৠশ་ང་, ldogs pa)를 의존하지 않고 자력自力으로 현현해야 한다고 말한다. 괴멸은 먼저 멸하는 원인을 마음에 떠올리고 그것의 반체만을 이해하는 것 외에 자력으로 현현하는 것이 없기 때문에 사물이 아니라고 주장한다.

자성을 인정하는 자들의 주장은 다음과 같다. 싹을 예로 들면 싹의 괴멸은 사물이 아니다. 왜냐하면 싹의 괴멸은 싹의 본성이 배제될 뿐이므로 '항상한 것'이기 때문이다. '싹의 괴멸'의 의미는 이전의 싹의 모든 부분이 배제되고, 싹 이외에 항아리 등 다른 사물의 본성을 얻지 못하는 것을 나타낸다. 그래서 괴멸은 사물이 아닌 것으로 주장된다. 만일 싹의 괴멸이 사물이라면 파랑색 등 각각의 처處의 본성으로 주장하거나 혹은 자신의 부분이 결합한 것의 본성인 것으로 타당해야 하는데 이것은 불가능하다. 각각의 처와 결합 그 어떤 것도 싹의 괴멸의 사례로 타당하지 않다. 이와 같은 이유로 싹의 괴멸은 사물이 아니다. 그러므로 싹의 괴멸은 이전의 싹의 본성이 변화된 것일 뿐이며, 원인으로 발생한 사물이 아니기 때문에 항상한 것으로 주장되는 것이다.

204

또한 싹의 괴멸은 무차無遮이다. 싹의 괴멸의 부정대상은 자신의 전의 본성 자체이고, 그 부정대상이 변하여 소멸되는 정도에 괴멸이라고 이름 붙이는 것이며, 더 이상 별도로 다른 어떤 의미를 가진 것이 없기 때문이다.

예를 들면 허공이 접촉과 막힘을 부정할 뿐이므로 항상한 것이고, 접촉과 막힘을 부정할 정도이기 때문에 무차인 것과 같다. 이처럼 싹의 괴멸은 이전 그대로 머무는 것만을 부정할 뿐이고 그 이상의 의미가 없다.

(2) 귀류논증학파가 주장하는 괴멸의 의미

귀류논증학파는 괴멸을 사물로 인정한다. 예를 들면 철수의 오온 각각과 그의 오온의 결합 둘 모두가 철수의 사례가 되지 못하고, 이 두 가지 외에 다른 본성이 철수의 사례가 될 수 없다. 철수 또한 이 세 가지의 사례가 되지 못한다. 그러나 자신의 오온에 의지하여 철수라고 가립되는 것이 사물인 것과 모순되는 것은 아니다. 이와 같이 괴멸의 원인과 그와 상응된 다른 사물 둘 또한 괴멸의 사례가 아니지만, 괴멸은 원인에 의지해서 생기기 때문에 사물이라고 주장한다.

『중론』에서 다음과 같이 설한다.

사물과 비사물非事物은 유위有爲이다.

이 게송은 싹의 사물과 싹이 비사물로 된 괴멸 둘 모두가 유위라는 의미이다. 비사물인 싹은 존재하지 않지만 싹이 비사물로 되는 것은 가능하다. 싹은 멸할 수 있는 법이기 때문에 멸한다는 의미로 '싹이 비사물로 된 괴멸'이라는 표현이 가능한 것이다.

『육십송여리론』에서 다음과 같이 설한다.

원인을 멸함으로부터 (생긴) 사라지는 것
'멸滅'이라고 하는 것이 존재한다.

이 게송의 의미를 비유로써 설명하자면, 양초의 심지가 타서 사라지는 것과 기름이 사라지는 것이 등불이 사라지는 원인이기 때문에, 등불이 사라지는 것이 초의 심지가 사라지는 것과 기름이 사라지는 것의 결과이다. 또한 비가 내리지 않아 날이 가물어 수확물이 없어서 이를 원인으로 아들이 죽었다고 세간에 알려진 것과 같다. 음식이 떨어져서 아들이 죽었기 때문에 음식이 떨어진 것이 원인이며 아들이 죽은 것이 그의 결과가 된다. 이처럼 괴멸은 한 사물이 비사물로 변한 것에 해당하지만 결과를 발생시키는 원인으로 작용하기 때문에 사물로 인정하는 것이다.

『십지경』에서 다음과 같이 설한다.

생生하는 연으로 노사老死.

위의 경은 생하는 연 그 자체가 노사의 원인이 된다는 의미다. 그러므로 사람이 죽는 것은 사람의 괴멸이고, 그것은 원인으로부터 생기는 것이기 때문에 항상한 법이라 할 수 없다. 즉 생하는 것이 곧 죽음의

206

원인이고, 그래서 죽는 것은 사물이다. 사물이기 때문에 원인과 결과, 소생所生, 능생能生 등의 작용이 타당하다. 따라서 업의 괴멸로써 업의 결과인 고락苦樂 모두 발생할 수 있기 때문에 아뢰야식을 인정할 필요가 없는 것이다.

아뢰야식을 인정하는 자들은 업이 완성되고 그 과보가 생기기까지의 오랜 시간 동안 업의 습기를 보관하는 식이 존재하지 않는다면, 업이 그 사이에 사라져서 결과가 생기지 못할 것이라고 생각한 것이다. 이들은 업이 사라지는 괴멸 자체를 항상한 법이라고 인정하여, 이것으로써는 과보를 생하게 할 수 없다고 본 것이다. 그래서 아뢰야식을 건립하여 모든 업의 습기를 보관하는 식을 세운 것이다.

귀류논증학파의 입장에서는 아뢰야식이란 별도의 식은 필요하지 않다. 업의 괴멸 자체가 사물로 인정되어서 결과를 발생할 수 있기 때문에, 업의 결과가 발생하기까지 오랜 시간이 지나도 업이 낭비되지 않는 것이라고 주장한다.

업의 괴멸로 업과 이숙 사이를 연결한다. 그래서 업의 괴멸이 사물로 인정되고 이로써 이숙이 생길 수 있기 때문에, 아뢰야식이 없더라도 업이 낭비되는 허물이 없는 것이다. 또한 업의 괴멸을 지각할 경우 그의 부정대상을 직접적으로 부정하여 지각해야 하고, 싹의 괴멸을 표현하는 글귀에서도 부정대상을 직접적으로 부정하기 때문에 싹의 괴멸은 '부정(Pratisedha, དགག་པ, dgag pa)'이다.

왜냐하면 싹의 괴멸壞滅은 자신을 지각할 때 그의 부정대상을 직접적으로 부정함으로써 지각해야 하기 때문이고, 싹의 괴멸을 표현한 소리 또한 싹의 괴멸의 부정대상을 부정함으로써 표현하기 때문이다. 부정에 두 가지가 있는데 괴멸은 그 둘 중 비차非遮[167]이다. 왜냐하면 업의 괴멸은 자신을 지각한 분별지가 그의 부정대상을 부정함으로써 다른 성립법을 지각하기 때문이고, 싹의 괴멸을 표현한 소리 역시 싹의 괴멸의 부정대상을 부정함으로써 다른 성립법을 던지기(표현하기) 때문이다. 무엇을 던졌는가 하면 괴멸이라는 소리가 괴멸의 원인을 던진 것이다.

귀류논증학파 이하의 학파는 괴멸을 무차無遮[168]라고 인식하여 항상한 법이라고 주장하지만, 귀류논증학파는 괴멸을 비차임을 인정하여 이를 사물로 승인하는 것이다. 그러므로 싹의 괴멸은 원인으로써 생기는 것과 또한 차전 이 두 가지의 공통기반이 된다. 이것이 귀류논증학파의 특징이다.

예를 들어 '항아리가 아닌 것을 배제한 것'(བུམ་པ་མ་ཡིན་པ་ལས་ལོག་པ, bum

---

[167] 비차非遮는 정립적 부정(affirming negation) 혹은 상대적 부정이라고 표현하기도 하며, 티벳어로는 '마인각(མ་ཡིན་དགག)'이라고 한다. 자신을 표현하는 소리가 자신의 부정대상을 부정함으로써, 다른 어떤 성립법을 던지는(표현하는) 것이 비차이다. 또한 자신을 인지한 분별지가 자신을 인식할 때 자신의 부정대상을 부정함으로써 다른 어떤 성립법을 인지하는 것을 비차라고 한다.

[168] 무차無遮는 비정립적 부정(non-affirming negation) 혹은 절대적 부정이라고 표현하기도 하며, 티벳어로는 '메각(མེད་དགག)'이라고 한다. 자신을 표현하는 소리가 자신의 부정대상을 직접적으로 부정함으로써, 다른 어떤 성립법을 던지지(표현하지) 않는 것이 무차이다. 또한 자신을 인지한 분별지가 자신을 인식할 때 자신의 부정대상을 직접적으로 부정함으로써 다른 어떤 성립법을 인지하지 않는 것을 무차라고 한다.

pa ma yin pa las log pa)은 부정이다. 이것을 지각할 때 '항아리가 아닌 것'을 부정하여 이해하기 때문이다. 자신을 인식하는 식이 부정대상을 직접적으로 부정하여 항아리를 인식하는 것이고 이 소리 또한 부정대상인 항아리 아닌 것을 제거함으로써 항아리를 표현하는 것이기 때문에 '부정'[169]이 된다. 이 부정은 '아닌 것을 부정하는 비차'이며 무차는 아니다.

귀류논증학파의 입장에서 자성으로 성립된 것은 언설로도 인정하지 않기 때문에 자립논증학파가 주장하는 식의 흐름이나 유식학파가 주장하는 아뢰야식, 경량부가 주장하는 의식意識, 유부가 주장하는 부실법(不失法, chud mi za ba), 득법(得法, thob pa) 등을 인정하지 않으며, 업의 습기를 놓는 토대와 업과의 관계의 토대로 '나(我)'를 건립하여 업의 괴멸에서 과보가 생기는 것을 인정한다. 따라서 업과 이숙 사이에 오랜 시간이 지나더라도 과보가 생기지 않는 허물이 없다. 그러므로 이 학파에는 상견과 단견을 물리치는 공덕을 가질 뿐만 아니라 아뢰야식 등을 인정하지 않더라도 업과의 관계가 매우 타당한 공덕 또한 가지는 것이다.

---

169 '부정'에는 세 가지 의미가 있다. 언설로 부정하는 것, 자신을 인식하는 식이 부정대상을 부정함으로써 인식되는 것, 이 두 가지 이유로써 의미상으로 부정대상을 제거하는 것이다.

5) 삼세(三世, རྡུས་གསུམ་)에 대한 특별한 주장

삼세三世에 대한 특별한 주장을 설함에 유부는 싹 같은 한 법에 삼세의 체계를 인정한다. 싹 같은 한 법이 싹의 현재 시점에 존재하는 것뿐만 아니라 싹의 과거와 싹의 미래에도 존재한다고 주장한다.

'한 사물을 생기게 하는 원인은 있지만 지금 그 사물이 생기지 않은 것'이 미래이다. '원인에서 생겨난 것을 멸한 것'이 과거이며, '생겨 멸하지 않는 것'이 현재라고 주장하여 현재와 미래는 사물이라고 인정한다. 이것은 경량부, 유식학, 자립논증학파까지 공통된 주장이다. 이들이 과거를 비사물로 주장하는 방식은 다음과 같다.

예를 들자면 항아리의 괴멸은 항아리의 과거이다. 이 또한 항아리 같은 한 사물이 깨지면 전 항아리의 모든 부분의 본성은 소멸되고 다른 어떤 법의 본성도 얻지 못하므로 그저 깨지는 상태일 뿐, 이 외에 다른 어떤 본성을 얻지 않았기 때문에 비사물이라고 주장한다. 또한 항아리의 괴멸은 전의 모습이 모두 사라지고 새로운 모습이 없는 이러한 상태에서 사물이 될 수 없기 때문에 사물이 아니라고 주장한다. 그와 같이 미래도 비사물임을 주장한다.

귀류논증학파는 업과 관계의 토대로 이하 학파들이 가정한 아뢰야식 등을 인정하지 않고 업의 괴멸로서 결과가 생김을 인정하기 때문에 업과가 낭비되지 않는 것이라고 주장한다. 이에 따라 업의 괴멸을 사물로 인정하기 때문에 과거 또한 사물임이 성립되고, 이로 인해 이 학파의 삼세에 대한 주장은 다른 학파들과 차이가 있음이 드러난다.

'한 사물에 대해 생기게 하는 원인이 있지만 조건이 부족하여 잠시 안 생기는 부분'이 미래의 정의이다. 생긴 뒤에 원인과 조건으로 멸한 부분이 과거의 정의이다. 또한 '전의 본성이 소멸된 것뿐만 아니라 원인과 조건으로 부서진 한 부분'을 과거로 세운 것이다. '생겨 소멸되지 않고 머무는 부분'이 현재의 정의이다.

『사백론석』에서 다음과 같이 설한다.

미래는 현재의 시점에 안 지나간 것이다. 과거는 그것에서 지나간 것이다. 현재는 생겨나서 멸하지 않은 것이다.

과거와 미래는 현재의 시점에 견주어 건립되기 때문에 삼세에 대해서는 주요한 것과 일반적인 것의 차이가 생긴다. 귀류논증학파가 미래의 정의에 대해서 '생기게 하는 원인이 있지만'이라고 하는 것은 토끼뿔과 허공과 같이 비존재인 법들을 제거하기 위한 것이다. 이것은 일반적으로 생기게 하는 원인이 있지만 장소와 시간 등의 조건이 모이지 못하므로 잠시 동안 안 생기는 것을 의미한다.

삼세를 사물로 인정하는 것은 귀류논증학파와 유부가 공통되지만, 사물을 인정하는 방식은 다르다. 귀류논증학파는 괴멸이 원인에서 생기기 때문에 사물임을 인정하며, 유부는 존재하는 한 사물로 인정하는 까닭이다. 과거가 사물이라는 주장에 대해 경과 논리로써 입증한다. 『십지경』과 『중론』, 『육십송여리론』, 세간알림 등에서 괴멸을 사물로 확립하였는데, 이것은 앞에서 이미 논증하였으므로 여기서 설명하지 않겠다.

앞에서 괴멸이 사물인 이유로 원인에서 생겼기 때문이라고 논증했듯이, 과거가 사물이 되는 근거 역시 이와 같다. 과거는 원인에서 생겼기 때문에 사물이다. 이에 대해 반론자는 다음과 같은 쟁론을 제기할 수 있다. 괴멸이 사물이면 업의 괴멸 또한 사물이 될 것이다. 그것을 인정하면 선업의 괴멸과 불선업의 괴멸 또한 사물이 될 것이고, 이것역시 인정하게 되면 선업의 괴멸이 선이고, 불선업의 괴멸이 불선으로될 것이다. 그렇다면 선업의 괴멸은 선근이 끊어진 중생의 심상속에존재하지 않게 되고, 불선업의 괴멸이 깨달음의 경지에 존재하지 않게되어버린다고 말한다.

이에 대해 귀류논증학파는 선업의 괴멸은 반드시 선이어야 하는것이 아니고, 불선업의 괴멸 역시 반드시 불선업이어야 하는 것이아니라고 답한다. 이숙이 생겨난 업의 괴멸이나 역연逆緣, 혹은 대치법으로 소멸시킨 업의 괴멸들은 선과 불선이 아니다. 불선업에 대치의힘으로 청정되지 않거나 이숙이 아직 생기지 않았다면 그 업의 괴멸은불선이다. 그러나 이 불선의 이숙이 생겨났거나 대치법으로 청정하게했을 경우에 그 업의 괴멸은 불선이 되지 않는다. 선도 이와 같다.

어떤 업의 결과가 발생했다면, 그 업은 목적을 달성한 것이기에발현된다면 그 업은 영원히 사라진다. 예를 들어 살생을 해서 지옥에떨어져 살생한 업의 이숙과를 모두 마치면 살생업이 사라진다. 참회함으로써 불선업이 정화되면 그 이후에 업은 사라지고 업의 괴멸이 남지만이때 이것은 불선이라 할 수 없다. 즉 대치법으로 청정하게 하면 업이청정해지고, 대치법으로 청정하게 하지 않거나 또한 이숙과도 생기기

전이라면 업의 괴멸은 불선이 되는 것이다. 따라서 악업의 괴멸은
부처의 지쬘에도 존재하지만 이 괴멸은 완전히 청정한 상태이다.

2. 자립논증학파와 공통되지 않는 특징 세 가지

6) 삼승의 성자이면 법무아를 깨닫는 것으로 충족됨[170]

삼승의 성자이면 법무아를 깨닫는 것으로 충족된다는 것에 열한 가지가 있다. 공성의 부정대상을 파악함, 공성의 의미, 공성의 의미를 잘못 파악하면 과실이 큼, 공성의 의미를 제대로 이해하면 공덕이 큼, 공성은 연기와 같은 의미, 일체법은 마음으로 가립된 것일 뿐임, 두 가지 무아는 부정대상의 측면에서 거칠고 미세한 차이가 없음, 두 가지 무아를 확립하는 논리, 성자이면 법무아를 깨닫는 것으로 충족된다는 경전의 근거, 성자이면 법무아를 깨닫는 것으로 충족된다는 논리의 근거, 소승경전에서 공성을 설함이다.

(1) 공성의 부정대상을 파악함

공성의 부정대상을 파악함을 설함에 네 가지가 있다. 부정대상을 파악하는 이유, 부정대상을 파악하지 못하는 허물, 자립논증학파의 부정대상을 파악함, 귀류논증학파의 부정대상을 파악함이다.

가. 부정대상을 파악하는 이유

『입보리행론』에서는 부정대상을 바르게 파악해야 하는 중요성을 다음과 같이 설한다.

---

170 삼승의 성자는 반드시 법무아를 깨달아야 한다는 의미.

가립된 사물을 취하지 않으면

그것이 존재하지 않음을 취하지 못한다.[171]

증익된 사물, 즉 부정대상을 바르게 이해하지 못하면 그것을 부정하는 것과 부정하는 방식, 그리고 그것으로 부정된 실공實空을 파악하지 못한다. 예를 들어 과녁이 보이지 않는 상태에서 화살을 쏘는 것과 같이 되어버려 부정해야 하는 대상을 파악하지 못하면 그것을 부정하지 못하고, 그것을 부정하지 못하면 그 부정대상으로 부정된 공성을 이해하지 못하는 까닭이다. 공성을 확립하려면 논리로써 제법을 실공實空으로 능립能立해야 하고, 부정대상을 논리로써 부정해야 한다.

그러면 어떻게 해야 실상으로 성립되는가? 먼저 어떻게 실상으로 공한가를 이해해야 한다. 실상으로 성립하는 방식을 모르면 실공 역시 언설로만 표현할 뿐 확신이 생기지 않기 때문에, 결국 그것을 부정하지 못하게 된다. 그러므로 먼저 부정대상을 파악하는 것이 매우 중요하다.

나. 부정대상을 파악하지 못하는 허물

부정대상을 바르게 파악하지 못하면 미세하고 궁극적인 대상을 제거하지 못하게 되며, 거칠고 단편적인 대상만을 부정하게 된다. 그러면 부정이 결여되기 때문에 부정대상을 남기게 되어 완벽하게 제거하지 못하므로 어떤 부분에 실유實有를 취하게 된다. 그러면 상견常見에 빠지게 되는데, 이러한 견해로서는 윤회의 뿌리인 아집을 제거하지

---

171 『입보리행론』 9품 지혜품, 중관부中觀部, 논장論藏(bstan 'gyur), 데게판(sDe dge), 138게송.

못한다. 예를 들어 도둑의 무리 중에 우두머리를 잡지 않고 부하 도둑 한 명만을 잡게 되면 도둑의 악행을 막지 못하게 되어 목적을 성취하지 못하는 것과 같다. 이것은 부정대상을 잘 파악하지 못한 채 부정했기 때문에, 이 부정하는 방식은 부정을 충족하지 못하는 허물이 생기는 것이다.

또한 부정대상을 잘 파악하지 못하여 어떤 경우에나 부정하게 되면 대상을 지나치게 부정하는 허물이 생겨 단견斷見에 빠지게 된다. 왜냐 하면 부정대상뿐만 아니라 부정대상의 토대까지 부정하기 때문이다. 부정해야 하는 대상만을 부정해야 하는데, 부정대상의 토대인 논제까 지 부정하면 인과因果와 연기緣起 등의 체계마저도 부정하여 소멸시켜 버린다. 그렇기 때문에 이러한 견해는 단견에 빠지는 것이며 악도에 떨어지게 되는 원인이 된다. 예를 들어 도둑을 쫓으려다가 주인까지 잡아서 쫓아내는 것과 같다. 이것은 부정대상을 잘 파악하지 못한 채 부정했기 때문이니, 이 부정하는 방식은 지나치게 부정한 허물이 생기는 것이다.

요약하면, 상견과 단견의 극단에 떨어지지 않기 위해서는 먼저 무시 이래로부터 자신의 마음속에 머무는 실집實執을 파악하고, 그것이 취한 대상을 논리적인 방식으로 직접적이거나 간접적으로 논파하는 방식을 바르게 이해해야 한다. 부정대상을 완벽하게 파악하고, 또한 그것이 부정된 매우 미세하고 궁극적인 공성은 귀류논증학파에서 설한 부정대상으로 부정된 공성이다. 왜냐하면 매우 미세한 아집의 직접적 대치는 오직 귀류논증학파에서만 설하기 때문이다. 하위의 학파들이 설한 무아를 깨닫는 것만으로는 아집을 직접적으로 대치하지 못한다.

실집實執이 무엇을 취하는지 그 실체를 파악해야 하며, 그것을 파악하지 못하고 다른 부정대상을 부정하게 되면 아무리 노력하더라도 실집을 무너뜨리지 못하기 때문에 윤회와 번뇌의 대치법이 될 수 없다. 공성의 부정대상은 그것이 부정된 자체가 공성이어야 하며, 그 자체를 부정하는 지혜 또한 실집에 대한 직접적인 대치법이 되어야 한다.

그러므로 무시이래로 나를 통치하는 자, 과거에 고통을 준 이, 미래에도 고통의 바다에 침몰하게 하는 매우 강력한 원수를 완전히 제거하려면 미세하고도 매우 미세한 귀류논증학파의 방식인 공성과 공성의 부정대상을 파악하는 것이 매우 중요하다.

초보자들에게 자립논증학파의 부정대상과 그들의 실집을 먼저 잘 파악하면 귀류논증학파의 견해를 이해하는 데 도움이 되기 때문에 먼저 이것을 설명하겠다.

보통 부정대상에 도의 부정대상과 논리의 부정대상 두 가지가 있다. 첫째는 두 가지 장애와 같은 경우이다. 이것은 존재하는 부정대상이다. 이 둘이 존재하지 않으면 일체중생이 노력 없이도 성불하게 되는 꼴이 된다. 둘째는 인아와 법아 같은 경우이다. 이 둘은 존재하지 않는다. 만일 이 둘이 존재하면 논리로써 부정할 수 없는 까닭이다. 그러면 그것을 부정한 도가 해탈도가 아니게 되고, 이 도를 닦더라도 해탈을 얻는 것이 불가능하게 되는 것이다.

부정대상을 부정하는 방식은 망치로 항아리를 깨는 것과 같지 않다. 없는 것을 없다고 파악하고, 있는 것이 있다면, 어떻게 있는지의 실상을 확실히 앎으로써 없는 것에 대해 있는 것으로 증익한 식의 집착대상을 부정하여 그 증익을 제거하는 것이다.

다. 자립논증학파의 부정대상을 파악함

자립논증학파의 부정대상을 파악하는 것에는 다섯 가지가 있다. 자립
논증학파의 부정대상을 파악하는 경전의 근거, 이 학파의 부정대상은
무엇인가, 부정대상의 승의와 승의의 구분, 이 학파의 부정대상의
예, 이 학파의 제법을 환과 같이 확립하는 방식이다.

① 자립논증학파의 부정대상을 파악하는 경전의 근거

『능가경』에서는 다음과 같이 말한다.

  사물들이 세속世俗[172]으로 생기지만
  승의의 의미로는 자성이 없다.
  자성이 없는 것에 대해 착각하는

---

172 세속제에는 사세속邪世俗과 정세속正世俗의 두 가지가 있다. 사세속은 거울
속의 영상과 같은 경우이다. 이것은 일반 세간인들이 현현과 실상이 상응하지
않음을 알 수 있고, 현현하는 대로 실재가 아니며 현현하는 대로 성립되지
않음을 이해할 수 있다. 세간에 허위로 알려진 법들이 사세속이다. 싹과 아我와
온蘊 등의 법들은 세간인들이 현현과 실상이 불상응함을 알지 못하는 것이고,
이것은 세간에 허위로 알려지지 않기 때문에 정세속이라고 한다. 세속제는
현현과 머무는 모습이 일치하지 않는 것을 뜻한다. 이에 세간인들이 현현과
머무는 모습이 일치하지 않는 것을 알 수 있는지의 여부에 따라 정세속과 사세속
으로 나뉜다. 이러한 구별은 진리를 파악하기 위해 현현과 머무는 모습이 일치하
지 않는 허위를 설한 것이다. 현현과 머무는 모습이 일치하지 않는 것도 구별하면,
이해하는 데 쉽고 어려운 여부에 따라 미세하고 거친 것으로 나뉜다.

바로 그것이 정세속正世俗[173]이다.[174]

앞의 『능가경』 4구절 중 첫 게송은 제법이 세속으로 존재한다고 설하였는데, 이것이 언설로 존재한다는 의미이다. 넷째 게송의 세속은 실집이다. 그러므로 첫째의 세속으로 성립하는 것은 존재하지만 둘째 의 세속으로 성립하는 것은 존재하지 않는다.

『중관광명론(中觀光明論, madhyamakālkāra, དབུ་མ་སྣང་བ་ dbu ma sna-ng ba)』에서는 다음과 같이 설한다.

실재의 본성이 없는 사물에 대해 그 반대로 증익하는 모든 착란식, 이것을 세속이라고 한다. 이것은 실상을 장애하여 가린 것과 같기 때문이다.[175]

---

173 『능가경』, 경부經部(mdo sde), 경장經藏(bka' 'gyur), 데게판(sDe dge), 1733, ca, 174쪽, 4줄.
『능가경』의 다른 번역본에서는 다음과 같이 기술한다.
kun rdzob tu ni dngos rnams yod/ dam pa'i don du rang bzhin med/ rang bzhin med la gang nor ba/ 'di ni yang dag kun rdzob 'dod//
ཀུན་རྫོབ་ཏུ་ནི་དངོས་རྣམས་ཡོད་དམ་པའི་དོན་དུ་རང་བཞིན་མེད་རང་བཞིན་མེད་ལ་གང་ནོར་བ་འདི་ནི་ཡང་དག་ཀུན་རྫོབ་འདོད།
"세속으로는 사물들이 생하는 것이 존재하지만 승의로는 무자성이다. 무자성에 증익하는 것, 이것이 실상을 장애하는 세속이다."
174 『능가경』, 경부經部(mdo sde), 경장經藏(bka' 'gyur), 데게판(sDe dge), 1733, ca, 174쪽, ba, 5줄.
175 『중관광명론』, 중관부中觀部, 논장論藏(bstan 'gyur), 데게판(sDe dge), 1733, sa, 228쪽.

사물들이 실제로 성립하지 않지만 그와 반대로 실제로 성립한다고 취하는 증익된 착란식인 실집은 세속제라는 세속이다. 이러한 실집이 실상을 잘못 보기 때문에 진여를 보는 데 장애가 된다는 것이다.

위의 논서는 제법이 세속으로 존재하는 방식을 설명한다. 이를 통해 승의로 성립하는 방식도 이해할 수 있다. 세속으로 존재하는 방식이 이와 같다면, 그와 반대되는 것은 승의로 존재하는 것 외에 다른 제3의 법이 있을 수 없기 때문이다. 사물들이 존재하는 것은 세속으로는 가능하지만 무자성이기 때문에 승의로는 존재할 수 없다. 그러나 사물들이 실제로 무자성임에도 불구하고 실제로 존재한다고 보는 착란한 실집은 "실상을 보는 데 장애하는 세속식이다"라는 의미다.

『중관광명론』에서

아집에서 생기기 때문에 이로써 나타나 보이는 허위의 모든 사물들은 오직 세속인이다. 이 또한 무시이래로부터 착란함의 습기가 완전히 익음으로써 생긴다. 이것이 모든 유정들에게 사물의 본성인 진실성처럼 보게 한다. 그러므로 이들의 생각으로 가립된 사물의 허위의 모든 본성은 오직 세속으로 존재하는 것이다.[176]

라고 설하였다.

---

176 『중관광명론』, 중관부中觀部, 논장論藏(bstan 'gyur), 데게판(sDe dge), 중관, sa, 228쪽, ba, 1줄.

②이 학파의 부정대상은 무엇인가

그러므로 해침이 없는[177] 마음(不饒益)에 현현함에 의해 건립되는 것이 아닌, 대상 자신의 공통되지 않는 실상의 측면에서 성립되는 것이 자립논증학파의 궁극적 승의의 부정대상이다. 이것을 승의勝義로 존재함, 소집성所集成으로 성립함, 진리로 존재함, 법아 등으로 표현한다. 이 학파는 두 가지 무아가 부정대상의 측면에서 차이가 있다고 인정하기 때문에 인아는 여기서 말한 매우 미세한 부정대상의 아가 아니다.

제법이 마음에 현현함으로써 건립되는 것이 아닌, 자신의 공통되지 않는 실상의 측면에서 성립됨을 인식하는 것이 이 부파에서 말하는 실집이다. 『반야경』 등에서 제법이 이름뿐이라고 했을 때의 '뿐'자는 실제로 성립하는 것을 제외함을 의미한다. 이것은 자신의 공통되지 않은 실상의 측면에서 성립되지 않는다는 것이고, '뿐'자가 귀류논증학파가 주장하는 대로 자신의 특성으로 성립되는 것과 자신의 측면에서 성립되는 것을 제외한다는 것은 아니라고 주장한다.

③부정대상의 승의와 승의의 구분

승의에 대해서는 두 가지 종류를 구별해야 한다. '공성을 지각한 정리지(正理知, rigs pa'i shes pa)'를 승의라고 하는 것과 앞에서 말한 세속으로 존재하는 방식과 반대된 승의로 존재하는 방식인 '부정대상'을 승의라고 하는 것이다.

---

177 아집이 아를 건립하지만 성립되지 못한다. 왜냐하면 해침이 없는 식이 아니기 때문이다. 아공을 인식하는 식이 실상을 제대로 보기 때문에 아집을 해치는 것이다. 요약하면, 전도된 식은 자신에게 해가 없는 식이 아니다.

첫째는 공성을 지각하는 문사수聞思修 등의 지혜를 말한다. 이러한 승의는 존재하며 그의 측면에서 성립하는 것도 존재한다. 공성은 이와 같은 측면에서 존재하는 것이다. 그러므로 이러한 승의로 존재함을 인식하는 것은 실집이 아니다.

둘째는 부정대상을 승의라고 하는 경우에는 이것이 공성의 부정대상 이기 때문에 존재하는 것이 아니며, 그 측면에서 성립하는 것도 없다. 이와 같은 측면에서 존재한다고 인식하는 것은 실집이 된다.

예전에 티벳에서는 이 둘을 구별하지 못하여 승의제가 소지가 아니라 고 주장하는 것, 승의제가 실제로 성립한다고 주장하는 것, 정리지가 반체反體의 측면에서 구별하여 비량比量인 측면에서 대상을 가진 것이 고, 정리지가 된 측면에서 대상이 없다고 주장하는 경우도 생겼다.

정리지의 측면에서 성립되면 승의제임을 충족하지만 승의로 성립됨 을 충족하지는 않는다. 승의로 성립한다면 부정대상이 승의로 성립해 야 한다. 한편, 부정대상이 승의로 존재하면 승의로 존재함을 충족하지 만 그것은 승의제가 아니다. 그와 같이 '분석해서 발견되는 것(དཔྱད་ བཟོད; dpyad bzod)'[178]으로 성립되는 것과 정리지正理知의 측면에서 성립 하는 것이 다르다. 따라서 승의제와 승의로 존재하는 것, 이 둘을 구별해야 한다.[179]

---

[178] 티벳어 'dpyad bzod(쬐쇠)'에서 'dpyad(쬐)'는 '분석하다'는 뜻이고 'bzod(쇠)'는 '견디다'는 의미를 갖는다. 이 명칭은 '실상을 분석하는 논리로 분석하여 견뎌낼 수 있는 것으로 성립하는 것'을 말한다.

[179] 과거 티벳의 학자들 중에는 이 둘을 구별하지 못하여 승의제는 소지所知가 아니라고 주장하거나 혹은 승의제는 실제로 성립한다고 주장한 학자도 있었다. 그리고 정리지를 반체(反體, vyatireka, ལྡོག་པ, ldog pa)의 측면에서 구별하여,

그러므로 두 가지 승의를 구별하지 못하면 '승의제'와 '승의로 존재하는 것' 이 두 가지도 구별하지 못하게 된다. 그렇다면 결국 궁극적 부정대상과 궁극적 성립대상에 대한 구별도 불가능하게 되기 때문에 해탈을 원할 뿐 성취할 수는 없다. 실상이지만 실상으로 성립되지 않는 것, 진실眞實이지만 진실로 성립되지 않는 방식을 아는 것은 매우 중요하다.

④이 학파의 부정대상의 예

자립논증학파의 부정대상을 파악하는 방식과 법을 마음으로 건립하는 방식은 다음과 같다. 환幻의 비유를 예로 들어 설명하면 이해하기가 쉽기 때문에 이 방식으로 설명하겠다.

마술사가 어떤 물질을 말과 소 등으로 화현시키는 상황에서는 마술사 자신, 주문의 물체로 영향을 받는 관객, 그 영향을 받지 않는 관객 등 세 가지 경우가 존재한다. 첫째, 마술사의 입장에서는 말과 소의 현현만 존재할 뿐 현현하는 대로 그것을 취하지는 않는다. 둘째, 마술의 영향을 받은 관객에게는 말과 소의 현현과 현현하는 대로 취하는 것 둘 다 존재한다. 셋째, 마술의 영향을 받지 않은 관객들에게는 말과 소의 현현과 현현하는 대로 취하는 것 둘 다 존재하지 않는다. 여기서

정리지가 비량比量이 된 측면에서 대상이 존재하고 정리지가 된 측면에서는 대상이 없다고 말했던 현자도 있었다. 반체는 '자신과 하나가 아닌 것이 아닌 것'을 뜻한다. 일체법 각각은 자신이 자신과 하나가 아닌 것이 아니므로 오직 자기 자신만이 자신의 반체가 된다. 일체법은 명칭과 의미 모든 면에서 자기 자신과 하나이고 그 외의 것들과 다르기 때문이다.

말하는 세 가지 예시들은 차례로 마술사는 현현을 가지는 성자, 영향을 받은 관객은 일반적인 범부, 그리고 영향을 받지 않은 관객은 현현을 가지지 않은 성자를 비유한다.

환의 마술로 인해 화현하는 토대인 물질이 말과 소로 현현할 경우, 이러한 말과 소는 세 가지 인간이 취하는 방식이 각각 다르다. 첫째로 마술사의 입장에서는 환의 말과 소가 주문의 물체의 영향으로 착란한 식에 현현함으로써 가립될 뿐이며, 이와 달리 화현의 토대인 물질의 본성으로 성립하는 것이 아니다. 둘째로 마술의 영향을 받은 관객의 입장에서는 말과 소의 현현이 착란한 마음으로 가립됨을 취하지 않고, 말과 소의 현현은 그 대상의 측면에서 실제로 말과 소가 성립된다고 인식한다.

이 두 가지 예는 대상이 식에 의해 가립됨을 파악하는 방식과 식에 의해 가립되지 않음을 파악하는 방식을 의미한다. 이처럼 어떤 토대에서 현현하는 것은 현현하는 그대로가 실상이 되는 것과 현현하는 그대로가 실상이 되지 않는 것의 두 가지 방식이 존재한다.

첫째는 마술사의 현현하는 방식이며, 둘째는 눈에 영향을 받는 관객의 현현하는 방식이며, 셋째는 영향을 받지 않는 관객에게는 환의 현현이 없을 뿐만 아니라 그가 취하는 것도 존재하지 않는다.

이러한 세 가지의 현현하는 방식 중 첫째, 마술사는 화현한 토대인 물질이 말과 소 등으로 현현하는 것을 착란한 마음으로 가립될 뿐이며, 물질의 측면에서 말과 소로 성립되어 있지 않음을 알고 있고 그와 같이 존재한다.

이 또한 마술사 자신이 "내가 주문으로 영향을 주기 때문에 이렇게 착란한 마음의 현현顯現이 생기고, 주문이 착란함의 원인이며, 주문으로 인해서 착란한 마음이 말과 소가 실제로 없지만 말과 소로 현현하는 것이며, 이러한 말과 소는 마음으로 가립될 뿐 대상의 측면에서 말과 소로 성립된 것이 아니다"라고 생각한다.

그러므로 환의 말과 소는 착란한 마음에 의해 건립한 것일 뿐이며 화현하는 토대의 측면에서 존재하는 것이 아니다. 이 예시가 의미로 적용되는 것은, 마술사와 같이 현현을 가지는 성자의 무아를 지각한 분별심은 실제實際가 없음을 알고서 실제로 취하지 않지만 실제의 현현이 존재한다는 것이다.

그와 같이 제법이 단지 식에 의해 가립된 것이 아니라 대상 자신의 측면에서 성립되는 것이 공성의 부정대상이며, 이대로 성립되지 않는 것이 그 대상의 궁극적 실상이다. 이렇게 성립됨을 인식하는 것이 실집이며, 그렇게 성립되지 않음을 지각하는 것이 공성을 깨닫는 것이라고 이 학파에서 말한다.

자립논증학파는 어떤 법이든 식에 의해 가립된 것과 대상 자신의 측면에서 성립되는 것과 모순되지 않는 것을 '두 가지 결합'이라고 한다. 마음으로 건립하는 것과 대상 자신의 측면에서 성립되는 것, 이 두 가지가 공통기반이 성립됨을 인정하는 까닭이다. 예를 들면 씨에서 싹이 생기는 것은 마음으로 가립되지만, 싹 자신의 측면에서도 씨앗에서 생기는 것과 모순되지 않는 것과 같다.

그러므로 자립논증학파는 싹 등의 제법이 자신의 실상으로 성립하는 것과 식으로 가립되는 것의 두 가지임을 인정하여 식으로 가립하지 않고 대상의 실상으로 성립하는 것을 궁극적 부정대상으로 삼는다.

이 학파는 제법을 실공으로 확립할 때 이 마술사의 예시가 적절하다고 생각한다. 왜냐하면 마술사의 예는 대상의 측면에서 성립하는 것과 마음으로 가립되는 두 가지 결합을 알리기 때문이며, 또한 화현의 토대인 나무가 말과 소로 현현하는 것이 나무의 측면에서 현현하는 것과 마음으로 말과 소로 가립되는 것이 두 가지 결합을 알려주기 때문이다. 이러한 마술사의 현현하는 예시는 일체법이 마음으로 가립됨을 의미한다. 이는 어떤 법이든 식에 현현함으로써 확립되는 것 외에 식에 의해 확립되지 않고 대상 자체의 실상의 측면에서 성립되는 것은 없다는 것이다. 이것이 이 학파의 궁극적 실상이다.

둘째, 눈에 마술의 영향을 받은 관객은 현현한 말과 소에 대해 착란한 마음으로 인해 가립된 것일 뿐이라고 인식하지 않고 현현한 말과 소는 어디에서 현현하는지, 즉 현현한 그 토대의 자리에서 존재하며 또한 그 토대의 측면에서 성립된다고 인식한다. 이 예시는 세속식에 실제를 현현하는 대로 성립함을 취하는 실집의 취하는 방식에 적용한다. 이 또한 영향을 받은 관객은 현현하는 말과 소가 실제임을 현현하여 이렇게 현현하는 것이 환이 안근에 영향을 주기 때문임을 모르고 자신에게 현현하는 그대로가 실제의 모습이라고 취한다.

이 예시가 의미로 적용되는 것은, 눈에 영향을 받은 관객에게 화현의 토대인 나무가 말과 소로 현현하여 현현하는 대로 취하는 것과 같이, 일반적인 중생들의 식은 내외內外의 어떤 법을 현현하더라도 이것들이 실제로 존재하는 것으로 현현한다. 이렇게 현현할 경우 이 법들이 마음에 현현함으로써 가립되는 것이 아닌 자신의 실상으로 존재함을 취하기도 한다. 이렇게 현현한 대로 가립되는 것이 아니라 자체의 실상의 측면에서 성립된다고 인식하는 것은, 무시이래로부터 가진 구생실집俱生實執이다. 이것을 구생아집이라고도 한다. 언젠가 영향을 받은 관객이 취한 것과 같은 아집이 취한 실체에 대해 논리로써 논파된 견해가 생기면, 마술사처럼 내외의 법들에 대해 내심內心으로 가립되는 실상임을 알게 된다.

셋째, 마술의 영향을 받지 않은 관객은 나무의 실상이 그대로 보이며, 착란을 일으킨 원인인 주문과 물질로 인해 눈에 영향을 받지 않았기 때문에 환의 말과 소 등의 현현을 가지지 않고, 그것이 없기 때문에 마술의 말과 소를 취하는 것도 없다. 이것은 현현을 가지지 않은 성자의 예시에 해당된다. 이 또한 눈에 영향을 받지 않은 관객에게 환의 착란한 원인으로 환의 현현과 취함 둘 다 없는 것처럼, 무루의 등인지等引智에 머무는 성자의 등인지는 공성에 집중할 때 이현二顯이 사라지며, 세속 법의 현현이 없기 때문에 실제의 착란한 원인 또한 가지지 않는다. 그러므로 성자의 등인지는 실제의 현현이 없으며 실제의 취한 것도 없다.

이 세 가지 예시는, 첫째로 실제의 현현을 가지지만 실제의 취한 것을 가지지 않은 성자의 후득지, 둘째로 실집의 지배를 받으며 실제의 현현과 취함 둘 다를 가지는 세간, 셋째로 실집의 지배를 받지 않는 학인성자學人聖者의 공성을 현량으로 지각하여 세속의 현현이 사라진 무루의 등인지와 세속법의 현현을 가지더라도 착란한 원인인 실집의 습기까지 제거된 붓다, 즉 세 가지의 현현의 의미로 적용하여 설명한다. 이 학파에서 말하는 마음으로 건립된다는 마음에는 분별과 무분별

둘 다 있다. 또한 이 두 가지가 해침 없는 식識인지에 대해 분석할
것도 많다. 양분별심이면 취하는 대상의 자성에 대해 착란하지 않아야
하고, 양무분별심이면 현현하는 대상의 자성에 대해 착란하지 않아야
한다고 생각하지만, 좀 더 분석해야 한다.

⑤ 이 학파가 제법을 환과 같이 확립하는 방식

자립논증학파의 입장에서 일체법이 환과 같다는 것을 논리로써 확립하
는 방식을 요약해서 쉽게 설명하겠다.

소지所知는 사물로 존재하거나 존재하지 않은 것 두 가지로 확실하게
구분된다. 사물로 존재하는 것은 다시 유색有色과 무색無色 둘로 확실하
게 구분하고, 유색에 대해서는 동쪽 등과 같은 방향성이 없는 무방분無
方分과 무색인 식識에 대해서는 시간상으로 전후前後의 부분 없는 무방
분, 이 둘을 부정해야 한다.

이로 인해 사물이라면 부분을 가진 총체, 즉 가진 것을 충족함을
성립한다. 또한 유분有分은 부분(分)과 유분 둘이 본성으로 다르게
되면 관계가 없어지기 때문에, 유분과 부분 둘이 본성으로 다름을
부정하여 이 둘이 하나의 본성임을 확립한다. 이 둘이 각각이라고
하면 무관계한 것이 되는 까닭이다.[180]

실제로는 제법이 본성으로 하나지만 각각으로 현현하기 때문에 마치
환과 같이 그 각각의 현현과 그것으로 공한 것, 이 둘의 결합을 확립한다.
이 둘의 결합은 마음에 현현함으로써 가립된 거짓의 실상과는 모순되지

---

180 관계에 두 가지가 있다. '인과관계'와 '한 본성의 관계'이다. 부분과 부분을 가지는
    것은 동시이기에 인과관계가 될 수 없다.

않지만, 마음에 현현함으로써 가립하지 않은 실상과는 모순된다. 왜냐하면 진실로 성립되면 현현하는 방식과 머무는 방식이 일치해야 하는 까닭이다. 현현하는 방식과 머무는 방식이 일치하지 않은 것은 허위로는 가능하지만 진리의 측면에서는 불가능하다. 왜냐하면 현현과 머무는 방식이 일치하지 않으면 허위인 까닭이다. 진리로 성립되면 현현과 머무는 방식이 일치해야 하고 어떤 면에서라도 허위를 멸하여 머물러야 하기 때문이다.

그렇다면 위의 논리로써 비非사물들도 실제로 성립하지 않는다는 것 역시 논증할 수 있다. 비사물들 또한 부분을 가진 유분으로 확립하고, 다음으로 부분과 유분有分 둘이 본성으로 각각이면 무관하게 되기 때문에 유분이면 자신의 부분과 하나의 본성임을 충족한다. 부분과 유분이 하나의 본성이면 허위가 된다. 왜냐하면 유관인 부분과 유분 둘이 현현할 때는 각각의 본성으로 현현하지만 실제 머무는 모습은 하나의 본성이기 때문이다. 이것은 허위에는 가능하고 진리에는 불가능한 까닭이다.

앞에서 말한 것을 요약하면, 사물과 비사물 모두 유분이라는 것을 확립하여 현현과 머무는 모습 둘이 일치하지 않는 것을 성립시킨다. 이로써 실제로 성립함을 부정하여 일체법이 실공임을 논증한다.

여기까지 자립논증학파의 무아의 공성의 부정대상을 파악하여 이로 인해 그것을 부정하는 방식과 실공을 확립하는 방식 등을 요약해서 설명하였다. 광대하게 알고 싶다면 자립논증학파의 논사들이 저술하신 논서들을 참고해야 한다.

라. 귀류논증학파의 부정대상을 파악함

귀류논증학파의 부정대상을 파악함에는 여섯 가지가 있다. 이 학파가 설한 궁극적 부정대상은 무엇인가? 이 학파의 부정대상을 설한 근거, 부정대상의 '아我'의 두 가지 분류, 부정대상의 예, 찾아서 발견되지 않는 방식, 부정대상인 '아'와 '아'의 구분이다.

①이 학파의 궁극적 부정대상은 무엇인가

앞에서 자립논증학파가 주장한 부정대상을 건립하는 것은 귀류논증학파의 입장에서는 매우 거친 아집으로 인정하며, 미세한 구생아집으로 승인하지 않는다. 이러한 부정대상으로 공한 공성 또한 미세한 공성이 아니기 때문에, 이것을 지각한 지혜는 구생아집에 대해 전혀 해를 끼치지 못한다. 그러므로 그 부정대상으로 공한 것 또한 궁극적 공성이 아니며, 그 공성을 지각하는 식으로써 아집을 멸할 수 없다.

그렇다면 미세한 부정대상과 이것으로 공한 공성은 무엇인가? 귀류논증학파의 미세한 부정대상과 이것으로 공한 공성인 무아에 대한 설명은 다음과 같다.

보통 공성을 이해하려면 그 전에 제거해야 하는 부정대상에 거칠고 미세한 여러 가지가 있다. 예를 들면 아我가 상일주재常一主宰로 성립하는 것, 극미유경極微有境이 무방분인 것, 식이 전후의 찰나로서 무부분인 것, 제법에 세 가지 특성을 가진 자성 등은 중도의 견해를 얻기 전에 먼저 부정해야 하는 것이지만, 이들은 여기에서 말한 미세한 부정대상이 아니다. 왜냐하면 이 둘은 오직 학파로 가립하여 이들을 취하는 것 또한 오직 변계지에만 속하기 때문이고, 12연기 중 첫째인 무명과 윤회의 뿌리인 무명 역시 아닌 까닭이다.

　그리고 자립논증학파 이하들이 인무아의 부정대상을 주장한 '아가 자주적 실유로 성립하는 것', 유식학이 법공의 부정대상을 주장한 '색이 색을 인식한 분별의 대상이 자성으로 성립하는 것' 등은 여기서 설하는 부정대상이 아니다. 왜냐하면 여기에서 말하는 두 가지 무아의 부정대상이면 그것을 부정하는 것 자체가 무아의 공성임을 인정해야 하고 이것을 지각한 식으로도 구생아집에 대치를 해야 하는데, 그것이 아니기 때문이다. 그와 같이 일체법 또한 공성을 확립할 때의 부정대상이 아니며, 세속제 또한 승의제를 확립할 때의 부정대상이 아님을 알아야 한다.

　『입중론』에서

　모든 번뇌의 허물들이
　유신견有身見에서 생김을 마음으로 보고
　아我는 그것의 대상임을 알고서
　유가행자는 아를 부정해야 한다.[181]

라고 말씀하신 것과 같이 유가행자가 견해를 확립하는 것을 수습하기 위해서이다. 수습함으로써 두 아집에 대해 해치지 못하면 수습함의 의미가 없으므로 견해를 확립하는 의미도 없게 된다.

　그러므로 구생아집이 취한 대상 자체가 부정대상인 아我임을 알고서

---

181 『입중론』, 중관부中觀部(dbu ma), 논장論藏 6품. 게송.

견해를 확립할 때 그것을 부정해야 하기 때문에, 여기서 부정대상을
파악할 때도 그것을 설하는 것이다. 그것은 무엇인가? 일체법은 명칭으
로 가립하여 언설로 가립될 뿐이다. 제법이 명칭으로 가립될 뿐인
것이 아니라 자성 그 자체를 아我라고 하는 이것이 이 학파의 미세한
부정대상이며, 두 아집의 아로 증익한 대상이다. 실제로 성립하는
것, 승의로 성립하는 것, 자신의 자성으로 성립하는 것, 자신의 본성으
로 성립하는 것, 이 모든 것이 같은 의미이다. 이와 같이 성립함을
인식하는 것이 이 학파의 실집이며, 자타 모두 윤회에 묶이는 주된
원인이기도 하다.

② 이 학파의 부정대상을 설한 근거

그렇다면 귀류논증학파의 부정대상에 대하여 어떤 명칭을 적용하는지,
그것의 근거가 어디에 있는지에 대한 답은 다음과 같다.

『중론』에서

이 모든 것이 자력이 없는 것이니
그러므로 아가 존재하는 것이 아니네.[182]

라고 설하였고, 『공칠십송』에서

생이나 주·멸이 있는가, 없는가? 상중하 근기에게

---

182 『중론』 게송.

붓다는 세간의 언설로 설하였지 진리로 (설한 것이) 아니다.

라고 설하였으며, 『보만론』에서

아와 아소로 존재하는 것,
이것은 승의의 의미로서가 아니다.

라고 했으며, 또한

이와 같이 환과 같은 세간에 생과 멸이 현현하지만
승의의 의미로서 생하는 것과 멸하는 것은 존재하지 않는다.[183]

라고 하였다. 『사백론』에서는

어떤 것에 의존하여 생기는 것
이것은 자력이 존재하지 않는다.
이러한 모든 것은 자력이 없으니
그러므로 아는 존재하지 않는다.[184]

라고 설하였고, 『입중론자석』에서

---

183 『보만론』 2장 11게송.
184 『4백송』 14장 23게송.

인아집은 존재하지 않은 아를 존재한다고 가립하여 그것을 실제로
취한다.[185]

라고 설하였고, 같은 『입중론자석』에서는

자신의 본성과 자성, 자립, 타인에게 의지하지 않는 것, 즉 이것들이
자신에게서 생기지 않은 연기는 존재하지 않는다.[186]

라고 설하였다.

여기에서는 본성, 자성, 자력, 타인에게 의존하지 않는 것, 이 모든
것을 같은 의미로 설하였다. 또한 경과 중관학의 논서들에서 공성의
부정대상인 아에 대한 승의, 자성, 자력, 자신의 본성 등의 명칭을
적용하여, 이 모든 것을 같은 의미로 적용하여 설한다. 이 학파의
부정대상에 대하여 이와 같이 인정하는 근거는 다음과 같다.

『우파리소문경(優波離所問經, Upāliparipcchā, འཕགས་པ་ཉེ་བར་འཁོར་གྱིས་
ཞུས་པའི་མདོ, 'phags pa nye bar 'khor gyis zhus pa'i mdo)』에서 설한다.

지옥 중생의 두려움을 내가 설하고
수천만 중생들이 염리厭離하지만

---

185 『입중론자석』, 논부, 논장論藏(bstan 'gyur), 데게판(sDe dge)3862, 중관, 'ai,
223쪽, na, 3줄

186 『입중론자석』, 논부, 논장論藏(bstan 'gyur), 데게판(sDe dge)3865, 중관, ya,
220쪽, da, 6줄.

죽어서 악도에 속히 가는

중생들이 존재하는 것은 전혀 아니다.

칼, 화살 등의 무기를 사용하여

해치는 것은 존재하지 않는다.

분별로써 악도에서 육신에 무기가 들어오는 것을 보지만

이곳에 (실제로) 무기는 없다.

아름다운 다양한 꽃을 피우고

금으로 된 집의 빛에 마음이 끌리지만

여기에 이것 역시 행위자가 전혀 없다.

이것들은 분별로써 건립되는 것이고

분별로써 세간을 가립된 것이니

상을 취하는 범부들이 구별한다.[187]

또한 『입중론자석』에서 경을 인용하였다.

환의 중생이 존재하는 것과 같이

현현하지만 그것은 진실이 아니다.

환과 같고, 꿈과 같은

이러한 법들을 여래께서 설하였다.

⋯⋯

윤회의 중생은 꿈과 같으니

---

187 『우파리소문경』, 보적부寶積部(dkon brcegs), 경장經藏(bka' 'gyur), 데게판(sDe
    dge), ca, 129쪽.

이것은 무생이며, 누구도 죽음이 없다.

중생, 인간, 목숨 또한 (찾아서) 발견된 것이 없다,

이 법들은 물거품과 파초와 같다.[188]

그리고 『능가경』에서

삼계는 가립된 것뿐이며,

자성으로 성립된 사물은 없다.

가립된 사물의 본성은

세간들이 취한다.

자성이 없으며, 식도 없으며,

아뢰야식이 없으며, 사물이 없으면

악한 범부들은 시체와 같으니

이것을 취한다.[189]

라고 하였다.

첫 게송은 긍정적으로 삼계가 마음으로 가립된 것뿐임을 가리키며, 둘째는 부정적으로 승의의 본성으로 비존재함을 가리킨다. 이 또한 자성으로 성립되는 것이 없다는 것이고, 아예 없다는 것이 아니라는 의미이다. 마음으로 가립된 것뿐 그 외에는 존재하지 않지만, 실상의

---

188 『입중론자석』, 중관부中觀部(dbu ma), 논장論藏(bstan 'gyur), 265장, 7줄.

189 『능가경』, 경부經部(mdo sde), 경장經藏(bka' 'gyur), 데게판(sDe dge), 1733, ca, 122쪽, 2줄.

236

의미를 찾지 못한 중생들이 자성으로 성립됨을 인식한다는 것이 셋째와
넷째 게송의 의미이다. 여기서 사물과 비사물이라는 것은 자성으로
존재함과 존재하지 않음을 의미한다. 시체와 같다는 것은 실상을 분석
하는 마음이 없기 때문에 시체라고 설한 것이다.

『입중론석』에서 『반야경』을 인용하였다.

"장로 수보리여, 얻는 것이 없고 현관이 없는가?" 수보리가 말했다.
"장로 사리불이여, 얻는 것도 존재하고 현관 또한 존재하지만 둘의
방식으로는 아니다.[190] 장로 사리불이여, 얻는 것과 현관은 세간의
언설로 존재한다. 수다원, 사다함, 아나함, 아라한, 보살, 부처님
또한 세간의 언설로 존재하지만, 승의로는 얻는 것이 없고 현관
또한 없다."[191]

『삼매왕경』에서는 다음과 같이 말한다.

당신이 '아'에 대해 생각하는 것
그와 같이 모든 것에 대해 마음을 적용하라.
일체법은 그것의 본성이며
청정한 허공과 같다.
……
심오한 열반 또한 언설로 가리키는 것과 같이

---

190 언설로 가립될 뿐 분석하여 건립하는 것이 아니라는 의미이다.
191 『만팔천송』, 반야부, 경장經藏(bka' 'gyur), 데게판(sDe dge), ka. 28쪽, 1줄.

열반은 발견되지 않는다. 그 소리 또한 발견되지 않는다.[192]

경전에서는

이 법들은 본래부터 무아이며 중생이 없다.
이것들은 설하더라도 끝이 없다.
가립된 것만으로 가립하여 표현하는 것이다.[193]

라고 하였다. 『반야경』에서는

이와 같다. 지혜반야바라밀이라고 하는 것은 이름뿐이다.
이와 같다. 색과 수와 상과 행과 식이라는 것도 이름뿐이다.

라고 설하였다. 『육십송여리론』에서도

세간은 무명無明의 연緣을 가진 것이라고
부처님께서 설하였다.
그러므로 이 세간은
분별(로써 가립된 것)이라는 것이 왜 타당하지 않겠는가.[194]

---

192 『삼매왕경』, 경부經部(mdo sde), 경장經藏(bka' 'gyur), 라싸판, tha, 71쪽, na, 6줄.

193 『삼매왕경』, 경부經部(mdo sde), 경장經藏(bka' 'gyur), 라싸판, tha, 134쪽, na, 7줄.

194 『육십송여론』, 중관부中觀部(dbu ma), 논장論藏(bstan 'gyur), 데게판(sDe dge),

라고 하였고, 『부자만남경』에서는

이것은 이름으로 명명할 뿐이며,
승의로써는 안근이 존재하지 않는다.
그와 같이 일체법 또한 본성으로 존재하는 것이 없다.[195]

라고 설하였다. 『사백론석』에서 다음과 같이 설한다.

소위 '아我'라고 하는 것은 '타에 의존하지 않는 사물들의 성품(本性)'
이다. 그것이 없다는 것이 '무아'이다. 이것을 법法과 인人이라는
구분으로 두 가지로 이해해야 한다. 그것이 법무아와 인무아이다.[196]

타他에 의존하지 않는다는 것이 다른 조건과 원인에 의지하지 않는다
는 의미가 아니고, 유경有境인 언설의 식識에 타를 적용하여 그로써
건립하지 않은 것이 여기서 말한 타에 의지하지 않는 것, 즉 자립의
의미다. 이것으로 성립하는 것이 본성으로 성립하는 것과 자성으로
성립하는 것이다.
　『사백론석』에서

tsa, 21쪽. 38게송.

195 『부자만남경』, 대보적경大寶積經, 데게판(sDe dge), nga, 87쪽. 2줄.

196 『사백론석』, 중관부中觀部, 논장論藏(bstan 'gyur), 데게판(sDe dge), 1733, ya,
　　190쪽, 3줄.

(제법은) 오직 분별이 존재함으로 존재하는 것이며, 분별없이 존재
하는 것이 비존재이다. 끈을 뱀으로 가립되는 것과 같이 이것은
자신의 본성으로 성립되지 않음은 확실하다.[197]

라고 설하였다.

요약하면, 경과 이 논서들이 이 학파의 공성의 부정대상이 무엇인지,
부정대상에 어떤 명칭을 적용하는지를 알 수 있다. 자세히 알고 싶다면
많은 논서들을 안배하여 배워야 하며, 짧은 시간 동안 단편적으로
보고 완벽히 이해할 수 없기 때문에 노력하여 많은 경론을 집중해서
분석하는 데에 정진해야 한다.

③ 부정대상인 '아我'의 두 가지 분류

앞에서 말한 것과 같이 자립과 귀류논증학파들은 부정대상을 파악하는
방식이 다르기 때문에 아我에 대해서 두 가지로 분류하는 방식도 다르
다. 자립논증학파는 인아와 법아 둘을 공의 토대인 논제의 측면에서
각각으로 건립하지 않고 부정대상을 미세하고 거침의 차이로써 구별한
다. 귀류논증학파는 두 아가 요점이 같다고 보기 때문에 부정대상의
아에 대해 두 가지로 분류하여 그것을 분류한 측면에서 두 가지 아로
구별하는 것이 아니다. 공함의 토대인 논제에 대해 두 가지로 분류하여
그것의 측면에서 두 아로 구별한다.

또한 자성으로 성립된 자체가 아我로, 이 아가 토대인 인人에 대해

---

197 『사백론석』, 중관부中觀部, 논장論藏(bstan 'gyur), 데게판(sDe dge), 1733, ya,
133쪽, na, 6줄.

성립하는 것이 인아로, 토대인 오온五蘊에 대해 성립하는 것을 법아로
인정한다.

　일체법은 분별로써 가립될 뿐이며, 명칭과 언설言說로 가립되는
것에 불과하다. 제법이 언설로 가립되지 않은 자성 그 자체를 '아我'라
하고, 이것이 이 학파에서 말하는 주요한 부정대상이다. 이것을 실제로
성립하는 것, 진리로 성립하는 것, 승의로 성립하는 것, 자신의 특성으
로 성립하는 것, 자신의 본성으로 성립하는 것이라고 한다. 이렇게
성립함을 취하는 것이 이 학파의 실집이다. 또한 이 아집은 자타가
윤회에 갇히게 되는 주요한 원인이다. 요약하면 제법을 마음으로 건립
하지 않고 자신의 측면에서 성립됨을 인식하는 것이 '아집이 아를
취하는 방식'이다.

　『보만론』에서도 다음과 같이 기술하고 있다.

　아(我, 사람)가 지地가 아니고 수水가 아니며
　화火가 아니고 풍風이 아니고 허공(空)이 아니며
　식識이 아니고 모든 것이 아니라면
　그 외에 무엇을 사람이라 하겠는가?[198]

　아我는 자신이 가립되는 토대가 되는 사대四大, 허공空, 식識 등
육계六界 중 그 어느 것도 아니다. 이 모두가 아니라는 것은 그러한
계界의 모임이 아我임을 부정하는 것이다. 게송의 마지막 구절은 아我가

---

198 『입중론』, 중관부中觀部(dbu ma) 80게송 재인용.

온蘊의 각각의 일부가 아니며 그것의 결합도 아니며, 또한 각각의 일부와 그것의 결합과 별도로 본성이 존재한다는 것을 부정한다.

그러면 '나'는 없는 것인가? 그렇지 않다. 그 이유는 고락苦樂을 경험하기 때문이고 행위가 작용하기 때문이다. 그렇다면 '나'가 존재하는 방식은 무엇인가? '나'는 가립된 토대인 온에 의지하여 가립될 뿐인 것이다.

요약하면, '나'는 가립된 온에 가립될 뿐이 아닌, 가립된 토대의 측면에서 성립되거나 오온의 측면에서 성립되는 인아人我이다.

『보만론』에서는 다음과 같이 설한다.

아(사람)는 육계六界가 모였기 때문에
진실한 것이 아니다.
그와 같이 각각의 계 또한
모였기 때문에[199] 진실한 것이 아니다.[200]

위의 게송에서 첫째와 둘째 행의 의미는 사람이 자신이 가립된 토대인 육계에 의존하여 가립된 것이기 때문에 진실한 것이 아니라고 가르친 것이며, 아는 육계에 가립하기 때문에 승의로써 존재하지 않는 것과 같이 가립된 토대인 온 또한 자신의 각각의 부분과 부분의 조합 즉 자신의 부분에 가립되기 때문에 진실이 아니라는 것이 셋째와 넷째 게송의 의미이다.

---

199 (각각의 부분이) 모였기 때문에.

200 『보만론』, 1장 81게송 재인용.

요약하면, "아(사람)는"에서부터 "진실한 것이 아니다"까지의 게송은
나에 대한 아를 부정하기 때문에 아공을 가리키며 나머지의 게송은
온에 대한 아를 부정하기 때문에 법공을 가리킨다.

『사백론석』에서 다음과 같이 설한다.

소위 '아我'라고 하는 것은, '타에 의존하지 않는 사물들의 성품본성'
이다. 그것이 없다는 것이 '무아'이다. 이것을 법法과 인人의 구분으
로 두 가지로 이해해야 한다. 그것이 법무아와 인무아이다.[201]

또한『입중론』에서 설하였다.

무아無我는 중생들을 해탈시키기 위해서
법法과 인人 두 가지로 구분하여 설해졌다.[202]

『입중론석』에서는

유신견은 아我와 아소我所의 이러한 행상行想으로 행한 번뇌를 가진
지혜이다.[203]

---

201 『사백론석』, 중관부中觀部, 논장論藏(bstan 'gyur), 데게판(sDe dge), 1733. ba,
190쪽. 3줄. ཆོས་འགེལ་སྟེ་བསྟན་དང་མ་ཡི་སོགཔ་ཅ་ན་ཡིན་ཏེ་ཀི

202 『입중론』6지 149게송.

203 『입중론석』, 중관부中觀部, 논장論藏(bstan 'gyur), 데게판(sDe dge), 'ai, 292쪽,
na, 7줄.

라고 하였다.

앞서 말한 제시된 경론은 이 학파에서 부정대상을 파악하고, 이에 대해 두 가지로 분류하는 방식이 다른 학파들과 다르다는 것을 매우 분명하게 나타내는 것이다.

④ 부정대상의 예

이 학파에서는 부정대상을 파악하는 것을 끈을 뱀으로 취하는 비유로 든다. 그 방식은 다음과 같다. 어스름한 곳에 있는 모양과 색깔이 뱀과 비슷한 끈을 멀리서 보게 되었을 때 뱀이라고 착란하게 보는 마음이 생긴다. 이러한 뱀은 끈의 각각의 부분과 부분의 조합(有分)이 아니며, 끈의 부분과 부분의 조합 또한 뱀이 아니며, 마음으로 끈을 뱀으로 가립된 것일 뿐이다.

이와 같이 일체법들이 각각 자신의 부분으로 인해 가립될 뿐이며 가립된 토대의 측면에서 성립되는 것은 존재하지 않는다. 또한 유분이 부분의 측면에서 성립되는 것도 존재하지 않는다. 왜냐하면 가립된 토대의 부분 가운데 찾으려 해도 발견되는 것이 없는 까닭이다.

아我와 아소我所의 모든 법들이 분별로써 가립될 뿐이며, 언설로써 가립될 뿐이라는 것은 끈을 뱀으로 인식하는 마음이 끈을 뱀으로 인식하는 것과 같기에 그 예시로 작용하는 것이다. 그러나 이 예시와 의미 둘이 마음으로 가립되는 정도는 같지만 언설로 가립된 대로 존재하는지의 여부와 행하는 방식은 매우 다르다. 왜냐하면 이 둘은 마음과 언설로 가립되는 정도가 같지만 가립된 대로 해침이 있는지의 여부가 다르기 때문이다.

이 또한 끈을 뱀으로 가립된 것과 오온을 아라고 가립되는 것 둘은 가립될 정도는 같지만 가립되는 대로 의미상으로 행위 하는지의 차이는 존재한다. 왜냐하면 끈을 뱀으로 가립하더라도 뱀의 행위를 하지 못하며, 오온을 아라고 가립된 대로 아의 행위를 하기 때문이다.

⑤ 찾아서 발견되지 않는 방식

그와 같이 '나'는 가립된 토대인 온에 의지하여 가립될 뿐이며 온에서 '나'가 성립되는 것은 조금도 존재하지 않는다. '나'가 가립된 토대의 측면에서 발견되지 않는다는 의미 역시 이와 같다. '나'는 온 등에 가립하지만 오온 가운데 색色도 '나'가 아니고 수受도 '나'가 아니며 상想, 행行, 식識도 마찬가지로 '나'가 아니다. 오온과 본성으로 다른 것은 '나'의 사례가 될 수 없다.

예를 들면 착란한 식이 끈을 뱀으로 가립하지만 이러한 뱀을 가립된 토대인 끈의 부분 가운데 찾으면 그 부분 가운데서 발견되는 것이 없다. 이러한 뱀은 그 부분의 측면에서 성립되는 것이 아니며, 마음으로 가립될 뿐이다. 이와 같이 홍길동의 오온과 그 부분의 조합을 홍길동이라고 가립하지만, 이 홍길동은 가립된 토대 가운데 찾으려 하면 그 부분의 가운데서 발견되는 것이 없다. 그러므로 홍길동은 가립된 토대의 측면에서 성립되는 것이 아니며, 마음으로 가립될 뿐이다.

또한 염주는 108개의 염주 알로 구성되어 있지만, 염주의 각각의 부분들과 부분의 조합, 그것의 모양, 색깔 등 어느 것도 염주라 할 수 없으며, 염주 또한 그 부분들이 아니다. 108개의 알로 만들어진 염주에서 알을 하나씩 빼내면 염주는 사라져버릴 것이다. 즉 염주는 가립된 부분의 측면에서 발견되는 것이 없다. 그러나 이러한 부분이 없이 염주가 존재하는 방식 또한 없으며, 이 부분들로 인해 '염주'라고 가립될 뿐이다.

만일 염주가 자신의 부분의 측면에서 성립되거나 염주의 부분 가운데 찾아서 발견되는 것이 있다면 염주가 자성으로 성립되며, 자신의 측면에서 성립되고, 실제로 성립되는 것이다. 이와 같이 제법은 자신의 부분에 의존하여 가립될 뿐이며 가립된 토대의 측면에서 성립되는 것은 없고, 가립된 토대의 부분 가운데서 찾아도 발견되는 것이 없다. 『입중론』에서 다음과 같이 설한다.

이것(마차)이 승의나 세간으로
7가지 측면에서 성립되는 것이 아니지만
분석 없이 오직 세속에만 알려진 것과 같이
여기서 자신의 가지를 의존하여 가립한 것이다.[204]

그러면 법성 또한 자신의 부분에 의존하여 가립되기 때문에 승의로 존재하지 않는가? 또는 가립된 의미를 찾아서 발견되는 것이 없는가? 이 또한 그렇다고 주장한다.

경에서도 다음과 같이 말한다.

수보리가 말하길 "천신들이여, 열반 또한 환과 같고 꿈과 같다고 말하면 다른 법들은 말할 필요가 있겠는가?" 천신들이 말하길 "성자

---

[204] 『입중론』 6지, 158게송.

수보리시여, 열반 또한 환과 같고 꿈과 같다고 말하는가?" 수보리가 말하길 "천신들이여, 나는 만일 열반보다 더 수승한 법이 있더라도 우리는 그것 역시 환과 같고 꿈과 같다고 말한다."

용수 논사는 이렇게 말한다.

유위가 성립하지 않는데 무위가 어떻게 성립하겠는가?[205]

논증인 세속의 유위법은 자성으로 성립되지 않으며 찾아서 발견되는 것이 없기에, 그 논제가 부정대상의 아로 공한 무위법은 어떻게 자성으로 성립되는가? 이는 곧 자성으로 성립되는 것이 아니며 찾아서 발견되는 것이 없다는 의미이다.

보통 법성은 일체법이 명칭으로 가립된 의미를 정리지로 분석하면 발견되지 않는 것이기 때문에 법성 자체 또한 분석하면 발견되는 것이 어떻게 있겠는가? 가립된 의미를 찾아서 발견되지 않는 것이 궁극적 법성이며 단편적인 법성이 아니다.

그러므로 세속과 승의의 어떠한 법도 명칭과 분별로써 가립된 의미가 자신이 가립된 토대의 부분 가운데 찾으면 발견되는 것이 없다. 그러므로 가립된 법들은 가립된 토대의 측면에서 성립되는 것이 조금도 없다.

현재 과학자들은 극미에 대해서 원자와 양자 등을 분석하고 있으나, 이들을 찾은 끝에 결국 발견되는 것이 없다고 말한다. 유식학파는

205 『중론』 7품 33게송.

외경을 분석하여 찾아도 발견되지 않기 때문에 없다고 인정한다. 중관학은 가립된 의미가 가립된 토대 가운데 찾아도 발견되지 않음을 말한다. 앞에서 과학자들이 찾아도 발견되지 않음을 말한 것이 이 두 가지와 어느 정도 같은지, 차이가 있다면 어느 정도 차이가 나는지를 분석해야 한다.

유식학파는 존재하면 찾아서 발견되어야 한다는 것을 기본적으로 인정하며, 외경은 없지만 그것을 현현하는 식이 실체로 성립됨을 인정한다. 귀류논증학파는 식과 그 대상을 둘 다 분석한 끝에 발견되는 것이 없다는 점에서 같고, 분석한 끝에 발견되는 것이 없지만 전혀 없는 것이 아니라고 인정한다. 또한 일체법은 명칭으로 가립하여 건립하는 것만으로 존재하며, 마음으로 가립해서 존재하는 것을 건립한 정도에 허물이 없다고 인정한다.

그러므로 귀류논증학파의 특별한 특징은 아와 아소의 법들이 자신의 측면에서 성립되지 않고 명칭으로 가립될 뿐이지만 행위의 체계는 매우 타당하다. 왜냐하면 일체법은 의존하여 가립된 연기이기 때문이라고 주장하는 것이다. 이것이 용수 논사 다섯 부자의 의도이다.

⑥ 부정대상인 '아'와 '아'의 구분

그러므로 많은 경과 논서에서 '아'에 대해 기술한 내용은 두 가지로 구분되어야 한다. 언설로 존재하는 '아'와 언설로 존재하지 않는 '아'이다. 전자의 '아'는 윤회와 열반의 토대가 된 '아'로서 반드시 존재해야 한다. 왜냐하면 이러한 '아'가 없으면 업과業果가 낭비되어 정진하는 것이 무의미하게 될 것이기 때문이다.

내가 고통을 겪으면 이것이 내가 전에 지었던 업의 결과이며, 내가 행복을 겪으면 이것이 내가 전에 지었던 선업의 결과이다. 선악의 업을 짓는 자인 나와 결과인 고락을 경험한 내가 있어야 하기 때문이다.

불교의 사대학파(중관, 유식, 유부, 경량부)에서도 부정대상인 '아'가 무엇인지를 논쟁하여 윤회와 열반의 토대가 된 '아'의 사례가 무엇인지에 대해 많은 논쟁을 하지만 윤회와 열반의 토대가 된 '아'가 존재함에 대해서는 논쟁이 없다. 아무것도 존재하지 않는다고 주장하는 것이, 예전의 인도의 소승과 대승 어느 학파에서도 없었다.

특히 실체론자들과 중관학파는 제법이 자성으로 성립되는 것인지의 여부에 대해 논쟁한다. 실체론자들은 제법이 자성으로 없으면 이들이 없게 되기 때문에 중관학 입장에 따르면 생멸이 없게 되고, 그렇다면 성스러운 네 가지 진리 또한 없는 꼴이 된다고 비판하였다. 이에 대해 중관학파는 실체론자의 입장에 따라 자성으로 성립되면 다른 인과연에 의존하지 않고 성립되어야 하고, 그렇다면 생멸의 체계가 불가능하기 때문에 고제의 인과법과 멸제의 인과법 또한 타당하지 않게 되어 성스러운 사성제가 없게 되는 꼴이 생긴다고 반론한다. 두 학파는 사성제가 존재하지 않는 것이 타당하지 않다는 점에서 같은 입장이다.

외도들 중에서도 인과의 토대가 된 아가 없다고 주장하는 학파는 순세파(順世派, lokāya tika, rgyang 'phen pa, རྒྱང་འཕེན་པ་) 외에는 없다.

보통 언설로 '나'와 '너'라고 분별하는 마음은 언제나 생기고, '내가 고통을 원하지 않고 행복을 원하는 마음' 역시 저절로 생긴다. 행복을 원하고 고통을 원하지 않는 것은 배우지 않아도 중생들 마음속에 본래부터 가지고 있는 구생俱生이다. 이러한 행복을 원하는 자, 고통을 경험하

는 자는 존재해야 한다. 고통이 존재하기 때문에 그 고통에서 벗어나고
자 하는 마음을 일으켜 해탈을 원하는 것이 아닌가? 그러므로 업을
짓는 자, 과보를 경험하는 자, 윤회하는 자, 해탈에 다가가는 자가
존재한다는 것은 불교의 사대학파 모두가 인정하는 사실이다.

그러므로『반야심경』등의『반야경』과 용수 논사 부자들의 논서에서
'제법이 승의로 비존재함을 설하는 것뿐만 아니라 승의의 특성을 적용
하지 않고는 없다'라고 설하는 것도 많이 볼 수 있다. 다만 그 없다는
것이 보통 없다는 의미가 아니라 승의로 없다는 의미임을 알아야 한다.

공성을 설한 경론에서 장소와 시간, 방향 등의 측면에서 어떤 법이
없다고 하면, 승의의 특성을 적용해서 없다고 말할 필요가 없다. 그렇지
않고 보통 일반적으로 없다는 것은 모든 승의의 특성을 적용하는 것이라
는 것을 알아야 한다.

(2) 공성의 의미

공성의 의미를 설함에 세 가지가 있다. 일반적으로 설함, 잘못된 주장,
그것을 부정함이다.

가. 일반적으로 설함

자립논증학파와 유식학파는 인무아와 법무아의 부정대상에 대하여
거칠고 미세한 차이를 인정한다. 인무아에 대해 상일주재常一主宰로서
공한 것과 인人이 온蘊과 다른 특성을 가진 독립적 실유로 공한 것,
두 가지로 나누어 거칠고 미세함을 인정한다.

귀류논증학파는 두 가지 무아의 부정대상이 하나이기 때문에 이를

요점으로 긍정적 의미인 두 가지 무아 역시 부정대상의 측면에서 거칠고 미세한 차이가 없다고 인정한다. 그러나 토대의 측면에서 이해하기에 어렵고 쉬운 차이는 있다고 어떤 학자들은 말한다. 자성으로 성립된 것, 자신의 특성으로 성립되는 것, 실제로 성립하는 것은 공성의 부정대 상이며 이것이 인人에 성립하는 것이 인아人我이며, 온蘊에 성립하는 것이 법아法我라고 앞에서 말했다. 그렇다면 인이 자성으로 공한 것이 인무아이고, 온이 자성으로 공한 것이 법무아임을 이해할 수 있다.

이 학파는 '진제眞諦로 성립하는 것', '승의勝義로 성립하는 것', '진리 眞理로 성립하는 것', '자상自相으로 성립하는 것', '자성自性으로 성립하 는 것', '자신의 측면에서 성립하는 것', '자신이 가립된 토대의 측면에서 성립하는 것', '정리지로써 분석하여 발견되는 것(དཔྱད་བཟོད, dpyad bzod)', '가립된 의미를 찾을 때 발견되는 것' 등을 부정하여 이들은 존재하지 않지만 진제, 승의, 진리, 진여는 존재한다고 주장한다.

아我는 오온에 가립되기 때문에 자성으로 성립되지 않고 실제로도 성립되지 않는 것이다. 또 자신의 측면에서 성립되지 않기 때문에 오직 명칭으로 가립될 뿐이라고 주장한다. 귀류논증학파는 공성을 중관으로 표현하며, 중관의 의미는 상견과 단견 두 가지를 제거함을 말한다. 이 또한 제법이 연기이므로 공함을 확립한다. 연기이기 때문에 전혀 없는 것이 아니며, 이로써 단견을 제거한다. 자성으로 공하다는 것으로 상견을 제거하는 것이라고 주장한다.

'아'를 언설로 가립될 뿐이라는 것과 마음으로 가립될 뿐이라는 것은 같은 의미이다. 또한 '아'는 자신이 가립된 토대인 오온의 부분들이 아니고, 오온 역시 '아'가 아니다. '아'는 부분과 본성에서 다른 것도 아니다. 그러나 '아'는 부분에 의지해서 가립되거나 이들로 인해 건립되기 때문에 자성이 존재하는 것도 아니다. 왜냐하면 자성으로 존재하는 것이라면 부분과 다른 연緣에 의지할 필요가 없기 때문이다.

이것은 매우 심오하고 또 자종自宗을 건립하는 것만으로는 이해하기 어렵기 때문에, 잘못된 사견이 어디에서 착란하는지의 배경을 밝혀 그것이 어떻게 타당하지 않은가에 대한 근거를 경과 논리를 요약해서 설명하겠다.

나. 잘못된 주장

공성에 대해 잘못 파악하는 어떤 학자는 공성의 의미를 아예 존재하지 않는 것으로 말하거나, 어떤 법에 대해 '이것은 이것이다', '이것은 이것이 아니다' 혹은 '이것은 존재한다', '이것은 존재하지 않는다' 등으로 결론 내리는 절대적인 판단 등 이 모든 것을 극단에 떨어지는 견해로 보고, 이것을 부정대상으로 삼기도 한다. 이에 대한 근거로 많은 경과 논리들을 제시한다.

『대보적경』에서는 다음과 같이 중도中道를 설한다.

가섭이여, 있다고 하는 것은 한 극단이다.
없다고 하는 것도 한 극단이다.[206]

또한 『삼매왕경』에서 말한다.

---

[206] 『입중론자석』 15품 240장, 1줄.

유有와 무無 또한 극단이다.
청정과 청정하지 않음 또한 극단이다.
그러므로 두 가지 극단을 완전히 제거하여
현자는 중간에도 머물지 않아야 한다.[207]

『대보적경』에서 다시 말한다.

유도 아니고, 무도 아니고, 양자도 아니다.
양자가 아닌 것도 아니다.
사구四句에서 벗어나는 바로 그것을
중관학자는 깨달았네.[208]

앞에서 제시한 경들은, 어떤 법이든 유무 각각과 유무 둘 다 아닌
것 등 사구 어느 것에서든 인식해서는 안되고, 즉 사구에서 벗어나
사구 어느 곳에서도 인식하지 않는 것이 중도라고 설하였다.
『보만론』에서는 다음과 같이 설한다.

없다고 하는 자는 악도에 간다.
있다고 하는 자는 선도에 간다.
실상을 여실히 알며

---

207 『입중론자석』, 중관부中觀部(dbu ma), 논장論藏(bstan 'gyur), 27장, 1줄 재인용.
208 『대보적경』, 예셰도제꾼레뛰 인용, 논부, 데게판(sDe dge), 중관, 27쪽, ba,
3줄.

둘 다에 의지하지 않는 자는 해탈하게 되네.[209]

『중론』에서는 다음과 같이 설한다.

있다고 하는 것은 상常을 취하고, 없다고 하는 것은 단견斷見이네.
그러므로 현자는 유무 둘 모두에 머물지 말아야 하네.[210]
......
만일 공 아닌 것(非空)이 조금이라도 있으면 공 또한 조금 있게
되네.
공 아닌 것이 있지 않으면, 공이 어떻게 있겠는가.[211]

『육십송여리론』에서는

유有로써 해탈하지 못하며
무無로써도 윤회에서 벗어나지 못한다.[212]

라고 설하였다.

앞에서 제시된 경론의 의미는, 제법의 유무 등을 취하면 상견과

---

209 『보만론』 1품, 57게송.
210 『중론』 15품, 10게송.
211 『중론』 13품, 6게송.
212 『육십송여리론』, 중관부中觀部(dbu ma), 논장論藏(bstan 'gyur), 5게송.

단견의 극단에 떨어짐을 설한 것이다. 지금까지는 경의 근거였으며, 이제는 논리의 근거를 제시하겠다.

이것이 『반야경』의 의도이며, 『반야경』을 해석한 인도의 논서들의 의도이기도 하다. 『반야경』에서는 색色부터 일체지一切智까지의 일체법을 부정하였다. 『반야경』에서 일체법을 색부터 일체지까지 108개로 나누어서 이 모든 법이 공함을 설한 까닭이다.

제법이 존재하면 그것이 성자의 등인지의 측면에서 존재하는 것인가, 아니면 세속식의 측면에서 존재하는 것인가? 이렇게 분석한다. 만일 성자의 등인지의 측면에서 존재한다고 한다면 이는 타당하지 않다. 성자의 등인지의 측면에서는 세속법이 없기 때문이다.

만일 그렇지 않다고 하면 이제二諦의 체계가 사라지게 된다. 유식학파나 중관학파 모두 세속법이 성자의 등인지智[213]가 본 측면에서 존재한다는 것을 인정하지 않는다. 만일 세속법들이 세속식의 측면에서 존재하기 때문에 존재한다고 하면 그것도 타당하지 않다. 왜냐하면 세속식들은 양(量, 바른 인식)이 아니기 때문에 또한 어떠한 법도 건립할 수 없기 때문이다.

또한 세속법들은 존재하지 않는다. 왜냐하면 성자의 등인지가 본 측면에서 존재하지 않기 때문이다. 세속법들이 성자의 등인지가 본 측면에서 없는 것이라면 세속법들은 존재하지 않는 것이다.

---

213 등인지等引智(mnyam bzhag ye shes)-定慧는 등지等持 혹은 根本智라고도 하는데, (지관쌍수된 선정삼매에 들어) 진여에 일심으로 평등하게 머무는 무분별의 원초적 지혜이다. (དེ་ཁོ་ན་ཉིད་ལ་རྩེ་གཅིག་ཏུ་མཉམ་པར་འཇོག་པའི་རྣམ་པར་མི་རྟོག་པའི་ཡེ་ཤེས།), 『장한불학사전』, 592쪽.

세속법들이 성자의 등인지가 본 측면에서 없는 것이라고 해도 세속법
들이 비존재라고 할 수 없다고 한다면(중관학), 세속법들이 세속식으로
본 측면에서 존재한다면 존재한다고 할 수 있고, 성자의 등인지가
본 측면에서 비존재라고 해서 비존재라고 할 수 없게 된다.

이것을 인정하면 성자의 등인지보다 세속식이 더 믿음이 가게 되기
때문에, 세존께서 설하신 네 가지 의지처(四依) 중에서 '식識에 의지하
지 말고 본래지에 의지하라'고 하신 말씀과 모순된다.[214]

또한 "세속법들은 존재하지 않는다. 왜냐하면 승의로 존재하지 않기
때문이다." 이에 대한 이유와 주장 사이에 충족관계가 성립되지 않는다
고 한다면 세속법들이 승의로 존재하지 않기 때문에 없다고 할 수
없고, 세속으로 존재하기 때문에 있다고 할 수 있게 되어버린다. 그렇다
면 타당하지 않다. 세존께서 설하신 네 가지 신뢰(四信) 중에서 '불요의
를 신뢰하지 말고 요의를 신뢰해야 한다'는 말씀과 모순되기 때문이다.

또한 세속법들이 승의를 분석하는 정리지의 측면에서 존재하는가?
그의 측면에서 존재한다면 정리지로 분석하여 발견되는 것이 되기
때문에 승의로 존재하게 된다. 정리지의 측면에서 존재하지 않는다면
정리지가 부정되기 때문에 존재하는 것이 타당하지 않다.

---

214 이에 대해서 다음과 같은 쟁론이 발생할 수 있다. 성자의 등인지가 본 측면에서
없기 때문에 반드시 세속법들이 비존재인 것은 아니라고 주장한다. 아니면
세속법들이 세간식의 측면에서 존재하면 존재한다고 건립할 수 있고, 성자의
등인지가 본 측면에서 비존재하면 비존재를 건립할 수 없다면 이것은 타당하지
않다. 왜냐하면 세존께서 사의四依 중에 '지혜에 의지하고, 식識에 의지하지
말라'라고 말씀하신 것과 모순되기 때문이다. གང་ཟག་ལ་མི་རྟེན་ཆོས་ལ་རྟེན་ཞྲི་ལ་རྟེན་
དོན་ལ་རྟོགས་ཤིང་དོན་ལ་མི་རྟོན་རེས་དོན་ལ་རྟོག་ཟམ་ཤེས་ལ་མི་རྟོན་ཡེ་ཤེས་ལ་རྟོན་པ་སྟེ་བཞིའོ།

『중론』에서는 다음과 같이 설한다.

자생自生이 아니며, 타생他生이 아니다.
둘 모두에서 아니며, 무인無因이 아니다.
어떤 사물이든 어디에서도
생하는 것이 결코 없다.[215]

『입중론』에서도 다음과 같이 말한다.

실상을 확립할 때 어떤 논리라도
자타自他에서 생긴다는 것은 타당하지 않고
그 논리로 언설로도 (생함이) 타당하지 않기 때문에,
당신의 생生[216]은 어떤 식이 성립하는가?[217]

이 게송들은 사물들이 승의의 사구四句[218]로 생하지 않는다는 이유로
승의의 생을 부정하였다. 그렇다면, 그와 같은 논리로써 세속의 사구로
생하지 않는 이유로 세속의 생함을 부정한다. 그러므로 생하는 것이
세속의 사구와 승의의 사구 어느 것에서도 부정되기 때문에 생하는
자체가 세속과 승의 모든 측면에서 존재하지 않는다.

---

215 『중론』 1품, 1게송.
216 자성의 생.
217 『입중론』 6지 36게송.
218 사구란 자생自生, 타생他生, 자타공생自他共生, 무인생無因生을 뜻한다.

만일 세속법들이 존재한다면 그것을 건립하는 식이 있어야 한다. 식은 승의를 인식하는 식과 세속을 인식하는 식 이 둘로 확정되고, 승의를 인식하는 식이 세속법을 건립하는 것은 타당하지 않고 인정하지도 않는다. 만일 세속법을 세속식이 건립한다고 하면 그것 또한 타당하지 않다. 왜냐하면 세속식들이 세속법을 건립할 수 없기 때문이다. 이 식들은 양量이 아닌 까닭이다. 이것이 『삼매왕경』의 의도이다. 『삼매왕경』에서 다음과 같이 설한다.

안眼과 이耳, 비鼻 또한 양量이 아니며
설舌, 신身, 의意 또한 양이 아니다.
만일 이 근根들이 양이라면
성도聖道로써 무엇을 하겠는가.[219]

이러한 경과 논리로 인해 어떤 법에도 '이것이 이것이다. 저것은 저것이다'라고 파악하는 모든 것이 상견·단견에 떨어지는 것이기 때문에, 이러한 견해를 가지는 한 중관의 견해를 찾을 수 없다고 주장한다. '분별이 생기면 견해가 아니다'라고 말하여 견해를 수습할 때 모든 상상想을 부정해야 한다고 주장한다.

---

219 『삼매왕경』, 경부經部(mdo sde), 경장經藏(bka' 'gyur), 라싸판, ta, 43쪽, ba, 1줄.

다. 그것을 부정함

공성에 대하여 잘못 생각하는 사견의 전도된 토대까지 말했으며, 이제
는 이러한 사견들을 부정함으로써,

승의의 의미를 세존의 말씀과 인도의 논사들의 말씀에 나온 것처럼
설하겠다.

이에 대하여 열여섯 가지가 있다. 성불하기 위해 두 가지 자량이 필요함,
보리심은 성불의 주된 원인임, 대승학파에서 자성을 유와 무로 말한
두 가지, 실유론자와 중관학자의 자성에 대한 유무 논쟁, 상견과 단견을
파악함, 없음(단견)을 말하는 것이 아니다, 유무 둘 다에 머물지 말아야
한다고 설한 경의 의미, 성자의 등인지가 공성을 보는 방식, 무엇이든
파악하지 말아야 한다는 것을 부정함, 네 가지 신뢰, 공성과 연기가
모순임을 보면 해탈이 불가능함, 찾는 식과 찾는 방식, 자성을 두
가지로 구분함, 모순(상위相違), 부정과 성립, 결론이다.

①성불하기 위해 두 가지 자량이 필요함

원만한 깨달음을 얻고자 하는 이가 궁극적으로 얻어야 하는 대상은
불신佛身, 즉 성불成佛로 법신法身과 색신色身 두 가지가 확실하다.
법신은 주로 지혜자량으로써 성취되고, 색신은 주로 복덕자량으로써
성취된다. 이것은 중관학파와 유식학파 모두 똑같이 인정한다.

『육십송여리론』에서 다음과 같이 설한다.

이 선근으로 모든 중생이
복덕과 지혜자량을 쌓아

복덕과 지혜자량으로 생긴

두 가지 청정함을 얻게 하소서.[220]

『보만론』에서는

왕이여, 붓다들의 색신은 공덕자량에서 생긴 것이며

법신은, 요약하면 지혜자량에서 생긴 것이네.[221]

그러므로 이 두 가지 자량은 부처를 얻는 원인임으로

요약하면, 이러한 공덕과 지혜에 항상 의지하소서.[222]

라고 설하였다.

위 게송의 의미처럼 법신과 색신을 얻기 위해서는 두 자량을 함께 닦으며 실천해야 한다. 왜냐하면 결과인 법신과 색신 역시 각각 단편單 片적인 것이 아니기 때문이다. 이처럼 원인인 방편과 지혜를 함께 닦지 않으면 원인이 분리되기 때문에, 그 결과로 또한 색신과 법신의 쌍수雙修를 성취하지 못하게 된다. 그러므로 결과에 색신과 법신 두 가지와 원인에 지혜와 방편 두 가지가 있어야 하고, 그와 같이 그것의 토대에도 두 가지 진리가 있어야 한다. 왜냐하면 지혜와 방편의 대상으로서 두 가지 진리가 필요하기 때문이다.

그러므로 공성만을 수습함으로써 부처의 경지를 증득할 수 있다는

---

220 『육십송여리론』, 61게송.

221 『보만론』 3장 13게송.

222 『보만론』 3장 14게송.

전도된 분별을 일으키지 말아야 한다. 성불하기 위해서는 대승의 입문인 보리심을 일으키고, 행으로는 육바라밀을 닦아서 광대한 자량을 삼아승기 겁 동안 쌓아야 한다고 경과 논서에서 광대하게 설한 것을 인정해야 한다. 결과인 색신과 법신 두 가지를 증득하려면 도를 행하는 시점(수행 시)에서 실천하는 것도 여법하게 해야 하는데, 이것은 견해를 올바르게 확립하는 데 달려 있다.

석가모니 부처님과 과거의 부처님들은 보시 등 육바라밀을 닦아 성불했다고 설하였지만, 아무것도 인식하지 않고, 아무것도 작의하지 않고서 성불했다는 전기는 대소승의 어느 경전을 보더라도, 또 인도의 대학자들이 저술한 논서 어느 곳에서도 찾아볼 수 없다.

『대승보요의론』에서

보살은 능숙한 방편에서 벗어난 심오한 법성을 행하지 말아야 한다.
방편과 지혜가 상응하는 것이 보살들의 올바른 행위이다.

라고 설하였다. 『입중론』에서는 다음과 같이 설한다.

세속과 승의의 광대한 하얀 두 날개로
오리 왕은 많은 오리들을 앞서 가서
선행의 바람의 힘으로
성자(승리자)의 공덕의 바다를 건너갔다.[223]

---

[223] 『입중론』 6지 226게송.

『입중론』에서 말씀하신 대로 육지보살六地菩薩인 오리 왕은 광대한 도의 체계와 심오한 도의 체계, 즉 이제二諦의 도道인 광대한 하얀 두 날개로 예전부터 오랫동안 쌓아둔 자량의 바람의 힘을 받아 성자(승리자)의 공덕의 바다를 건너갔다.

일체지의 경지를 얻기 원하면 육지보살이 행하는 것을 배워야 한다. 방편인 보리심과 승의제를 인식한 지혜의 두 가지 날개로써 정진해야 한다. 지혜와 방편이 부족하여 단편적인 도를 수습한다면 그 어디에도 가지 못한다.

인과因果의 연기緣起 체계에 대해 확신하는 믿음을 가지지 않으면 공덕자량을 광대하게 쌓지 못한다. 왜냐하면 공덕자량은 원인인 선업에서 결과인 이락利樂이 생김을 믿는 마음으로 선행에 정진한 행위이기 때문이다.

무자성에 대한 확실한 믿음이 생기지 않으면 지혜자량을 광대하게 쌓지 못한다. 왜냐하면 무자성인 공성은 지혜의 궁극적 대상이기 때문이고, 지혜자량은 몸이나 말로 행하는 것이 아니라 마음으로 어떤 대상을 생각하여 행하는 것으로써 사유하여 쌓아야 하는데, 그러한 대상에는 공성보다 심오하고 미세한 것이 없는 까닭이다.

요약하면, 인과의 연기법들에 대한 굳건한 믿음과 아울러 무자성에 대한 확고한 이해가 필요한 것은 앞에서 말한 것과 같이 궁극적 대상으로서 두 가지 불신佛身이 있기 때문이다. 두 가지 불신을 이끄는 원인으로서 지혜와 방편 두 가지가 필요하고, 이 두 가지 도의 대상에 대한 두 가지 진리(二諦)도 필요하다는 것은 같은 요점이다.

학자들은 불경을 설할 때 근根, 도道, 과果의 세 가지로 요약해서 말한다. 만일 근본에 대한 하나가 부족하게 되면 한 가지 도道가 부족하게 되어 결과를 성취할 수 없다. 원인이 부족하면 결과가 원만할 수 없기 때문이다.

또한 인과에 대한 믿음뿐만 아니라 인과의 행위 역시도 타당하고, 인과의 행위가 타당하기 때문에 제법이 자성으로 공한 것이 되고, 제법이 자성으로 공하기 때문에 인과의 행위 또한 타당하다고 인정해야 한다. 그렇지 않고 자성으로 성립되는 것이라면 의존하지 않는 독립적인 존재여야 한다. 그러면 원인과 조건으로 변화시킬 수 없게 되어 부분에 가립하지 않게 되고 부분에 의존하지 않게 되어버리는 까닭이다.

그렇다면 자성으로 공한 것에 대해 연기의 체계가 타당하다는 것은 자립논증학파 이하의 불교학파 어느 누구도 확립할 수 없으므로, 이는 귀류논증학파의 특별한 특징이고 위없는 특징이다.

② 보리심은 성불의 주된 원인임

특히 방편인 자비의 뿌리를 가진 보리심은 대승과 소승을 구별하는 주된 원인이며, 부처의 주된 원인이기도 하다. 이 마음이 존재하는지의 여부로써 대소승을 구별하는 것이다. 이 마음이 없다면 다른 어떤 공덕을 갖더라도 대승에 오를 수 없고 보리심만 가지고 있으면 그것만으로 대승에 들어가는 것이다. 공성을 깨닫는 지혜는 삼승 모두가 가지고 있지만 성문·연각의 공성을 깨닫는 지혜가 소지장의 대치법으로 되지 못하는 것은 보리심이 없는 탓이다. 성문·연각의 아라한들이 청정계에 수겁동안 머물러 중생을 위한 이타행을 행하지 못하는 것도 자비가 매우 약한 탓이다. 보살들이 중생을 위해 큰 고행을 행할 수 있는 것도 원만한 보리를 추구하는 마음을 가지고 있기 때문이고 그의 뿌리는 자비심이다.

『보만론』에서는

자신과 이 세간에서 위없는 보리를 원한다면[224]
그것의 뿌리는 수미산 같이 확고한 보리심과
한량없는 자비, 둘에 의지하지 않는 지혜[225]이네.[226]

라고 말한다. 예를 들면 물과 구름, 온기와 흙 등이 볍씨와 만나게 되면 벼 싹의 원인이 된다. 또 보리와 콩 등과 만나게 되면 그것의 싹의 원인이 된다. 그러므로 그것들의 공통된 원인이다.

보리의 씨앗은 어떤 연과 만나더라도 쌀, 콩 등 다른 싹의 원인이 되지 못하고 그것과는 공통되지 않은 보리 싹의 원인이 된다. 보리 씨앗이 접촉하는 물과 구름 등 또한 보리 싹의 원인이 된다. 그와 같이 위없는 보리심은 붓다의 싹의 원인 중에서 씨앗처럼 특별한 원인이다. 공성을 깨닫는 지혜는 물과 구름 등과 같이 세 가지 열반의 공통된 원인이다. 무아의 지혜가 원만한 보리의 원인이 되는 것도 보리심에 달려 있고, 보리심의 지원이 없으면 공성을 현량으로 깨닫더라도 이것

---

224 『보만론』 2품, 74게송
225 두 가지의 극단이 제거된 공성을 지각한 지혜.
226 『보만론』 2품, 75게송.

은 성문과 연각의 해탈 정도에는 데려갈 수 있지만 붓다의 길에는
데려가지 못한다. 이 의미는『대승보성론』과『입보리행론』,『보만론』
등의 의도이다. 그러므로 소승과 대승들은 지혜의 측면에서 구별하는
것이 아니라, 방편의 측면에서 구별하는 것이다.

『대보적경』에서는

가섭이여, 이와 같다. 예를 들면 초승달에 절하는 것과 같이 보름달에
는 아니다.[227] 가섭이여, 그와 같이 누군가가 나에게 매우 신심을
가진다면 보살들에게 절해야 하며, 여래들에게는 그와 같이 아니
다.[228] 이것은 무엇 때문인가? 보살에서 여래들이 생기는 것이다.
여래들에서는 성문과 모든 독각들이 생기는 것이다.[229]

라고 설하였다.

앞 경에서 설한 초승달은 보살이며, 보름달은 부처이다. 보름달은
초승달이 커져서 보름달이 생기는 것처럼 보살들도 보리심을 실천함으
로서 점차 십지를 거쳐 부처가 되는 것이다. 초승달에 절하면 그 속에
보름달에 절하는 것이 포함되어 있다. 그와 같이 보살에게 절하면
그 속에 부처에게 절하는 것도 포함되어 있다. 그러므로 보살에게
절하는 것이 부처에게 절하는 것 보다 공덕이 크다는 의미이다.

227 보름달인 부처에게 절한 공덕은 초승달인 보살에게 절한 공덕만큼은 아니다.
228 여래에게 신심을 가진 자는 보살에게 절해야 한다.
229 왜냐하면 보살에서 여래들이 생기는 것이며 여래들에서는 성문과 모든 독각들이
    생기기 때문이다.

『입중론』에서는

성문과 중간붓다[230]는 능인에서 생기며,
부처는 보살에서 탄생하시며
자비심과 둘이 없는 식과
보리심은 불자佛子들의 원인이네

라고 설하였다. 『수습차제』에서

또한 일체지는 어떤 경우에 가끔씩 드물게 생기기에, 아무 때나
생겨나지도 않으며, 어느 곳에서나 생겨나지 않으며, 모든 것이
누구에게나 (일체지로) 생겨나지도 않기 때문이다. 그러므로 그것
은 원인과 조건에 의존하는 것이 확실하다.

그 인과 연들 중에서도 틀림이 없고 부족함이 없는 인연들에 의지해
야 한다.

만일 잘못된 인에 열중한다면 아주 오랜 기간으로도 원하는 결과를
얻을 수 없습니다. 예를 들면 뿔에서 우유를 짜는 것과 같습니다.
또한 모든 인을 수행하지 않으면 결과가 생길 수 없으니, 왜냐하면
씨앗 등 적절한 것이 어느 것 하나라도 없으면 싹 등 그 결과가
생기지 않기 때문입니다. 그렇기 때문에 그러한 결과를 바라는

---

230 독각.

사람은 틀림이 없는 모든 인과 연에 의지해야 한다.

"일체지의 결과를 가져오는 그러한 인과 연들은 무엇인가?" 묻는다면, 대답하기를 "나처럼 선천성 장님과 같은 사람이 그것들을 가르칠 수 없습니다. 그렇지만 세존께서 성불하신 후에, 제자들에게 설하신 것처럼, 저 역시 세존께서 몸소 (설하신 그대로) 말하겠습니다."

세존께서 그것에 대해 말씀하시기를 "비밀주(바즈라빠니, 금강수보살)여! 일체지의 지혜는 자비의 뿌리에서 생기고, 보리심의 원인에서 생기며, 방편으로 원만성취하는 것이다"라고 (『비로자나현증보리경』에서) 설하셨다. 그렇기 때문에 일체지를 얻고자 하는 자는 자비와 보리심과 방편, 이 세 가지 모두를 수습해야 한다.

자비로써 마음이 움직이면 보살들은 일체 유정들을 확실하게 건져내기 위해서 반드시 서원을 세우게 된다. 그 후 자신에 대한 생각을 버리고 극히 행하기 어렵고 끊임없이 오랜 기간 동안 성취해야 하는 복덕자량과 지혜자량 쌓기에 공경하는 마음으로 들어간다. 이 자량 쌓기에 들어감으로써 확실한 복덕자량과 지혜자량을 원만하게 성취한다.

두 가지 자량을 완전히 갖추면 일체지는 손에 얻은 것과 같게 된다. 따라서 일체지의 뿌리는 오직 자비(연민)뿐이므로, 그것을 맨 먼저 수습해야 한다.

라고 설하였다. 『정법집경』에서도 말씀하시기를

"세존이시여! 보살은 아주 많은 법들을 배우려고 하지 않습니다.
세존이시여! 보살이 하나의 법을 제대로 지니고 확실하게 깨닫게
되면, 붓다의 모든 법이 그의 손바닥 안에 있을 것입니다.
하나의 법이 무엇인가? 물으신다면 이와 같으니, 바로 대비심
(mahakaruna, 위대한 연민)입니다"라고 하였다.

대비심으로 완전히 감싸였기 때문에, 붓다 세존들께서는 자신의
수승한 목적을 모두 성취하시더라도 유정의 세계가 마지막에 이를
때까지 머물러 계신다.

성문들처럼 극히 평온한 열반의 성에도 들어가지 않는다. 유정들을
보시고 평온한 열반의 성을 마치 불타오르는 쇳집(철옹성)처럼 멀리
버렸으므로, 부처들의 무주열반無住涅槃의 원인은 대비심(위대한
연민) 바로 그것이다.[231]

라고 설하였다.

요약하면, 월칭 논사가 『입중론』에서 말씀하신 것처럼 성불하기
위해서는 지혜와 방편의 두 가지 도道가 필수적인 원인임을 알고서
두 가지 도에 정진해야 한다.

---

[231] 『수습차제중편』, 76쪽, 6줄, 날랜다다르마센터, 2006년도 출판.

③ 대승학파에서 자성을 유와 무로 말한 두 가지

대승학파에는 제법이 자성으로 성립함이 존재한다고 주장하는 자와 존재하지 않는다고 주장하는 자의 두 가지가 있다. 첫 번째는 자립논증학파와 유식학파이며, 두 번째는 귀류논증학파이다. 자립논증학파는 자성이 존재하지만 실재가 비존재임을 주장하며, 유식학파는 자성과 실재 둘 다를 인정한다.

보통 귀류논증학파를 제외한 불교의 대소승의 모든 학파들은 일체법이 자성으로 성립함을 인정한다. 유부부터 자립논증학파까지 모든 학파가 제법에 자성으로 성립함이 없으면 행위가 타당하지 않고, 인과법이 타당하지 않다고 주장함에는 차이가 없다.

이 또한 유식학파에서는 자성으로 성립되는 것, 승의로 성립하는 것은 차이가 없으며, 자신의 측면에서 성립되는 것과 자성으로 성립되는 것이 같은 의미라고 주장한다. 일체법이 자신의 측면에서 성립되며, 자성으로 성립되지만 이것이 자신의 특성으로 성립되는 것과 진실로 성립되어야 하는 것이 아니다. 왜냐하면 변계소집성에 포섭된 법들이 자성으로 성립되고, 자신의 측면에서 성립되지만 진실로 성립되는 것과 자신의 특성으로 성립되지 않음을 주장하는 까닭이다.

자립논증학파는 어떠한 법에 실제로 성립되는 것을 언설로도 인정하지 않고, 제법이 실제로 공한 자체가 궁극적 실상임을 인정하지만 자신의 특성으로 성립되는 등 세 가지는 같은 의미로 주장한다. 또한 일체법이 마음으로 가립되고, 또 대상 자신의 측면에서 성립되기 때문에 이 두 가지의 조합이라고 주장한다. 자립논증학파 이하의 모든 불교학파들이 어떠한 법에 자신의 측면에서 성립되는 것이 없으면,

그의 행위와 행위자를 건립하지 못한다. 그러므로 존재하는 한 자신의 측면에서 성립되어야 한다고 주장한다. 이렇게 주장하는 것이 제법에 대해 이름뿐이며, 이름 지어진 존재 정도로써 생김과 생기게 하는 것 아는 것과 알게 하는 것 등의 방식을 세우지 못하기 때문이다. 귀류논증학파는 제법에 대한 실재로 성립하는 것과 자성으로 성립되는 것을 티끌만큼도 인정하지 않는다. 자성으로 성립되는 것을 아로 인정하며 이것이 일체법에 대한 비존재를 주장한다. 그의 뜻은 뒤에서 말하겠다.

④실유론자와 중관학자의 자성에 대한 유무 논쟁

이에 대해 『중론』에서

만일 이들 모든 것이 공하다면
생기는 것도 없어지고 멸하는 것도 없어진다.
성스러운 사성제 또한
당신에게 없는 꼴이 된다.[232]

라고 설하였다. 이것은 실유론자들이 중관학파가 무자성을 인정함을 비판한 게송이다. 당신이 제법이 무자성임을 인정하면 생기는 것도 없어지고 멸하는 것도 없어진다. 그러므로 사성제 모두 없어지게 된다고 비판한다. 실유론자가 말한 이 귀류는 중관학이 무자성을 인정함을

---

232 『중론』 24품, 1게송.

270

비판하는 것이지, 아무것도 없다고 인정하거나 존재하지 않다고 인정하는 것을 비판하는 것이 아니다. 이에 대하여 귀류논증학파가 다음과 같이 답했다.

『중론』에서

잘못되어 과분過分함이 공함에 타당하지 않으니
당신이 공성을 멸하는 것, 이것이 나에게 타당하지 않다.
어떤 것에 공함이 타당한 것, 이것에 모든 것이 타당하다.[233]

라고 말하였다. 실유론자와 중관학자 둘 다 처음부터 제법이 존재하지 않음을 인정하면, 서로 상대방 견해에 따르면 없는 꼴이 된다고 서로 논파할 필요가 없다. 그와 같이 자립논증학파와 귀류논증학파 둘도 자성으로 성립되는지의 여부를 논쟁하지 보통 존재하는지의 여부를 논쟁하지 않는다. 이 모든 것을 여기에서 제시하면 글이 많아지기에 이 정도로 한다.

⑤ 상견과 단견을 파악함

예를 들면 걸음을 잘못 디디면 떨어져서 사고가 생기는 곳을 절벽의 끝이라고 하며, 절벽의 양쪽 끝에서 벗어난 안쪽 가운데가 중간이라고 세간에는 알려져 있다. 그와 같이 여기서도 어떤 것을 취하면 악견의 절벽에 떨어져 파멸되는 곳을 극단이라고 한다. 이에 대해 두 가지가

---

233 『중론』 24품, 13게송.

있다. 상견常見과 단견斷見이다.

첫째, 외도들이 주, 시바신, 하느님 등이 영원하다고 보는 것 등은 거친 상견이다. 자립논증학파 이하의 학파들이 '제법이 자성으로 존재한다'고 보는 것과, 실유론자들이 '제법이 진실로 존재한다'고 보는 것들은 미세한 상견이며 이것이 여기서 설명하려는 상견이다. 이 견해들을 가진 자를 상견에 머문다고 표현한다.

『중론』에서

어떤 것이 자성으로 존재하는 한 이것은 비존재가 아니기 때문에 항상한 것이다.[234]

라고 설하였고, 『명구론』에서는

어떤 것이 자성으로 존재한다고 말하는 것은 자성을 부정하지 않기 때문에 언제나 비존재가 아니다. 그렇다면 자성이 존재함을 인정하기 때문에 항상한 것(상견)으로 보게 될 것이다.[235]

라고 설하였다.

둘째, 외도들이 업과 과보, 삼보 등이 없다고 인식하거나, 사성제와 전생·후생이 없다고 인식하거나, 해탈과 일체지가 없다고 인식하는 것 등은 거친 단견이다. 그와 같이 자립논증학파 이하의 학파들이

---

234 『중론』 15품, 11게송.
235 『명구론』 15장 243 페이지 5줄, 바라나시 티벳불교대학, 2009.

'제법이 자성으로 존재하지 않는다면 존재하지 않아야 한다'고 인식하는 것 등은 미세한 단견이며, 이것이 여기에서 설명하려는 단견이다. 이러한 견해들을 가진 자를 단견에 머문다고 표현한다.

『중론』에서

전에 생겨난 것이 현재 없다고 말하는 것
이것으로 단견에 빠지게 될 것이다.[236]

라고 설하였다. 『명구론』에서는

왜 사물과 비사물을 보는 것이 있으면 상과 단을 보는 것인가?[237] 어떤 것이 자성으로 존재한다면 이것은 비존재함이 불가능하기에 상견이다. 전에 생긴 것이 현재 없다는 것, 이것으로 단견이 되는 것이다. 어떤 것이 자성으로 존재함을 말하는 것이 자성이 없는 것이 아니기 때문에 언제나 없는 것이 아니다. 그러나 자성이 존재함을 인정하기 때문에 상견이 될 것이다. 예전에 머물던 시점에 사물의 자성을 인정하고, 현재 그것이 멸하기에 없다고 인정하면 단견이 되는 것이다.[238]

라고 하였다. 또한 『명구론』에서

---

236 『중론』 15품 11게송.
237 『중론』을 인용함.
238 『명구론』 15장, 242쪽, 20줄, 바라나시 티벳불교대학책, 2009.

만일 모든 것이 공하다는 것을, 즉 모든 것이 없는 것이라고 이해하면,
그때는 이것이 전도된 분별이다.[239]

라고 말하였다. 앞의 말씀은 일체법이 공하다는 의미를 일반적으로
없거나, 있지 않음의 의미로 이해하는 것이 전도된 견해라 설하는
것이다.

유와 유변, 무와 무변을 구별해야 한다. 예를 들면 악도의 고통이
있다고 보면 상견에 빠지는 것이 아니며, 불지에 허물이 없다고 보면
단견에 빠지는 것도 아니다. 그러므로 있다는 것이 상견이 아니며,
없다는 것도 단견이 아님을 알아야 한다.

이러한 구별을 하지 못해서 있다고 인식하면 상견에 빠지고, 없다고
인식하면 단견에 빠지게 된다고 주장한 사견으로 인해 아무것도 작의하
지 않는 것이 공성을 수습하는 것이라는 말이 생겼다.

부정대상 또한 아무 때나 파악하여 그것을 부정해서 수습할 때 아무거
나 부정하면 아집에 아무런 해를 끼칠 수 없는데다가 상견·단견에
빠지는 허물이 생긴다.

요약하면, 앞에서 부정대상을 파악할 때 설한 공성의 부정대상이
무엇인지 먼저 잘 이해하고, 그 다음 공성을 수습할 때도 그 부정대상을
부정한 자체 그것을 수습해야 한다. 그러면 상견과 단견에 떨어지는
허물이 생기지 않는다. 상견과 단견을 잘 파악하면 이러한 착란이

---

239 『명구론』 15품.

생길 이유가 없다.

⑥중관학은 없음(단견)을 말하는 것이 아니다

『중론』에서

> 언설(세속제)에 의지하지 않고서는 승의의 의미를 설하지 못한다.
> 승의의 의미를 지각하지 않으면 열반을 증득하지 못한다.[240]

라고 하였다. 『회쟁론』에서는

> 언설을 인정하지 않고서 우리는 설하지 않는다.[241]

라고 하였다. 또 『입중론』에서는

> 세속제는 방편이며, 승의제는 방편에서 생기는 것이다.
> 이 둘의 차별을 모르는 이가 삿된 악도에 들어가게 된다.[242]

라고 하였다. 『중론』 20품의 붓다팔리따에서는

> 만일 시간도 없고 인과와 조합도 없으면

---

240 『중론』 24품, 10게송.
241 『회쟁론』 27게송.
242 『입중론』 6지 80게송.

다른 무엇이 있는가?

그러므로 이것이 없음을 말하는 자이다.

답하겠다.

아니다. 당신이 시간 등이 본성으로 존재함을 인식하는 것, 이것은 타당하지 않다고 말할 뿐이며, 이것들은 의존하여 가립되는 것이다.[243]

라고 설하였다. 『사백론주』에서 다음과 같이 설한다.

나는 사물이 없음을 말하는 것이 아니다. 연기를 말하는 것이기 때문이다. 그렇다면 당신은 사물을 말하는 것인가? 그것도 아니다. 연기를 말하기 때문이다. 그러면 당신은 무엇을 말하는 자인가? 연기를 말한다. 그러면 연기의 의미는 무엇인가? 무자성의 의미다. 자성으로 무생인 의미, 환과 신기루, 영상影像과 건달바의 성과 환영과 꿈 등과 같은 자성의 결과가 생기는 의미, 공성과 무아의 의미다.

『명구론』에서는

만일 이처럼 당신이 사물들이 자성으로 존재하지 않는다는 것을 확립한다면, 이로써 세존께서 "자신이 행한 업의 성숙을 자신이 경험하게 될 것이다"라고 설한 모든 것이 부정될 것이며, 행위와

---

243 『중론』 20품의 붓다팔리따 274쪽, 가덴 장째대학 2010.

과보를 부정(손감)하기 때문에 당신은 허무주의자(단견자)의 선봉
이 될 것이다.

답한다. 우리는 없음을 말하는 자(단견자)가 아니다. 왜냐하면 우리
는 존재와 비존재 두 가지로 주장하는 것을 부정하여, 둘이 없는
도道로 열반의 경지에 나아감을 분명하게 하는 것이다. 우리는 행위
와 행위자, 과보 등이 없다고 주장하는 것이 아니다. 그러면 무엇인가
하면 '이것들이 자성이 없다'고 확립하는 것이다.[244]

라고 하였다. 또 『명구론』에서

또한 어떤 이가 (말하길), 중관학파는 없음을 말하는 자이다. 왜냐하
면 선과 불선의 행위자와 그 결과, 일체 세간이 자성으로 공함을
말하는 자이기 때문이며, 없음을 말하는 자(단견자)도 이것들이
없다고 말하는 까닭이다. 그러므로 중관학파는 없음을 말하는 자와
차이가 없다고 논쟁한다.

그렇지 않다. 중관학파는 의존하여 생김을 말하는 자이다. 연기를
말하기 때문에 이 세간과 다른 세간 등 모든 것이 자성이 없음을
말한다. 없음을 말하는 자(단견자)는 연기이기 때문에 자성이 공한
다른 세간 등의 사물들이 없다고 지각하는 것이 아니다. 그렇다면
무엇인가? 이 세간이 사물의 행상으로 자성이 존재하며, 이것이
다른 세상에서 여기에 왔고, 이 세상에서 다른 세상에 가는 것을

---

244 1은 유식학파이며, 귀류논증학파가 무자성을 인정함에 부처님의 말씀과 모순된
다고 반박한다. 2는 귀류논증학파이며, 앞의 반박에 대한 답으로 자종을 세웠다.

보지 못하며, 이 세간의 사물과 같이 다른 사물들을 증익한다.

라고 설하였다.

중관학을 따른다고 하는 많은 이들이 『중론』에서 설한 자성을 부정하는 논리로써 인과의 법을 부정한다고 주장한다. 이것이 실유론자들의 주장과 같은 것이다. 예를 들어 유식학이 "제법이 자성으로 공하면 생멸이 사라진다. 그렇다면 사성제 또한 없어지게 되고 자성이 없는 이유로 비존재가 된다"라고 비판하는 것과 같다.

그러나 차이는, 유식학이 자신을 유식학파로 인식하여 중관학을 부정하는 것이며, 다른 이는 중관학파로 인식하면서 중관학의 견해를 부정하는 것이다. 이는 존재하면 자성으로 존재해야 한다고 주장하기 때문에 상견에 빠지고, 자성으로 없으면 없다고 주장하기 때문에 단견에 떨어진 것이다.

유무 등 어떤 것이라도 파악하면 안 된다고 주장하는 것이 세간의 언설로써도 타당하지 않다. 존재(有)와 비존재(無) 둘은 직접모순이기 때문에 어떤 법을 논제로 삼아도 유有가 아니면 무無라는 것이 절대적으로 성립하고, 무가 아니라면 유라는 것이 성립하게 될 것이기 때문이다.

예를 들면 누군가 "당신 머리 위에 뿔이 있는가?"를 묻는다면 어떻게 대답을 하겠는가? 이렇게 세간 사람들도 대답할 수 있는 세속법들에 대해 존재한다고 인정하지 않는 현자와 수행자는 어리석은 이들도 놀랄 만한 일이다.

사구四俱 중에서 타생은 타인에게서 생기는 것뿐만 아니라 승의나 자신의 특성으로 성립된 원인에서 생기는 것을 의미한다. 자립과 귀류의 두 중관학파는 사구생事俱生 중 타생을 인정하는지의 여부로써 구별하기 때문에 타생은 타인에게서 생기는 것만을 의미하면 이로써 자립과 귀류를 구별하지 못하는 까닭이고, 귀류논증학파 또한 타인에서 생기는 것을 부정할 수 없기 때문이다. 그렇지 않으면 세존께서 거듭 연기를 설한 것과 모순되는 까닭이다. 그러므로 타생을 부정할 때 승의의 특성을 적용해야 하고 언설로 생을 부정하면 안 된다.

왜냐하면 자립파와 귀류파 둘은 사구 중에 타생을 인정하는지의 여부로써 구별되기 때문에, 타생이 다른 것에서 생기는 것만을 의미하게 되면 자립과 귀류를 구별하지 못하게 되고, 귀류논증학파 또한 다른 것에서 생기는 것을 부정할 수 없다. 그렇지 않으면 세존께서 거듭해서 연기법을 설하는 것과 모순되는 까닭이다. 그러므로 타생을 부정할 때 승의의 특성이 작용해야 한다는 것이지 언설로 생生하는 것을 부정하는 것이 아니다

⑦유무 둘 다에 머물지 말아야 한다고 설한 경의 의미

앞의 경과 논서들에서 사구 어느 것도 취하지 말아야 함을 설하는 것은 제법을 실제로 성립하는 존재, 실제로 성립하는 비존재, 실제로 성립하는 존재이면서 비존재인 것, 실제로 성립하는 존재도 아니고 비존재도 아닌 것, 어느 것도 취하지 말아야 한다는 의미이다. 실제로 성립하는 존재로 파악하면 상견에 떨어질 것이고, 실제로 성립하는 비존재로 파악하면 단견에 떨어지기 때문에 그와 같이 파악하는 것은 타당하지 않다는 것을 설하는 것이지, 일반적으로 '있다', '없다', '이것이다', '이것이 아니다'의 어느 것도 취하지 말아야 한다는 의미가 전혀

아니다.

앞의 『삼매왕경』과 『입중론』은 세속식이 양量이라는 것을 부정한다고 주장하는 것이 아니다. 이것은 세속식이 승의의 양이 아닌 것을 설하는 것이며, 일반적으로 어떤 법도 양임을 부정하는 것이 아니다.

'성도로 무엇이 필요하겠는가?'라고 귀류를 던졌기 때문에, 세속식이 양이면 성도가 필요 없다고 말한 것과는 무관한 말이다. 예를 들어 남쪽에 사슴이 없다. 왜냐하면 북쪽에 호랑이가 존재하기 때문이라고 말하는 것과 유사하기 때문에 웃음거리가 된다.

두 경론은 '성자의 등인지로 무엇이 필요한가'라고 말씀하셨기 때문에, 만일 세간의 세속식들이 승의에 대한 양이 되면 승의를 인식하는 식에 세속을 지각한 식 외에 별도로 성자의 등인지가 필요 없는 꼴이 된다는 의미이다.

그와 같이 『입중론』에서

만일 세속(식)이 양[245]이면
세속은 실상을 깨닫기에 그 외 다른 성자의 도로써 무엇을 할 것인가?
성도가 무엇 때문에 필요한가?

라고 말씀하는 것도, 세속식이 실상에 대해 올바른 식이라면 실상을 깨달은 식을 처음부터 가진 세간인들이 처음부터 무명을 제거했음을 인정해야 되고, 그렇다면 중생들은 처음부터 성불한 상태가 되므로

---

245 실상에 대한 양이면.

성도를 찾기 위해 큰 노력으로 정진할 필요가 있는가? 필요 없게 된다. 그러므로 세속식은 진여에 대한 양이 아니라는 의미이며, 세속식 이면 어떠한 법에도 양이 되지 않거나 그 양이 어떠한 법을 건립할 수 없다는 의미가 아니다.

⑧성자의 등인지等引智가 공성을 보는 방식

앞의 '잘못된 주장'에서 말한 세속법들이 성자의 등인지가 본 측면에서 없기 때문에 비존재라는 것은 매우 타당하지 않다. 성자의 등인지가 공성을 보는 측면에서 세속법들을 보지 않는다고 말하는 의미는, 성자 의 등인지가 공성에 대한 심일경성心一境性으로 집중한 상태이기에 오직 공성만을 바라보고 그 외의 다른 세속법은 어떤 것이든 현현하지 않는다는 의미이다.

이 등인지가 '나'의 실상을 바라볼 경우 '나'가 언설로 가립된 의미가 건립한 토대의 측면에서 성립되지 않음을 보는 것이고, 이것을 보는 것 자체가 나의 공성을 보는 것이다. '나'가 언설로 가립된 의미가 가립된 토대에서 성립하지 않는 것과 '나'가 자성으로 성립되지 않는 것, '나'가 승의로 성립하지 않는 것들이 공성이며 이들은 같은 의미다.

성자의 등인지가 세속법들을 보지 않는다고 설하는 것은 세속법이 없기 때문이 아니라 자신의 대상이 아니기 때문에 안 본다는 것이다. 예를 들면 안식眼識이 소리를 듣지 않는 것은 소리가 없어서가 아니라 소리가 안식의 대상이 아니기 때문인 것과 같다. 또한 이식耳識이 색을 보지 않는 것은 색이 없어서가 아니라 색이 이식의 대상이 아니기 때문에 안보는 것이다.

성자의 등인지가 승의를 보는 측면에서 세속이 보이지 않는 것이
성자의 등인지가 승의를 보는 방식이다.

경전에서

안 보는 것이 실제로 보는 것이다.[246]

라고 하였고, 『반야바라밀섭송』에서는

색을 보지 않고, 수도 보지 않으며
상을 보지 않고, 의식도 보지 않는다.
이렇게 육식과 의식을 보지 않는 것
이것이 법을 본다고 여래가 설하였네.[247]

라고 설하였다. 『세속과 승의의 가르침』이라는 대승경전에서는

천신이여, 만일 승의의 진리가 승의로 신구의身口意의 자성이 된다
면 승의라고 할 수 없다. 세속제가 된 것이다. 천신이여, 승의의
진리는 승의로 모든 언설에서 벗어나며, 분류 없고, 무생이며, 무멸
이며, 말해야 하는 것과 말하는 것, 알아야 하는 것과 아는 것에서

---

246 제 쫑카빠의 입중론주석서 「의취선명」 246장 13줄, 바라니시티벳대학, 2009
출판.

247 『반야바라밀섭송』, 반야경부經部(sher phyin sna tshogs), 경장經藏(bka' 'gyur),
데게판(sDe dge), da, 8쪽, ba, 2줄. : 반야부 경전, 『팔천송반야경』과 『반야심경』
의 중간 길이로 요약한 경.

벗어나는 것이다.

라고 설하였다.

위 경전의 의미는, 실상을 보는 성자의 등인지가 실상을 보는 측면에서 세속법을 보지 않는다는 것이다.

『입중론자석』에서

행위를 가진 사물을 접촉하지 않고 오직 자성만을 현전하는 것, 이것을 증득하기 때문에 깨달음이라고 한다.[248]

라고 하였다. 나의 법성을 보는 식이 나의 법성을 보지만 나를 보는 것이 아니다. 정리지가 나를 일곱 가지 방법으로 분석해서 끝에 발견되지 않은 것을 보면 나의 법성을 보는 것이며, 그때 나를 보는 것이 아니다. 그와 같이 정리지가 '나'를 언설로써 가립된 의미를 나의 가립된 토대인 온 등의 상에서 성립되는가를 분석하여 성립되지 않음을 볼 때 나의 실상을 보는 것이고, 그때 나를 보는 것이 아니다.

그러므로 나가 자신이 가립된 토대의 상에서 성립되지 않은 것 자체가 나의 공성, 나의 궁극적 실상이며, 내가 가립된 의미가 찾아서 발견되지 않는 것 자체가 나의 승의제이며, 나의 공성이다. 이렇게 보는 것이 나의 법성, 나의 실상을 보는 것이라고 이 학파에서 말한다.

성자의 등인지가 안 보는 것과 성자의 등인지가 없음을 보는 것,

---

248 『입중론자석』 6지 195장, 델리 와르나비르야대학, 2005.

두 가지를 하나로 착각하여, 성자의 등인지가 보는 것과 성자의 등인지가 분석하여 발견되는 것, 두 가지를 하나로 착각하기 때문에 이로써 부정적 대상과 긍정적 대상 두 가지를 구별하지 못하게 되는 것이다. 그러므로 안 보는 것과 없음을 보는 것을 같은 것으로 착각하지 말아야 한다.

⑨무엇이든 파악하지 말아야 한다는 것을 부정함

아집을 멸하기 위해 무아를 수습하는 것도 타당하지 않은가? 타당하지 않다. 당신 말에 따르면 아가 없음을 파악하면 단견에 떨어지게 되는 까닭이다. 이것을 인정하면 무아를 깨닫는 견도가 해탈도가 아닌 것으로 귀결된다. 그렇다면 해탈도가 없어지며, 해탈도 불가능하게 되는 까닭이다. 또한 욕망을 제거하기 위해 부정관을 하거나, 성냄을 제거하기 위해 자애심을 수습하는 것들 또한 타당하지 않게 되어버린다.

유무 등 어떤 것이라도 파악하면 안 된다고 주장하는 것이 세간의 언설로도 타당하지 않다. 존재(有)와 비존재(無) 둘은 직접모순이기 때문에 어떤 법을 논제로 삼아도 유有가 아니면 무無라는 것이 절대적으로 성립하고, 무가 아니라면 유라는 것이 성립하게 될 것이기 때문이다.

예를 들면 누군가 "당신 머리 위에 뿔이 있는가?"를 묻는다면 어떻게 대답을 하겠는가? 이렇게 세간 사람들도 대답할 수 있는 세속법들에 대해 존재한다고 인정하지 않는 현자와 수행자는 어리석은 이들도 놀랄 만한 일이다.

또한 이렇게 분석한다. 어떤 것이 존재함을 파악함으로써 상견에 빠지게 되고, 어떤 것을 비존재로 파악함으로써 단견에 빠지게 된다고 한다면, 윤회의 고통이 존재함을 파악하면 상견에 빠지게 되는가? 붓다에 대한 허물이 없음을 파악하게 되면 단견에 빠지게 되는가? 왜냐하면 당신의 견해가 그러하기 때문이다. 고통이 존재하기 때문에 윤회에서 벗어나고자 하는 마음을 일으키며 도에 정진하는 것이 아닌가? 부처님이 모든 허물을 제거하여 모든 공덕을 가진 이유로 이것을 증득하고자 하는 마음으로 정진하는 것이 아닌가?

또한 먼저 중론의 광대한 경론을 배우고 무아를 확립하였는데, 다음에 수습할 때 전에 확립했던 의미를 수습하지 않고 다른 의미를 수습해야 한다고 주장하는 것은 서로 무관한 행위에 정진하는 것이다. 예를 들면 요리를 해서 먹을 때 먼저 만든 것을 버리고 다른 음식을 먹어야 한다면 먼저 요리한 것의 의미가 사라지는 것과 같다.

또한 마음에 아무것도 작의하지 않는 것이 공성을 수습하는 것이라고 하여 이로써 번뇌의 뿌리인 아집을 제거한다고 주장하는 것이, 예를 들면 몸에 독화살을 맞거나, 독약을 마셔서 몸에 독이 들어갈 경우 독을 없애는 방법을 찾는 노력을 하지 않고 독을 인식하지 않은 것이 독을 없애는 방법이라고 주장하는 것과 같다. 독을 인식하지 않은 것을 독을 없애는 방편으로 인정하는 사람은 아무도 없다. 이와 같이 독을 인식하지 않는 것을 독에 대한 두려움을 없애는 방편으로 인정한다면 타당하지 않다.

마음으로 아무것도 인식하지 않은 것 자체가 공성을 수습하는 것이라고 주장하는 것이, 무상정이 아집의 해독을 인정하는 것과 같다. 이것이 『삼매왕경』을 근거로 부정했다는 것은 앞에서 설하였다.

그러므로 아를 인식하지 않는 것과 아가 없다고 수습하는 것의 차이는 매우 크며, 매우 크다는 점을 알고 아집을 제거하기 위해서는 오직 무아를 인식하는 식만이 그것의 해독임을 알아야 한다.

⑩ 네 가지 신뢰

네 가지 신뢰란

첫째, '사람'을 신뢰하지 말고 '법'을 신뢰하고

둘째, '말'을 신뢰하지 말고 '진의眞意'를 신뢰하고

셋째, '불요의'를 신뢰하지 말고 '요의'를 신뢰하고

넷째, '식'을 신뢰하지 말고 '지혜'를 신뢰하는 4가지다.

첫째, '사람'을 훌륭하다고 여겨 그 사람의 설명에 대한 취사를 신뢰하지 않고, 완벽한 논리로 분석한 '뜻'을 신뢰하는 것이 '사람'을 신뢰하지 말고 '법'을 신뢰하라는 뜻이다.

둘째, 문장을 명확하게 한다고 해서 '말'로 파악한 것과 아름답게 꾸민 '말'을 신뢰하지 않고, 그 '말'의 '진의'에 대해 선악을 분석한 후에 취사取捨하여 믿는 것이 '말'을 신뢰하지 말고 '진의'를 신뢰하라는 뜻이다.

이것을 구분하면 두 가지가 있다. ①소리 그대로가 아닌 경의 '말'을 그대로 신뢰하지 않고 '진의'를 신뢰하는 것과, ②글자와 음절을 아름답게 꾸민 '말'을 신뢰하지 않고 '진의'를 신뢰하는 것이다.

①'말'의 표면적 의미를 신뢰하지 않고 '진의'를 신뢰하는 것은, "아버지와 어머니를 죽여야 하고"[249]라는 등의 말씀에 대해 경의 '말'의 표면적

의미를 신뢰하지 않고, 그 경에서 가르치는 '진의'를 신뢰하는 것과 같은 것이다. ②글자와 음절을 잘 연결한 '말'을 신뢰하지 않고 '진의'를 신뢰하는 것은,

『무구광약섭無垢光略攝』의 1장에서

> 승의의 대상에 대해 항상
> 위대한 분들은 '말'을 신뢰하지 않으시니.
> 대상의 명칭들로써 뜻을 이해하는데
> 논서의 말들로써 무엇을 하리오?[250]

라고 말씀하신 것처럼, '말'의 표현을 보지 않고 '진의'를 신뢰하는 것과 같다.

셋째, '불요의'를 신뢰하지 않고 '요의'를 신뢰하라는 것과 관련해서 ①유식학파와 ②중관학파 각각이 주장하는 법은 다르다.

①불요의경의 언설 그대로가 아닌 것에 대해 논리로 해가 되기 때문에 제자들을 이끌기 위해서 말씀하신 것이라고 이해하여, 그의 언설 그대로를 신뢰하지 않고 언설 그대로인 요의경에 대한 논리로 해가 없는 것을 알고서 신뢰하는 것이 '불요의를 신뢰하지 말고 요의를 신뢰하라'는 뜻이다.

---

249 아자따사투왕(아사세왕阿闍世王, ajātaśatru)의 후회소멸경.

250 『무구광약섭無垢光略攝』, 중관부中觀部, 논장論藏(bstan 'gyur), 데게판(sDe dge), 'ai, 283쪽, na, 2줄.

②귀류중관파의 체계는, 갖가지 세속의 명언名言으로 나타나는 불요의를 궁극적 실재로 신뢰하지 않고 '진실로 공한 것'을 궁극적인 실재로 인정하는 면에서 주장하는 믿음이 '불요의를 신뢰하지 말고 요의를 신뢰하라'는 뜻이다. 불요의를 신뢰하지 말고 요의를 신뢰함에 두 가지가 있다. ㉠소전所詮의 측면에 의지해서 불요의를 신뢰하지 말고 요의를 신뢰하는 것과, ㉡능전能詮의 측면에 의지해서 불요의를 신뢰하지 말고 요의를 신뢰하는 것이다.

㉠소전에 의지해서 불요의를 신뢰하지 말고 요의를 신뢰하는 것은 세속제를 '구경의 실재'로 안 믿고, 승의제를 '구경의 실재'로 믿는 것과 같은 것이다. ㉡능전에 의지해서 불요의를 신뢰하지 말고 요의를 신뢰하는 것은 『해심밀경』을 요의경으로 신뢰하지 않고, 『반야경』을 요의경으로 믿는 것과 같은 것이다.

넷째, '식'과 '지혜' 둘로 구별하여, '근식'을 신뢰하지 않고 '무분별 지혜인 성자의 등인지'를 신뢰하고, 또는 '분별식'인 문사수 3가지 식으로 대상의 뜻을 단지 공상(共相, image)으로만 정한 것을 신뢰하지 않고, '진여'를 현관하는 수습修習에서 생긴 식(修慧)을 믿는 것이 '식'에 신뢰하지 말고 '지혜'에 신뢰하라는 뜻이다.

이것을 구분하면 둘이 있다. ①공성을 깨닫지 못한 식의 측면에서 '식'을 신뢰하지 않고 '지혜'를 신뢰하는 것과, ②공성을 깨달은 식의 측면에서 '식'을 신뢰하지 않고 '지혜'를 신뢰하는 것이다.

①공성을 깨닫지 못한 식의 측면에서 '식'을 신뢰하지 않고 '지혜'를 신뢰하는 것은 공성을 깨닫지 못한 식의 (인식하는 방식) 감수感受

그것을 '실재'인 것으로 믿는 것이 아니라, 공성을 깨달은 식의 (인식하는 방식) 감수 그것을 '실재'인 것으로 믿는 것과 같다.

②공성을 깨달은 식의 측면에 의지해서 '식'을 신뢰하지 않고 '지혜'를 신뢰하는 것은, 공성을 깨쳤더라도 '분별'로 깨친 방식은 구경의 깨친 방법이 아니며 '공성을 현관하는 식'으로 깨친 법은 공성을 깨친 구경究竟의 방법이라고 믿는 것과 같다.

네 가지 신뢰의 기능은, '사람'을 신뢰하지 않고 '법'을 신뢰하는 것은 의도하신 행에서 불퇴전하는 것이고, '말'을 신뢰하지 않고 '진의'를 신뢰하는 것은 경전의 법을 승해勝解함에서 불퇴전하는 것이고, '불요의'를 신뢰하지 않고 '요의'를 신뢰하는 것은 말대로인 요의를 물음에서 불퇴전하는 것이고, '식'을 신뢰하지 않고 '지혜'를 신뢰하는 것은 출세간지出世間智에서 불퇴전하는 것이다.

이에 대해 『대승장엄경론』에서

승해勝解와 사찰伺察과
타자에게 그처럼 들음과
불가설不可說의 지혜에서
견고한 자들은 퇴전하지 않게 된다.[251]

라고 말씀하셨다. 『무진혜경』에서는

---

251 『대승장엄경론』 논부, 데게판(sDe dge), 유식, pi, 29쪽, da, 4줄.

보살들의 네 가지 신뢰도란,

무진이여! 네 가지는 무엇인가? 즉

'진의'를 신뢰하고 '말'을 신뢰하지 말며

'지혜'를 신뢰하고 '식'을 신뢰하지 말며

'요의경'을 신뢰하고 '불요의경'을 신뢰하지 말며

'법'을 신뢰하고 '사람'을 신뢰하지 말라.[252]

라고 말씀하셨다.

⑪공성과 연기가 모순임을 보면 해탈이 불가능함

『입중론』에서

이와 같이 공한 영상 등에서

그의 행상을 가진 식이 생기는 것이며

그와 같이 일체 사물들은 공하지만

공한 것(원인)에서 생기게 되네.[253]

라고 말씀하신 것과 같이, 실재로 공한 것이 연기의 인과가 타당하다는 것을 인정한다.

실재로 공한 영상에서 실재로 공한 식이 생긴다. 이와 같이 자성으로

---

252 『무진혜경』 경부經部(mdo sde), 경장經藏(bka' 'gyur), 라싸판, ta, 228쪽, ba, 3줄.

253 『입중론』 6지, 37게송.

공한 원인에서 자성으로 공한 결과가 생기는 방식을 알고서 허위인 세속의 체계를 버리지 않고 승의의 실상에 대한 확신이 생겨야 한다. 이러한 두 자량을 쌍수함으로 과지[254]에는 두 가지 장애에서 벗어나 일체지의 경지에 가야 한다.

자성으로 공함에 행위가 타당함을 건립할 줄 모르기 때문에 자성으로 공함과 행위를 가진 연기가 모순된 이러한 견해를 버리지 않는 한, 삼승의 견도 어느 것도 생기지 못한다. 그렇다면 이러한 견해만으로는 해탈할 수 없다.

그러므로 해탈과 무지열반의 어떤 것을 원하더라도 성자이신 용수 논사가 가르친 두 가지 극단을 제거한 중도는 없으면 안 되는 도이다. 『입중론』에서 설하였다.

스승 용수가 가르친 도에서
벗어나면 해탈의 방법이 없네.
이들이 세속과 승의의 진리에서 떨어지네.
이것에서 떨어지면 해탈을 성취할 수 없네.
세속제는 방편이며
승의는 방편에서 생기는 것이니
이제二諦의 체계를 모르는 자는
사견으로 악도에 들어가네.[255]

---

254 과는 부처, 지는 경지. 즉 깨달음의 경지.
255 『입중론』 6지, 79게송.

『명구론(明句論, Prasannapadā, tshig gsal)』에서 설하였다.

일체 사물이 자성으로 공한 것이 타당하면 앞에서 말한 모든 것이
가능하게 된다. 어떻게 되는가? 어떻게 가능한가 하면, 우리는
의존하여 생기는 것을 공성이라고 말한다. 그러므로 공성이 타당하
면 의존하여 생기는 것 또한 타당하게 되고, 의존하여 생기는 것이
타당하면 성스러운 사성제도 타당하게 된다.

......

어떻게 되는가 하면, 고통은 의존하여 생기는 것에는 가능하고
의존하여 생기지 않는 것에는 불가능하다. 이것은 자성이 없기
때문에 공함이 되는 것이다. 고통이 있으면 고통이 생기는 것과
고통을 멸하는 것과 고통을 멸하는 것으로 가는 도가 가능하게
된다. 그러므로 고통을 알아차리고 집제를 멸하고 멸제를 증득하여
도를 수습하는 것도 가능하다. 고통 등의 진리를 아는 것이 가능하면
과果들이 가능하게 될 것이다. 과가 가능하면 과에 머무는 것도
가능하다. 과에 머무는 것이 가능하면 향向하는 것도 가능하게 된다.
과에 향하는 것과 머무는 것이 가능하면 승가 또한 가능하게 된다.
성자의 진리가 존재하면 정법 또한 가능하게 된다. 정법과 승가가
존재하면 붓다 또한 가능하게 된다. 그러므로 삼법 또한 가능하다.[256]

또한 『명구론』에서

---

[256] 『명구론』 논부, 논장論藏(bstan 'gyur), 데게판(sDe dge), 중관부中觀部, 'ai, 166쪽,
na, 3줄.

어떤 것이 공함이 타당한 그것에 모든 것이 타당한 것이다. 어떤
것이 공함이 타당하지 않은 그것에 의존하여 생기는 것이 없기
때문에 모든 것이 타당하지 않게 된다.[257]

라고 설하였다.

성자의 등인지는 승의를 보는 식이고, 세간식은 세속의 법을 대상으
로 하는 식이다. 따라서 승의제에 대해 성자의 등인지가 힘을 가지며,
세속제에 대해 세간식이 힘을 갖는다. 또한 성자의 등인지는 세속의
법을 부정하지는 않으며, 세간식 역시도 승의를 부정하지 않는다.
만일 그렇게 부정한다면 세속제와 승의제의 '상입相入'이 없게 되는
허물이 생기게 된다.

⑫ 찾는 식과 찾는 방식
『입중론』에서

이것이 승의나 세속으로
일곱 가지 분석방법으로 성립되는 것은 아니지만
세속에 알려진 것과 같이 여기서도 분석하지 않고
자신의 부분에 의존하여 가립된 것이다.[258]

257 『회쟁론』, 중관부中觀部(dbu ma), 논장論藏(bstan 'gyur), 데게판(sDe dge), tsa,
69게송.
258 『입중론』 6지, 158게송.

라고 말씀하신 것처럼, 마차에 마차의 이름이 붙여진 의미를 일곱 가지 방법으로 찾으면 승의와 세속 어떤 것에도 성립되는 것이 없다. 그러나 마차를 분석하지 않고 세간의 언설에서 표현하는 것과 같이 자신의 부분들에 의존하여 마차라고 이름 붙이는 것이다. 마차의 부분들에 가립된 마차는 자신의 부분들에 가립된 것일 뿐, 이 외에 존재하지 않지만 마차의 행위를 하기 때문에 비존재는 아니다. 그러므로 일곱 가지 방법으로 찾아서 마차가 없다고 해서 없음을 충족하지 않고, 마차가 마차의 부분에서 찾아서 발견되지 않는다고 마차가 없음을 충족하지는 않는다.

분석해서 찾는 식은 승의를 분석한 식에 해당하며 세속을 분석한 식과 안식 등 근식들이 아니다.

보통 분석하는 방식에 두 가지가 있다. 일반적인 세간의 분석하는 방식과 승의를 분석하는 방식이다.

첫째, 세간 사람들이 물건 같은 어떤 것이 있는가? 없는가? 집 안팎 어디에 있는가? 어디에서 오는가? 어디로 가는가? 무슨 일을 하는가? 등을 분석하는 것이 일반적으로 세간의 분석하는 방식이다. 이런 세간의 분석을 통해 발견되는 것이 없는 것은 아니다. 그러나 이렇게 분석하는 방식은 여기서 승의를 분석하는 방식이 아니다.

또한 마음이 형태와 색깔로 성립되는지를 찾는 것도 전혀 아니다. 왜냐하면 이것들은 미세한 실상을 분석하는 것이 아니기 때문이다. 그와 같이 이하 학파들이 주장한 인아와 법아가 존재하는지의 여부를 분석하는 것도 매우 거칠기 때문에 승의로 분석하거나 찾는 것이 아니다.

둘째, 그렇다면 실상을 찾는 방식이 무엇인가? 가립된 '나'가 그 대상인 오온에 이름 지어질 뿐임을 만족하지 않고 이름 지어진 의미인 '나'가 토대인 오온의 측면에서 성립되는지의 여부를 분석하는 것이다. 이 또한 가립된 법이 마음과 언설로 이름 지어진 것일 뿐인지의 여부와 가립된 토대의 측면에서 성립되는지의 여부를 분석하여 찾는 것이다. 예를 들면 마차는 마차라는 이름의 토대인 부분들의 측면에서 성립되는 지를 분석하는 것과 같다. 이 또한 명칭으로 이름 지어진 법은 마차이며, 마차의 명칭이 지어지는 토대는 마차의 바퀴 등 가지들이며, 찾는 방식은 일곱 가지 방법으로 분석하는 것이다.

첫째로 찾는 방식은 찾아야 하는 법과 어디에서 찾는가의 위치 이 둘이 본성으로 각각이며, 둘째로 찾는 방식은 찾아야 하는 법과 어디에 서 찾는가의 위치 이 둘이 본성으로 하나이다.

이 또한 자성을 찾을 경우 찾아야 하는 법과 찾을 위치 둘이 본성이 하나여야 한다. 찾는 방식 또한 찾아야 하는 법과 찾을 위치의 부분들이 각각인지의 여부와 하나 위에 하나가 존재하는지의 여부 등을 찾는 것이 아니며, 먼저 부정대상을 잘 파악하면서 이름 지어진 의미가 가립된 토대의 부분의 측면에서 성립되는지의 여부를 분석하여 찾는 것이다. 이 또한 홍길동이라는 사람의 오온이나 그 오온의 결합에 홍길동이라고 이름 붙일 경우, 홍길동이라는 이름의 의미가 홍길동의 오온이나 그 오온의 결합, 그 부분이 어떤 측면에서 성립되는지의 여부를 분석하는 것이다.

요약하면, 명칭과 분별로써 이름 붙일 뿐만 아닌, 대상 자신의 측면에 서 성립되는 것에 자성이라고 하여, 이것이 어떤 법에도 성립되는지의 여부를 분석하는 것이 실상을 분석하거나 실상을 찾는 것이다.

또한 『사백론주』에서

> 만일 안眼 등이 불가능한데 안 등의 업의 과숙이 어떻게 건립하는가?
> (답한다.) 우리는 이것들의 이숙의 본성을 부정하는가?
> 만일 안眼 등을 부정했기 때문에 그것이 부정되는 것이 아닌가?
> (답한다.) 우리가 분석하는 것은 자성을 찾는 것을 추구하기 때문이다.
> 우리는 여기서 사물들이 자신의 본성으로 성립되는 것을 부정했지만, 작의作意한 연기인 업의 이숙인 안眼 등을 부정하는 것이 아니다. 그러므로 이것이 있기 때문에, 이것이 있다는 이유로 어떤 이숙을 표현한 안眼 등은 오직 존재하는 것이다.[259]

라고 하였다. 그 의미는, 한 법의 실상을 분석할 경우 그 법의 자성을 찾는 것이지 보통 존재와 비존재, 방향, 시간과 찰나 등의 특성을 찾는 것이 아니라는 것이다.

그렇다면 한 법의 실상을 분석하거나 그 실상을 찾을 경우 그 법이 존재하는지의 여부를 분석하여 찾는 것이 아니기 때문에, 그 법의 실상을 지각할 때도 그 법의 무자성을 깨달았지만 그 법이 존재하지 않음을 깨달은 것이 아니다.

---

259 『사백론주』 중관부中觀部, 논장論藏(bstan 'gyur), 데게판(sDe dge), ya, 201쪽, ba, 1줄.

⑬ 자성을 두 가지로 구분함

보통 경과 논서들에서 자성의 명칭을 많이 사용하였는데 이 모든 것을 하나로 생각하면 부정과 긍정 둘이 하나로 되어버려 무엇을 부정해야하는지, 무엇을 성립해야하는지를 알 수 없게 되기 때문에 중관의 경론을 문사로 노력하는 의미가 파괴될 것이다. 그러므로 여기에 자성에 대한 구별을 말하고자 한다.

자성에는 두 가지가 있다. 법성을 자성으로 표현한 법성의 자성과 그 법성의 부정대상에 자성을 표현하는 부정대상의 자성이 있다.

첫째는 법성의 자성과 부정대상의 자성은 제법의 실상을 의미한다. 예를 들면 세간에 불이 타오르는 것이 불의 자성이며, 물이 흘러내리는 것이 물의 자성임은 알려져 있다. 이 둘은 세간에서 현량으로 볼 수 있고 세간에 알려진 만큼의 불과 물의 법성과 실상이다.

여기서 말하는 자성은 불이 자성으로 성립되지 않는 것과 물이 자성으로 성립되지 않는 것을 말한다. 이 또한 불과 물의 궁극적 자성이며 이보다 더 궁극적 대상이 없음을 불과 물의 법성이나 자성이라고 한다.

법성을 자성이라고 하는 자성에 대해서는 『중론』과 『명구론』에서 두 가지 특성을 설하였다. 개조되지 않는 것과 건립하는 것이 타他에 의존하지 않은 것 두 가지이다.

첫째, 개조되지 않는 것에는 ① 조건과 원인으로 개조되지 않는 것과 ② 현현과 머무는 것이 상응하지 않으므로 개조 아닌 것의 두 가지가 있다.

① 자성이면 원인과 조건으로 개조되지 않아야 한다. 왜냐하면 원인

과 조건으로 변화시킬 수 있다면 전에 없이 새로 생기게 되고 행위를 가지게 되기 때문에 성격(གཤིས; 품질)이 될 수 없다. 이로서 유위 이면 궁극적 실상임이 타당하지 않다고 이해할 수 있다.

②자성이면 머무는 것과 현현하는 둘이 일치하지 않은 개조가 아니어야 한다. 왜냐하면 머무는 방식에 실공이지만 현현할 때 실재로 현현한 즉, 머무는 것과 현현한 두 가지는 일치하지 않는 법이면 허위이어야 하기 때문이다. 이로써 세속법이면 여기에서 말한 자성이 아니어야하고 궁극적 실상이 아니어야 함의 충족함을 이해할 수 있다.

둘째, 자성이면 건립하는 것이 타에 의존하지 않아야 한다. 왜냐하면 불의 법성이 불의 자성이라고 건립하는 것은 의존하는 측면에서 건립하는 것이 아니다. 예를 들면 불의 뜨거운 것이 일반적으로 불의 자성과 실상이지만, 불의 공성에 비하면 불의 자성이 아니게 된다. 그리고 왼쪽 산이 오른쪽 산에 비해 왼쪽임을 건립한다거나 짧은 것이 긴 것에 비해서 짧음을 건립하는 방식과 같지 않다. 또한 주인에게서 빌렸던 물건이 주인에게 의존하는 것과 같은 경우도 아니다. 불이 실제로 공한 것과 불이 자성으로 성립되지 않는 것이 불의 자성이나 그것의 실상임을 건립한다. 이것은 어떤 경우에도 불의 궁극적 실상이며, 이보다 더 이상 갈 데가 없으며 이보다 더 불의 미세한 실상과 모습은 없다는 의미이다.

『중론』에서

자성은 원인과 조건에서 생기는 것이 타당하지 않다.
원인과 조건에서 생기면 자성이 행위를 가지게 된다.

행위를 가지는 자성이 어떻게 타당하겠는가.

자성은 개조가 아닌 것, 타에 의존하는 것이 없다.

라고 하고, 또한

자성이 다른 것으로 변하는 것도 전혀 타당하지 않다.[260]

라고 설하였다.

둘째, 부정대상을 자성으로 하는 그 자성은 앞의 부정대상을 파악할 때 광대하게 설하였다.

⑭ 모순(상위相違)

모순을 설함에 네 가지가 있다. 모순의 자성과 분류, 모순의 예시와 의미, 모순의 체계를 알아야 하는 이유, 두 가지 모순이 없다면 과실이 있음이다.

ㄱ. 모순의 자성과 분류

여기서 모순과 불상위不相違는 세간에 '일치(同)와 불일치(異)'에 대해 '모순'과 '불상위'라고 알려진 것과 달리 둘이 공통기반이 없는 것을 모순으로 세운다. 모순을 구분하자면 서로 배제하는 모순(互絶相違)과 함께 있을 수 없는 모순(不幷存相違) 둘로 나뉜다.

---

260 『중론』 15품, 1게송.

첫째, '부정'과 '긍정'의 면에서 상위하는 것이 '서로 배제하는 모순(互絶相違)'의 정의다. 또한 모순을 구분하면 직접모순과 간접모순의 둘이다.

유경有境인 식에 의지해서[261]

① 서로 직접 상위하는 것이 직접모순의 정의다.

② 직접 수해受害·작해作害가 아니면서 상위하는 것이 간접모순의 정의다.

직접모순의 예시는 '실유법實有法'과 '무실유법'과 같고, 간접모순의 예시는 '더위'와 '추위' 둘과 '아집'과 '무아를 깨친 지혜'와 같은 것이다.

둘째, '끊는 대상(所絶)'과 '끊는 것(能絶)'의 면에서 상위 되는 것이 '함께 있을 수 없는 모순(不幷存相違)'의 정의다. 예시는 '대치'와 '소단'과 같다. 수해·작해에 대해서 둘로 나누는 것이 타당하다. 대상의 측면에서 수해·작해와 유경인 식의 측면에서 수해·작해가 그것이다.

첫째, '대상의 측면에서 수해·작해'는 '더위'와 '추위'와 같고, '아집'과 '무아를 깨달은 지혜'와 같은 것이다. 그것들은 하나의 본성이 커지면 다른 쪽은 힘이 약해지게 되기 때문이다.

둘째, '유경인 식의 측면에서 수해·작해'는 항상과 무상 둘과, 존재와 비존재 둘과, 사물과 비사물과 같은 경우다. 그것들은 제 대상을 파악하는 유경有境인 식의 측면에서 서로 수해·작해이다. 왜냐하면, 어떤 법을 항상하다고 파악하는 식과 그 법을 무상하다고 파악하는 식 둘은

---

261 ⟨ཕྱལ་ཆེན་རྣོ་ལ་སློག་ཏེ⟩

하나가 커지면 그 영향으로 다른 쪽의 세력이 약해지게 되기 때문이다.

ㄴ. 모순의 예시와 의미

가령 '더위'와 '추위' 둘은 모순의 예시이고, 그 예시가 의미로 작용하면 '아집'과 '무아를 깨달은 지혜'와 같은 경우다. 예를 들면 더위와 추위 둘은 서로 수해·작해이며 한 토대 위에서 서로 무해로 함께 있을 수 없기에 함께 있을 수 없는 모순이다. 그와 같이 아집과 '무아를 깨달은 지혜' 둘은 한 토대 위에서 서로 무해로 함께 있을 수 없고, 하나의 본성이 커지면 다른 쪽의 힘이 약해지기 때문에 함께 있을 수 없는 모순이다. 이 예시와 의미 둘 다 '대상의 측면에서 수해·작해'이다.

또한 항상과 무상 둘과 존재와 비존재 둘은 '서로 배제하는 모순(互絶相違)'이다. 그것들은 제3의 법을 완전히 제거한 모순이기 때문이다. 제3의 법을 제거했다는 뜻은, 존재이면 그 둘로 결정되며 그 둘 중에 어느 것도 아닌 것 또는 그 둘에 속하지 않은 어떤 법도 없다는 뜻이다. 그것들은 자신의 대상을 파악하는 '유경인 식의 측면에서 수해·작해'이다.

ㄷ. 모순의 체계를 알아야 하는 이유

위에서 설명한 수해·작해로 되는 방법을 가진 '함께 있을 수 없는 모순'과 '서로 배제하는 모순'의 체계, 그것들은 토대인 '실유법의 상태'에서 그처럼 있는 것뿐만 아니라, 도를 수행하는 경우에도 그것들(2가지 모순)을 알아야 하는 것은 매우 중요하다.

그것들 중에 첫째 방식을 알아야 하는 이유는 그것을 앎으로써 아집을 끊는 멸제와 해탈을 해설해야 하기 때문이고, 둘째 방식을 알아야 하는 이유는 그것을 앎으로써 무아의 결택법을 해설해야 하기 때문이다.

사성제를 소개할 때 말하는 것과 같이 먼저 고제의 실상을 여실하게 알아야 하고, 그 다음 고제를 멸하고자 하는 마음이 생겨서 그 원인이 있는지 없는지를 분석한다. 그 원인을 찾아서 집제를 알아야 하고, 그 다음 그것을 멸할 수 있을까 없을까를 분석하여 그것을 멸할 수 있음을 알게 된다. 그러면 그것을 멸한 멸제에 대해 증득하고자 하는 마음이 생기고, 그 다음 그 멸제에 대한 원인이 있는지 없는지와 그 고제를 멸하게 하는 도道가 있는지 없는지 보고, 있다면 그것이 무엇인지 분석하는데, 이로써 무아를 깨닫는 도道가 바로 고제를 멸하게 한 도임을 알게 된다. 그러므로 은혜로운 도사導師이신 부처님께서 4제를 설하신 것을 모두 이러한 방법과 논리에 의지하여 분석하는 것이다.

예를 들면 처음에 병이 나서 고통스러울 때 고통을 알고 그것에서 벗어나고자 하는 마음이 생기기에 병원에 가서 그 고통의 원인을 알고, 그 후에 의사의 말과 진료 등을 통해서 그 병이 낫는 원인이 있다는 것을 알게 되고, 그 후에 그 병을 낫기 위해서 치료하는 것과 같다.

『보성론』에서

병은 알아야 할 것(所知)이고

302

병의 원인은 끊어야 할 것(所斷)이며

즐거움은 얻어야 할 대상이며

약은 의지해야 할 것인 것처럼,

고통과 원인, 그것의 멸과 그와 같은 도는

소지, 소단, 접촉대상, 의지처라네.²⁶²

라고 말씀하신 것과 같다.

요약하면, '서로 배제하는 모순'의 체계와 또는 '직접모순'이 없는데, 한쪽을 부정하면 다른 쪽을 긍정해야 하는 법은 타당하지 않다. 그렇다면 어떤 법에 대해서도 의심의 상태에 머무는 것 외에 '이것이다', '이것이 아니다'를 결정하는 세간의 명언과 종파에서 말하는 논리의 체계들은 불가능하게 된다.

ㄹ. 두 가지 모순이 없다면 과실이 있음

두 가지 모순이 없다면 과실이 있음에 다섯 가지가 있다. 경험과 모순되는 문제, 멸제와 해탈을 성취할 수 없는 문제, 무아를 결택할 수 없는 문제, 도를 수행하는 주장과도 모순인 문제, 경론과 모순됨이다.

ⅰ. 경험과 모순되는 문제

서로 수해受害·작해作害의 법이 불가능하다면 경험과 모순된다. 왜냐하면 수해·작해가 없다면, 가령 열증으로 한증이 해를 끼치지 않는

---

262 『보성론』, 논장論藏(bstan 'gyur), 데게판(sDe dge), 유식부, pi, 69쪽, ba, 6줄.

오류가 되고, 큰 더위의 경우에 시원한 바람이 도움이 되지 않는 오류가
되는 등 직접 경험할 수 있는 것들도 인정하지 못하게 된다.

열증의 세력이 커지게 되면 한증의 세력이 약해지게 되고, 한증의
세력이 커지게 되면 열증의 세력이 약해지게 되는 것은 신체 경험으로
알 수 있는데, 만약에 '수해·작해'와 '함께 있을 수 없는 모순'의 주장이
없다면 그것들은 불가능하게 된다.

외부 법에 대해서 그처럼 가능하다면, 내부 마음은 말해 무엇하리요?
어떤 사람이 예전에 나에게 없어선 안 될 친구였지만, 뒤에 그에 대해
허물을 보는 마음의 힘이 커지게 되면 그 사람에 대해 좋아하는 마음의
힘이 약해지고 싫어하는 대상이 되는 것을 경험으로 알 수 있고, 전에
특히 싫어했던 어떤 사람에 대해 이후에 그의 공덕을 거듭거듭 생각하면
그 사람이 자기가 좋아하는 대상이 되는 것을 경험으로 알 수 있다.

만약 '함께 있을 수 없는 모순'의 주장이 없다면 그것도 불가능하게
되기 때문에, 수해·작해의 체계와 함께 있을 수 없는 모순의 체계가
존재한다.

ii. 멸제와 해탈을 성취할 수 없는 문제

해탈을 확립하는 논리는 다음과 같다. 이숙온異熟蘊[263]은 자기의 흐름이
멸한 것이 가능하다. 자기의 원인의 종성種姓에 대해 작해인 대치의
힘이 존재하기 때문이다. 이 또한 이숙온의 종성의 흐름이 멸한 것이
해탈이며, 그것이 있다는 이유로 그 원인에 대해 힘을 가진 작해가

---

263 이숙온異熟蘊: 갖가지 업을 쌓음으로 해서 갖가지 고락이 성숙되고, 그것을
   통해서 받는 몸.

있다고 세운다. 이숙온은 윤회이며 그 원인은 아집이다. 이숙온을 멸한 것이 해탈이며, 그 원인은 무아를 깨닫는 지혜이다.

만일 ①이숙온이 생기게 되는 원인과 ②이숙온이 멸한 결과 둘 중 하나에 도움이 되면, 다른 한쪽에 해로 되는 법, 즉 수해·작해가 없다면 무아를 깨닫는 지혜의 힘으로 아집을 멸하여 해탈하는 것이 불가능하게 된다. 그처럼 이숙온이 생기게 되는 원인과 이숙온이 멸한 결과 둘 중에 하나에 이익 되고 다른 한쪽에는 해가 되는 방식을 모르면 무아를 깨닫는 지혜의 힘으로 아집을 멸한 해탈을 얻어야 하는 것도 이해하지 못한다.

어떤 병에서 나온 병의 원인에 대한 작해作害의 약이 있으면 그 병이 나을 수 있고, 그것이 없으면 그 병이 나을 수 없다는 것이 세간에 알려져 있다. 그와 같이 이숙온의 원인에 작해하는 힘을 가진 무아를 깨닫는 지혜가 있으므로 그 이숙온을 멸한 해탈의 존재가 가능하다고 능립한다.

요약하면, 수해·작해로 되는 '함께 있을 수 없는 모순'을 모르면 위에서 설명한 것과 같은 멸제를 확립하지 못하며, 그것이 불가능하면 해탈을 모르기 때문에 해탈의 성취를 원하는 것도 말뿐인 것이 된다.

iii. 무아를 결택할 수 없는 문제

'직접모순' 또는 '함께 있을 수 없는 모순'이 없다면 무아를 결택할 수 없다. '직접모순'의 뜻은 원만하게 벗어난 것이고, 제3의 법을 제거한 정한 다수의 체계가 없으면 어떠한 법에도 '이것이다, 아니다'라는 어떤 결정이 절대 불가능하다. 예를 들면 누군가 한 물건을 잃어버렸을 때, 그 당시 세 명이 있었는데 훔친 사람은 다른 곳에 가서 없고 두 사람만 남은 경우에, 주인이 '내가 물건을 잃어버렸는데 훔칠 사람은 당신 두 명 밖에 없다'고 말하면 타당하지 않다.

더욱이 무아를 결택할 수 없고, '무아다'라고 결정할 수 없고, 결정해도 그것은 말뿐인 것으로 되는데, 그것은 부처님께서 말씀하셨기 때문이고 논에서 말씀했기 때문이라는 것만으로는 굳은 확신을 얻을 수 없다. 무아라고 결정해서 굳은 확신을 얻기 위해서는 '완벽한 논리'에 의지해야만 한다.

또한 무아의 뜻에 대해 처음에 말씀을 듣고, 생각해서 들음을 통한 지혜(문혜)가 생기고, 그 후에 그 대상 자체에 대해 거듭 이유의 이치에 의지해서 굳은 확신을 얻은 사유를 통한 지혜(사혜)가 생기고, 그 후에 그것에 대해 거듭거듭 생각해서 수습修習함으로써 수습을 통한 지혜(수혜)가 생긴다.

이러한 수修는 오랫동안 수습함으로써 무아에 대해 방광放光이 생길 때, 무아를 직접 깨친 견도見道의 자성으로 되어서 아집에 대해 실로 해를 끼칠 수 있는 것을 얻게 되는 것이다. 그 후에 도道로써 견소단見所斷과 수소단修所斷에 대해 대치해서 구경온究竟蘊을 얻게 되는 원인인 '아집을 완전히 끊음'으로써, 다시 이숙온을 가질 필요가 없게 되는 것이다.

그와 같은 문·사·수 3단계에 따라서 확신을 얻음으로써, 문(혜)만으로는 만족하지 않고 무아에 대한 사유에서 생긴 확신이 생기는 것은 매우 중요한데, 그 사혜思慧의 식은 무아를 결택하는 타당한 논리에 의지해야 한다. 그것들의 방법은 『석량론』 등 인명학에서 매우 자세히 설명하고 있기 때문에 알고자 한다면 그 논서들을 봐야 한다.

만약 '직접모순'이 없으면 다음과 같은 허물들이 생긴다. 어떠한 부정대상을 부정함으로써 어떠한 능립대상을 확립하는 논리의 체계도 없어진다.

이 또한 아는 있음과 없음 둘 중 하나로 결정하여 그 다음 아가 있다면 논리로써 이러한 해가 있으므로, 이 아는 반드시 없는 것이 확실하다고 하는 등 논리에 의지하여 무아를 깨달아야 하는 까닭이다.

또한 '직접모순'이 없다면 아가 있는 것이 아니면 반드시 없는 것으로 충족함이 없어진다. 그러므로 아가 없는 것도 아니고 있는 것도 아닌 제3의 법이 되기 때문에 아공에 대한 확정이 불가능하다.

그렇다면 아집이 줄어드는 방편은 어떤 것도 없으므로, 윤회에서 벗어나는 해탈이라는 어떤 것도 불가능하게 된다.

가령 위에서 한 것처럼 7가지 논리에 상징에 있어 그 '나'의 온의 측면에서 (윤회) 이쪽으로 성립됨이 없는데, 만일 있다면 7가지 사찰로 그 '나'를 찾을 때 발견해야 하는데 그것은 발견할 수 없기 때문이라고 세운다. '나'는 그것의 명명의 토대인 온 가운데서 찾아 얻지 못하므로, 그 '나'는 명칭의 토대인 온에 대해서 (윤회) 이쪽으로 성립됨이 없다고 결정할 수 있다.

하지만 만약 제3의 법이 제거된 '직접모순'이 없다면 '나'가 있는 것이고, 없는 것이라는 어느 쪽도 결정할 수 없기 때문에 무아에 대해서 굳게 확신한 어떤 것을 어디서 찾겠는가? 그렇다면 무아를 차례대로 익혀서 아집을 제거하는 방법 또한 불가능하게 되기 때문에 해탈이라는 것도 가능하지 않게 된다.

iv. 도를 수행하는 주장과도 모순인 문제

수해·작해와 '서로 배제하는 모순(互絶相違)'의 체계가 없다면 해탈을
성취하게 되는 도道를 수행하는 주장도 불가능하게(오류로) 된다. 해탈
자체가 윤회에서 벗어난다는 의미이며, 윤회를 벗어나기 위해서는
윤회의 근본을 끊어야 하는데, 그것은 방편인 출리심과 보리심만으로
는 멸하지 못하며, 확실하게 무아를 깨닫는 지혜로 아집에 해를 가함을
통해 멸해야 한다.

　무아를 결택하는 이치로 유아를 부정하여 그 아가 오직 없는 것이라고
굳은 확신을 가지면, 그것을 도로 수습함으로써 윤회의 원인인 아집에
해를 가함을 통해 결과인 그 윤회를 끝내야 하기 때문이다.

　만일 무아와 유아 둘은 '직접모순'은 아니고, '서로 배제하는 모순'의
주장으로 없다면, 무아를 깨닫는 지혜로 아집에 대해 해를 가함으로써
그 도道로 끊는 방법과 무아를 깨닫는 지혜의 힘이 커지게 되어 아집에
해를 끼쳐 그 힘이 약해지게 되고, 아집의 힘이 커지면 무아를 깨닫는
지혜가 생길 수 없거나 생기더라도 점점 커지게 될 수 없는 법 등도
타당하지 않다. 가령 동쪽에 호랑이가 있다고 인식하는 식으로는 서쪽
에 노루가 있다고 파악하는 것에 해를 끼치지 못하는 것과 같다.

　또한 '직접모순'이 없다면 무상과 항상 둘과 유·무 둘에도 제3의
법이 있게 되고, 그렇다면 무상을 깨닫는 지혜가 항상함을 인식하는
식에 해를 끼치지 못하게 된다. 그것을 인정하면 무아를 깨친 식이
아집에 대해 해칠 수 없고, 무아를 깨친 식과 아집 둘 다 수해·작해가
아닌 것으로 된다. 그와 같이 부정관을 수습함으로써 욕망에 대해
해를 끼치지 못하고, 자비를 수습함으로써 성냄에 대해 해를 끼치지

308

못하게 되는 등 큰 오류가 발생한다.

그처럼 아가 있다면 없는 것이 아니게 되고, 있는 것이 아니다 하면 없는 것이 되어, 그 둘 사이에 그 둘 중의 어떤 것도 아닌 제3의 법은 있을 수 없다. 그러므로 제법이 자성으로 성립되는 것과 자성으로 공함, 둘 중 어떤 것도 아닌 것 등 모든 파악이 없는 것을 공성이라고 주장하는 것은 '직접모순'의 법을 모르는 내부의 표시를 밖으로 드러내는 것이다.

『회쟁론』에서

무자성이므로 어떻게 무자성을 제거하는가?
무자성을 뒤집으면 자성으로 성립되는 것이다.[264]

라고 설하였다.

어떤 법에도 자성으로 없는 것을 뒤집으면 그 법은 자성으로 있는 것이 된다는 것은 법성의 이치이므로 그것에 대해 종파의 차이를 나누는 것은 타당하지 않다. 누군가 결택의 원인인 견해에 대해서 다른 차이가 있더라도 결택한 논리방식은 대승의 어떤 종파에서도 차이가 없다. 근根·도道·과果 셋의 주장을 결택할 때 논리방식은 같은 것이다.

특히 논리의 체계는 경량부經量部와 유식학파唯識學派 공통의 논서인 논리서의 체계에서 자세하게 설명하고, 먼저 논리서의 체계에서 말씀하신, 논리방식을 배우고서 그 방식이 중관을 배울 때에도 가져야

---

264 『회쟁론』, 25게송.

한다는 것을 알아야 한다.

　요약하면, 무아를 깨달은 식이 아집에 해가 된다면 그것으로 유아와 무아 둘은 '직접모순'인 것도 성립한다. 그 아의 있고 없는 둘로 결정해야 하기 때문이다. 그런데 만약 아가 있고 없는 둘로 결정할 수 없어 그 둘 사이에 있는 것도 아니고 없는 것도 아닌 제3의 법인 어떤 것이 있으면 무아로 파악하는 식이 유아를 파악하는 것에 대해 해를 끼치지 못하는 오류가 되기 때문이다.

　그러므로 수해·작해의 체계도 존재하며, 양론에서 설한 서로 배제하는 모순의 체계 또한 존재한다.

v. 경론과 모순됨
또한 만약에 '직접모순'이 없다면, 『연기경』에서

　이것이 있으므로 이것이 생긴다.
　이것이 생기기 때문에 이것이 생긴다.[265]

라고 하신, 12연기의 순서대로 하나에 의지해서 하나가 생긴 방식으로 인과가 생기는 순행을 말씀하신 것도 타당하지 않게 된다. 무명이 있으므로 행이 생긴다고 결정할 수 없기 때문이고, 그 무명이 있는 것도 아닌 없는 것도 아닌 제3의 법이 있기 때문이고, 그 행 또한 생함도 아니고 생하지 않은 것도 아닌 제3의 법으로 있기 때문이다.

---

265 『연기경』 경부經部(mdo sde), 경장經藏(bka' 'gyur), 라싸판, ma, 192쪽, ba, 5줄.

또한 그와 같이 경전에서 '이것이 멸하기 때문에 이것이 멸하는 것인데, 무명을 멸하기 때문에 행이 멸하는 것'이라고 12연기의 방식을 역행으로 말씀하신 것도 타당하지 않다. 앞서 말한 이유와 같다. 그렇다면 윤회에 들어가는 방식의 인과체계와 윤회에서 벗어나는 방식의 인과체계가 무너지게 된다. 그러므로 유식학파뿐만 아니라 중관학파 또한 모순의 체계를 확실하게 인정해야 하는 것이다.

더욱이 '직접모순'으로 없다면 제3의 법을 완전히 제거하는 부정과 긍정이 없기 때문에 정해진 법수에 대한 주장도 타당하지 않다. 그렇다면 소지所知의 승의제와 세속제, 두 진의로 확정됨을 말씀하신 것도 타당하지 않게 된다.

『성스러운 진여가 확정함을 가르친 삼매경』에서

세간해께서 타인에게 듣지 못한
이 2제를 가르치셨네.
세속제와 그와 같은 승의제
(외에) 3번째 제는 어떤 것도 없다.[266]

라고 설하였다.

2제를 자력으로 가르치며, 소지所知에 대해서 2제로 수를 정한 것으로 말씀하셨다.

『집학론』[267]에서는 『부자만남경』을 인용하여 설하였다.

---

266 『대보적경大寶積經』, 중관부中觀部(dbu ma), 경장經藏(bka' 'gyur), 데게판(sDe dge), 61쪽, 5줄, 1733.

이와 같이 여래께서 세속과 승의 둘을 깨달았고, 알아야 하는 것도 세속제와 승의제에 불과하다. 이 또한 세존께서 공성을 잘 보고 잘 안다. 잘 현존하므로 일체지자라고 한다.

여기서 말한 알아야 하는 것이라는 말씀은 분류의 토대인 소지를 가리키며, 세속제와 승의제이라는 말씀은 소지에 대한 두 가지 분류를 가리키며, 불과하다는 말씀은 소지의 법수에 두 가지로 확정함을 가리킨다. 부처님은 두 가지 진리를 여실하게 깨달았기 때문에 일체지자이다.[268]

『입중론자석』에서

그처럼 다른 어떠한 진리가 있으면 그 또한
2제 속에 확실히 포함되는 것이다.[269]

라고 설하였다. 그의 의미는,『십지경』에서 여러 가지 진리를 말씀하셨는데 이 모두 두 진리에 속한다는 것이다.

『중관광명론』에서

서로 배제하여 머무는 정의의 법들이, 상대를 부정하여 다른 것을

---

267 『집학론』, 논장論藏(bstan 'gyur), 데게판(sDe dge), 142쪽, 3줄.

268 『부자만남경』, 경장經藏(bka' 'gyur), 데게판(sDe dge), 60쪽, 4줄.

269 『입중론자석』, 5지, 중관부中觀部, 논장論藏(bstan 'gyur), 데게판(sDe dge), 243쪽,
   1줄.

성립한 것이 없으면 없는 것이다. 둘 다가 아닌 쪽으로 분별함도
타당하지 않은 것이다.

라고 설하였으며, 또한

어떤 것을 부정한 것이 없으면 어떤 것을 완전히 깨달은 것이 없는
것, 이 둘은 서로 배제하여 머문 정의이다. 무언가 서로 배제하여
머문 정의인 그것들은 모든 종류에 대해 충족하게 되는 것이다.
무언가 모든 종류에 대해서 충족하게 되는 것인 그것들은 제3의
법을 제거한 것이다. 가령 유신有身과 무신無身 등의 구별과 같다.[270]

라고 설하였다.

　어떤 이들이 모순 체계는 이하 학파의 주장이며, 이 또한 부정과
성립의 논리 정도에 필요할 뿐 중관학파는 인정하지 않는다고 말하며,
특히 도를 닦는 수행 시점에는 필요 없다고 말하는 것은 대경론의
의도를 이해하지 못한 내적 표시가 밖에 드러난 것이며, 자신이 대경론
에서 설한 도를 닦는 진정한 수행이 없다는 표시이다. 요약하면, 중관학
에 모순의 체계가 없다고 인정하면 앞에 인용된 중관의 경과 논서들과
모순된다.

⑮부정과 성립
여기에 부정과 성립에 대해 설함에 두 가지가 있다. 부정과 성립을

---

270 『중관광명론』, 중관부中觀部, 논장論藏(bstan 'gyur), 데게판(sDe dge), 191쪽.

일반적으로 설함, 공성이 무차임을 별도로 능립함이다.

ㄱ. 부정과 성립을 일반적으로 설함

자신을 표현하는 소리나 자신을 인지한 분별이 자신의 부정대상을 직접적으로 부정하면서 알아야 하는 것이 부정의 정의이다. 예를 들면 막힘과 접촉이 부정된 허공 같은 경우이다. 자신을 표현하는 소리나 자신을 인지한 분별이 자신의 부정대상을 직접적으로 부정하지 않음으로써 알아야 하는 것이 성립의 정의이다. 예를 들면 항아리와 같은 경우이다.

『체메데코낭니뒤바(ཚད་མའི་དེ་ཁོ་ན་ཉིད་བསྡུས་པ།, tshad maʼi de kho na ny-id dsdus paʼ)』에서

여기 부정은 두 가지이다.
아닌 것과 없는 것이다.
아닌 것에도 두 가지가 있다.
식과 의미를 구별하면서 분류한다.[271]

라고 설하였다.

부정에는 두 가지가 있다. 비차(非遮, 非定)와 무차(無遮, 無定) 두 가지이다.

첫째는 자신을 표현하는 소리가 자신의 부정대상을 부정하는 동시에

---

271 『체메데코낭니뒤바』 논부, 데게판(sDe dge), 인명학, 37쪽, ba, 4줄.

다른 성립법을 던지는 것이 비차의 정의이다. 이를 분류하면 세 가지가 있다. 자신을 표현하는 소리가 자신의 부정대상을 부정하는 동시에 다른 성립법을 직접적으로 던지는 것, 간접적으로 던지는 것, 직간접으로 던지는 것이다. 첫째는 산 없는 평야 같은 경우이다. 둘째는 뚱뚱한 철수가 낮에는 밥을 안 먹는다는 경우이다. 셋째는 싯다르타는 성姓이 왕王의 성과 브라만 성 둘 중 하나이고, 브라만 성이 아닌 것과 같은 것이다.

둘째는 자신을 표현하는 소리가 자신의 부정대상을 부정하는 동시에 다른 성립법을 던지지 않는 것이 무차의 정의이다. 예컨대 허공, 무아, 공성과 같은 것이다. 부정과 타멸他滅은 같은 의미이며, 타멸에는 두 가지가 있다. 무정의 타멸과 비정의 타멸이다. 첫째에는 식의 타멸과 자상의 타멸 두 가지가 있다. 이것은 『반야등론주석서』에서 설하였다.

ㄴ. 공성이 무차임을 별도로 능립함
공성이 무차임을 별도로 능립함을 설함에 세 가지가 있다. 공성이 무차임을 예시로 설함. 공성이 무차이라는 경의 근거, 공성이 무차이라는 논리의 근거이다.

ⅰ. 공성이 무차임을 예시로 설함
공성은 무차이다. 예를 들면 막힘과 접촉이 부정된 빈 공간을 허공이라고 한다. 그와 같이 부정대상인 아가 부정됨을 공성이라고 한다. 이 또한 부정대상의 아를 자성이라고 하여, 그 자성을 부정하는 정도,

그 자성을 없는 정도를 공성이라고 한다. 공성은 허공과 같고, 허공의 예시로 설한다. 예를 들면 허공은 막힘과 접촉을 부정한 무차에 해당하여, 허공이라는 소리와 허공을 지각한 분별심이 막힘과 접촉을 부정하는 정도 외에 그의 부정대상을 부정하는 동시에 다른 어떤 성립법이 던지거나 지각하는 것이 아니다.

그와 같이 공성은 다만 자신이 부정대상을 부정하는 정도에 해당한다. 왜냐하면 공성을 표현하는 소리와 공성을 지각한 분별심이 공성의 부정대상을 부정하는 것 외에 그의 부정대상을 부정하는 동시에 다른 어떤 성립법도 던지거나 지각하는 것이 아닌 까닭이다.

공성은 허공과 같다고 말하는 것이 어떤 근거가 있는가? 이것은 『해심밀경』에서

승의생이여, 이와 같다. 허공은 색의 본성이 없을 뿐이며, 모든 것에 충족함과 같이 법공은 승의의 본성이 없을 뿐이며, 일체법에 충족함을 알아야 한다.[272]

라고 설하였다. 『삼매왕경』에서도

당신이 '아'에 대해 생각하는 것
그와 같이 모든 것에 대해 마음을 적용하라.
일체법은 그것의 본성이며
청정한 허공과 같다.[273]

---

272 『해심밀경』, 경장經藏(bka' 'gyur), 경부經部(mdo sde), 라싸판, ca, 18쪽, 6줄,

라고 설하였다.

그 의미는, 허공은 두 가지 특성으로 파악한다. 막힘과 접촉을 부정한 정도의 측면에서 건립하여, 모든 유색에 충족하는 것이다. 그와 같이 공성 또한 부정대상을 부정하는 정도의 측면에서 건립하여 본성의 측면에서 일체법에 충족하는 것이다.

ii. 공성이 무차라는 경의 근거

『해심밀경』에서

> 또한 제법의 원성실성은 승의의 무자성이라고 한다. 이것은 왜 그러한가?
> 승의생이여, 제법의 법무아는 모든 것이 이들의 오직 무자성이라고 한다.
> ……
> 왜냐하면 이것이 승의이며, 승의는 일체법의 다만 무자성임으로 건립하기 때문에, 그러므로 승의의 무자성이라고 한다.[274]

라고 설하였다.

그 의미는, 제법의 무아는 제법의 원성실성이다. 원성실성은 청정도

---

273 『삼매왕경』, 경장經藏(bka' 'gyur), 경부經部(mdo sde), 라싸판, ta, 71쪽, na, 6줄.

274 『해심밀경』, 경장經藏(bka' 'gyur), 경부經部(mdo sde), 라싸판, ca, 26쪽, ba, 6줄.

의 인식대상이기 때문에 승의이며, 제법의 부정대상의 아의 자성을 부정하는 것만으로 건립하기 때문에 제법의 무자성이라고 하며, 승의의 무자성이다.

이 또한 여기서 말한 자성은 부정대상의 아이며, 이것이 없는 것만으로 건립한다는 것이 부정대상의 아를 없는 것만으로 건립하거나 그것을 부정하는 정도의 측면에서 건립한다는 것이다. 따라서 세속의 법들에 부정대상의 아가 부정할 정도의 무차에 무아의 원성실성임을 설하였기 때문에, 인무아와 법무아의 공성은 부정대상을 제거한 것만으로 제거한 측면에서 건립하거나, 부정대상을 부정한 것만으로 건립한다는 의미이다.

또한 『해심밀경』에서

> 만일 유위의 정의와 승의의 정의가 별도로 되면, 그러므로 유위들의 아가 없는 것과 자성이 없음만이 승의의 정의가 아니게 된다.[275]

라고 설하였다.

그 의미는, 공한 토대인 의타기성과 의타기성의 승의제 둘이 본성으로 하나가 아니고 여럿이라면, 의타기성의 공성 자체가 의타기성을 아를 부정하는 정도와 아가 없을 정도에 건립하는 것이 타당하지 않게 된다는 것이다.

또한 『해심밀경』에서

---

275 『해심밀경』, 경장經藏(bka' 'gyur), 경부經部(mdo sde), 라싸판, ca, 11쪽, na, 7줄.

318

제법의 법무아는 제법의 무자성이라고 한다.

……

법에 아가 존재하지 않는 것, 즉 진여가 청정한 도의 인식대상이라는
것이 원성실성의 정의이다.[276]

라고 설하였다.

　앞의 경들이 부정대상인 아가 부정한 정도의 무차에 무아를 설하였
다. 이로써 유식학파의 주장에 공성이 무차임을 인정한다는 것을 이해
할 수 있다.

　『반야등론』에서

비차를 주장한다면 이것은 성립이 주가 되기 때문에, 일체법이
무생이라고 성립하기에, 무생을 설했기 때문에 (중론을) 중관학의
방식에서 벗어나게 된다. 경에서 색이 무생임을 인지하면 지혜바라
밀을 인지하는 것이 아니라고 설한 까닭이다.[277]

라고 설하며, 또한

자생이 아니라는 이 부정은 무차임을 알아야 한다. 왜냐하면 부정이

---

276 『해심밀경』, 경장經藏(bka' 'gyur), 경부經部(mdo sde), 라싸판, ca, 27쪽, na,
　　2줄.
277 『반야등론』 중관부中觀部, 논장論藏(bstan 'gyur), 데게판(sDe dge), 48쪽, ba
　　7줄.

주가 되기 때문이다.[278]

라고 설하였다.

앞 논서에서는 청변 논사가 공성이 무차임을 인정한다는 것을 분명하게 드러냈다. 그렇다면 자립논증학파 또한 인무아와 법무아 두 가지 무차임을 인정한다는 것을 이해할 수 있다.

『명구론』에서

만일 '자생이 없다'라고 말씀하신 것을 인정하면 타생이라는 것을 주장하게 되는 것이 아닌가?
아니다. 무차를 말하고자 하기 때문이다.[279]

라고 설하였고. 또한

사물이 무자생이라는 것을 무차로 설한 것이 다른 세 가지 주장도 동일하기 때문에, 무자성을 확립할 때 확립할 대상은 부정대상을 부정할 정도의 무차이다.

라고 설하였다.

앞 논서에서는 공성이 무차임을 분명하게 설하였다. 그렇다면 귀류

---

278 『반야등론』 중관부中觀部, 논장論藏(bstan 'gyur), 데게판(sDe dge), 48쪽, ba, 6줄.

279 『명구론』, 중관부中觀部, 논장論藏(bstan 'gyur), 데게판(sDe dge) 5쪽, na, 6줄.

논증학파 또한 인무아와 법무아 두 가지 무차임을 인정한다는 것을 이해할 수 있다.

iii. 공성이 무차라는 논리의 근거

예를 들어서 허공은 무차이다. 왜냐하면 자신을 인식한 분별이 자신의 부정대상을 부정하면서 알아야 하는 것이기 때문이고, 자신을 인식하는 분별이 자신의 부정대상을 부정하는 동시에 다른 어떤 성립법을 지각하지 않기 때문이다.

첫째 이유는 무엇인가? 분별이 허공을 인식할 때 허공의 부정대상을 상상함에 의존하기 때문이다. 어떤 분별지가 허공을 인식할 때 먼저 허공의 부정대상인 막힘과 접촉을 떠올려 그것이 없는 (것) 자체를 인식할 때 허공을 인식하는 까닭이다.

그와 같이 공성은 무차이다. 왜냐하면 자신을 인식하는 분별이 자신의 부정대상을 부정하면서 알아야 하는 대상이며, 자신을 인식하는 분별이 자신의 부정대상을 부정하는 동시에 다른 어떤 성립법을 지각하지 않기 때문이다. 첫째 이유는 무엇인가? 분별이 공성을 인식할 때 공성의 부정대상을 상상함에 의존하기 때문이다. 어떤 분별지가 공성을 인식할 때 공성의 부정대상인 인아와 법아를 떠올려 그것이 없는 것 자체를 인식할 때 공성을 인식하는 까닭이다.

『입보리행론』에서

가정한 사물[280]을 취하지 않으면
그것이 존재하지 않음을 취하지 못한다.[281]

라고 설하였다. 어떤 법이든 자신을 지각할 때 자신의 부정대상을 자르는 곳에 의지하면서 알아야 하는 것이면 부정임을 충족한다는 것이 불교학파의 공통된 주장이다.

그러므로 공성은 자신을 지각한 분별지가 자신의 부정대상을 직접적으로 부정하면서 알아야 하는 것이기 때문에 부정이며, 이것을 지각한 분별지가 자신이 부정대상을 부정하는 동시에 다른 어떤 성립법을 간접적으로 지각하는 것이 없기 때문에 비차가 아니라 무차이다.

그렇다면 공성을 지각하는 방식 또한 부정대상인 아를 부정하는 것만을 지각함에 해당하여, 공성을 찾을 때 마음에 부정대상의 희론이 조금이라도 남아 있다면 공성을 지각함을 건립하지 않는 까닭이다. 중관학과 유식학 어느 주장에서도 무엇을 부정해야 하는지의 부정대상이나 아가 무엇인지에 대한 차이가 있지만, 부정대상을 부정하는 정도의 무차를 공성이라는 것에는 아무 차이가 없다.

또한 『중론』에서

자생이 아니며 타생도 아니다.[282]

라는 구절에서 설한 사구의 무생 또한 무차이다. 그렇다는 것이 불호 논사, 청변 논사, 월칭 논사 등 용수의 어느 제자들도 같은 입장이다.

---

280 부정대상의 아我, 인아와 법아.

281 『입보리행론』 9품 지혜품, 중관부中觀部, 논장論藏(bstan 'gyur), 데게판(sDe dge), 138계송.

282 『중론』 1품, 3계송.

그분들이 저술한 논서에 보면 아주 명백하다. 이 논서들의 문장을 모두 여기에 옮기면 양이 방대해지기에 이 정도로 한다.

요약하면, 먼저 두 자량의 지원을 가지며, 광대한 경론을 문사로써 공성의 부정대상을 파악하여, 스승의 가르침에 의존하여 그 부정대상이 부정된 공성을 할 수 있을 만큼 집중하고, 그 다음 이러한 공함에 마음을 집중하면서 언젠간 그 마음에 부정대상의 희론이 남김없이 제거되어 오직 공함만을 현현할 때 그 식이 공성을 깨닫는 것이다.

언제나 부정대상의 희론이 조금이라도 남아 있다면 그때까지는 공성을 깨달은 것이 아니다. 그러므로 두 자량을 부족함 없이 쌓아 공성을 설한 경론의 문사 또한 부족하지 않게 하여, 그것을 설한 선지식에 의지해서 수의 흐름을 지속적으로 보호해 나가면 머지않아 공성을 깨닫는 식이 생기게 된다.

⑯ 결론

그러므로 공성의 의미는 무자성에 해당한다.

『반야심경』에서

박가범의 위신력으로 장로 사리불이 보리를 향한 큰마음 가진 관자재보살에게 이렇게 말하였다. "어떤 선남자와 선여자가 깊은 반야바라밀의 행을 닦기를 원할 때 어떻게 배워야 하는가?" 이렇게 물었을 때 보리를 향한 큰마음 가진 관자재보살이 장로 사리불에게 이렇게 말하였다. "사리자여, 어떤 선남자와 선여자가 반야바라밀의 깊은 행을 닦기를 원하는 자는 이렇게 명확히 알아야 한다. 오온조차도

　자성이 공함을 철저히 알아야 한다."

라고 설하였다. 『반야바라밀섭송』에서

　제법이 무자성임을 완전히 깨달으면
　이것이 지혜반야바라밀행이네.[283]

라고 설하였다. 『부자만남경』에서

　세간해의 가르침을
　누군가가 전도되지 않는 마음으로 잘 이해함으로써
　뱀의 오래된 허물처럼 버리며
　모든 윤회에서 벗어나 평온적정하게 될 것이다.
　이 모든 법은 자성이 없으니
　삼해탈문(三解脫門: 공해탈문, 무상해탈문, 무원해탈문)을
　누군가가 들어서 환희심이 생기는 자
　이들은 위없는 깨달음을 얻을 것이다.
　승리자께서는 오온이 없음을 보셨다.
　18계와 12처도 그와 같다.
　근의 의지처는 상이 없는 것
　이 모든 것이 능인께서 여실히 보셨다.[284]

---

283 『반야바라밀섭송』, 경장經藏(bka' 'gyur), 경부經部(mdo sde), 라싸판, 반야부,
　　다양함, ka, 191쪽, ba, 2줄.

라고 설하였다.

앞 경의 의미는 가르침의 심오한 의미를 전도되지 않게 깨달음으로써 뱀이 허물을 벗는 것처럼 윤회에서 벗어남을 설하며, 심오한 의미가 무엇인가하면 제법이 자성으로 공한 것이다. 이것을 들음으로써 환희심이 생기고 이를 깨달은 자가 보리를 얻는다는 의미이다.

제법이 자성으로 성립되지 않는 것이 제법의 궁극적 실상이며, 제법의 법성이며, 승의제이기도 하다. 자성으로 성립되지 않은 방식은 어떤 법이든 이름만으로 가립하여 존재할 뿐이며, 그것에 만족하지 않고 가립된 의미를 가립된 토대의 측면에서 찾으면 발견되지 않는 것을 말한다.

요약하면, 무아를 깨닫는 도는 해탈도이며, 이 도가 번뇌를 제거하는 도임을 알고서 이 도가 생기기를 온몸으로 노력해야 한다.

(3) 공성의 의미를 잘못 파악하면 과실이 큼

앞의 경과 논서들에서 설한 것과 같이 이해하지 못하고 공성의 의미를 잘못 파악하면 과실이 매우 크다.

『가섭경』에서

가섭이여, 아我를 보는 것은 괜찮지만 공성을 잘못 이해하는 것은 그렇지 않다.[285]

---

284 『부자만남경』, 대보적경大寶積經, 경부經部(mdo sde), 경장經藏(bka' 'gyur), 62쪽, 나 4줄.

285 『가섭경』, 대보적경大寶積經, 경장經藏(bka' 'gyur), 라싸판, cha, 231쪽, na, 4줄.

라고 설하였다.

여기서 말한 아를 보는 것이 아집이며, 이것을 보는 것이 '괜찮다'는 것은 아집에 타력으로 가더라도 선행을 지을 수 없다거나 해탈의 길이 완전히 차단된 것은 아니라는 의미다.

'공성을 잘못 이해하는 것은 그렇지 않다'는 것은 전혀 없다는 것을 공성의 의미로 생각하게 되면 인과의 체계를 부정하게 되고 그로써 해탈, 전생과 내생, 삼보 또한 부정되기 때문에 성불의 방편이 완전히 사라지는 것을 의미하는 것이다. 이로써 해탈의 문이 완전히 차단된다는 것이다.

이 『가섭경』은 무착논사께서 유식의 논서인 『오지론』과 중관의 논서인 『대승보성론석』 둘 다에 인용하였다. 중관학파와 유식학파 둘의 주장에 공성의 의미가 비존재이거나 존재가 아니라는 뜻으로 본다면 단견의 큰 나락에 떨어짐을 인정한다는 것이다.

『중론』에서는

공성을 잘못 취하면 지혜가 작은 자들은 스스로 파멸할 것이다.
뱀을 잘못 잡는 것과 진언을 잘못 성취하는 것과 같다.[286]

라고 설했고, 또한

세존께서 공성으로
모든 견해를 제거한다고 설하였다.

---

[286] 『중론』 15품, 11게송.

어떤 이의 공성에 대한 견해는
이것을 성립하지 않음을 설하였네.[287]

라고 말하였다.

『보만론』에서는 다음과 같이 설한다.

이것을 잘못 파악하면 아만심我慢心을 가진 어리석은 자는
(공성을) 제거(단견)했기 때문에, 이러한 악심惡心을 가진 자는
무간지옥에 몸이 거꾸로 서서 간다.[288]

또한 『보만론』에서

요약하면 없다고 보는 것
업의 과보가 없다고 하는 것은
비복덕으로 악도로 가게 한다
때문에 이것을 사견이라고 설하셨다.[289]

라고 설하였다. 『사백론』에서는

내가 열반에 든다고 해서

---

287 『중론』 13품, 8게송.
288 『보만론』 2품, 20게송.
289 『보만론』 1품, 43게송.

비공을 공과 같이 보지 않는다.
악견으로 열반에 들 수 없다고
여래들이 설하였네.[290]

라고 하며, 또한

대부분 중생들은 청정하지 않은 것을 취하니
그러므로 범부들은 대부분 확실히 악도에 가게 된다.[291]

라고 하였다. 『사백송주석서』에서는

청정하지 않은 어떤 이가 무아의 법을 듣는 것을 멸하여 전도됨을
분별하기 때문에 오직 악도에 간다.[292]

라고 설하였다.

이것은, 어떤 중생들이 공성을 원하지 않아서 추구하지 않고 멸한다.
또한 어떤 이가 공성을 원하더라도 공성의 의미를 잘못 파악하여 그의
의미는 전혀 없음을 전도되게 이해하는 이 둘 다 악도에 간다는 의미
이다.

---

290 『사백론』 8품, 7게송.

291 『사백론』, 중관부中觀部, 논장論藏(bstan 'gyur), 데게판(sDe dge), tsa, 8쪽, na,
   7줄.

292 『사백송주석서』, 중관부中觀部, 논장論藏(bstan 'gyur), 데게판(sDe dge), ya,
   190쪽, na, 7줄.

『보만론』에서

이 법을 전도되게 파악하면 어리석은 이들이 소비가 된다.
이러한 없음을 봄으로써 오염에 빠지게 되네.[293]

라고 설하였다. 『명구론』에서는

모든 것을 비방誹謗함을 원하지 않으면 그때 어떻게 이 사물들이
존재하더라도 공하게 되는가. 그러므로 자성이 없다는 의미가 공성
의 의미가 아니다라고 공성을 멸하게 된다. 그와 같이 멸하면, 법을
멸하는 업으로 확실히 악도에 가게 된다.[294]

라고 설하였다. 『구사론』에서는

사견邪見으로 뿌리를 자른다.[295]

라고 하였다.

사견은 선행을 뿌리째 자른다고 설한다. 자성이 없기 때문에 완전히
없다고 생각하면 방편에 대해서도 손감損減하게 된다. 이러한 악견으로

---

293 『보만론』 2장, 19게송.
294 『명구론』, 중관부中觀部, 논장論藏(bstan 'gyur), 데게판(sDe dge), 164쪽, ba,
5줄.
295 『구사론』 4품, 79게송.

는 삼매를 성취하기는커녕 선악의 인과 또한 없게 되기 때문에 계율을
지켜야 하는 이유까지 사라지게 될 것이다. 이것은 인과의 체계들이
없기 때문에 무자성이며, 무자성을 전혀 없는 것으로 이해하기 때문이
다. 그러므로 이와 같은 견해를 가지면 악도惡道에 간다고 경전에서
설하는 것도 이유가 있다.

『사백론』에서

> 계율에서 타락하는 것은 쉽지만
> 견해에서는 전혀 아니다.
> 계율로써는 선도에 가고
> 견해로써는 최고의 경지에 갈 것이다.[296]

라고 설하였다.

아를 보는 것, 즉 아집은 윤회에 묶이는 원인이며 출세간의 올바른
견해를 방해하는 것임은 말할 필요도 없다. 그러나 아집으로써 세간의
올바른 견해가 생기는 것을 완전히 방해하진 못한다. 아집의 타력으로
선근을 실천할 수는 있다. 자신의 후생에 대한 집착으로 보시하는
등이 존재하기 때문이다. 가행도의 세제일법 이하를 아집의 힘으로
행할 수 있고, 선악을 취사하여 도에 정진하는 것이 가능한 까닭이다.
없음을 보는 것, 즉 사견은 큰 악업을 짓는 토대일 뿐만 아니라 전에
쌓였던 모든 선근을 부수는 불선의 망치다. 그러므로 이러한 마음을

---

296 『사백론』 중관부中觀部, 논장論藏(bstan 'gyur), 데게판(sDe dge), tsa, 130쪽,
  ba, 3줄.

가지는 한 윤회에서 벗어나기가 매우 어렵다.

그러므로 공성을 이해하지 못하면 윤회에서 벗어나지 못함은 물론이고, 공성의 의미를 잘못 파악하면 윤회에 묶이는 것뿐만 아니라 악도에 태어나게 하는 위없는 원인이기 때문에, 이러한 악심이 생기지 않게 하기 위해 공덕의 지지를 충분히 가지고서 공성을 설한 세존의 경과 그 해석인 인도의 대논사들이 저술한 논서들을 차례로 여실하게 배우고 틀림없는 도에 노력해야 한다.

(4) 공성의 의미를 제대로 이해하면 공덕이 큼

공성의 의미를 여실하게 사유하면 공덕이 크다. 공성의 의미에 대해 제대로 이해한다면 방편의 측면에서 큰 이로움이 생겨 방편과 지혜 두 가지가 상호 도움이 되어 길에 신속하게 다가가 붓다의 경지를 얻게 될 것이다.

『케우린포체진빼도(ཕྱུག་རིན་པོ་ཆེས་ཞུན་པའི་མདོ་ལས།)』에서

문수여, 능숙한 방편이 없는 보살이 수천 겁 동안 육바라밀을 행하는 것보다 이 법문에 대해 의심을 가지고 듣는 것이 그보다 훨씬 많은 공덕이 생길 것이다. 그렇다면 의심 없이 듣는 것은 말할 필요도 없다. 글로 쓰고, 구전을 주고, 설법하고, 다른 사람에게도 상세하게 가르치는 사람은 더 말해 무엇 하랴.

라고 설하였다. 『금강경(རྡོ་རྗེ་གཅོད་པ་ལས།)』에서

세존께서 말씀하셨다. "수보리야 이것을 어떻게 생각하느냐? 갠지
스 강의 모래알만큼의 갠지스 강이 있고, 그곳의 모래알맹이가
있다면 이것은 많은 것인가?"

수보리가 말씀 올렸다. "세존이시여, 갠지스 강의 자체도 많은데
그 모래알갱이는 말할 필요도 없습니다."

세존께서 말씀하셨다. "수보리야, 당신에게 언교言教하겠다. 너는
알아야 한다. 갠지스 강의 모래알갱이만큼의 세계에 어떤 남자
또는 여자가 일곱 가지 보석으로 가득 채워 여래께 보시한다면,
그 남자 또는 여자가 그것으로 많은 공덕이 생기겠는가?"

수보리가 말씀 올렸다. "세존이시여, 많습니다. 여래시여, 많습
니다."

세존께서 말씀하셨다. "누군가가 이 법문에서 사구게송을 계속 하나
라도 지니고 다른 사람에게 바르게 설한다면 그보다 훨씬 많은
복덕이 생길 것이다."[297]

라고 설하였다. 『부자만남경』에서

세간해의 가르침을
누군가가 전도되지 않는 마음으로 잘 이해함으로써,
뱀의 오래된 허물처럼 버리며
모든 윤회에서 벗어나 평온적정하게 될 것이다.
이 모든 법은 자성이 없으니

---

297 『금강경』, 반야부, 경장經藏(bka' 'gyur), 데게판(sDe dge), ca, 221, 바.

삼해탈문(三解脫門: 공해탈문, 무상해탈문, 무원해탈문)을
누군가가 들어서 환희심이 생기는 자
이들은 위없는 깨달음을 얻을 것이다.
승리자께서는 오온이 없음을 보셨다.
18계와 12처도 그와 같다.
근의 의지처는 상이 없는 것
이 모든 것이 능인께서 여실히 보셨다.[298]

라고 설하였다. 『여래보물창고경 (ད་བཞིན་གཤེགས་པའི་མཛོད་ཀྱི་མདོ་ལས)』에서

십불선업 중의 가장 큰 것들을 설하여 그것들을 지닌 자는 무아의
법에 들어가며 일체법이 본래부터 청정함을 믿고 확신하는 중생들은
악도에 가지 않는다.

라고 설했으며, 『항마품 (བདུད་འདུལ་བའི་ལེའུ་ལས)』에서

어떤 비구가 일체법이 지극히 조복됨을 알고 악행의 처음과 마지막
도 자성으로 비어있음을 알면, 악행으로 생기는 후회를 제거하고
확고하게 행하지 않음으로써 무간지옥도 조복시킨다면 의계와 계율
을 잘못 행하는 사소한 것은 말할 필요 있겠는가?

라고 설하였다. 『아자따사뜨루 후쇠소멸경 (མ་སྐྱེས་དགྲའི་མདོ་ལས)』에서

---

298 『부자만남경』, 대보적경, 경장經藏(bka' 'gyur) 라싸판, na 184쪽, na, 7줄.

무간행을 행한 사람이 수승한 법을 듣고 나서 이 법에 들어가 확고하
게 믿는다면 그의 행위는 업의 장애라고 나는 말하지 않는다.[299]

라고 했으며, 『집경론』에서

심오한 법에 대해 확고하게 믿음으로 모든 복덕을 모으는 것이다.
붓다를 이룰 때까지 세간과 출세간의 모든 수승함을 성취할 것
이다.[300]

라고 했으며, 『사백론』에서

복덕이 작은 사람은 이 법에 대해 의심조차도 하지 않을 것이다.
단지 의심을 갖는 것만으로도 윤회계가 찢겨질 것이다.[301]

라고 설하였고, 또한

궁극의 실상을 아는 자는 설령 이생에 열반을 얻지 못하더라도
다음 생에 노력 없이 확실하게 얻게 될 것이다.[302]

---

299 『마께다이도』, 경부經部(mdo sde), 경장經藏(bka' 'gyur), 데게판(sDe dge), ma,
411쪽, ba, 1줄.
300 『집경론』, 중관부中觀部, 논장論藏(bstan 'gyur), 데게판(sDe dge), 205쪽, na,
5줄.
301 『사백론』, 중관부中觀部, 논장論藏(bstan 'gyur), 데게판(sDe dge), 9쪽, na, 7줄.
302 『사백론』, 중관부中觀部, 논장論藏(bstan 'gyur), 데게판(sDe dge), 10쪽, na 2줄.

334

라고 설하였다. 『입중론』에서

연기의 이 논리로써 악견의 모든 그물이 찢겨질 것이다.[303]

라고 설하였고, 또한 『입중론』에서

범부의 시점에도 공성을 들음으로
안으로 지극한 환희심이 거듭거듭 생겨나며,
지극한 환희에서 생긴 눈물로 눈이 젖고
온몸의 털이 곤두서는 바로 그 사람에게는
원만 붓다 마음의 종자가 있는 것이다.
그대는 궁극의 실상을 보여주는 그릇이다.
그에 대해 승의제를 가르쳐야 한다.
그에게는 그에 뒤따르는 공덕이 생길 것이다.
항상 계율을 바르게 지니고 머무를 것이다.
보시를 할 것이며 자비를 수습할 것이다.
인욕을 수습하는 선행 또한 중생을
자유롭게 하기 위해서 깨달음에 회향할 것이며,
원만한 보살들을 공경으로 대할 것이다.[304]

라고 설하였다.

---

303 『입중론』 6지, 115게송.
304 『입중론』 6지, 4~6게송.

해탈과 무주열반으로 향하는 자에게 공성에 대해 단지 이해하는 것만으로 만족하지 않고 완벽하게 알아야 하며, 또한 공성을 깨닫는다면 큰 이로움을 단지 믿는 것이 아니라 윤회로부터 벗어나는 것에 대한 공성의 견해는 없어선 안 되는 원인으로 알아야 하며, 이에 대해 배우는 방법 또한 『장엄경론』에서 다음과 같이 설했다.

이에 대해 먼저 들음에 의지하여 작의가 생긴다. 여실히 작의하는 것에서 청정한 대상인 본래지가 생긴다. 그것으로부터 법을 얻는 것이 있고 그것으로부터 지혜가 생겨난다.[305]

이와 같이 공성의 의미에 대해 문사수를 차례로 배워서 해탈과 깨달음의 경지를 이루고자 한다면 청정한 도에 의지하고 선대 스승들의 전기를 배워서 도를 일으켜야 한다.

(5) 공성은 연기와 같은 의미

『불설해용왕경(佛說海龍王經, འཕགས་པ་ཀླུའི་རྒྱལ་པོ་རྒྱ་མཚོས་ཞུས་པ་ཞེས་བྱ་བ་ཐེག་པ་ཆེ ན་པོའི་མདོ་, ´phags pa klu´i rgyal po rgya mtshos zhus pa zhes bya ba theg pa chen po´i mdo)』에서 다음과 같이 설한다.

어떤 것이 연緣에서 생기면 그것은 무생無生이다. 그것에 생의 자성이 비존재이다.

연에 의지하면 그것이 공함을 말한다. 누군가가 공성을 알면 그이는

불방일不放逸하다.[306]

『능가경』에서 다음과 같이 설한다.

큰 지혜로운 자여. 자성으로 생하지 않음을 생각하여 내가 일체법을
무생이라고 말했다.[307]

『중론』에서 설한다.

의존하여 생기는 것, 이것이 공함을 설했다.
이것은 의존하여 가립된 것이다. 이것이 중도中道이다
왜냐하면 연기가 아닌 어떤 법도 존재하는 것이 아닌 까닭이다.
그러므로 공한 것이 아닌 어떤 법도 존재하지 않는다.[308]

『회쟁론』에서는

어떤 것에 공한 것이 가능하면
그것에 모든 것이 가능하다.
어떤 것에 공성이 불가능하면

---

306 『불설해용왕경』 경부經部(mdo sde), 경장經藏(bka' 'gyur), 데게판(sDe dge),
　　1733, pha, ma, a', 230쪽, ba 2줄.
307 『중론』 24품, 중관부中觀部(dbu ma), 논장論藏(bstan 'gyur), 데게판(sDe dge)
　　a', 166쪽, ba, 1줄. 재인용.
308 『중론』 4품, 17, 18게송.

그것에 모든 것이 불가능하다.[309]

라고 설하며, 또한

공성과 연기의 의미를
중도와 같은 의미로 설한
비할 바 없는 부처님께 예경합니다.[310]

라고 설하였다. 『공칠십송』에서 다음과 같이 설한다.

비할 바 없는 여래께서
모든 사물들이 자성으로 공하기 때문에
모든 사물들이 의존하여 생기는 것임을 설하셨다.[311]

『보리심석』에서

제법이 공임을 알면서
업과 과보를 믿는 이 모든 이들,

---

309 『회쟁론』, 중관부中觀部(dbu ma), 논장論藏(bstan 'gyur), 데게판(sDe dge), 69게
송. 재인용.

310 『회쟁론』, 중관부中觀部(dbu ma), 논장論藏(bstan 'gyur), 데게판(sDe dge), tsa,
70게송. 재인용.

311 『공칠십송』, 중관부中觀部(dbu ma), 논장論藏(bstan 'gyur), 데게판(sDe dge),
1733, 65게송.

신기함 중에 신기하며
수승함 중에 수승하다.

라고 설하였고, 『사백론』에서

어떤 것에 의존하여 생긴 것이면
이것이 자유가 존재하는 것이 아니다.
이 모든 것이 자유가 없는 것이니
때문에 아는 존재하지 않는다.[312]

라고 설하였다.

이 모든 경론들이 일체법이 연기이기 때문에 자성으로 공함을 설하였고, 연기는 자성으로 공함을 의미로 세우는 것이 용수논사 부자의 특별한 주장이며, 연기와 자성으로 공함 둘이 모순되지 않고 하나가 하나의 벗으로 되는 것이 자립논증학파의 위없는 특징이다. 『사백론주』에서 다음과 같이 설한다.

나는 사물이 없음을 말하는 것이 아니다. 연기를 말하는 것이기 때문이다. 그렇다면 당신은 사물을 말하는 것인가? 그것도 아니다. 연기를 말하기 때문이다. 그러면 당신은 무엇을 말하는 자인가? 연기를 말한다. 그러면 연기의 의미는 무엇인가? 무자성의 의미다.

---

312 『사백론』, 중관부中觀部(dbu ma), 논장論藏(bstan 'gyur), 데게판(sDe dge), 16쪽, na, 4줄.

자성으로 무생인 의미, 환과 신기루, 영상影像과 건달바의 성과
환영과 꿈 등과 같은 자성의 결과가 생기는 의미, 공성과 무아의
의미다.[313]

『출세간찬出世間贊』에서 다음과 같이 설한다.

고통은 본인이 만든 것
타인이 만든 것
자타가 만든 것이거나
원인이 없다고 외도들은 말하지만
부처님께서는 그것을 연기라고 설했다네.

의존하고 관련하여 생기는 모든 것
바로 그것을 부처님은 공한 것이라 말했고
사물은 자력(自在)이 없다는 것이
비할 바 없는 부처님의 사자후라네.[314]

인과 연기의 체계 또한 외경의 인과因果뿐만 아니라 내적인 인과도
파악하는 것이 중요하기에 세존께서 중생들이 윤회에 다가가는 차례의

---

313 『사백론주』, 중관부中觀部(dbu ma), 논장論藏(bstan 'gyur), 데게판(sDe dge),
　　ya, 220쪽, ba, 4줄.
314 『출세간찬出世間贊』찬탄, 논장論藏(bstan 'gyur), 데게판(sDe dge), ka, 69쪽,
　　na, 7줄.

인과의 한 부와 윤회에서 벗어나는 차례의 인과의 한 부, 즉 두 가지 인과 부를 말씀하신 것이 사성제이다. 윤회에 속박됨과 윤회에서 벗어 난 해탈의 체계가 가능한 것은 제법이 자성으로 공하기 때문이고, 이러한 체계가 타당한 이유로 무자성이 성립한다. 그러나 인과법들 자체가 공하다는 의미를 전혀 없는 것이라고 하면, 자성으로 성립하는 여부를 분석하는 토대까지 제거되기 때문에 중관학의 심오한 특징들까 지 사라지게 된다. 무자성無自性과 무無 두 가지를 같은 의미로 이해하 고, 유자성有自性과 유有 두 가지를 같은 의미로 생각하는 것은 중관학의 특성을 차단시키는 큰 바위를 마음속에 막아둔 것과 같다. 이러한 견해로는 심오한 공성을 이해하지 못하는 것은 물론이고 세속에 대한 바른 견해 또한 생기지 못한다.

그러므로 윤회에서 벗어나고자 하는 이들은 용수 논사 부자의 설법을 세 분의 위대한 제자가 해석한 것이 세존의 무구無垢한 의도임을 믿고서 이 방식을 배워야 한다.

(6) 일체법은 마음으로 가립된 것일 뿐임

귀류논증학파에서는 일체법이 분별로써 가립된 것뿐임을 주장한다. 마음으로 가립될 뿐, 언설로써 가립될 뿐, 명칭으로 가립될 뿐, 분별로 써 가립될 뿐은 같은 의미이다. 제법이 마음으로 가립될 뿐이라는 의미가 이하 학파들이 주장하는 것과는 다르다. 이들의 차이점은 앞에 서 말했다.

이 학파는 제법이 이름인 가유라고 주장하기 때문에 상단견의 두 극단을 제거한다. '이름뿐'이라는 것은 자성으로 성립함을 배제하고,

'가유假有'라는 것은 아예 없는 것을 배제한다. 그러므로 제법이 이름뿐인 가유로 인정하는 것이 두 극단을 제거한 귀류논증학파의 특징이다. 이 학파는 제법을 마음으로 가립될 뿐임을 주장하는데 그 근거는 무엇인가?

『우파리소문경』에서 다음과 같이 설한다.

지옥 중생의 두려움을 내가 설하고
수천만 중생들이 염리하지만
죽어서 악도에 속히 가는
중생들이 존재하는 것은 전혀 아니다.
칼, 화살 등의 무기를 사용하여
해치는 것은 존재하지 않는다.
분별로써 악도에서 육신에 무기가 들어오는 것을 보지만
이곳에 (실제로) 무기는 없다.
아름다운 다양한 꽃을 피우고
금으로 된 집의 빛에 마음이 끌리나
여기에 이것 역시 행위자가 전혀 없다.
이것들은 분별로써 건립되는 것이고
분별로써 세간을 가립된 것이니
상相을 취하는 범부들이 구별한다.[315]

---

[315] 『우파리소문경』, 보적부寶積部(dkon brcegs), 경장經藏(bka' 'gyur), 데게판(sDe dge), ca, 129쪽.

삼악도와 그 고통, 삼선도와 그 행복, 요약하면 삼계의 모든 다양한 선악들과 삼승의 성자와 이들의 무루無漏인 청정법은 가립된 의미를 찾으면 발견되지 않으며, 오직 언설로만 가립될 뿐이다. 그러나 이와 동시에 일체 행위와 행위자가 모순 없이 작용하는 것이 가능하기 때문에 전혀 없는 것은 아니라는 의미이다.

『육십송여리론』에서도 다음과 같이 설한다.

세간은 무명無明의 연緣을 가진 것으로
부처님께서 설하였다.
그러므로 이 세간이 분별이라는 것이
왜 타당하지 않겠는가.[316]

부처님께서 세간 사람들이 무명의 연을 가진 것으로 설하신 것은 윤회의 뿌리가 무명임을 의미하며, 이 무명은 제법이 언설로 가립되었을 뿐인데도 반대로 이것에 집착하기 때문에 세간 사람들이 육도윤회를 돌게 되는 원인이 된다는 것이다.

『사백론』에서 다음과 같이 설한다.

분별이 없이는 욕망 등
존재하는 것이 존재하지 않으니
실제의 의미와 분별이라는 것을

316 『육십송여론』, 중관부中觀部(dbu ma), 논장論藏(bstan 'gyur), 데게판(sDe dge), tsa, 21쪽, 38게송.

어떤 지혜로운 이가 말하겠는가.[317]

『보만론』에서 다음과 같이 설한다.

색色의 사물이 이름뿐이니
허공 또한 이름뿐이네.
무생無生인 색이 어떻게 존재하겠는가?
그러므로 이름뿐이라는 자체도 없네.[318]

일체법이 이름과 마음으로 가립되는 방식을 『사백송주석서』와 『입중론자석』 등에서 설한 것처럼 뱀과 끈의 예를 들어 설명하자면, 저녁 어스름한 무렵에 끈을 멀리서 보게 되면 이것을 뱀이라고 보는 착란한 식識이 생긴다. 이 식이 끈에 대해서 뱀이라고 취하여 명칭을 가립된다. 이때 실제로는 끈을 구성하는 각 부분과 부분이 모인 조합 등에 뱀이라고 성립되는 것이 없고, 이 각각의 어느 것으로도 뱀의 사례가 될 수 없다. 뱀이 가립된 토대인 끈의 모양과 색깔 등 각각의 부분과 그것의 조합 등의 측면에서도 뱀으로 성립되는 것이 없다. 이러한 뱀은 오직 마음으로 가립될 뿐이다.

　이와 같이 온蘊에 의지해서 '나'라는 생각이 일어나지만 '나'는 온의

---

317 『사백론』, 중관부中觀部(dbu ma), 논장論藏(bstan 'gyur), 데게판(sDe dge), tsha, 3쪽, 8품, 20게송.
318 『보만론』 1품, 중관부中觀部(dbu ma), 논장論藏(bstan 'gyur), 데게판(sDe dge), 99게송.

전 찰나와 후 찰나의 흐름과 조합의 측면에서 성립되는 것이 없고, 온의 각각의 부분과 그의 결합 또한 '나'의 사례가 아니다. 또한 온과 본성本性으로 구별된 '나' 역시 있을 수 없을 것이다. 그렇다면 '나'는 무엇인가? 앞에 보만론에서 설한대로 '나'는 자신의 가립된 토대인 온의 부분에 가립된 존재일 뿐이다.

'나'에 대해서 분석하지 않았을 경우에는 '나'라고 건립할 수 있지만, 분석할 경우에는 가립된 의미가 가립된 토대의 측면에서 아무것도 발견되는 것이 없기 때문에, '나'는 오직 분별로써 가립된 존재일 뿐이다. '나'를 분별로써 건립하는 방식을 이와 같이 알면 다른 제법 또한 이와 같은 방식으로 알 수 있다. 이것이 『삼매왕경』의 의도이다.

이하 학파들이 분별로 가립된 주장은 다음과 같다. 경량부는 소지에 항상함과 사물 둘로 구별하여 인과 연에서 생기거나 결과를 발생한 행위를 하면 사물이고, 작용할 수 없는 법은 항상한 것이다.

경량부는 원인과 조건에서 생기지 않는다는 이유로 '분별로 가립될 뿐'이라고 주장한다. 사물들은 자신을 인식하는 현량에 자력으로 행상을 드러내기 때문에 분별로 가립될 뿐이 아니며 항상한 것들이 자신을 인식하는 현량에 행상을 드러내지 못하고 분별지에 현현할 뿐이기 때문에 분별로 가립될 뿐임을 주장한다. 그렇기 때문에 '현량의 현현경顯現境'과 '사물' 둘이 같은 의미이고, '분별의 현현경'과 '항상한 것'을 같은 의미라고 인정한다.

그러므로 무아를 깨닫는 견도는 공한 토대인 유위법을 직접적으로 지각하고 무아는 간접적으로 지각한다고 말한다. 유식학파는 제법은

'마음의 본성일 뿐'이라고 주장한다. 제법이 마음의 현현뿐이고 이 현현 또한 아뢰야식의 습기가 익음으로써 성립되기 때문에 마음의 현현이 밖으로 드러나는 것 외에 외경으로 성립되는 것이 없다. 법은 착란한 식에 외경으로 존재하는 것처럼 현현하지만 이 모두가 의미상으로 '마음의 본성일 뿐'이라고 깨닫게 되면 '법의 궁극적 실상을 깨닫는 것'이라고 주장한다.

경량부와 유식학파가 주장하는 '분별로써 가립될 뿐이다'라는 말은 같지만 의미는 다르다. 경량부의 '분별로써 가립될 뿐인 것'과 유식학파의 '분별로써 가립될 뿐인 것'의 둘은 충족되는 정도에는 차이가 있다. 경량부는 항상한 것이면 분별로써 가립될 뿐임을 충족한다고 인정하지만, 유식학파는 인무아와 법무아의 원성실성은 항상한 것이지만 분별로써 가립될 뿐임을 인정하지 않는다. 왜냐하면 이 둘이 자성으로 성립됨을 인정하기 때문이다.

그러므로 두 학파가 분별로써 가립될 뿐이라는 '뿐'자의 의미가 다르다. 경량부는 '뿐'자의 의미가 원인과 연에서 생기는 것을 배제함을 인정하며, 유식학파는 그것뿐만 아니라 자신의 특성으로 성립함을 배제한다고 인정한 까닭이다. 사물이면 '분별로써 가립될 뿐'이 아닌 것을 충족한다는 점에서 두 학파는 차이가 없다.

그러나 유식학파는 변계소집성의 법들이 연에서 생기지 않은 것뿐만 아니라 대상 자신의 특성으로 성립되지 않는다는 이유로 분별로써 가립될 뿐임을 주장하기 때문에, 유식학파가 주장한 마음이 '가립될 뿐'은 경량부가 주장한 '가립될 뿐'보다 미세한 것이다.

이해하는 방식에 있어서도 거칠고 미세한 차이를 보인다. 유식학파는 사물이면 분별로 가립되는 것뿐임을 건립하지 못한 것은 경량부와 같다. 그러나 분별로써 가립되는 방식은, 변계소집성은 원인에서 생기지 않은 것뿐만 아니라 대상 자신의 특성으로 성립되지 않다는 이유로 분별로써 가립될 뿐임을 주장하기 때문에 이 부파가 '분별로써 가립될 뿐'은 경량부의 주장보다 미세해진다.

자립논증학파와 귀류논증학파 역시 '분별로써 가립될 뿐'에 대해 충족하는 정도의 차이는 없다. 그러나 충족하는 정도에 있어서는 견해가 공통되지만 이해하는 측면에서는 거칠고 미세한 차이가 발생한다. 두 학파의 입장에서 '분별로써 가립될 뿐'이라고 할 때, '뿐'자의 의미는 실제로 성립함을 배제시키는 것으로써 공통된다. 따라서 일체법이 분별로 가립될 뿐이라는 주장에도 또한 차이가 없다.

자립논증학파는 부정대상을 파악할 때 위의 마술의 예에서 말했듯이, 화현한 토대인 물질이 실제 말과 소가 아님에도 불구하고 말과 소로 착란한 마음으로 가립될 뿐이라고 설명한 것처럼, 마음으로 가립되지 않고 대상 자신의 측면에서 조금도 성립되는 것이 없기 때문에 일체법은 분별로 가립될 뿐이라고 말한다. 그러므로 이 학파가 '분별로 가립될 뿐'이라고 하는 것은 유식학파가 건립하는 방식보다 매우 미세한 것이다. 그러나 마음의 가립을 주장하더라도 가립되는 의미 자체가 가립되는 토대의 측면에서 분석하면 발견되는 것이 있다고 인정하기 때문에 귀류논증학파의 견해보다 매우 거친 것이다.

이로써 자립파는 일체법에 대해서 분별로 가립된 것과 대상의 측면에서 성립된 것 두 가지의 결합을 말하게 되었다. 따라서 자립파는 실제가 없다고 말만 할 뿐 의미상으로는 실제로 존재함을 인정한다. 왜냐하면 가립의 의미가 가립된 토대의 측면에서 찾아 발견되는 것이 있다고 한다면, 그 발견된다는 의미가 '정리지로 분석하여 발견되는 것(དཔྱད་ བཟོད་; dpyad bzod)'으로 귀결되어버리기 때문이다. 이로써 실제로 성립 됨을 인정하는 것이 된다.

귀류논증학파가 가립된 의미를 찾는 방식을 설명하면 다음과 같다. 항아리를 예로 들면, 항아리가 집안에 있는지 밖에 있는지를 찾거나 혹은 현재 자신의 마음이 색깔과 형태로 성립되어 있는지의 여부를 분석해서 찾는 것은 실상을 찾는 것이 아니다. 전자는 근식根識으로 찾을 수 있고 또한 세속의 일반적 인식으로도 찾을 수 있다.

그렇다면 실상을 찾는 방식은 무엇인가? 어떤 법이든 언설로써 가립된 의미가 가립된 토대의 측면에서 성립되는지의 여부를 찾는 것이 실상을 찾는 것이고, 그것을 분석하는 것이 실상을 분석하는 것이다.

예를 들어 항아리가 집 안팎 어디에 있는지를 분석하여 안에 없음을 알게 되면 집 안에 항아리가 있다는 것을 부정하지만 이 마음이 항아리 의 공성의 미세한 부정대상을 부정하는 것이 아니다. 그와 같이 허공이 막힘과 접촉으로 공한 것임을 알게 되면 허공의 부정대상인 막힘과 접촉을 부정하지만 허공의 공성의 미세한 부정대상인 실체를 부정하는 것이 아니다. 그렇다면 실상을 찾는 방식이 무엇인가? 어떤 법이든 언설로써 가립된 의미가 가립된 토대의 측면에서 성립되는지의 여부를 찾으면 그 법의 실상을 찾는 것이고, 그것을 분석하면 실상을 분석하는 것이다.

이 학파는 어떤 법에도 가립된 의미 자체를 가립된 토대의 측면에서 아무리 분석해서 찾더라도 발견되지 않고, 가립된 토대의 측면에서 발견되지 않은 것 자체가 법들의 궁극적 실상임을, 앞에서 경과 많은 논리로써 성립하였다.

예를 들어 끈을 뱀으로 착각할 경우 가립된 토대인 끈에는 가립된 법인 뱀의 본성이 조금도 없지만, 착란한 마음으로 끈을 뱀으로 가립된 것일 뿐이다. 그와 같이 제법 또한 자신의 각각의 가지들을 '이것이 이것이다'라고 마음에 가립된 것일 뿐이며, 가립된 법이 가립된 토대의 측면에서 성립되는 것이 조금도 없기 때문에 제법이 마음으로 가립된 것뿐이다. 이렇게 건립하는 것이 이 학파의 특별한 특징이며 자립논증 학파의 주장보다 더욱 미세한 것이다.

이 학파에서 법들을 마음으로 가립되는 방식에 대하여 세 분의 논사가 각각의 예시를 설하였다. 불호 논사는 『대보적경(大寶積經, དཀོན་མཆོ ག་བརྩེགས་པའི་མདོ, dKon mchog brtsegs pa'i mdo)』을 인용하여 설하였고, 샨티데바Śāntideva 논사는 『부자만남경(Pitā-putra-samāgama-sūtra, ཡ བ་སྲས་མཇལ་བའི་མདོ, Yab sras mjal ba'i mdo)』을 인용하여 마음으로 가립되 는 방식을 『입보리행론』과 『집학론(集學論, Śikṣāsamuccaya, བསླབ་ བཏུས, bsLab btus)』에서 설하였다. 월칭 논사는 『성문교경(聲聞敎經, ཉན་ཐོས་ལ་གདམས་པའི་མདོ)』을 인용하여 마음으로 가립되는 방식을 설하 였다.

『붓다빨리타』에서

세간에 진실과 진실이 아닌 것으로 알려진 것을 세존께서도 진리와 진리 아닌 것이라고 설한다. 이것의 예를 들면, 두 사람이 일 때문에 시내에 가다가 법당에 가서 그림을 보았다. 벽을 보고 한 사람이 말한다. 손에 삼지창을 들고 있는 것이 비슈누의 아들이고 손에 법륜을 들고 있는 것이 시바신이다. 다른 사람은 손에 삼지창을 들고 있는 것이 시바신이고 손에 법륜을 들고 있는 것이 비슈누의 아들이라고 그 반대로 말하여 이 둘이 언쟁을 하게 되었다. 옆에 어떤 사람이 있었는데 이 두 사람이 그 사람에게 다가가서 절하고 각각의 의견을 말했다.

그분이 한 사람(그 사람이 상대방)에게 "당신이 말하는 것이 사실이다"라고 말하고, 또 다른 사람에게 "당신의 주장은 사실이 아니다"라고 말해야 하는데, 그 사람이 여기에는 시바신도 없고 비슈누의 아들도 없으며, 단지 벽에 있는 그림뿐이라는 것을 알고 있다 하더라도 세간의 언설대로 이것이 사실이고, 저것은 사실이 아니라고 말할 경우에, 그 말은 거짓의 허물로 되지 않는다. 그와 같이 세존께서도 사물들이 본성으로 공함을 보더라도 세간의 언설에 의해 '이것이 진리이다, 이것이 진리가 아니다'고 설한다.[319]

라고 하였다. 『입보리행론』에서 다음과 같이 설한다.

환상의 사람을 죽이는 것 등은
마음이 없으므로 악업이 아니다.
환상의 마음을 가진 것에 대해

---

[319] 『붓다빨리타』 18품, 242페이지, 간덴장쩨도서관, 2010.

공덕과 악업이 생긴다.[320]

『입중론』에서는

그것의 부분들이 모인 것이 마차가 되는가?
마차와 아我는 같은 것이다.[321]
경에서 온에 의존하였다고 말씀하시니
그러므로 온의 결합은 아가 아니네.[322]

『대승집보살학론大乘集菩薩學論』[323]에서는 『보살견실회경菩薩見實
會經』[324]을 인용하여 다음과 같이 설명한다.

사람이란 자신이 가립된 토대인 온에 이름을 붙인 것 뿐이기 때문에
환상의 사람과 같다. 그렇지만 사람과 환상의 사람을 각각 죽였을
때 생기는 살생업의 유무에는 차이가 있다. 환의 사람은 마음이

---

320 환상의 사람에 대해서 살상 등을 행하여도 / 환상의 사람에게는 마음이 없으므로
    악업은 없다. / 환상의 마음을 가진 것에 대해서는 / 공덕과 악업이 생긴다.
    『입보리행론』 9품 지혜품, 중관부中觀部, 논장論藏(bstan 'gyur), 데게판(sDe
    dge), 11게송.

321 『입중론』, 6지, 135게송.

322 오온의 결합을 인정하는 그때, 마차의 바퀴 등 마차의 부분들의 모임이 마차가
    되는 허물이 생긴다. 왜냐하면 마차와 아는 자신의 부분의 결합에 가립되는
    것이 같기 때문이다.

323 bslab pa kun las btus pa.

324 'phags pa yab dang sras mjal ba zhes bya ba theg pa chen po'i mdo.

없으므로 죽이면 살생업이 되지 않지만, 사람은 생명이 있기 때문에 죽이면 살생의 악업이 발생한다.

『성문경구사론자주석』에서

아라고 부르는 마귀의 마음

당신이 견해라고 한다.

행언行言이 공한 것이니

이에 마음이 존재하는 것이 아니다.

부분들의 모임에 의존하여 마차라고 표현한 것과 같이

이와 같이 언들에 의존하여

세속을 세간이라고 부른다.[325]

라고 설하였다.

(7) 두 가지 무아는 부정대상의 측면에서 거칠고 미세한 차이가 없음

보통 소승·대승 둘은 뒤에서 설할 삼성三誠 논리를 설할 때 나온 것과 같이, 공성을 인식한 지혜로써 구별하지 않고 방편으로써 구별하는 것이다. 그러나 소승학파와 대승학파 두 학파는 견해로써 구별되는 것이다. 즉, 법무아를 인정한 측면에서 대승학파로 건립되며, 법무아를 인정하지 않고 인무아만을 윤회에서 벗어나는 도의 대상이라고 인정하

---

325 『성문경구사론자주석』 9품, 아비달마부, 논장論藏(bstan 'gyur), 데게판(sDe dge), khau, 86쪽, na.

면 소승학파로 건립된다. 어떤 이들은 대승과 대승의 학파를 구별하지 못하고 소승과 소승학파를 구별하지 못하기 때문에 성문·연각의 성자들은 공성을 깨닫는 지혜를 가지지 못한다고 주장하여 공성을 깨닫는 지혜가 대승에만 있다고 말하는 경우도 있다. 이것은 광대한 경론을 배우지 못했기 때문이다. 견해의 측면에서 대승의 견해에 머물지만 도의 측면에서 소승의 도에 머무는 것이 가능하고, 도의 측면에서 대승도에 머물지만 견해의 측면에서 소승의 견해에 머무는 것도 많다.

그러므로 불교의 사대학파는 견해로써 구별하며 행위와 방편으로는 구별하지 않는다. 방편인 보리심과 행위인 육바라밀을 실천하는 것은 유부와 경량부 둘 모두에 존재하기 때문이다. 예를 들면, 아띠샤의 스승인 '다르마라끼타'는 견해는 유부이지만 참된 보리심을 증득한 까닭에 방편의 측면에서는 대승이다. 이와 같은 보살들은 많다. 그러므로 소승과 대승 둘은 앞에서 말한 것과 같이 방편의 측면에서 구별된다. 방편인 보리심을 가진다면 대승이고, 그것을 가지지 않으면 공성의 지혜를 지녔더라도 대승으로 들어가지 못한다.

이제는 두 무아에 대한 사대학파의 주장을 요약하여 설하겠다. 자립논증학파 이하의 불교의 모든 학파에서는 인무아에 대해 거친 것과 미세한 것 두 가지로 나누어 '아'가 상일주재로서 성립하는 것이 거친 인아人我이며 이로써 공한 것이 거친 인무아人無我라고 인정하였다. 또한 아가 자주적 실체로서 성립하는 것이 미세한 인아이며 이로써 공한 것이 미세한 인무아로 주장하는 것에는 차이가 없다.

아我가 이 세 가지로 성립됨을 인식하는 것이 거친 인아집이다.

상일주재로서 취하면 이 세 가지를 취해야 한다. 왜냐하면 이 세 가지의 결합을 취해야 하고, 세 가지 중 하나가 부족하면 세 가지의 결합이 될 수 없는 까닭이다. 상일주재로서 공함을 지각하면 이 세 가지가 각각으로 공함을 지각할 필요가 없다. 이 세 가지 중 하나로 공함을 지각하면 이 세 가지로 공함을 지각하는 것을 충족한다. 한 부분이 부서지면 결합이 무너지기 때문이다.

둘째, '나'가 자주적 실체로서 성립되는 방식과 그것을 취하는 방식은 무엇인가? '나(我)'가 자주적 실체로서 성립되는 방식은, 가립된 토대인 '나'는 가립된 법인 오온의 왕과 같은 것이고 오온은 나의 국민과 같은 것이다. 이 또한 왕과 백성, 사장과 직원, 주인과 재산, 목축인과 동물과 같은 것으로, 다스리는 것과 다스려지는 대상의 방식으로 취하는 것이다. 이것을 취하는 것이 '나'가 자주적 실체로서 성립됨을 취하는 것이다.

여기에 변계와 구생의 차이는 학파와 스승, 그리고 그들이 설한 논서들을 보거나 들음으로써 자신의 마음에 영향을 받아 이것이 이것이라고 취하는 것이 변계이며, 구생은 이러한 일시적인 조건에 의지하지 않고 자유자재로 취하는 것을 의미한다.

법무아를 인정하는 학파에는 능취·소취의 이공이 실제로 성립됨을 주장하는 학파와 실제로 성립됨으로 공한 것을 공성으로 주장하는 학파 둘이 있다. 첫째는 유식학파이며, 둘째는 중관학파이다. 유식학파가 법성이 실제로 성립됨을 주장하는 방식을 아래에서 설하겠다.

중관학파에는 실체가 없지만 자성으로 성립됨을 주장하는 자립논증학파와 실체도 없고 자성으로도 없다고 주장하는 귀류논증학파 둘이 있다. 자립논증학파는 법들이 실제로 성립하는 것을 조금도 인정하지 않지만 자성으로 성립되는 것과 자신의 측면에서 성립되는 것, 자신의 정의로써 성립되는 것은 인정한다. 이 학파의 부정대상과 그것을 부정한 공성에 대한 의미는 앞에서 말했기 때문에 여기에서는 광대하게 설하지 않겠다.

귀류논증학파는 제법이 실공임을 주장하는 면에서는 자립논증학파와 같지만, 실제로 어떻게 공한 것인지에 대한 주장은 다르다. 어떤 법이든 그것이 전제하는 방식은 그 법이 마음으로 가립될 뿐이다.

또한 언설로써 가립될 뿐, 그 외에 마음에 현현할 뿐과 언설로써 가립될 뿐으로는 만족하지 않고, 가립된 의미를 마음으로 분석하여 찾을 때 가립된 토대의 측면에서 성립된 것이 없음에 해당하여 그것이 공성임을 주장한다. 반면에 가립된 법이 가립된 토대의 측면에서 성립되는 것을 '아'라고 주장하여 이것을 자성이라고 하며, 이것을 이 학파의 궁극적 부정대상이라고 주장한다.

이러한 부정대상이 나의 상에 성립하는 것이 인아이며, 온 등의 상에서 성립하는 것이 법아이다. 그러므로 나·자성으로 성립되지 않은 것이 인아공이며, 온 등이 자성으로 성립되지 않은 것이 법공임을 이해할 수 있다. 이러한 점에서 자립과 귀류의 두 학파의 주장에 있어서 근본 체계에 대한 차이가 존재하고, 이로 인해 도를 실천할 때에도 도의 체계와 소단의 체계에 대한 주장에서도 큰 차이가 난다.

『사백론석』에서

'아'라는 것은 사물들이 타他에 의존하지 않은 본성, 즉 자성이다.
이것이 없는 것이 무아이다. 이 무아가 법과 인으로 분리됨으로써
두 가지로 된다. 법무아와 인무아다.[326]

라고 하였다. 『입중론』에서 설하였다.

무아無我는 중생들을 해탈시키기 위해서
법法과 인人 두 가지로 구분하여 설해졌다.[327]

라고 말씀하신 것과 같이, 인무아와 법무아는 부정대상이 다른 것이
아니기 때문에 부정하는 토대의 측면에서 차이가 없다. 그러므로 이
두 가지에 대해 거칠고 미세하다고 차별할 수 없다.
이와 같은 내용은 『보만론』에서도 기술하고 있다.

사람은 지地가 아니고 수水가 아니며
화火가 아니고 풍風이 아니며 허공(空)이 아니며
식識이 아니니, 모두가 아니라면
그 외에 무엇을 사람이라 하겠는가?[328]

---

326 『사백론석』, 중관부中觀部, 논장論藏(bstan 'gyur), 데게판(sDe dge), 1733, ya,
  190쪽, 3줄.
327 『입중론』, 179게송.
328 『보만론』, 제1장, 80게송.

사람은 육계六界가 모였기 때문에

진실한 것이 아니다.

그와 같이 각각의 계 또한

모인 것이기 때문에 진실한 것이 아니다.[329]

첫 게송은 사람이 자신의 가립된 토대에 의존하여 가립하기 때문에
승의로 존재하지 않는다는 뜻으로 이것은 인무아를 가리킨다. 둘째
게송은 사람이 6계에 의존하기 때문에 실제로 존재하는 것이고, 그렇다
면 가립된 온蘊 또한 자신의 각각 부분과 그들의 결합에 가립되기
때문에 승의로 존재하지 않는다는 뜻으로 이것은 법무아를 가리킨다.
이 논서에 따르면 인무아와 법무아는 토대의 측면에서 구별되지만
부정대상에는 차이가 없다.

『삼매왕경』에서는 다음과 같이 설한다.

그대가 아상我相을 인식하는 것처럼

모든 것에 적용시켜야 한다.[330]

『성대집경聖大集經』에서는 다음과 같이 설한다.

아我를 어떻게 보는가 그대로 일체중생들을 보아야 하고

---

329 『보만론』, 제1장, 81게송.
330 『삼매왕경』, 경부經部(mdo sde), 경장經藏(bka' 'gyur), 데게판(sDe dge), da,
　　44쪽, na, 2줄.

일체중생들을 보는 그대로 모든 법을 알아야 한다.[331]

'아'가 언설로 가립되는 방식을 알고, 그 방식을 온 등의 제법에 적용시켜 알아야 함을 설한다. 그러므로 인무아와 법무아 둘의 부정대 상을 하나로 설하였다. 어떤 법이든지 분별의 토대를 가립하지 않고 존재하는 것을 공성의 부정대상으로 삼으며, 이것이 아예 없는 것이 인무아이고, 오온五蘊에 없는 것이 법무아라고 설하였다. 따라서 '나'에 대해 분별로써 건립된 방식을 알게 되면 다른 제법 또한 이와 같은 방식으로 알 수 있게 된다. 즉 번뇌장을 제거한 뒤 소지장을 제거하게 되는 것이다.

(8) 두 가지 무아를 확립하는 논리

두 가지 무아를 확립하는 논리를 설함에 두 가지가 있다. 인무아를 확립하는 논리와 법무아를 확립하는 논리이다.

가. 인무아를 확립하는 논리

『입중론』에서

그러므로 아집의 토대는 사물[332]이 아니다.

---

331 『성대집보정다라니대승경聖大集寶頂陀羅尼大乘經(寶星陀羅尼經等)』'Phags pa 'dus pa chen po rin po che tog gi gzungs shes bya ba theg pa chen po'i mdo, Arya-mahasannipata-ratna-ketu-dharani- nama- mahayana-sutra』, Ye shes sde, 경부經部(mdo sde), 경장經藏(bka' 'gyur), 데게판(sDe dge), da, 44쪽, na, 2줄.

(자아는) 온 외에 다른 것이 아니며, 온의 본성도 아니다.
온이 토대가 아니며, 자아가 오온을 가진 것도 아니다.
이것(자아)은 온들에 의지하여 성립된 것이다.[333]

라고 설하였다.

아집의 소연 대상인 나(我)는 자성으로 성립된 사물이 아니다. 가립된 '나'가 가립의 토대인 오온과 자성으로 별개가 아니며, 가립의 토대인 온의 결합과 그의 부분들도 가립된 '나'가 아니며, '나'가 본성으로 온의 토대가 아니며, 온들 또한 나에게 본성으로 의존하는 것도 아니며, '나'가 본성으로 온들을 가진 것도 아니다. 왜냐하면 '나'가 온들에 의존하여 성립할 뿐인 까닭이다.

『입중론』에서

①마차는 자신의 부분과 다른 것이 아니다.
②다른 것이 아닌 것도 아니며, ③그것을 가진 것도 아니다.
④부분에 의지한 것도 아니며, ⑤부분 또한 의존한 것이 아니다.
⑥조합만이 (마차가) 아니며, ⑦모양도 아닌 것과 같다.[334]

라고 설하였다.

이 의미는, 마차가 존재하는 방식이 무엇인지 분석할 때 일곱 가지로 관찰해서 이 일곱 가지 중 어느 곳에서도 비존재하기 때문에, 마차는 자신의 부분들에 가립되는 것만으로 존재하여 자성으로 존재하는 것이 아니라는 것을 비유하여, 나 또한 자신의 온들에게 가립되는 것 외에 자성으로 존재하는 것이 없다고 확립하는 것이다. 이 논리는 인무아를 확립하는 여러 논리 중에 최고로 설해진 것이다.

첫째, 마차가 자성으로 존재한다면 마차는 자신의 부분들과 자성이 하나인가? 여럿인가? 자성이 하나라면 마차가 자신의 부분들과 자성으로 하나이면 타당하지 않다. 왜냐하면 부분들이 여러 가지인 것처럼 마차 또한 여러 가지가 되어야 한다. 또한 마차가 하나인 것처럼 마차의 부분들도 하나가 되어야 하는 까닭이다. 이 또한 유분과 부분들이 자성으로 하나이면 하나인 것을 충족하기 때문이다.

둘째, 마차가 자신의 부분들과 자성이 여럿인가? 마차가 자신의 부분들과 자성이 여럿이면 타당하지 않다. 왜냐하면 자성으로 여럿이면 본성으로 여럿이어야 하고, 본성으로 여럿이면 동시임과 동시 아닌 것 둘로 확정되고, 마차와 마차의 부분들은 동시인 본성이 여럿이 될 수 없다. 왜냐하면 동시인 본성이 여럿이면, 이 둘이 무관해야 하는데 무관하지 않기 때문이다. 마차와 마차의 부분들이 소와 말처럼

---

⑥마차의 부분들의 결합이 마차가 아니며, ⑦마차의 부분의 형태 또한 마차가 아니다. 이와 같이 아와 온 또한 마차와 마차의 부분과 같이 적용하여 알아야 한다.

무관하면 소가 말의 특성을 가지지 않는 것처럼, 마차 또한 마차의 부분들을 가지지 않게 되어버린다.

셋째, 마차는 자신의 부분들을 자성으로 가진 것이 아니다. 본성이 하나이면서 가진 것도 아니며, 본성이 여럿이면서 가진 것도 아니다.

넷째, 마차는 자신의 부분들의 자성으로 성립된 의치처가 아니다.

다섯째, 마차의 부분들도 마차를 자성으로 의존하는 것이 아니다. 의지대상과 의지하는 것 둘은 인과관계이며, 마차와 마차의 부분은 인과로 타당하지 않다. 왜냐하면 가립된 토대와 가립된 법은 인과인 것이 불가능하기 때문이다.

이 다섯 가지는 승의의 특성을 적용하여 부정하는 것이다.

여섯째, 마차의 부분들의 조합은 마차가 아니다. 만약 마차의 부분들의 모임이 마차이면 마차가 조립되지 않고도 바퀴, 축대 등 부분들의 모임이 마차가 되어버릴 것이다.

일곱째, 마차의 모양 또한 마차가 아니다. 각각 부분의 모양도 마차가 아니며, 부분의 조합의 모양도 마차가 아닌 까닭이다. 왜냐하면 이들은 마차의 가립된 대상이기 때문이다. 이 두 가지는 승의의 특성을 적용하지 않고 일반적으로 부정하는 것이다.

이러한 일곱 가지 방법으로 찾으면 마차가 발견되지 않지만, 마차가 없는 것은 아니다. 마차는 자신의 부분들에 의존하여 마차라고 이름 붙여질 뿐이며, 명칭의 대상의 측면에서 찾으려면 발견되는 것이 없다. '나' 또한 그와 같다고 알아야 한다. '나'가 온들과 자성으로 성립된 하나, 여럿 등 앞에서 마차를 분석한 것처럼 분석하여 '나'가 자신의 이름의 대상인 온의 측면에서 성립되는 것은 없으며, 온에 의지하여 나라고 이름 붙여진 것뿐임을 알아야 하는 것이다.

『중론』에서

만일 온이 아我이면 생과 멸을 가지게 될 것이다.

라고 설하고,

만일 ('나'가) 온들과 다른 것이라면 온의 특성을 가지지 않게 될 것이다.[335]

라고 설하였다.

앞 게송의 의미를 논리식으로 해석한다. 만일 오온이 아라면 이치에 맞지 않다. 왜냐하면 전생을 기억하는 것도 불가능하게 되고 지어진 업이 소비된 꼴이 되고 짓지 않은 업의 이숙을 받게 된 꼴이 되기 때문이다. 한 인간이 죽어서 천신으로 태어날 경우 그 인간과 천신의 자아自我도 각각이 되는가? 인간의 온이 멸하여 그와 다른 종류의 천신의 온을 새로 받고 이 둘의 몸이 각각이기 때문이다. 이유는 쉽다.

인간의 온이 멸하여 그와 다른 종류의 천신의 온을 새로 받고 이

---

335 『중론』 18품, 1계송.

둘의 몸이 각각이면 그 인간과 천신의 자아自我도 각각이어야 한다. 왜냐하면 각자가 받은 몸이 자아自我이며 이 둘이 각각 여럿이기 때문이다. 근본 질문을 인정한다면 전생을 기억한다는 것이 불가능하게 된다. 왜냐하면 현생의 자아自我가 전생의 업을 짓게 한 자아自我가 아니기 때문이다. 또한 온이 자아自我라면, 인간으로 태어날 때 자아自我가 새로 생기는 것입니까? 온이 새로 생기기 때문이다. 충족한다. 온이 자아自我이기 때문이다. 또한 지어진 업이 소비되는 것이 가능합니까? 전생에 지었던 업의 결과를 후생에 경험하는 것이 불가능하기 때문이다. 충족함이 쉽고 이유는 성립한다. 왜냐하면 전·후생의 자아自我가 종류의 흐름이 각각 여럿이기 때문이다. 온이 자아自我라면 같은 논리로써 짓지 않은 업의 이숙을 받게 되는 꼴이 생긴다. 후생의 자아自我가 경험한 이숙의 업이 전생의 자아自我가 짓지 않기 때문이다. 왜냐하면 이 전·후생의 자아自我가 종류의 흐름이 각각 여럿이기 때문이다.

또한 자아가 자신이 이름 붙이는 대상인 온들과 다른 본성이면 이 둘이 서로 무관하게 될 것이다. 그렇다면 말과 소들이 서로 무관하기 때문에 말의 특성을 소가 가지지 않고, 소의 특성을 말이 가지지 않는 것처럼 자아 또한 온들을 가지지 않게 되는 꼴이 된다.

또한 온의 결합이 자아이면 행위와 행위자가 하나로 되는 허물이 생긴다. 왜냐하면 온이 자아의 받아야 하는 대상이며, 자아는 오온을 받은 자이기 때문에 오온의 결합이 자아이면 받아야 하는 것과 받는 자가 하나로 될 것이기 때문이다. 온의 모양도 자아가 아니다. 왜냐하면 이것이 자아이면 자아가 물질이 되 버리고, 또한 무색계에 태어날 경우에 모양이 끊어지기 때문에 그때 자아도 끊어지는 허물이 될 것이기

때문이다. 이러한 분석하는 방식으로 자아가 일곱 가지로 성립되는
지를 찾으면 발견되지 않기 때문에 자아는 자성을 성립되는 것이 아니
다. 아가 자성으로 성립되지 않는 것이면 아소我所 또한 그와 같이
자성으로 성립되지 않는다.

『중론』에서

아가 존재하지 않으면, 아소가 어떻게 존재하는가.[336]

라고 설하였다.

여기에 입중론과 자주석에서 설한 것을 요약해서 제시한 것이다.
보통 무아를 확립하는 논리는 매우 많다. 하나와 다수를 제거한 논리,
사구로 무생의 논리, 연기의 논리 등이 있다.

나. 법무아를 확립하는 논리
'나'가 마음으로 가립될 뿐인 것처럼 일체법 또한 그와 같다고 알아야
한다.

『중론』에서

만일 온이 나이면 생과 멸을 가지게 될 것이다.
만일 온들과 다르면 온의 특성이 없게 될 것이다.[337]

---

336 『중론』 18품, 2계송.
337 『중론』 18품, 1계송.

라고 설하였다.

이 게송의 의미는, 만일 온이 '나'이면 타당하지 않다는 뜻이다. 왜냐하면 온이 나이면 전생을 기억하는 것도 불가능하게 되고, 지어진 업이 소비되며, 짓지 않은 업과 만나게 되는 까닭이다.

인간이 죽어서 천신으로 태어날 경우 '인간의 나'와 '천신의 나' 둘 또한 각각인가? 인간의 온이 멸하여 그와 다른 종류인 천신의 온을 새로 받았기 때문에 이 둘의 몸은 각각인 까닭이다. 이유는 쉽다. 충족함이 있으며 각각으로 받은 온이 아라고 주장하기 때문이다. '인간의 나'와 '천신의 나' 둘이 각각임을 인정하면 현생에 전생을 기억하는 것이 불가능하게 된다. 왜냐하면 현생의 나가 전생의 행위자인 나가 아니기 때문이다.

또한 온이 나이면 지어진 업이 사라질 것이다. 왜냐하면 전생에 지었던 업의 결과를 현생에 받는 것이 불가능하기 때문이다. 왜냐하면 전·후생의 두 가지 '나'가 각각의 종성의 흐름이기 때문이다. 그와 같이 온이 '나'이면 짓지 않은 업과 만나게 된다. 왜냐하면 후생의 '나'가 경험한 것을 전생의 '나'가 짓지 않았기 때문이다. 왜냐하면 이 두 가지 '나'가 각각 종성의 흐름이기 때문이다.

또한 '나'가 명칭의 토대인 온들과 본성이 다른 것이라면 나와 나의 온들이 서로 무관하게 된다. 그렇다면 말이 소의 특성을 가지지 않은 것과 같이 나는 온을 가지지 않게 될 것이다.

또한 온의 조합이 나이면 업과 행위가 하나로 되는 허물이 생긴다. 왜냐하면 온은 내가 받아야 하는 대상이며, 나는 온을 받는 자이기 때문에, 온의 조합이 나라면 얻어야 하는 대상과 얻는 자가 하나가 되는 까닭이다.

온의 모양은 '나'가 아니다. 그것이 나이면 나가 물질이 되어버리고 또한 무색계에 태어날 경우 형색이 끊어지기 때문에, 그때 나 또한 끊어지는 꼴이 되기 때문이다. 이러한 일곱 가지 방법으로 아我를 찾아서 발견되지 않기 때문에 "이것이 무자성이다"라고 한다. 아가 무자성이면 아소我所 또한 그와 같이 무자성이다.

『중론』에서

자신이 없으면, 자신의 것이 어떻게 존재하겠는가?[338]

라고 설하였다.

둘째, 법무아를 확립하는 논리를 설한다.

『십지경』에서

오지보살이 육지에 들어갈 때 10평등十平等으로 들어갔다. 10평등은 무엇인가? 그것은 이와 같다. 일체법이 상무평등狀無平等, 일체법이 무상평등 등이 있다.

라고 설하였다. 『중론』에서

---

338 『중론』 18품, 2계송.

자생이 아니며, 타생이 아니다.

이생이 아니며, 무인생이 아니다.

어떠한 사물들이든, 어디서든 생하는 것이 전혀 없다.[339]

라고 설하였다.

법무아를 성립하는 논리는 사물들은 승으로 생하는 것이 없다. 승의로 자생, 타생, 이생, 무인생이 아니기 때문이다. 이것이 근본 논리다. 그 논증인을 확립하는 데 네 가지가 있다.

첫째, 자생을 인정한 반론자는 수론파이다. 그것을 부정한 논리는, 싹은 자생이 아니라는 것이다. 원인에 의지하기 때문이며 충족함이 있기 때문이다. 자생이면 원인에 의지하지 않고 생해야 하기 때문이고, 원인에 의지하더라도 자신에게서 생기면 씨앗이 윤회 끝까지 반복해서 생해야 될 것이기 때문이다.

둘째, 타생을 주장한 반론자는 자립논증학파 이하 모든 학파들이다. 타생을 부정하는 논리는, 연기煙氣는 자성으로 타생이 아니다. 원인에 의지하기 때문이며 충족함이 있기 때문이다. 원인에 의지하면 개조가 되며, 개조와 자성은 모순되기 때문이다. 자성이면 자력이 있어야 하고, 원인에 의지하면 자력이 없는 까닭이다. 연기가 불에 의지하지 않은 것이 아니라면 불과 연기 둘이 무관한 꼴이 된다. 그것을 인정하면 무관한 원인으로부터 무관한 결과가 발생하게 된다. 그것이 가능하다면 불길에서 어두움이 발생하는 등 모든 곳에서 모든 것이 생기게

---

339 『중론』 18품, 3게송.

된다.

『중론』에서

인과 과가 타이면
인과 비인이 동일해진다.[340]

라고 설하였다. 『입중론』에서는

만일 타로 인해서 다른 것이 생기는 것이 가능하다면
그러면 불길에서도 짙은 어두움이 생기게 될 것이고
모든 곳에서도 모든 것이 생기게 될 것이다.
왜냐하면 생기게 하는 것과 그렇지 않은 것 모두 타와 똑같기 때문
이다.[341]

라고 하였다.

셋째, 자타의 생을 주장한 반론자는 자이나교이다. 이생을 부정한 논리는 앞에서 자생, 타생을 각각 부정하는 논리로써 이생도 부정할 수 있다.

앞에서 말한 두 가지 무아를 확립하는 논리는 『입중론』과 『자주석』에서 설한 것 위주로 말하였다. 무아를 확립한 논리가 다양하게 많다.

---

340 『중론』 20품, 20게송.
341 『입중론』 6지, 14게송.

(9) 성자이면 법무아를 깨닫는 것으로 충족된다는 경전의 근거

『화엄경(སྡོང་པོའི་བཀོད་པའི་མདོ, sdong po'i bkod pa'i mdo)』에서 다음과
같이 설한다.

선남자여. 예를 들어 보배로운 금강金剛은 부서진다 해도 금金으로
된 모든 화려한 장식들을 압도하며, 보배로운 '금강'이란 이름도
저버리지 않는다. 궁핍한 모든 것을 제거한다. 선남자여, 이와 같이
일체지를 발심하여 보배로운 금강(행보리심)을 행하지 않더라도
성문과 연각의 공덕인 모든 금의 장식을 압도하며 보살이란 이름도
저버리지 않는다. 윤회의 모든 궁핍함을 제거한다.[342]

위 경의 인용구는 샨티데바(Śāntideva, zhi ba lha, ཞི་བ་ལྷ) 논사가
『집학론(集學論, bsLab pa kun las btus pa, བསླབ་པ་ཀུན་ལས་བཏུས་པ)』에서
행보리심을 증득하지 않은 보살을 모욕하면 안 되는 이유로 인용하
였다.[343]

왕자여, 예를 들어 왕족으로 태어난 왕자는 왕이라는 칭호를 가지고
태어난 것만으로도 왕과 같은 권력으로 장관들을 압도한다. 그러나
자신의 지혜로운 판단으로써는 아니다. 언젠가 자라게 되면 그때

---

342 『화엄경(sDong po'i bkod pa'i mdo, སྡོང་པོའི་བཀོད་པའི་མདོ)སྡེ་བཀའ། པལ་ཆེ། ཨ། ཤོག ༣༣༡ ཕྲེང་ཕྲེང་ག)』.

343 『집학론』, 중관부中觀部(dbu ma), 논장論藏(bstan 'gyur), 데게판(sDe dge), khi,
7쪽, 4게송.

지혜로운 판단으로 장관들의 모든 행동을 압도한다.[344]

왕자여, 그와 같이 보살도 보리심을 일으키자마자 증상의요(增上意樂, 수승한 마음)의 위대함만으로 성문과 연각 모두를 압도하는 것이지, 자신의 지혜의 힘으로 분석함으로써는 아니다. 칠지에 머무는 보살은 자신의 지혜의 힘으로 성문과 연각 모두의 행을 완전히 초월한다.[345]

『미륵해탈경(彌勒解脫經, བྱམས་པའི་རྣམ་པར་ཐར་པའི་མདོ་, Byams pa'i rnam par thar pa'i mdo)』에서는 다음과 같이 설한다.

선남자여, 예를 들어 태어난 지 얼마 되지 않은 왕의 칭호를 가진 왕자는 나이가 많은 장관들을 종성의 위대한 힘으로 압도하는 것이다. 그와 같이 초지보살은 보리심을 일으킨 지 얼마 되지 않아도 여래의 종성으로 태어나 보리심과 자비의 힘으로 오랫동안 계를 지킨 성문과 연각들을 압도한다.[346]

선남자여, 이와 같이 금시조의 새끼는 태어난 지 얼마 되지 않아 날개의 기운과 청정한 눈의 특징으로 다른 모든 나이든 새들을

---

344 『화엄경』.

345 『십지경』, 화엄부華嚴部(phal chen), 경장經藏(bka' 'gyur), 데게판(sDe dge), kha, 234쪽, ba, 1줄.

346 『미륵해탈경』, 화엄부華嚴部(phal chen), 경장經藏(bka' 'gyur), 데게판(sDe dge), a, 318쪽, 4줄.

압도한다. 그와 같이 금시조와 같은 여래의 종성으로 태어난 금시조의 새끼인 초지보살은 보리심이라는 날개의 힘으로 타인을 압도한다. 이 청정의요(淸淨意樂, 청정하고 수승한 마음)의 눈의 공덕은 백천겁 동안 출리심을 정진한 성문과 연각들 모두에게는 존재하지 않는다.[347]

위 경전의 내용은, 보살이 청정의요의 보리심을 일으키면 성문과 연각의 모든 행을 지혜로써 압도한다는 것을 의미한다. 『십지경』에서 육지 이하의 보살이 지혜로써 성문·연각을 압도하지 못한다고 설하는 것은 성문·연각들에게도 법공의 공성을 깨닫는 지혜가 존재함을 논증하는 것이다.

여기서 성자가 지혜로 압도하는 방식에는 두 가지가 있다. 종성으로 압도하는 것과 지혜로써 압도하는 것이다. 전자는 그 종성을 가지고 태어난 것만으로도 타인을 압도하는 힘을 가지고 있는 것이고, 후자는 종성뿐만 아니라 지혜의 능력으로 분석한 힘을 통해 타인을 압도하는 방식을 말한다.

위에서 인용한 경전의 예에서, 마치 왕자가 어려서부터 백성들은 물론이고 자신보다 나이가 많은 장관들로부터도 예경을 받는 것과 같다. 이것은 왕자의 종성이 왕의 종성을 가지고 있어서 그 종성을 가지고 태어난 것만으로 타인들의 공경을 받는 것이고, 왕자 자신의 지혜의 능력으로는 아닌 것이다. 왕자는 후에 자신의 능력을 가지고

---

347 『미륵해탈경』, 화엄부華嚴部(phal chen), 경장經藏(bka' 'gyur), 데게판(sDe dge), 1733년, a, 321쪽, 1줄.

나라를 통치하게 되어 장관들의 예경을 받게 되는데, 이것은 종성뿐만
이 아니라 자신의 지혜의 능력으로 인해 예경을 받는 것이다.

그와 같이 보리심이 생긴 지 오래되지 않아도 부처의 종성으로 머무는
자는 보리심을 일으키지 않은 범부는 물론이고 모든 번뇌를 제거한
성문·연각 아라한들 역시 압도한다. 이것은 보리심의 종자로써 보리심
을 가지지 않은 타인을 압도하는 것이며, 공성의 지혜로 압도하는
것은 아니다.

보통 번뇌에 대한 육근본번뇌六根本煩惱의 분류, 오견과 비오견의
열 개의 분류, 스무 개의 수번뇌의 분류, 변계기와 구생기의 두 가지의
분류, 견소단見所斷과 수소단修所斷의 두 가지의 분류 등의 분류하는
정도는 이하의 학파와 같다. 차이는, 부정대상의 특성을 작용한 번뇌가
존재하는가와 그것을 파악할 수 있는가이다. 예를 들면 자립논증학파
는 인아집을 윤회의 뿌리로 들고 윤회에서 벗어나려면 그것을 멸해야
한다고 주장한다. 이보다 더 미세한 번뇌의 체계를 인정하지 않고
법아집은 실집이며, 이것이 소지장이라고 주장한다.

보리심은 깨달음의 원인인 방편과 지혜 중에 방편에 해당하고, 공성
의 지혜가 지혜에 해당한다. 여기서 방편인 보리심을 종성이라고 하는
것은 대승과 소승을 구별하는 특성이 보리심이기 때문이다. 이것은
마치 아버지가 어떤 종성인지에 따라서 아들 또한 그 종성에 속하게
되는 것과 같다. 이처럼 보리심을 지녔는가의 여부에 따라서 대소승을
구별한다. 미륵 논사가 『반야경』의 주석서인 『현관장엄론』에서, 그리
고 샨티데바 논사가 『입보리행론』에서, 보리심은 대승의 입문이라고
설한 것 또한 같은 의미다. 발보리심은 대승의 입문이고, 보리심을

일으키지 않으면 공성을 지각한 지혜 등 다른 어떤 공덕을 가진다 하더라도 대승이라고 할 수 없는 까닭이다.

또한 보리심은 소승·대승의 종성을 구별하는 특별한 원인인 아버지와 같은 존재이고, 공성을 지각한 지혜는 어머니와 같은 삼승의 성자와 삼승의 열반의 공통된 원인이다. 그러므로 공성을 지각한 식을 불모라고 표현하며, 그것을 설한 경은 불모경이라고 칭한다.

『성의지증상의락품대승경(聖依止增上意樂品大乘經, Adhyāśaya sañ codana-nāma-mahā yānasūtra, 'Phags pa lhag pa'i bsam pa bstan pa'i le'u zhes bya ba theg pa chen po'i mdo)』에서는 다음과 같이 설한다.

세존께서 말씀하시기를 "예를 들어 어떤 사람이 마술사의 나무 기타 소리를 들으며 마술사가 화현시킨 여인을 보며 욕망의 마음을 일으킨다. 욕망에 마음이 빠져 두려워하며, 자리에서 일어나 군중으로부터 떠난다. 그 뒤 그 여인에 대한 부정관을 닦아 무상無常과 고苦, 공空과 무아無我를 작의作意하면, 선남자여, 이것을 어떻게 생각하는가? 이 사람은 올바르게 가고 있는 것인가? 전도된 것인가?"
이에 답을 올리길 "세존이시여, 여자가 없음에도 불구하고 부정관을 생각하여 무상, 고, 공, 무아를 생각하는 사람이 이렇게 정진하는 것은 전도된 것입니다."
세존께서 말씀하셨다. "선남자여. 여기에 있는 비구와 비구니, 우바새와 우바이 중 어떤 이가 생기지 않은 법과 생기지 않을 법들에 대해 부정관을 닦아 무상과 고, 공, 무아를 이해하는 이들은 그와 같이 알아야 한다. 나는 이러한 어리석은 자들이 도를 닦는다고 말하지 않는다. 이들은 잘못 들어가는 것이다."[348]

위 경의 내용은, 화현한 허위의 여인을 실제 여인으로 파악하여, 이것을 무상, 고, 공, 무아 등으로 작의作意하는 것은 전도된 것을 작의하는 것이라고 설하고 있다. 이와 같이 오온을 진실한 것으로 파악하여 이에 대해 무상, 고, 공, 무아 등을 작의하는 것 역시 전도되게 작의하는 것임을 이해할 수 있다.

(10) 성자이면 법무아를 깨닫는 것으로 충족된다는 논리의 근거

성자는 법무아를 깨달아야 한다는 것을 충족해야 한다는 것을 논리로써 확립하겠다. 성자가 법무아를 깨달음으로 충족하는 것을 확립하는 데는 세 가지 논리가 있으며, 성문·연각의 성자가 법무아를 깨닫지 않는다면 세 가지 문제로 귀결된다.

첫째, 일지에 머무는 보살이 외도의 선인들을 지혜로써 압도하는 것과 같이 성문·연각 아라한들도 지혜로써 압도하게 되어버리는 귀결. 둘째, 성문·연각 아라한들이 삼계의 수면隨眠의 씨앗까지 멸하지 않게 되어버리는 귀결. 셋째, 성문·연각 아라한들이 인무아를 완벽하게 깨닫지 못하게 되어버리는 귀결의 세 가지이다.

이 세 가지 논리로 성문·연각 아라한이 법무아를 깨닫지 못한다는 주장을 부정함으로써 성문·연각·대승 삼승의 성자이면 반드시 법무아를 깨달아야 한다고 능립한다.

---

348 『명구론』, 중관부中觀部, 논장論藏(bstan 'gyur), 데게판(sDe dge), 1733, sa, 140쪽, 5줄.

즉 성문·연각들에게 법공法空을 깨닫는 지혜가 없다고 한다면 세
가지 논리적 모순이 발생한다. 첫째, 초지보살이 지혜로써 외도들을
압도하는 것과 같이 성문·연각 아라한들도 지혜로써 압도된다. 둘째,
성문·연각 아라한들은 번뇌를 남김없이 제거하지 못한 것이 되어
아집이 남아 있게 된다. 셋째, 성문·연각 아라한들은 법공을 깨닫지
못하였기에 아공 역시 깨달을 수 없게 된다.

첫째 논리는 다음과 같다. 성문·연각 아라한들은 승의의 보리심을
증득한 초지보살이 거칠고 미세함의 행상을 가진 세간도로써 유정천
(有頂天, 비상비비상처천)을 제외한 모든 집착에서 벗어난 외도들을
압도하는 것과 같이 자신 또한 지혜로써 압도되는가? 왜냐하면 사물이
무자성임을 깨달은 지혜를 가지지 않은 자이기 때문이다.[349]
승의의 보리심을 증득한 초지보살들은 거칠고 미세함을 현현하는
세간도로써 유정천을 제외한 삼계三界의 모든 집착에서 벗어난 외도들
을 지혜로써 압도한다.[350] 만약 성문·연각들에게 법공法空을 깨닫는
지혜가 없다고 한다면 초지보살이 외도들을 지혜로써 압도하는 것과
같이 성문·연각 아라한들도 지혜로써 압도하게 된다. 왜냐하면 성문·
연각은 아我에 가립된 토대인 온蘊에 대한 실집을 제거하지 않았기

---

349 이것은 논리방식으로 "쳬잰", "쎌와", "딱"으로 귀결을 제시한다. 만일 성문과
   연각의 아라한들이 법공을 깨닫지 못한다고 하면 이에 대해 상대의 주장에
   따라서 귀결을 제시한 것이다.
350 하지下地의 허물이 거친 것임을 보고, 상지上地의 공덕을 보아 미세함을 관찰하는
   세간의 식.

때문에 법공을 깨달은 지혜가 없다고 주장하는 까닭이다. 그래서 외도들과 같이 삼계의 번뇌를 뿌리까지 제거하지는 못한 것이 된다. 아공을 완전히 깨달은 것이 아니기 때문이다.

경전에서 지地에 머무는 보살들이 성문·연각들을 종성種性으로 압도하고 유정을 제외한 이하의 다른 번뇌들을 제거한 외도 수행자들을 지혜로써 압도한다고 설하였다. 여기에서 말하는 '종성'은 대승의 입문인 발보리심이고, 지혜는 공성을 깨달은 지혜를 뜻한다. 압도하는 대상은 무루도無漏道의 힘으로 삼계의 모든 번뇌를 뿌리까지 제거한 성문·연각 아라한들과, 세간도의 힘으로 유정을 제외한 이하의 번뇌들을 잠재운 외도들이다. 압도하는 방식은 자신에게 압도하는 대상이 가지고 있지 않는 특별한 능력을 지님으로써 상대의 능력(nus pa, ནུས་པ་)이 드러나지 못하게 함을 의미한다.

지에 머무는 보살들이 윤회에 대한 출리심出離心과 무아에 대한 공성을 깨달은 지혜로써 삼계의 번뇌를 뿌리까지 제거한 성문·연각들을 종성으로 압도하게 되는 것이다. 왜냐하면 성문·연각들은 자신을 윤회에 빠지게 한 원인인 번뇌를 제거할 뿐이고, 보살들은 자신뿐만 아니라 자신의 어머니였던 중생들까지도 윤회에 들지 않게 하는 특별한 능력이자 방편으로서 성불의 원인인 보배로운 보리심을 얻었기 때문이다. 따라서 지에 머무는 보살들은 유정을 제외한 하계의 모든 번뇌를 잠재운 외도들을 압도한다. 왜냐하면 공성을 지각하는 지혜가 보살들에게 존재하지만 외도들에게는 존재하지 않기 때문이다.

요약하면, 성문·연각 아라한들에게 법무아를 깨닫는 지혜가 없다면 지에 머무는 보살들이 외도들을 지혜의 힘으로 압도하는 것과 같이 성문·연각들 또한 지혜로써 압도하게 된다. 왜냐하면 이 보살들은 법무아를 깨달았고 성문·연각들은 법무아를 깨닫는 지혜가 없다고 주장하는 까닭이다.

둘째 논리는 다음과 같다. 성문·연각 아라한들은 삼계의 수면隨眠의 씨앗까지 멸한 것이 아닌가? 법의 무자성을 깨닫는 지혜가 없기 때문이다. 성문·연각 아라한들은 무아의 지혜로써 번뇌의 뿌리인 아집을 직접적으로 대치함으로써 견소단見所斷과 수소단修所斷을 차례로 제거하여 번뇌를 남김없이 제거함과 동시에 무학도無學道와 아라한을 증득한다. 무루의 대치법으로써 제거했기 때문에 번뇌가 다시는 생기지 않는 방식으로 뿌리까지 제거한 것이다.

한편, 외도의 선인(仙人, mahari, drang srong)들은 세간도로써 번뇌를 차례로 잠재우고 무소유처천無所有處天의 번뇌까지 잠재울 수 있다. 이들이 번뇌를 제거하는 방식은 상하계上下界에 대한 거칠고 미세함을 관하는 것이다.

이것은 번뇌를 잠시 압도할 뿐이며 하계의 탐진貪瞋 등의 번뇌를 허물로 봄으로써 물리치는 것이다. 이들에게는 아집을 대치하는 공성의 지혜가 없기 때문에 이와 같이 상·하계에 대해 관하는 도를 수겁 동안 닦더라도 번뇌의 뿌리인 아집에 대해서는 어떤 해도 끼치지 못한다. 따라서 이들의 방식은 번뇌를 다시 생기지 않는 방식으로 제거하는 것이 아니며 뿌리까지 없애지는 못한다. 이러한 방식으로 사색천四色天과 사무색천四無色天을 차례로 거쳐 유정까지 갈 수 있지만 업이 다하면 바로 하계로 떨어진다. 하계의 번뇌가 생기는 원인인 아집은 확고히 머물러 있기 때문에, 이것이 다른 많은 번뇌들을 유발하게 된다.

요약하면, 성문·연각 아라한들에게 법무아의 공성을 깨닫는 지혜가 없으면 아라한들이 번뇌를 제거한다는 것이 외도들이 번뇌를 제거하는 방식과 같이 되고, 번뇌를 뿌리까지 제거하거나 다시 생기지 않는 방식으로 제거하지 않는 것이 된다. 왜냐하면 외도들처럼 아라한들 또한 번뇌의 뿌리인 아집을 직접적으로 제거하는 공성의 지혜가 없다고 주장하기 때문이다.

셋째 논리는 다음과 같다. 성문·연각 아라한들은 인무아를 완벽하게 깨닫지 못하는가? 아가 가립된 토대인 오온에 대해 실재로 증익한 변계를 가지기 때문이다. 이것은 상대의 주장에 따라서 귀결을 제시한 것이며, 혹은 논리로 따져서 성문·연각의 성자가 법무아를 깨닫지 않는 것에 대한 허물을 밝히는 것이다.

귀류논증학파는 인무아와 법무아 둘을 공한 토대의 측면에서 구별하지만 부정대상의 측면에서는 구별하지 않는다. 앞의 내용에서 이 둘의 부정대상이 하나라고 설명한 것과 같은 이유이다. 두 무아의 부정대상에 대해 거칠고 미세한 차이가 없기 때문에 그것의 긍정적 의미인 두 가지 무아에 대해서도 마찬가지로 거칠고 미세한 차이가 없다. 그러므로 인무아를 완벽하게 이해하려면 법무아 또한 이해해야 하고, 만일 법아집에 대한 분별아집을 가지고 있는 한 인무아도 이해할 수 없다.

요약하면, 성문·연각 아라한들에게 법무아의 공성을 깨닫는 지혜가 없으면 온蘊이 실재로 성립한다고 증익함으로 인해 아我에 대해서도 실재로 취하게 된다. 따라서 인무아 또한 완벽하게 이해하지 못하게 될 것이다.

『입보리행론』에서도 성자가 법무아를 깨달음으로 충족한다는 것에 대해 논답까지 분명하게 설하였다. 실유자들은 "사성제와 무상 등 16행상을 인식하는 도로써 윤회에서 벗어날 수 있다. 따라서 윤회에서 벗어나기 위해 인무아보다 더 미세한 법무아를 지각하는 지혜가 왜 필요하겠는가?"라고 논쟁한다. 이들은 윤회의 뿌리로 아집을 인정하여 윤회에서 벗어나기 위해서는 그 뿌리인 인아집에 대한 해독제로 인무아를 지각한 지혜를 수습하면 된다고 본다. 그 외에 다른 법무아를 깨닫는 지혜는 필요 없다고 생각한다. 이러한 논쟁을 하는 자는 대소승학파 모두에 존재한다.

『입보리행론』에서는 다음과 같이 설한다.

진리를 봄으로써 해탈하니
공성을 보는 것으로 무엇을 하겠는가?[351]

귀류논증학파를 제외한 이하의 학파들은 진리를 보면 해탈할 수 있기 때문에 굳이 공성을 보아야 할 필요가 없다고 생각하여 쟁론을 제기하는 것이다. 이에 대해 다음과 같이 답한다.

이 도道가 없이는 보리가 없다고 경에서 설하기 때문이다.[352]

---

351 『입보리행론』 9품 41게송.
352 『입보리행론』 9품 지혜품, 중관부中觀部, 논장論藏(bstan 'gyur), 데게판(sDe dge), 40게송.

세존께서는 공성을 깨달은 도가 없으면 세 가지 보리 중 어떤 것도 증득할 수 없다고 경에서 설하였다.

『입보리행론』에서는 또 다음과 같이 말한다.

법의 뿌리가 비구이기에, 비구[353] 또한 머물기 어렵네.
마음이 대상을 가지는 한 열반 또한 머물기 어렵게 되네.
번뇌[354]를 제거하는 것만으로 (윤회에서) 벗어난다면
(현전現前한 번뇌를 제거하는 것만으로) 곧바로 해탈하게 될 것이다.[355]

세존께서 부처님의 가르침의 뿌리는 승가에 달려 있다고 율장에서 설하였다. 만일 부처님의 제자 중에 가르침을 받은 성문의 승가들이 법무아를 깨닫지 못하고 법아에 대해 증익한 분별을 마음속에 가진다면, 이들은 승의의 승가를 건립할 수 없다. 법무아의 공성을 깨닫지 않으면 번뇌를 제거하지 못하기 때문에 아라한이 불가능하다. 그러므로 가르침의 뿌리인 승의의 승가를 건립하기가 어렵게 되어버린다. 그렇다면 이들이 승자의 보배로운 가르침을 취하는 것도 어렵게 되고, 부처님의 가르침이 오래 머물기 어렵게 되어버린다.

마음이 대상을 가진 한, 즉 법아집이 있는 한 다른 번뇌들이 왜

---

353 성문의 성자인 비구들이 공성을 깨닫지 못한다 하면.
354 세간도의 멸한 대상인 번뇌.
355 『입보리행론』 9품 지혜품, 중관부中觀部, 논장論藏(bstan 'gyur), 데게판(sDe dge), 44게송.

생기지 않겠는가? 생기는 것이 타당하며, 번뇌가 생기는 한 열반을 얻는 것도 어렵다. 즉 열반을 증득하는 것이 불가능하다. 왜냐하면 열반은 번뇌를 제거한 것에 해당하기 때문이다. 하위 아비달마의 주장에서 번뇌를 제거하면 해탈을 얻는다는 말은 비슷하지만 의미는 크게 다르다. 아비달마 논사들이 '번뇌를 제거하면'이라고 할 때의 번뇌는 아비달마에서 설한 번뇌뿐이다. 아비달마에서 설한 번뇌 그것만을 제거한다고 해서 윤회에서 벗어나는 것이 전혀 아니다. 왜냐하면 윤회에서 벗어나려면 번뇌의 씨앗까지 멸해야 하는데, 아비달마에서 설하지 않은 번뇌가 매우 많은 까닭이다. 아비달마에서는 법아집의 번뇌를 설하지 않았을 뿐만 아니라 인아집의 번뇌에 대해서도 설하지 않은 부분이 많다. 예를 들면 탐貪과 진瞋인 인아집이 존재한다고 중관학의 논서들과 『현관장엄론』 등 반야의 논서들에서 설했지만 아비달마에서는 설하지 않았다.

유식학파도 아집과 상응한 탐욕을 인정한다. 『삼십송』에서 다음과 같이 설하였다.

어느 지에 탄생하면 (말나식은) 그 지에 속한 것이다.
무기인 장애이며, 4가지 번뇌와 항상 함께한다.
아로 보는 것(아견)과 아를 모르는 것(무명)
아만과 아를 집착함이다. 촉 등도 아라한에 없으며
멸진정에 없으며, 출세간도에 없는 것이다.[356]

---

356 『삼십송』 유식부, 논장論藏(bstan 'gyur), 데게판(sDe dge), ba, 7줄.

아집인 번뇌가 인아집이라면 이것은 유식학파도 인정하고, 법아집
이라면 자립논증학파가 제외된다. 『현관장엄론』 4장에서 도제의 36행
상 중에 집제의 8행상을 설할 때 무탐, 무진, 무지의 대상이 없음을
현량으로 지각한 대승의 견도를 설하였다. 그렇다면 탐진의 본성인
인아집을 자립논증학파에서서도 인정해야 할 것이다. 『입보리행론』에
서는 다음과 같이 말한다.

> 번뇌[357]가 없어도 이들에게
> 업의 힘이 보이네.[358]

아비달마 논서에서 설한 번뇌 정도만을 멸함으로써 윤회에서 벗어난
다고 한다면, 아비달마에서 설한 번뇌를 제거한 자가 바로 아라한이
되어버리는 꼴이 된다. 이들은 이러한 번뇌를 일시적으로는 잠재우고
제거하였지만, 윤회의 뿌리인 미세한 무명과 업은 여전히 존재하기
때문에 이 두 가지 힘으로 또다시 다른 번뇌들이 생기게 된다. 그래서
윤회에서 벗어난 것이 아니다.

『입보리행론』에서는 또 다음과 같이 말한다.

> 근취인近取因 애착愛着이 (없으므로)
> (환생이) 없다는 것이 확실하다고 (유식학이 말)한다면
> 애착에 (아비달마에서 설한) 번뇌가 아닌 것도

---

357 아비달마 논서에서 설한 번뇌.
358 『입보리행론』 9품 지혜품, 45게송.

무명(에 아비달마에서 설하고 설하지 않은 두 가지)처럼 왜 존재하지
않겠는가?[359]

무명에는 아비달마 논서에서 설한 것과 그것에서 설하지 않은 것
두 가지가 있다. 이처럼 애착도 마찬가지로 아비달마에서 설한 것과
설하지 않은 이 두 가지가 왜 없겠는가? 수受에 대해 실제로 집착하는
실집을 마음속에 가지는 한. 법을 무자성으로 지각하는 도가 없기
때문에 다른 어떤 방편을 수습하더라도 윤회에서 벗어날 수가 없다.
낙수樂受가 생기면 그것을 버리지 못하는 애착이 저절로 생기고, 고수苦
受가 생기면 그것에서 벗어나고자 하는 애착이 저절로 생기는 까닭
이다.

『입보리행론』에서 말한다.

수受의 연緣으로 인해 애착이 생긴 것이다.
수가 존재하는 것에 애착도 존재한다.[360]

감수하는 자(受者)가 (자성으로 성립된 것) 없으며
수受 또한 (자성으로 성립된 것) 존재하지 않는 것을
그때 (그것을 깨달을 때)그의 실상을 봄으로써
애착이 어찌 제거되지 않겠는가?[361]

---

359 『입보리행론』 9품 지혜품, 46게송.
360 『입보리행론』 9품 지혜품, 47게송.
361 『입보리행론』 9품 지혜품, 98게송.

감수하는 자(受者)와 수受, 감수하는 대상 셋의 실체가 없음을 깨닫는다면 그 견해로 인해서 윤회를 제거할 수 있다. 왜냐하면 애착을 생기게 하는 뿌리인 무명과 행상이 모순된 식인 '무자성을 깨닫는 식'이 존재하는 까닭이다.

『입보리행론』에서 말한다.

공성(을 깨달음) 없는 마음으로
(잠시 번뇌를) 멸하더라도 또다시 생긴다.
무상정無想定과 같다.
그러므로 (해탈을 원하면) 공성을 수습해야 한다.[362]

만일 무자성을 지각하는 식이 없으면 어떤 법을 수습하더라도 일시적으로는 번뇌를 잠재워 멸할 수 있지만 완전히 제거되지는 않는다. 나무의 뿌리를 자르지 않으면 싹이 나서 가지들이 다시 생기는 것과 같다. 예를 들면 무상정을 수습하는 당시에는 일시적으로 번뇌뿐만 아니라 거친 상想들도 제거되어 일시적으로 고통을 멸하지만, 다시 무상정의 힘이 멸하면 그 이하에 떨어지는 것과 같다.

아비달마 논서에서 번뇌의 체계에 대해 광대하게 설하였다. 번뇌의 체계를 광대하게 알고 싶다면 이 논서를 봐야 한다. 그러나 거기에 기술되어 있지 않은 번뇌 또한 존재한다. 그것은 법아집으로 아비달마에서 설명하지 않았다. 예를 들어 아비달마 하분(下分, 하분대법下分對

---

362 『입보리행론』 9품 지혜품, 48게송.

法)에서는 수습하는 대상에 인무아보다 더 미세한 법무아의 체계를 설하지 않았다. 그와 같이 멸해야 하는 대상에도 인아집보다 더 미세한 법아집과 번뇌보다 더 미세한 소지장의 체계를 설하지 않았다.

한편, 아비달마 상분(上分, 상분대법上分對法)에서는 수습하는 대상에 인무아와 법무아 둘 모두를 설하였고, 그 대상을 수습하여 멸해야 하는 대상에도 번뇌장과 소지장 둘을 설하였다.

그러나 법아가 무엇인지, 그것을 부정하는 공성은 무엇인지를 파악하는 것은 귀류논증학파의 견해와 매우 다르다. 인무아와 인아집 또한 거친 정도만을 파악한다. 자립파 이하의 불교학파들은 인人이 자주적 실유實有로 성립하는 것이 인아人我이며 그것을 취하는 것을 인아집으로 인정하며, 이로써 공한 것이 인무아라고 주장한다. 이것은 귀류논증학파의 견해보다 매우 거친 것이다. 이들은 법아집을 번뇌장에 속한다고 인정하지 않기 때문에 거친 번뇌장만을 파악할 뿐 그 외의 극히 미세한 번뇌장은 파악하지 못한다.

그러므로 하분『구사론』은 물론이고 상분에서도 설하지 않은 번뇌가 있다. 이와 같이 아비달마 논서에서 설한 견해만으로 멸할 수 있는 도道가 있고, 또한 이로써 멸하지 못하는 번뇌도 있음을 알아야만 한다.

인人이 자주적 실유로서 공한 것을 지각하는 것만으로는 번뇌를 뿌리까지 제거하지 못한다. 마찬가지로 자립파가 주장하는 공성의 부정대상 정도만을 제거하는, 공성을 지각하는 견해만으로는 번뇌를 뿌리까지 제거하지 못한다. 왜냐하면 자성으로 성립됨에 집착한 무명과 그 무명으로 유발되는 욕망 등 다른 번뇌들 역시 제거할 수 없기 때문이다.

(11) 소승경전에서 공성을 설함

『성문교경(聲聞敎經, ཉན་ཐོས་ལ་བསྟན་པའི་མདོ; nyan thos la bstan pa'i mdo)』
에서 다음과 같이 설한다.

(성문들이 번뇌의 장애를 멸하기 위해서)

"색色은 거품이 팽창된 것과 같고

수受는 물거품과 같네.

상想은 신기루와 같고

행行은 물 나무와 같다.

식識은 환과 같네."

라고 일친日親께서 설하였다.³⁶³

세존께서는 소승경에서 유위법을 환幻 등의 다섯 가지 비유를 들어
실재가 없는 허위로 설하였다. 이것은 제법이 현현하는 것과 실제
머무는 방식이 상응하지 않은 거짓의 의미다. 이것이 인무아의 의미로
작용하고, 혹은 법무아의 의미로 작용하는 것이 있다. 전자는 소승학파
들이고 후자가 귀류논증학파이다.

'거짓'이라는 의미를 아공에 적용하는 것은 이것 위의 학파들(자립논

---

363 『문수사리신변경文殊師利神變經(mañjuśrīvikriḍita, འཇམ་དཔལ་རྣམ་པར་རོལ་པའི་མདོ, 'jam
dpal rnam par rol pa'i mdo)』, 경부經部(mdo sde), 경장經藏(bka' 'gyur), 데게판
(sDe dge), kha, 239쪽, ba 7줄. 재인용.

증학파, 유식학파, 경량부, 유부)이 인정하는 인무아이고, 법무아의 의미
로 적용하는 것이 중관학파의 주장이다.

『가전연경(迦旃延經, ཀ་ཏྱ་ཡ་ན་ལ་གདམས་པའི་མདོ་ ka tya ya na la gdams pa'i
mdo)』에서 다음과 같이 설한다.

> 가전연이여, 세간은 대부분 있음과 없음의 두 극단에 집착한다.
> 그러므로 생로병사와 슬픔, 신음소리, 고통, 마음의 고통, 산란함에
> 서 완전히 벗어나지 못하게 되고 죽음을 두려워하는 고통에서 벗어
> 나지 못한다.

위 경전의 의미는, 고통의 원인에 대해 상견과 단견의 두 극단으로
설명한 것이다. 세간 사람들은 자성으로 존재함을 인식하여 상견에
머물고, 또 어떤 이들은 전혀 없다고 인식하여 단견에 머문다. 여기서
자성으로 존재함을 인식하는 실집은 무명無明이며, 이로써 윤회에
태어나게 하는 선악의 다양한 업을 짓게 된다. 전혀 없다고 인식하는
단견으로는 과거에 쌓았던 모든 선근들이 제거되고 앞으로도 선근을
짓지 못하게 한다. 그러므로 이 두 가지 견해로는 윤회의 생로병사의
바퀴에서 끊임없이 돌게 됨을 설하는 것이다.

세존께서 『가전연경』에서 말씀하셨듯이, 두 극단을 제거하는 중도
의 길을 보이셨고 그 외의 다른 경에서도 가립된 현상과 실상 사이의
진실인 무아에 대한 가르침을 설하였다. 불호 논사 또한 『불호주중
론』장에서 소승경에서 '일체법이 무아'라고 설한 '무아'의 의미를 제법
이 본성으로 공한 의미로 해석하였다.[364]

청변 논사는 『반야등론(般若燈論, ཤེས་རབ་སྒྲོན་མེ; Shes rab sgron me)』에 서 다음과 같이 비판한다.

그렇다면 대승을 설한 것이 무의미하게 될 것이다.[365]

이것은 소승경전에서도 무아의 가르침을 설하고 있다면, 대승경전 에서 무아를 설하는 것이 무의미해지지 않는가?라는 의미이다. 이에 대해 『입중론자석』에서는 다음과 같이 답한다.

만일 성문과 연각승(소승경)에서 법무아를 설한다고 해서 대승을 설하는 것이 의미 없게 된다고 생각한다면, 그것은 논리와 경과 모순됨을 알아야 한다. 대승을 설하는 것은 법무아만을 설하기 위해서가 아니다. 그러면 무엇인가? 보살지, 바라밀, 서원, 대자비 등과 완벽한 회향, 두 자량, 그리고 생각으로 헤아릴 수 없는(불가사 의한) 법성들을 설하기 위해서다.[366]

『보만론』에서 다음과 같이 설한다.

---

364 『불호주중론』, 중관부中觀部, 논장論藏(bstan 'gyur), 데게판(sDe dge), tsa, 198쪽, 2줄.

365 『반야등론』, 중관부中觀部, 논장論藏(bstan 'gyur), 데게판(sDe dge), tsha, 113쪽, 2줄.

366 『입중론자석』, 중관부中觀部, 논장論藏(bstan 'gyur), 데게판(sDe dge), a', 227쪽, 6줄.

388

성문승에서는 보살들의 서원과

보살행과 완벽한 회향을 설하지 않으니 그것에 의해서 보살이 어떻

게 되겠는가?[367]

보살행에 머문다는 의미는

소승경전에서는 설하지 않았고

대승에서 설하였다.

그러므로 현자들은 알아야 하네.[368]

대승에서 무생을 설하였다. 다른 것(소승경)에서 설한 멸함은 공성

이네.

멸함과 무생의 의미는 하나이기 때문에 견뎌야 하네.[369]

『중론』에서 설한다.

사물과 비사물을 아신 세존께서 까따야나의

경에서 존재와 비존재 둘 모두를 부정하였네.[370]

어떤 이가 "성문경전에서 법무아를 설하면 타당하지 않다. 만일

소승경전에서 설한다면 대승경전을 설하는 것이 무의미하게 되는 것이

---

367 『보만론』 4품, 중관부中觀部, 논장論藏(bstan 'gyur), 데게판(sDe dge) 4품, 90게송.
368 위의 책, 93게송.
369 『보만론』 4품, 중관부中觀部, 논장論藏(bstan 'gyur), 데게판(sDe dge), 86게송.
370 『중론』 15품, 중관부中觀部, 논장論藏(bstan 'gyur), 데게판(sDe dge) 15품, 7게송.

다"라는 논쟁에 답하길, "소승경전에서 법무아를 설하지만 대승경전의
가르침들이 무의미한 것은 아니다. 왜냐하면 세존께서 대승에서 대승
경전을 설하는 것이 법무아의 공성을 설하는 것뿐만 아니라 보살의
광대한 서원과 보살의 육바라밀, 회향 등 많은 것을 설명하기 때문이다.
이러한 내용은 소승경전에 드러나 있지 않다. 또한 소승경전에서는
법무아를 요약하여 설하는 반면, 대승경전에서는 매우 광대하게 법무
아를 설한 까닭으로, 소승경전에서 무아의 공성을 설하지만 대승경전
이 무의미하게 되지 않는다"라고 하였다.

7) 실집(實執)은 번뇌(煩惱)임을 인정함

실집實執이 번뇌임을 인정함을 설함에 다섯 가지가 있다. 번뇌장과 소지장의 파악, 실집은 윤회의 뿌리, 사대학파의 종성種姓에 대한 주장, 구경삼승究竟三乘과 일승, 번뇌를 멸하려면 공성을 깨달아야 함이다.

(1) 번뇌장과 소지장의 파악

번뇌장과 소지장의 파악에 일곱 가지가 있다. 두 가지 장애의 정의와 분류, 이 학파의 특별한 번뇌의 파악, 아비달마에서 설한 멸제는 원만한 멸제가 아님, 이 학파의 특별한 소지장의 파악, 이 학파의 유루, 무루의 의미, 두 가지 장애를 멸하는 범위, 하지下智에서 상지上智로 가는 방식이다.

가. 두 가지 장애의 정의와 분류

보통 장애라는 것은 어떤 법을 증득하거나 그 상황을 관하는 데 방해가 되기 때문에 장애라고 한다. 어떠한 대상을 보는 것을 방해하여 그것의 실상을 여실하게 보는 식이 생기는 것을 방해하는 것이다.

『중변분별론(中邊分別論, Madhyāntavibhāga, དབུས་མཐའ་རྣམ་འབྱེད་ dbus mtha´ rnam ´byed)』에서 다음과 같이 설한다.

번뇌의 장애와 소지의 장애를 말한다.
이것이 모든 장애이다.
그것을 멸하면 해탈할 것이다.[371]

라고 말씀하신 대로 장애에는 두 가지가 있다. 번뇌장과 소지장이다. 장애를 둘로 분류하는 것은 얻어야 하는 궁극적인 대상이 해탈과 일체지 두 가지이기 때문에 이를 장애하는 것에도 두 가지가 있는 것이다. 여기서 주로 해탈에 장애가 되는 것이 번뇌장의 정의이고, 주로 일체지를 증득하는 데 장애가 되는 것이 소지장의 정의이다. 또한 식 하나가 이제를 동시에 보는 데 장애가 되는 것이 소지장의 정의이다. 이 정도는 대승학파인 유식과 중관 둘 다 인정한다.

『대승아비달마집론(大乘阿毘達磨集論, གུན་ལས་བཏུས་ Kun las btus)』에서 설한다.

어떤 법이 생겨날 때 평온 적정하지 않은 특성으로 생겨나, 그것이 생김으로써 마음속 흐름이 평온 적정하지 않은 것이 번뇌의 특징이다.

번뇌라는 것은 일으킨 자의 심상속을 평온 적정하지 않게 함으로써 고통스럽게 하는 작용을 가지는 심소心所이다.

번뇌를 분류하면 분별기와 구생기 두 가지가 있다. 첫째는 학파의 견해에 의한 영향으로 인한 아집과 그의 힘으로 생긴 변집견과 견취견, 계금취견들이다. 둘째는 학파와 스승 등 일시적 조건으로 영향을 받지 않고 자재로 실제를 인식하는 아집과 그의 힘으로 생기는 욕망과 성냄, 그리고 이들과 상응하는 것들이다.

---

371 『중변분별론』, 유식부, 논장論藏(bstan 'gyur), 데게판(sDe dge), 42쪽, na, 2줄.

또한 번뇌를 분류하면 현전現前임과 잠복됨 두 가지가 있다. 첫째는 탐욕 등이 일어나는 번뇌들이다. 둘째는 욕망 등을 남기고 후에 분노가 생기게 하는 습기들이다. 번뇌의 씨앗은 번뇌장이지만 번뇌는 아니다. 왜냐하면 식이 아니기 때문이다. 그와 같이 욕망과 성냄 등 번뇌와 상응한 심왕들과 번뇌의 씨앗이나 번뇌 후의 흐름인 습기들 또한 번뇌가 아니지만 번뇌장이다. 왜냐하면 주로 해탈을 얻는 데 방해되는 장애이기 때문이다.

습기에는 번뇌장과 소지장 두 부분이 있다. 첫째는 전 흐름인 번뇌로써 남긴 것이며 후 흐름인 번뇌를 생기게 하는 효력이다. 이것을 씨앗이라고 하는데, 번뇌장이기도 하다. 둘째는 번뇌로써 남기고 육전식六轉識에 실현實現을 생기게 하는 효력이며, 이것은 번뇌로써 남긴 습기지만 번뇌장은 아니며 소지장이다. 이것이 세속제의 행상을 가지는 식에 실현을 생기게 하는 원인이 되기 때문에 이현二現의 착란한 원인이라고 한다.

보통 번뇌에는 여섯 가지 번뇌의 분류, 오견과 비오견의 분류, 스무 개의 수번뇌의 분류, 분별 번뇌와 구생 번뇌의 분류, 견소단과 수소단의 분류 등이 있으며, 분류하는 정도는 소승학파와 같다.

나. 이 학파의 특별한 번뇌의 파악

차이점은 부정대상의 특성을 작용한 번뇌가 존재하는지의 여부와 그 번뇌를 파악할 수 있는지의 여부이다. 자립논증학파가 인아집을 윤회의 뿌리로 인정하여 윤회에서 벗어나려면 그것을 멸해야 한다고 주장한다. 그리고 더 이상 미세한 번뇌의 체계를 인정하지 않는다.

법아집을 실집으로 인정하여 이것이 소지장임을 주장한다. 실집과
이로써 생기는 세속의 행상을 가지는 식에 실제의 현현한 부분과 번뇌로
써 남긴 습기, 즉 세 가지 소지장을 인정한다. 그러므로 자립논증학파에
서는 소지장과 식의 공동 기반이 존재한다는 것이 분명하다.

요약하면, 자립논증학파 이하 학파에 공통적으로 알려진 번뇌와
귀류논증학파에만 알려진 번뇌 두 가지가 있다. 아我가 자주적 실유로
인식한 아집 정도는 자립논증학파 이하의 불교학파 모두에게 알려진
번뇌이다. 이것은 귀류논증학파가 보면 거친 아집이며 미세한 아집이
아니다. 이 학파가 하위 학파들과 다른 것은 실집을 번뇌로 주장한
것이다. 또한 인人과 법法에 대해 자성으로 성립됨을 인식한 두 가지
아집을 건립하여 이 둘 다 번뇌임을 인정한다. 이것은 오직 귀류논증학
파에게 알려져 있을 뿐 다른 하위 학파 누구라도 이해할 수 있는 것이
아니다.

이 학파에서 다른 학파와는 공통되지 않게 설한 번뇌는 실집인 번뇌이
며, 실집의 본성인 탐·진·치 세 가지가 존재한다. 이 또한 이 학파에서
설한 대로 자성으로 성립됨을 인식한 아집이다. 이것은 어느 하위
학파에서도 설하지 않았다. 실집의 본성인 욕망을 『현관장엄론』에서
설하였고, 자립논증학파도 인정하지만 자립논증학파가 인정한 실집은
귀류논증학파가 설한 실집과 명칭은 같아도 각각 해석은 매우 다르다.
자립논증학파는 실제로 성립하는 것과 자성으로 성립되는 것을 구별하
기 때문에 미세한 실집을 건립하지 못한다.

이 학파가 이하 학파들과 공통되지 않은 번뇌를 파악함에, 많은
학자들이 자성으로 성립됨을 인식한 실집으로 이끄는 욕망과 성냄

등을 사례로 드는 경우가 있다. 이것이 사례 정도는 되지만, 이것만으로 공통되지 않은 특별한 의미를 이해하기에는 도움이 되지 못한다. 이 학파는 자성으로 성립됨을 인식한 실집을 윤회의 뿌리로 인정하기 때문에 욕망 등이 이로써 생기는 것에는 누구나 의심할 바가 없다. 만일 자립논증학파 이하 학파들 또한 윤회의 뿌리에 대해 그와 같이 인정하면 욕망 등의 번뇌들이 실집으로 인해서 생긴다는 것을 당연히 인정해야 하는 것도 알 수 있다. 이 학파와 아래 학파들이 번뇌를 파악함에 있어서, 이끄는 원인 정도 외에 욕망과 성냄의 본성에 대한 차이를 구별하지 못하거나, 차이가 없다면 이 학파가 공통되지 않음을 설한 것도 의미가 없게 된다. 그러므로 궁금한 점은 실집인 욕망과 성냄 등이 있는가 없는가 하는 것이다. 실집인 욕망과 성냄 등은 존재한다. 욕망과 성냄이 생길 때 아름답거나 아름답지 않은 것만으로 생긴 것과, 혹은 자성으로 성립됨의 특성을 가지고 아름답거나 아름답지 않음을 인식한 식이 생기는 두 가지가 존재하는 까닭이다.

다. 아비달마에서 설한 멸제는 원만한 멸제가 아님

자립논증학파와 유식학파는 미세한 아집을 건립하지 못하며, 그들의 논서에서 설하지도 않았다. 그러므로 하위 아비달마인 유부와 경량부, 이 둘이 미세한 아집을 건립하지 못하는 것은 말할 필요가 없다. 따라서 『아비달마구사론』 같은 경우는 번뇌의 체계를 설하였고 그것을 멸한 멸제와 이것을 증득한 아라한 등을 설하였다. 그렇지만 이들이 설한 아라한은 아라한이 아니다. 아라한이면 일체번뇌를 제거해야 하는데 아비달마에서 설한 번뇌, 이것을 제거하는 것만으로는 아라한이 되지 못한다는 까닭이다. 왜냐하면 이들에서 설하지 않은 번뇌가 무량하기 때문이다.

아비달마의 논서에서 일체번뇌를 제거함을 열반과 아라한이라고 표현하지만 그 '일체'라는 말 속에 속하지 않은 미세한 번뇌가 존재한다. 윤회의 뿌리인 아집이라고 표현하지만 이것은 거친 정도이며, 미세한 아집의 파악이 없다. 거기서 설한 제일 미세한 번뇌는 아가 자주적 실유로 인식한 아집 정도이고, 더욱 미세한 번뇌의 파악이 없다는 것은 누가 봐도 이해할 수 있다.

예를 들어서 아와 아소의 법이 자성으로 성립함을 인식한 식이 아비달마 논서에서 설한 번뇌 안에 포섭되지 않기 때문이고, 이것이 하위 아비달마뿐만 아니라 자립논증학파 이하들도 인정하지 않으며, 이것은 오직 귀류논증학파만이 파악할 수 있는 번뇌인 까닭이다.

요약하면, 귀류논증학파가 건립한 대로 실집은 번뇌임을 인정하는 것은 이하 학파 어느 곳에도 없다.

아비달마 논서에서 미세한 번뇌의 파악이 없기 때문에 이 미세한 번뇌들을 멸한 멸제 또한 설하지 않았다. 만일 아비달마에서 실집을 멸한 멸제를 설했으면 아비달마를 따르는 자들이 인정해야 하는데, 그것을 인정하지 않는 까닭이다. 아비달마 논서에서 미세한 번뇌의 파악이 없으므로 미세한 공성의 체계도 설하지 않은 것이다. 만약 미세한 공성을 설했다면 제법이 자성으로 성립되지 않은 것과 가립된 의미가 찾아서 발견되지 않는 것을 설해야 하는데 그것을 설하지 않았고, 거기에서 설한 공성은 미세한 부정대상을 부정하는 미세한 공성이

396

아니기 때문이다. 그렇다면 미세한 공성을 지각한 도제 또한 설하지 않은 것이다. 그렇다면 아비달마 논서에서도 '도제道諦'라는 명칭을 표현하지만 이것은 거친 무아에 관한 도제이고, 미세한 무아에 관한 도제가 아니라고 이해할 수 있다.

이들이 설한 멸제는 원만한 멸제가 아니며, 이들이 설한 도제는 원만한 도제가 아님을 알아야 한다. 그러므로 해탈을 원하는 자가 번뇌의 체계를 완벽하게 알고 싶다면 반야와 중관 논서 등 대승의 경론을 문사수로 정진해야 한다.

라. 이 학파의 특별한 소지장의 파악

그러면 이 부파가 자립논증학파와 달리 실집을 번뇌로 인정한다면 소지장은 무엇인가? 이것은 『입중론자석』에서 다음과 같이 설하였다.

무명의 습기는 소지所知를 인식하는 데 장애가 된다. 욕망 등의 습기가 존재하는 것이 신구身口의 행行의 원인이 된다. 무명과 욕망 등의 습기 또한 일체지와 부처에게만 제거되어 있고 다른 존재에게 는 아니다.[372]

이 구절에서 "무명의 습기라고 하는 것은 소지장의 사례를 가리키며, 소지를 이해하는 데 방해되는 장애이다"라고 한 것은 소지장의 본성이 나 정의를 가리킨다. 신구身口의 행行이라는 구절은 신구의 취악취(取

---

[372] 『입중론석』, 중관부中觀部(dbu ma), 논장論藏(bstan 'gyur), 데게판(sDe dge), a', 342쪽, 6줄.

惡趣, ཀུན་ནས་ཉོན)를 가리키며 이것은 소지장의 행위를 가리킨다. 또한 마음의 취약취는 마음이 대상을 명백하게 밝히지 않은 부분인 경우다. 예를 들면 목련존자가 자신의 어머니가 '빛을 비추는 세간'이라는 지옥에 태어나는데 신통으로 봐도 보지 못하는 부분 같은 경우이다. 마음의 취약취는 소지장은 아니지만 그 안에 속하는 것이다. 부처에게서만 제거된다고 설한 것은 소지장이 어느 지에서 멸하게 되는지 그 경계를 가리킨다.

이 부파는 법아집을 번뇌로 인정하는 까닭으로 소지장의 파악이 다른 학파들과 다르고 두 가지 장애가 어느 지에서 멸하는지에 대한 방식 또한 차이가 생기는 것이다. 어느 지에서 멸하는지에 대한 범위는 다음 항목에서 말한다.

소지장의 본성은 앞에서 말하였다. 이에 대한 분류는 두 가지다. 현전現前인 소지장과 잠복된 소지장 두 가지가 있다. 첫째는 세속제의 행상을 가지는 식에 실재의 현현으로 착란된 부분, 둘째는 실현을 생기게 하는 원인인 번뇌로써 남긴 습기 같은 경우다. 보통 습기와 씨앗이 같은 의미로 작용하는 경우가 많지만, 여기서 소지장을 건립한 습기는 번뇌의 씨앗이 아니다. 번뇌의 씨앗은 번뇌를 생기게 하는 에너지이지만 그것의 전 흐름이다. 소지장을 건립하는 번뇌의 습기는 번뇌가 남긴 결과이다. 이것은 붓다를 이룰 때까지 생기며, 실현을 생기게 하는 원인이며, 무루도가 생기는 것에 장애가 된다. 또한 습기는 잠복된 소지장이며, 이것이 원인이 되어 육전식 등 세속제의 행상을 가지는 식에게 실제의 현현을 생기게 하므로, 진리를 여실하게 보는 데 방해가 된다.

『입중론자석』에서 설했다.

번뇌는 무지와 욕망 등이다. 세간의 삼계를 고통스럽게 하기 때문
이다.[373]

이 또한 성문·연각 아라한들이 삼계의 번뇌를 씨앗까지 완전히
제거하지만, 번뇌의 습기는 조금이라도 감소되지 않는다. 보살 중에
지를 증득하더라도 칠지까지는 번뇌의 습기를 제거하는 것을 시작하지
못하며, 팔지八地부터 시작한다. 그러므로 팔지의 무간도無間道로써
소지장所知障에 대치하는 것으로 시작하여, 마지막에 십지의 마지막인
무간도로써 매우 미세한 소지장을 직접적으로 대치한다. 그것을 멸하
면 일체법을 보는 일체지, 두 장애가 남김없이 제거된 멸제, 색구경천色
究竟天에 머무는 십지 보살이 보신을, 그리고 다른 다양한 우주에
머무는 십지 보살이 화신, 즉 사신을 동시에 증득한다.

소지장은 분별기分別起와 구생기俱生起 둘로 분류하지 않는다. 왜냐
하면 소지장에는 분별기가 없기 때문이다. 또한 견소단見所斷과 수소단
修所斷의 두 부분도 없다.

요약하면, 실현을 생기게 하는 원인인 습기는 잠복된 소지장이며,
그 습기로써 생기는 세속제世俗諦의 행상行相을 가지는 식에 현현한
실현實現의 부분은 현전한 소지장이다.

---

373 『입중론자석』 중관부中觀部, 논장論藏(bstan 'gyur), 데게판(sDe dge), 342쪽,
ba, 3줄.

마. 이 학파의 유루, 무루의 의미
『입중론자석』에서는

> 소지장의 특징을 가지는, 번뇌가 아닌 무명(非煩惱無名)만을 행하기
> 때문에, 무명과 그의 습기에 오염되어 (실속의) 현현함을 대상으로
> 가지는 후득지에 머무는 성자들에게만 (실재가) 현현하는 것이지,
> 현현함이 없는 대상을 가지는 등인지等引智에 머무는 성자에게는
> 그렇지 않다고 설명했다.[374]

라고 설하였다. 이것은 소지장이 어떻게 장애가 되는 것인가를 가르친
것이며, 이로써 이 학파의 유루有漏와 무루無漏의 의미가 이하의 학파들
과 다르다고 이해할 수 있다.

성자는 현현함을 가지는 성자와 그렇지 않은 성자로 구별하여 설명한
다. 후득지에 머무는 성자는 현현함을 가지고, 등인지에 머무는 성자는
공성만을 관하기에 세속의 현현함을 가지지 않는다. 따라서 등인지에
머무는 성자에게는 부정대상의 현현이 존재하지 않는다. 부정대상의
현현이 현전現前하는 소지장이라면 습기는 잠재된 소지장이다.
성자의 현현을 가진 자와 가지지 않은 자 둘로 구별하는 것 중에서,
현현을 가지지 않은 식은 성자의 등인지인 무분별지無分別智에 해당한
다. 그 외에 중생의 모든 식은 현현을 가지는 식이다. 여기서 현현을

---

374 『입중론석』, 중관부中觀部(dbu ma), 논장論藏(bstan 'gyur), 데게판(sDe dge),
  a', 342쪽, 3줄.

가지거나 가지지 않은 그 현현은 실제의 현현이다. 중생지의 성자의 마음속 등인지인 무분별지는 실제의 현현을 가지지 않은 식이고, 그 외의 중생의 식에는 세속제世俗諦를 인식하거나 승의제勝義諦를 인식하거나 실제의 현현이 없는 것은 없다.

공성에 집중된 등인지 시점의 무루식은 무지와 그의 습기 어느 것으로부터도 영향을 받지 않는다. 등인지에서 후득지로 일어나면 세속제가 현현함으로써 습기의 영향을 받게 된다. 따라서 실현 또한 생기기 때문에 유루식으로 변하는 것이다.

이로써 유루식과 무루식의 구별 또한 이하 학파들과 다르다고 이해할 수 있다. 실제의 현현을 가지는 식이면 유루식인 것을 충족하며, 실제의 현현을 가지지 않는 식이면 무루식인 것을 충족한다. 그러므로 이 학파가 주장하는 유루와 무루의 의미는 실현으로 오염된 식이 유루식이고, 실현으로 오염되지 않은 식이 무루식임을 알아야 한다.

그렇다면 부처님의 일체법은 두 장애 어느 것으로부터도 영향을 받거나 오염된 것이 없기 때문에 오직 무루이다. 중생지에는 오직 성자의 등인지의 무분별지無分別智만 무루이다. 왜냐하면 등인지는 공성空性에 이현二現이 사라짐으로 세속의 현현이 없기 때문이고, 실현도 없기 때문이다. 그 등인지 외에는 중생지衆生智의 모든 법이 유루이다.

바. 두 가지 장애를 멸하는 범위
장애에 두 가지가 있는데, 소지장은 오직 대승도에서만 멸한다. 멸하는 방식은 뒤에서 설하겠다. 번뇌장은 소승과 대승 둘 다에서 멸한다.

번뇌를 소승도로써 멸하는 방식은, 번뇌에 대한 견소단 번뇌와 수소단 번뇌로 나누어 견도見道의 시점에서 삼계의 견소단 번뇌를 씨앗까지 멸하고, 수도修道의 시점에서 삼계의 수소단 9개 번뇌를 각각 9개로 분류하여 이들을 차례로 멸한다. 마지막에 견도인 금강유정삼매로 인해 유정의 수소단인 하하下下를 대치하여 이것을 멸하면 삼계에서 벗어나 아라한을 증득한다.

번뇌를 대승도로써 멸하는 방식에는 자립논증학파와 귀류논증학파의 주장 두 가지가 있다. 자립논증학파에 따르면 번뇌를 대승도로써 멸할 경우는 번뇌를 완전히 멸하지 않고 대승도에 입학한 측면에서 말하는 것이다. 이것은 두 가지 장애를 동시에 멸하고 간다. 이 방식은 처음부터 대승의 종성으로 확정된 보살이 두 가지 장애를 동시에 멸하는 방식이다.

이 또한 초지의 견도 시점에서 견도인 번뇌장과 소지장 둘을 한꺼번에 멸하여 초지의 수도부터 수소단인 번뇌장과 소지장 둘 다를 동시에 멸하기 시작하고, 십지의 마지막 찰나인 견도의 무간도로써 매우 미세한 번뇌장과 매우 미세한 소지장 둘을 대치한다. 소지장을 상중하上中下 세 가지로 분류하고(上上에서 下下까지 총 9가지), 상상上上을 다시 거칠고 미세한 것 둘로 나누는데, 이 열 가지는 십지 각각에서 차례대로 멸하게 된다. 미세한 하하下下의 소지장을 완전히 멸하는 것과 성불과 사신四身을 증득하는 것은 모두 동시이다.

귀류논증학파에 따르면 번뇌장을 대승도에서 멸하는 것은 가능하지만 자립논증학파와 같이 두 장애를 동시에 멸할 수 없다. 왜냐하면 번뇌장을 남김없이 먼저 제거한 뒤에 소지장을 제거하는 까닭이다.

이 또한 초지부터 7지까지 번뇌를 멸하고, 7지 보살이 번뇌를 남김없이 제거하면 동시에 팔지에 도달하여 소지장을 멸하기 시작한다.

이 학파의 주장에는 소지장이 십지의 마지막인 무간도 시점에 존재하는지와 소지장과 식의 공통기반이 있는지의 유무에 대한 논쟁이 많다.

사. 하지下地에서 상지上地로 가는 방식

십지 보살들은 멸할 대상은 상上[375]부터 멸하며, 공덕은 하下[376]부터 생기게 한다. 또한 십지 보살들이 하지에서 상지로 갈 때, 등인지等引智에서 등인지로 올라간다. 십지의 어떤 지地에서 자신의 몫으로서 멸해야 하는 대상을 남김없이 제거하여 그 지의 공덕을 완성하면 상위의 지로 올라간다. 일지一地에서 이지二地로 넘어갈 때 무간도에서 해탈도로 가고, 일지의 마지막에 생기는 무간도는 존재하며, 이지 첫 찰나에 해탈도 또한 존재하는 까닭이다. 일지 보살이 자신의 몫으로서 멸해야 하는 대상을 완전히 멸하면 이지로 넘어간다.

이와 같은 논리로 이지에서 삼지로 올라갈 때 무간도에서 해탈도로 올라가며, 또한 십지에서 불지佛地에 올라갈 때도 무간도에서 불지의 해탈도로 올라간다. 왜냐하면 십지 보살이 매우 미세한 소지장을 직접 대치하여 그것을 완전히 멸하면 그와 동시에 미세한 소지장을 멸한 해탈도를 증득하기 때문이다.

수소단의 번뇌에는 상중하의 번뇌 각각에 세 가지가 있어서 총 아홉 단계가 존재한다. 또 수소단 상상上上의 번뇌를 거친 것과 미세한

---

[375] 거친 것.
[376] 미세한 것.

것 둘로 분류한다. 일지의 수도인 무간도가 상상의 번뇌 중 거친 것을 대치하여 그것을 멸하면 동시에 이지의 해탈도를 증득한다. 이지의 무간도가 상상의 번뇌 중 미세한 것을 대치하여 그것을 멸하면 그것을 멸한 해탈도를 증득하는 것과 삼지로 도달하는 것이 동시이다.

삼지 보살이 상상의 번뇌를 제거함으로부터 사지 보살이 상중上中의 번뇌를 제거하고 오지 보살이 상하를, 육지 보살이 중상中上을 제거한다. 칠지의 첫 해탈도가 중중中中을 제거한다. 칠지에 무간도가 차례로 두 번 생기며, 첫째 무간도에서는 중하의 번뇌를 대치하여 이로써 이끌어 준 해탈도를 증득할 때 이를 멸한다.

칠지 두 번째 무간도에서는 하상下上, 하중下中, 하하下下의 세 가지 번뇌를 한꺼번에 대치하여 이것을 멸할 때 팔지의 해탈도에 도달하며, 팔지에서는 모든 번뇌를 남김없이 제거한다.

아라한이면 번뇌를 멸한 것으로 충족하기 때문에 성문, 연각, 아라한들도 번뇌를 남김없이 제거한 상태이다. 그러므로 소승 아라한을 증득한 다음 대승에 들어간 보살이 번뇌를 제거했는지의 여부에 대해 구별을할 필요가 없는 것이다. 이러한 보살에게는 초지부터 칠지까지 무간도와 해탈도의 체계도 없다. 왜냐하면 번뇌는 소승도에서 이미 제거했으며 소지장을 멸하는 것은 팔지부터 시작하기 때문이다.

그렇다면 이러한 보살이 팔지를 증득할 때까지 무엇을 하고 있는가? 2무량 겁 동안 공덕을 짓고, 팔지의 첫 찰나에 무간도를 증득한다. 한편 처음부터 대승도에 입학하거나, 처음에 소승도로 입학하더라도 아라한을 증득하지 않고 아나함 이하로부터 대승도에 갈 경우에, 이러한 보살들이 번뇌를 완전히 제거하지 않기 때문에 청정하지 않은 칠지까지는 번뇌를 멸하게 한다. 이들은 일지부터 시작해서 칠지까지 차례로 번뇌를 제거한다.

소승도를 증득한 뒤 대승도에 가는 보살과 바로 대승도로 입학한 보살 둘 모두 팔지에서 소지장을 멸하기 시작하는 것은 차이가 없다. 팔지의 무간도가 소지장을 대치하기 시작하여 십지의 마지막 찰나에 생기는 무간도가 매우 미세한 소지장을 직접적으로 대치한다. 이로써 해탈도를 증득하면 이제를 동시에 보기에 장애를 남김없이 제거하며, 일체법을 현량으로 보기에 장애 또한 남김없이 제거한다.

일체지를 증득하고 성불하는 것도 동시이며 법신法身과 색신色身, 이신二身이나 사신四身 또한 동시에 현증顯證한다. 승의제를 보면서도 세속제를 보고, 동시에 무량중생에게 설법을 하여 고통에서 구제하는 행위도 한다. 승의제의 등인지에 머물면서 자비의 행위를 베풀고, 세상이 다할 때까지 행위를 끊임없이 이어간다. 세속의 행을 하면서도 공성의 삼매에 들어가고, 공성의 등인지에 머물면서도 세속의 행위들을 하는 등 불가사의한 특성들을 가지고 있다. 그러므로 불지에서는 등인지와 후득지의 행위를 동시에 할 수 있게 된다. 부처님에 대해 이 정도로 설하는 것은 현교의 가르침이며 밀교에서는 더욱 미세한 체계들을 말한다.

(2) 실집은 윤회의 뿌리

『성여래비밀경聖如來祕密經』에서 다음과 같이 설한다.

청정한 지혜여, 이렇게 말한다. 예를 들어 나무의 뿌리를 자르면

가지와 잎과 미세한 가지 모든 것이 말라버리게 된다. 청정한 지혜여,
이와 같이 유신견有身見을 멸하면 번뇌와 수번뇌 모두를 멸하게
될 것이다.[377]

이 경은 나무를 번뇌의 예시로 적용했다. 예를 들어 나무의 가지와
잎이 뿌리에 의지하여 뿌리로부터 생기는 것이다. 그러므로 나무의
뿌리를 자르면 그곳에서 생기는 가지와 잎 등이 마르게 된다. 그와
같이 다른 번뇌들의 뿌리는 아집이다. 아집에서 다른 번뇌들이 생기기
때문에, 만일 뿌리인 아집을 자르고 멸하면 다른 번뇌 모두 청정하게
될 것이라고 가르친다.

『공칠십송』에서 다음과 같이 설한다.

인과 연에서 생기는 사물들을 진실한 것으로 분별하는 것,
바로 그것을 세존께서 무명이라고 설하였다. 그것에서 12연기가
생긴다.
......
사물이 공함을 지각하는 것을 실상으로 보기 때문에 미혹되지 않는
다. 이것이 무명을 멸하는 것이다. 이로써 열두 가지를 멸하게
된다.[378]

---

377 『성여래비밀경』, 보적부寶積部(dkon brtsegs),de), 논장論藏(bstan 'gyur), 데게판
(sDe dge), 1733년, ka, 610쪽, 1줄.

378 『공칠십송』, 중관부中觀部(dbu ma), 논장論藏(bstan 'gyur), 데게판(sDe dge),
1733년, tsa, 26쪽, 3줄.

토대인 윤회의 실상인 인과방식을 광대하게 하면 12연기다. 12연기를 분류하는 방식에는 2가지가 있는데 첫째는 원인 5개와 결과 7개로 분류하는 것이고, 둘째는 집제의 본성 5개, 즉 번뇌 3개[379]와 업 2개[380], 그리고 고제의 본성인 결과 7개[381]로 분류하는 것이다. 12개 중에 뒤의 11개는 무명으로 생기는 것으로 무명이 원인이 되고 나머지는 그 결과이다. 이 무명은 무엇인가? 원인과 연으로 생기는 사물들을 진실, 즉 자성으로 성립됨을 인식한 식이라고 세존께서 설하였다.

『육십송여리론』에서도 다음과 같이 설한다.

어떤 곳이든 머무를 장소를 발견하면
교활한 독사인 번뇌에 붙잡히게 되리라.
그의 마음 머무를 곳이 없다면
그는 번뇌에 붙잡히지 않을 것이다.[382]

『입중론』에서는 다음과 같이 설한다.

모든 번뇌의 허물들이
유신견有身見에서 생김을 마음으로 보고

---

379 12연기에서 무명(1), 애(8), 취(9)의 번뇌 세 개.

380 12연기에서 행(2), 유(10)의 업 두 개.

381 12연기에서 식(3), 명색(4), 육입(5), 촉(6), 수(7), 생(11), 노사(12)의 결과 일곱 개.

382 『육십송여리론』, 중관부, 논장, 데게판(sDe dge), tsa, 22쪽, 6줄.

아我는 그의 대상임을 알고서

유가행자는 아를 부정해야 한다.[383]

생로병사 등 윤회의 모든 허물들은 번뇌의 허물이며, 그 뿌리는
유신견有身見이다. '나'라고 생각하는 구생의 유신견은 본래부터 존재
하며 이를 토대로 삼아 여러 조건의 힘으로 욕망과 화냄이 생기게
된다. 낙수樂受로 인해 욕망이 생기고, 고수苦受로 인해 화냄이 생기는
것은 우리의 경험으로도 알 수 있다.

다양한 조건으로 인해 고락苦樂, 친척과 원수 등 다양한 대상에
대해서 삼독三毒을 토대로 근본번뇌와 수번뇌들이 생기며, 이로 인해
자유 없이 선악의 다양한 업을 짓게 된다. 다양한 업으로 인해 선악의
다양한 결과들이 생기며 어떤 때는 무량한 행복을 얻고, 어떤 때는
무량한 고통을 경험하게 된다. 이러한 고락의 경험은 무시이래로부터
지금까지 반복하여 생겼고, 미래에도 생사를 자유 없이 반복하게 됨으
로써 윤회의 바퀴 속에서 돌게 되는 것이다.

그러므로 윤회에서 벗어나고자 한다면 고통의 근원인 아집을 파악하
여, 그 대치법으로 은혜로운 세존께서 설한 법의 핵심인 공성을 올바르
게 배우고 수습함으로써 윤회에서 벗어나는 방편에 정진해야 한다.
『석량론(釋量論, Pramāṇavārttika, rnam 'grel, ཚད་འགྲེལ)』에서는 다음과
같이 설한다.

---

383 『입중론』, 중관부中觀部(dbu ma), 논장論藏 6품. 게송.

그러므로 해탈하고자 하면 무시無始의

등류等類와 동류同類의 씨앗에서

생기는 유신견有身見을

뿌리째 뽑아야 한다.[384]

라고 하였으며, 또한

아我가 있다면 타인을 인식하며

나에게 집착하고 타인을 배척한다.

이것들과 관련됨으로써

모든 허물이 생겨나게 된다.[385]

라고 설하였다.

　윤회에서 벗어나고자 하는 유가행자는 윤회의 뿌리에 대해서 분석하여 윤회의 모든 허물들이 번뇌로 인해 생긴다는 것을 알게 된다. 그리고 이러한 번뇌의 뿌리가 아집임을 보게 되면, 이를 제거하기 위해 정진해야 한다.

　그렇다면 이러한 윤회의 모든 허물을 생기게 하는 뿌리인 아집我執이라는 것은 무엇인가? 이것은 제법의 실상에 대한 전도된 식을 말한다. 이 식이 제법의 실상을 전도되게 취한다. 법성에 대해 전도되기 때문에

---

384 『석량론』 2품, 258게송.

385 『석량론』 2품, 221게송.

실제 상황을 알지 못한다. 예를 들면 어떤 사람을 지나치게 아름답게 봄으로써 욕망이 생기고, 반면 어떤 사람을 지나치게 아름답지 않게 보기 때문에 성냄이 생긴다.

이 두 가지 전도된 식이 생기는 뿌리는 실상을 올바르게 보지 않은 무명인 아집임을 알게 된다. 이 세 가지를 삼독三毒이라고 한다. 대상은 하나지만 가끔은 아름답게 보아 욕망이 생기게 되고, 또 가끔은 추하게 보고 화가 생기는 것은 경험을 통해서도 알 수 있다. 그러므로 세 가지 근본번뇌에서 다른 번뇌들이 차례로 생겨서 다양한 업을 짓고 이러한 업으로 인해 윤회에 머무는 것이다. 이렇게 전도된 욕망 등 삼독의 번뇌들은 실상을 여실하게 깨달으면 차례로 제거할 수 있다. 그렇다면 그 실상은 무엇인가? 이것이 무아라는 것이다.

불호 논사는 『불호주중론(佛護注中論, Budddhapalita mūla madhya-maka vrtti, བུད་དྷ་པ་ལི་ཏ)』에서 "일체법을 '무아無我'라고 할 때, 없는 '아我'는 본성으로 성립되는 것"이라고 말한다. 그러므로 이와 반대로 인식하는 것이 아집이라는 것을 알 수 있다. 따라서 본성으로 성립됨을 인식하는 식이 아집으로 성립된다.

본성으로 성립된다고 집착하는 실집을 번뇌를 가진 무명이라고 설명하는 내용은 『사백론주四百論注』와 『입중론자석入中論自釋』에서도 기술되어 있다. 또한 그것을 아라한이 멸하였고, 또한 무생법인無生法忍을 증득한 보살들이[386] 멸하였다고 설하고 있다.[387]

---

386 8, 9, 10지의 보살들.

387 『구사론』 9품, 아비달마부, 논장論藏(bstan 'gyur), 데게판(sDe dge), khu, 78쪽, ba, 4줄, 『사백론』 14품, 중관부中觀部(dbu ma), 논장論藏(bstan 'gyur), 데게판

410

『사백론』과 『입중론자석』에서 설한 방식은 두 가지 의미가 있다. 본성으로 성립됨을 인식하는 식이 번뇌라는 것과, 그것을 아라한과 팔지 이상의 보살들이 멸한다는 것 두 가지이다. 첫째는 본성으로 성립됨을 취하는 식이 번뇌로 파악되고, 둘째는 이것을 어디에서 멸하는지 그 경계를 파악하는 것이다.

무명은 무아의 공성을 인식하는 식과 모순된다는 것은 불교학파 어느 곳에서도 인정한다. 앞에서 두 가지 무아의 부정대상에 차이가 없음을 말하였고, 그러한 이유로써 두 가지 무아 또한 부정대상의 측면에서 미세하고 거친 차이가 없다는 것이 귀류논증학파의 특별한 견해이다.

그러므로 실집은 윤회의 뿌리라는 사실이 많은 경과 논리를 통해 이미 확립되었으며, 두 가지 무아의 부정대상에 차이가 없기 때문에 아我로서 성립한다고 집착하는 두 가지 아집 또한 취하는 방식에 차이가 없음이 성립된다. 이 논리로써 인아집을 윤회의 뿌리로 인정하기 때문에 법아집 또한 윤회의 뿌리로 인정해야 한다. 그러므로 윤회에서 벗어나길 원하는 삼승의 성자가 반드시 법무아를 깨닫는다는 것을 마땅히 확립할 수 있어야 한다. 삼승 어느 것에도 보리를 증득함에 있어서 법무아의 공성을 깨닫는 식이 반드시 있어야 함이 확립된다.

월칭 논사는 이러한 의미들을 용수 논사의 의도로 확고하게 해석하였고, 이와 같은 의미를 무착 논사 또한 인정한다.[388]

무착 논사의 『대승보성론주석서』에서는 『반야경』과 『여래장경』에

(sDe dge), ya, 211쪽, ba, 3줄, 6줄.
388 무착 논사를 유식론자라고 규정할 수 없다.

서 설한 것과 같이 여래장이 마음의 본성임을 깨닫지 못하기 때문에
중생들이 윤회한다고 설하였다.

(3) 사대학파의 종성種姓에 대한 주장

불교의 사대학파(중관학파, 유식학파, 설일체유부, 경량부)는 윤회의
뿌리가 무엇인지에 대한 의견이 동일하지 않다. 성불하는 종성種姓에
대한 견해가 다르기 때문이다. 또한 사대학파는 무루無漏의 성도聖道로
부처의 종성을 관상하여 윤회의 뿌리를 손상시킴으로써 모든 허물이
제거된다는 것을 인정하기 때문이다.

먼저, 설일체유부는 윤회의 뿌리를 탐욕으로 인정한다. 그 이유는
종성이 소욕지족少欲知足이기 때문이다. 소욕지족인 종성과 모순되는
탐욕은 윤회의 뿌리이다. 이와 같은 내용은『구사론俱舍論』의 게송과
주석서에서 설한다.『구사론』은 윤회의 뿌리를 여섯 가지 수면(隨眠,
Anuśaya, phra rgyas, ཕྲ་རྒྱས)이라고 설했기 때문에 유신견有身見 또한
윤회의 뿌리로 인정해야 한다. 그렇지 않으면 유부와 모순되는 주장을
가지게 된다.

왜냐하면 이 학파에서 아집을 인정하고, 그렇다면 12연기 중 무명에
만 해당하기 때문에 자연히 아집이 윤회의 뿌리가 되는 것을 인정해야
한다. 유부가 아집을 인정하지 않는 것도 아니다. 왜냐하면 이 학파에서
유신견을 설한 이것이 아집에 해당하며, 또한 사법인四法印을 인정했기
때문이다. 그렇지만 유부에 속하는 학파 중에는 아我를 독립적인 실체
로 인정하는 학파도 있다.

경량부는 아집을 인정하여 윤회의 뿌리를 아집이라고 주장한다.

아집을 인정하면 이것을 윤회의 뿌리로 당연히 인정해야 한다. 이들의 종성은 무루식無漏識의 씨앗이다. 번뇌를 제거하는 도道로 무아를 깨닫는 지혜를 건립한다. 현량現量의 현현하는 대상과 사물(無常)이 동일하며 분별의 현현하는 대상과 항상한 것(常)이 동일하다고 인정하는 까닭으로 견도의 등인지인 무간도가 공성의 토대인 유위법有爲法을 현량으로 지각하여 무아를 간접적으로 지각한다고 인정한다.

앞에서 말한 유부와 경량부는 인무아보다 더 미세한 법무아를 인정하지 않으며, 이러한 이유로 멸하는 대상에 대하여 번뇌장보다 더 미세한 소지장을 인정하지 않는다. 이들은 무루열반에 들 때 식의 흐름이 끊어진다고 주장하기 때문에 구경삼승三乘을 인정하며, 일체중생이 여래장을 가지고 있지 않아서 모두 성불할 수 있는 것은 아니라고 주장한다. 한편, 성불하기 위해서 삼아승지 겁 동안 공덕을 쌓아 깨달음에 이르는 방식에 대해서는 『구사론』에 기술되어 있다. 소승학파들도 그와 같이 인정한다. 설일체유부와 경량부 둘은 모두 인무아보다 더욱 미세한 법무아를 인정하지 않고 아공보다 더 미세한 법공을 인정하지 않는다.

유식학파는 인아집과 법아집을 윤회의 뿌리로 인정한다. 아집에 대해서는 많은 설명을 하였고, 법집이 윤회의 뿌리로 되는 이유는 다음과 같다. 유위법들은 아뢰야식의 습기習氣가 무르익어서 생겨나지만 이를 알지 못하고 마음에 현현할 때는 색色 등의 제법이 외경外境으로 존재하는 것으로 현현하여, 현현하는 대로 취함으로써 업을 짓고, 업으로 인해서 윤회 속에 머문다고 주장하기 때문에 이들에게는 외경을 취하는 분별이 법아집이고 무경無境이 공성인 까닭이다.

그 요점은, 불성은 무루식으로 변하게 되는 아뢰야식에 저장된 씨앗
이다. 이것을 잠재력이나 습기라고 표현한다. 그러나 수리행隨理行
유식학파는 아뢰야식을 인정하지 않기 때문에 유위법들은 전6식의
습기가 무르익어서 생긴다고 주장한다. 그 이유로써 무루식을 생기게
하는 6식의 잠재력을 불성으로 인정한다. 한편, 무위열반에 들 때
식의 흐름이 끊어지기 때문에 구경삼승을 인정하기도 한다. 장애가
마음의 본성에 머물지 않는다고 주장하지만 다섯 가지 종성(오성각별
설)[389]에 따라서 일체중생 모두가 확실히 성불할 수 있다고 주장하지는
않는다.

자립논증학파는 인아집을 윤회의 뿌리로 인정한다. 이 학파는 윤회
의 뿌리로 법아집을 건립하지 않는다. 왜냐하면 만일 법아집을 윤회의
뿌리로 인정한다면 윤회에서 벗어남에 있어서 법아집을 깨달아야 한다
고 주장해야 하지만 그것을 주장하지 않기 때문이다. 그 요점은, 법아집
은 번뇌임을 인정하지 않고 소지장임을 인정한다. 그러나 윤회의 뿌리
는 인아집이고 인아집의 뿌리는 법아집임을 주장하기 때문에 법아집을
윤회의 궁극적인 뿌리라고 표현한다.

---

389 오종성五種性(pañca-gotrāḥ, རིགས་ལྔ་)은 다음과 같다.
  1. 성문승종성聲聞乘種性(śrāvaka-yānābhisamaya-gotraḥ, ཉན་ཐོས་ཀྱི་མངོན་པའི་རིགས)
  2. 독각승종성獨覺乘種性(pratyekabuddhayānābhi-samaya-gotraḥ, རང་སངས་རྒྱས་ ཀྱི་མངོན་པའི་རིགས)
  3. 보살승종성菩薩乘種性(tathāgatayānābhisamaya-gotraḥ, བྱང་ཆུབ་སེམས་དཔའི་རིགས)
  4. 부정종성不定種性(aniyata-gotraḥ, མ་ངེས་པའི་རིགས)
  5. 무성종성無性種性, a-gotraka, རིགས་མེད་པ)

이 학과가 두 가지 무아에 대한 거칠고 미세한 차이를 인정하여 두 가지 아집에 대해 인식하는 방식이 다르다고 주장하기 때문에, 이로써 윤회를 멸함에 있어서 윤회의 뿌리인 인아집을 멸해야 하지만 법아집을 멸해야 하는 이유는 없다. 윤회의 궁극적 뿌리를 제거하지 않더라도 윤회에서 벗어남을 모순되지 않는다고 주장하기에 성문·연각 아라한들이 법아집을 멸하지 않음을 주장한 것이 드러난다.

자립논증학파는 법아집을 윤회의 뿌리로 인정하지 않기 때문에 대·소승의 지혜의 종성(ༀགས་རིགས་, rtogs rigs)[390]을 구별하여 성자라면 반드시 법무아를 깨달아야 한다고 인정하지는 않는다. 중생 심상속의 마음이 자성의 때로써 청정한 법성이 자성주불성自性住佛性임을 인정하며, 이것은 원인과 조건으로 만들어지는 것이 아니라 일체중생의 마음속에 본래부터 가지는 생득이다. 중생의 마음은 인과 연이 모이면 갑작스러운 번뇌가 생겨 일시적으로 장애가 되지만 그러한 장애가 마음의 본성을 오염시키지 못한다고 주장한다. 따라서 마음은 인과 연이 모이면 오염에서 벗어날 수 있으며, 그 요점으로 일체중생이 결국은 성불할 것이라는 구경일승一乘을 주장한다. 구경일승의 방식은 이후에 설하겠다.

『중품반야경(mātṛkā-madhya, yum bar ma, ཡུམ་བར་མ་)』에서 중생의 마음의 본성을 종성으로 설하였고, 『현관장엄론』에서도 이와 같이 설하였다. 중생의 마음의 본성이 자성주불성自性住佛性이며, 이것이 윤회의 뿌리를 자르는 도의 대상으로 인정한 것은 자립논증학파와

---

[390] 자립논증학파에서 대승의 지혜 종성은 법무아의 공성을 인식하는 지혜이고, 소승의 지혜 종성은 인무아를 지각하는 지혜를 말한다. 그러므로 소승·대승의 지혜의 종성을 각각으로 인정한다.

귀류논증학파 모두 차별 없이 인정한다.

　법성法性을 종성으로 인정하는 데 있어서 유식학파가 다음과 같은 논쟁을 제기한다. "중생 마음의 본성에 법성을 건립한다면, 법성에는 다양한 분류가 없기 때문에 종성에도 타당하지 않게 된다"라고 한다. 이에 대해 자립논증학파가 답하기를 "토대인 법성에 대한 분류는 없지만 의지하는 법의 특성으로 종성을 분류할 수 있다"라고 한다. 이것은 『현관장엄론』 1장에서도 설한다.

　법성에는 분류가 없기 때문에 종성을 구분하는 것은 타당하지 않다.[391]

　의지하는 법의 구별에 의해 그 분류를 말할 수 있다.[392]

　예를 들면 토대인 항아리에는 차이가 없지만 꿀, 요구르트, 우유 등 의지하는 재료의 구별된 특성으로 요구르트 항아리, 꿀 항아리, 우유 항아리 등이라고 각각 건립할 수 있는 것과 같다.

　귀류논증학파는 윤회의 뿌리로 아집과 법집 모두를 인정할 뿐만 아니라 법집을 윤회의 뿌리로 인정하는 요점으로, 윤회에서 벗어나려면 법집을 멸해야 하고 법집을 멸하려면 반드시 법공을 깨달아야만 하기에 성자이면 법무아를 깨달은 것으로 충족한다고 주장한다. 이 학파에서는 인무아와 법무아의 부정대상에 대해 거칠고 미세한 차이가 조금도 없기 때문에 두 가지 무아는 부정대상의 측면에서 거칠고 미세함

---

391 이것은 유식학의 쟁론이다. 아래는 중관학의 답변이다.

392 『현관장엄론』 1품, 40게송.

을 구별할 수 없다. 그러므로 자립논증학파의 주장대로 두 가지 아집에 대해 윤회의 뿌리가 되는지의 여부를 구별할 필요가 없는 것이다.

성자의 등인지를 수습함으로써 장애를 제거하는 대상은 '마음이 승의의 희론戲論으로 공한 것'이다. 마음이 승의로 공한 법성이 불성이기 때문이다. 염오染汚는 마음의 본성을 물들이지 않기 때문에 대치하는 조건이 생기면 언제든지 장애(때)를 멸할 수 있다. 그러므로 일체중생이 결국 성불하게 된다는 구경일승을 주장하는 것은 자립논증학파와 동일하다.

또한 자립논증학파의 주장에서 중생의 마음의 법성을 종성으로 인정하는 것과 성자가 공성을 깨달음을 충족한다고 인정하지 않는 것은 모순이다. 왜냐하면 불성이면 성도[393]가 수습한 공성, 즉 장애를 멸하게 되는 대상이어야 하는데, 그렇다면 성자이면 공성을 깨달음으로 충족함을 인정해야 하기 때문이다.

또한 두 가지 무아에 대한 거칠고 미세한 차이를 인정하기 때문이라면 그것을 깨달은 도道에도 차이가 생기게 된다. 그러면 윤회의 뿌리가 두 가지가 되어버려 제2의 해탈문이 없다는 경전의 내용과 모순된다는 논쟁이 많이 생긴다.

귀류논증학파는 중생들에게 무시이래부터 구생으로 존재한 마음의 본성을 자성주불성으로 인정한다. 왜냐하면 이 종성을 대상으로 수습하면 공덕들이 늘어나게 되고, 무루無漏공덕의 원천이며, 또한 중생의 마음에 무시이래부터 구생俱生으로 존재한 모든 장애들을 차례로 멸하

---

393 성도가 수습하는 대상이 종성이다.

여 궁극적으로 두 가지 청정함을 지니는 자성법신自性法身이 되기 때문이다. 불성이라는 것은 여래의 단멸의 공덕과 깨달음의 공덕들이 생기는 토대여야 하는 까닭이다.

또한 마음의 법성인 공성을 대상으로 수습하여 원만하게 되면 중생의 마음은 지혜법신으로 변하며, 마음의 본성은 자성법신으로 변한다. 중생들에게 무시이래부터 가지고 있는 마음의 본성을 자성주불성으로 인정하면 그에 대해 잘못 인식한 구생실집을 윤회의 뿌리로 인정해야 한다. 중생들이 마음의 실상을 잘못 보기 때문에 윤회에 머물게 되며, 마음의 실상을 제대로 지각한 지혜로 마음의 본성을 대상으로 수습함으로써 끝내 장애를 멸하게 되기 때문이다.

(4) 구경삼승과 일승

구경삼승究竟三乘과 구경일승究竟一乘을 성립함을 설함에 두 가지가 있다. 구경삼승을 주장하는 방식과 구경일승을 주장하는 방식이다.

가. 구경삼승을 주장하는 방식

구경삼승을 주장하는 방식을 설함에 세 가지가 있다. 구경삼승임을 경으로 확립함, 구경삼승임을 논리로 확립함, 반론을 논파함이다.

① 구경삼승임을 경으로 확립함

소승학파인 유부와 경량부 둘과 대승학파 중 유식학파들이 구경삼승을 성립함을 주장하여, 『대승장엄경론』 등 미륵의 세 가지 논서를 비롯한 유식학의 논서들에서 구경삼승을 설하고 구경일승을 설하지 않았다.

유식학파가 구경삼승을 성립한다고 주장하는 방식을 근거까지 차례로
설명한다.

『덩이의 쌓임을 가르친 경』에서

세존께서 "이와 같다, 비구들이여, 1요자나 높이 정도 덩이의 쌓임에
서, 매우 넓게 1요자나쯤 있는 덩이의 쌓임 거기로부터 어떤 생명이
100년이나 100년이 지나서 한 덩이를 끄집어내서 '이 덩이는 성문의
계로 포함된다', '이 덩이는 연각의 계로 포함된다'고 말한다면,
역시 그 덩어리는 빨리 없어지게 되지만, 유정은 그와 같이 없어지게
되지 않는다."

라고 설하였다.

이 경의 의미는, 높은 산의 먼지가 많지만 그보다 중생의 수가 먼지보
다 훨씬 많으며, 따라서 중생 가운데 성문승을 비롯한 연각승, 대승승
등 여러 가지로 존재한다는 것이다.

『성심밀의해탈경(해심밀경)』에서는

성문의 종성인 오직 적멸寂滅에 나아가는 사람은 제불諸佛의 정진精
進을 가지게 되더라도, 보리의 정수를 일으키더라도 무상정각을
성취할 수 없다. 그것은 왜 그런가? 이처럼 이들은 비심悲心이 너무
적고, 고통을 너무 두려워하기 때문이다. 자성이 낮은 종성뿐이기
때문이다.[394]

---

394 『해심밀경』, 경부經部(mdo sde), 경장經藏(bka' 'gyur), 라싸판, ca, 30쪽, ba,

라고 설하였다.

그 의미는, 성격상으로 다른 중생에 대한 자비심이 너무 약하고, 자신에 대한 고통을 두려워하기 때문에 성문승으로 확정된 중생이 노력하더라도 성불할 수 없다는 것이다.

『반야경』에서는

누구라도, 청정한 무결함無缺陷에 머무는 그들에게는 보리심을 발하는 힘이 없다. 그것은 왜 그런가? 그들은 윤회 상속의 고리를 완전히 끊었기 때문이다.

라고 설하였다.

그 의미는, 성문도로서 정진하여 윤회에서 벗어난 아라한이 무여열반에 들면 마음의 흐름까지 끊어지기 때문에 보리심이 생겨서 성불하지 못한다. 따라서 성문·연각의 무학도는 구경승이므로 구경삼승이 존재한다는 뜻이다.

『다양한 계경』에서는

유정에 대해 다양한 계界로 설하시고

라고 설했으며, 『능가경』에서는

성문과 연각과 부처의 종성인데, 3승의 3종성, 3승의 종성과 어디에

2줄.

도 정해지지 않는 종성(不定種姓)과, 또한 종성이 완전히 끊어진(無
性種姓) 유정 다섯(五乘種姓)을 설명하셨기 때문이다.

라고 설하였다. 이 경에서는 모든 중생이 성불하지 않는다고 설하였는
데, 그러면 구경삼승이라는 의미가 된다.
『무진의경』에서는

이 세 가지는 확실하게 (고통을) 뿌리 뽑는 수레이다. 이와 같은
것을 성문승과 연각승과 대승이라고 한다.

라고 설하였다. 『대승장엄경론』에서는

혹자는 이끌기 위해서이며, 다른 이들은 교화하기 위해서이다.
원만한 부처님들은 정해지지 않은 자들에게 일승一乘을 설하였다.[395]

라고 설하였다.
　구경삼승임을 존재한다고 인정하면, 세존 붓다께서 구경일승을 설
하는 많은 경들과 모순되지 않는다. 세존께서 구경일승을 설하는 것이
문장의 언설 그대로가 아닌 다른 의도로 삼는 것이기 때문이다.
『대승장엄경론』에서는

---

395 『대승장엄경론』, 유식부, 논장論藏(bstan 'gyur), 데게판(sDe dge), 15쪽, ba,
　1줄.

법法과 인人과 해탈도 같기 때문에,

종성이 다양한 것이기 때문에

두 마음을 증득, 화현化現하기 때문에

구경이기 때문에 일승一乘을 설하였다.[396]

라고 설하였다.

　세존 붓다께서 구경일승을 설하는 것이 의도를 가진 것이다. 그 의도에 대해 7가지가 있다. ①성문, 연각, 대승의 삼승이 다가가는 목적인 법계는 본성으로 별개가 아닌 허공과 같다. ②도를 닦는 삼승의 성자들이 무아를 현량으로 지각하는 것도 같다. ③삼승의 수행자들이 도를 닦는 목적은 고집을 멸한 해탈도로 삼는 것이 같다. ④성문으로 종성이 확정되지 않은 어떤 이가 잠시 성문도를 가더라도 결국 대승의 길을 가서 성불하기 때문에 두 가지 종성을 가지는 자가 하나의 도에 다가간다. ⑤성문의 종성으로 확정되는 어떤 보살이 대승도에 가더라도 결국 대승도에서 떠나 성문도에 다가가 열반을 증득하는데, 세존께서 전에 내가 보리심을 닦아서 성불했다고 생각한 것과 같이 그 성문도 내가 보리심을 닦아 성불하겠다는 같은 생각을 한 번 정도 증득한다. ⑥성문으로 나타난 화신들이 제자를 위해 열반에 드는 행을 거듭한다. ⑦멸제와 도제의 어떤 면에서도 원만성취하는 승은 오직 하나임을 확실하다. 이 7가지를 의도로 하여 구경일승을 설하였다.

---

396 『대승장엄경론』, 유식부, 논장論藏(bstan 'gyur), 데게판(sDe dge), 15쪽, ba, 7줄.

②구경삼승임을 논리로 확립함

『대승장엄경론』에서

> 계(界, 諸界)와 (다른) 바람, 다른 성취의 분류
> 다른 결과가 존재하기 때문에 종성이 있는 것으로 확실하게 말
> 한다.[397]

라고 말씀하셨다.

그 의미는, 삼승三乘의 보리로 회향廻向하는 그 종성에서 성문聲聞의 종성과 연각緣覺의 종성과 대승大乘(보살)의 종성 셋이 있다는 말이다.

그것의 논거로 유정의 다른 삼계三界와 유정의 다른 세 바람과 유정의 다른 세 성취와 유정의 다른 세 과果를 포함한 네 가지 이유를 설정한 것이다. 그것들은 순서대로 다음과 같다.

첫째, 유정들에게 각각 삼계가 있는 방식.

중생들에게 다른 세 종성이 존재한다. 왜냐하면 중생들이 세 가지의 계를 가지는 것이 존재하기 때문이다. 예를 들면 어떤 유정들은 탐애貪愛를 좋아하는 성격을 가지며, 다른 어떤 이는 진에瞋恚에 대해 좋아하는 성격을 가지며, 다른 어떤 이는 무명無明에 대해 좋아하는 성격을 가진 것으로 볼 수 있기 때문이다.

만일 모든 유정들의 계나 자성이 하나밖에 없다면 어떤 유정이 탐애를 굉장한 힘으로 행하는 자성을 갖는 것이 부적절한 것으로써, 다른

---

[397] 『대승장엄경론』, 유식부, 논장論藏(bstan 'gyur), 데게판(sDe dge), 4쪽, ba, 1줄.

어떤 이는 진에를 굉장한 힘으로 행하는 자성을 갖는 것이 부적절한 것으로써, 또한 다른 어떤 이는 무명을 굉장한 힘으로 행하는 자성을 갖는 것이 부적절한 것으로써 과류過謬를 얻게 된다. 왜냐하면 모든 유정들의 계는 오직 하나밖에 없다고 인정하기 때문이다.

그러므로 중생들이 삼독의 다양한 행이 존재하기 때문에 모든 중생이 하나의 계로 충족하지 않는다. 따라서 유정들은 각각의 계로 있기 때문에 각각의 계 그것에서 여러 가지의 자성이 생기고, 거기에서 다양한 번뇌가 생기기 때문에 결국 유정들에게 각각의 계가 있는 것으로 세운다.

그러므로 어떤 유정은 성문의 계를 가진 자이고, 다른 어떤 이는 독각의 계를 가진 자이고, 다른 어떤 이는 대승(보살)의 계를 가진 자이다.

둘째, (유정에게) 다른 세 바람의 종성을 성취하는 것.

중생들에게 다른 세 종성이 존재한다. 왜냐하면 어떤 유정들은 단 것을 좋아하고 원하지만 신 것은 싫어하고 원하지 않으며, 다른 어떤 이는 이와 반대로 신 것을 좋아하고 원하지만 단 것을 싫어하고 원하지 않는 것 등 다양한 바람이 존재하기 때문이다.

그와 같이 어떤 중생이 자기만의 행복에 집착하여 타인의 고통스러움을 좋아하고, 어떤 중생이 자신의 행복함을 원하고 타인 또한 고통에서 벗어나기를 원하며, 또한 어떤 중생은 윤회의 행복만을 추구하여 공덕을 쌓고, 어떤 중생은 윤회의 고통에서 벗어나는 것만을 추구하여 도에 정진하고, 또 다른 중생은 모든 중생의 고통을 사유하여 보리심을 수습하는 것을 좋아한다.

　이러한 다양한 원인으로 다양한 행이 존재하여, 원한 결과 또한 다양하게 생긴다는 것으로 다양한 원인이 존재한다고 추론할 수 있다. 이 또한 종성이 다양하게 존재한다. 왜냐하면 다양한 종성으로 다양한 사고방식, 이로써 다양하게 원하는 것, 이로써 다양한 행하는 것, 이로써 다양한 결과가 생기는 까닭이다.

　만약 모든 유정이 하나의 종성이라면 많은 다른 열망이 일어나는 것은 가능하지 않게 될 것이다. (왜냐하면) 열망의 원인인 다른 종성이 없는 것으로써 모든 종성을 하나로 인정하기 때문이다.

　그처럼 선지식(善友)이 어떤 유정을 가르치든지 가르치지 않든지, 성문승 자체를 믿지만 방편을 어떻게 하더라도 연각과 대승(보살)을 믿지 않는 것이 존재하기 때문이다. 유정들이 그 다른 계에 의지해서 다른 세 믿음이 일어나기 때문에 어떤 유정은 성문의 길을 믿음과 다른 어떤 이는 연각의 길을 믿음과 다른 어떤 이는 대승의 길을 믿음이 일어나기 때문이다.

　예를 들면 어떤 수행자에게 소승을 가르치더라도 그것을 믿지 않고, 대승에 들어가는 것과 또한 다른 어떤 이에게 대승을 가르치더라도 그것을 믿지 않고 소승에 들어가는 것으로 주장하는 것이 존재하기 때문이다.

　셋째, 다른 세 성취로써 다른 세 종성이 성립함.

　중생들에게 다른 세 종성이 존재한다. 왜냐하면 각자 자신이 무언가를, (즉) 다른 믿음이 있는 각각 유정들의 '믿음의 토대' 그것을 부지런히 수학하기에 다른 세 도道의 성취가 생김으로써, 어떤 유정들은 성문의 도를 수습하는 것(이 생김)과 다른 어떤 이는 연각의 도를 수습하는 것(이 생김)과 다른 어떤 이는 대승의 도를 수습하는 것이 존재한다. 다양한 성취가 있기에 각자 무언가를 수습하는 결과가 다르게 생기게 된다. 예를 들면 원인인 다른 씨앗이 있기 때문에 그 과인 열매에 다른 것이 생기는 것과 원인의 시점에 그것의 정진에 노력하는 힘의 크기의 차이로 업 그것의 결과가 좋고 나쁜 것을 얻는 것과 같다.

이로써 세 가지 종성이 존재한다고 이해할 수 있다. 만일 중생들의 종성이 하나밖에 없다면 세 가지 다양한 성취도 불가능하게 된다. 왜냐하면 성취의 원인, 종성에 대한 세 가지가 없기 때문이다. 그것을 인정하면 어떤 중생들은 성문도를 성취할 수 있지만 대승도를 성취할 수 없는 이러한 차이가 타당하지 않게 되어버린다. 문수보살께서 사리불에게 대승을 가르치신 후 사리불이 처음에는 대승도에 들어갔지만 나중에는 소승도의 길로 들어갔는데, (왜냐하면) 성문의 아라한의 결과를 얻는 것과 같다.

넷째, 다른 세 가지 결과로써 세 종성이 성립함.

노력과 실천으로 결과가 생기는 것이 법성이기에 중생들이 어떤 곳에 실천하면 그곳에 결과가 생긴다. 중생에게 3가지 종성이 존재한다. 그러므로 어떤 중생이 성문도의 길을 수행하기 때문에 성문의 보리를 성취하는 것과 다른 어떤 이는 연각의 보리를 성취하는 것과 다른 어떤 이는 대승의 보리를 성취하는 까닭이다.

이로써 세 종성이 있음을 이해할 수 있다. 만일 유정들에게 종성이

하나밖에 없으면 다양한 세 가지 결과가 생기는 것이 불가능하게 된다. 왜냐하면 결과의 원인인 세 가지 종성이 없기 때문이다. 그러므로 결과인 다양한 세 가지의 보리가 존재하기에 그의 원인인 종성에도 이 세 가지 종성이 있는 것을 알 수 있다. 예컨대 다양한 종류의 꽃이 있으면 그 원인도 다양한 것이 있어야 하는 것처럼, 결과인 보리가 다른 셋으로 있기 때문에 그것의 원인인 거기에 다른 세 종성이 있는 것을 알 수 있다.

③반론을 논파함

『섭결택분』에서 '성문이 대 보리로 회향한다는 등을 설함으로써 아라한에 생사가 없으며, 궁극의 성이 여러 가지 임'을 설하였고, 『보승론석』에서는 세존이시여, 예를 들면 애愛의 연으로 유루의 업의 원인으로 인해 삼계가 생긴다는 등을 설하여, 『승만경勝鬘經』을 인용함으로써 성문과 연각, 아라한들에게 불가사의의 생사가 존재함을 설하였고, 또한 『보승론석』에서 연각이 열반에 든 측면에서 "세존이시여, 열반이라는 것이 여래들의 방편입니다"라고 설하였다. 이것은 긴 여정으로 피곤한 자들에게 황야의 한 가운데 도시를 화현하는 것처럼, 이것은 '묘법자재 정변지妙法自在正遍知'에 있어 '퇴전하지 않는 법'이라고 가르친 것이다.

　이로써 성문·연각의 두 가지 승은 일시적임을 설하였다.

　『보성론』에서는

　　적멸寂滅의 길에 완전히 들어가신 분, 열반을 성취한 상想을 가진

분,『묘법연화경』등 법의 진여(法性)를 설하신 것은 그들이 전에
취한 업業과 반대인데, 방편과 지혜를 완전히 수지하신 분께서는
최상승을 익히셨다네.

라고 설하였고, 또한

『법화경』등에서 법의 실상을 가르침으로써
청정도에 다가가서 열반을 증득하고자 한
이들이 아집에서 벗어나 지혜와 방편을 지니며
최고의 승의를 익히게 하였다.

라고 설하였다. 『법화경』에서는

당신이 윤회의 고통에서 벗어났지만
당신은 완전히 벗어난 것이 아니니
붓다의 성을 찾으라.

라는 말로 대승에 들어가도록 설득한다. 앞에서 설한 경들이 모순처럼
보이는데, 어떻게 모순되지 않게 해석하는가?
　『섭결택분』에서는 아라한이 탄생하지 않음을 설하며,『대승보성론
석』에서는 상상을 초월한 생이 존재한다고 말씀하는 것들이, 언설의
문장을 보면 모순처럼 보이지만 의미상으로는 모순이 아니다. 이 두
논서는『해심밀경』과『승만경』의 의도를 해석함으로써 둘 다 대승경에

428

따른 것이 같다.『섭결택분』에서 아라한이 탄생하지 않는다고 설한 것은 업과 번뇌로 생을 받지 않는다는 의미이고,『보성론석』에서 생이 있다고 설한 것은 성문이 자신의 몸을 숨겨두고 화현의 몸으로 열반에 드는 모습을 보여주고, 삼계에 업과 번뇌로 생사를 벗어났지만 소지장의 습기와 이를 동기로 한 무루의 업으로 인해 의신意身을 받은 것이 있다는 의미이다.

　『보성론』과 그의 주석서 등은 아라한이 사후에 생을 취하는 것과 다음 생에 연결한다는 것을 가르치는 것이 아니다.『보성론석』에서『승만경』을 인용하여 성문·연각성을 일시적 방편으로 설하는 것이 성문·연각 아라한들에게 번뇌의 장애만을 제거한 단편적 멸제를 가지고 그 외에는 없고 두 가지 장애가 남김없이 제거된 열반이 있다는 것이 불요의 경으로 해석하는 것이지만, 성문·연각 모든 아라한들이 대승에 들어감으로써 구경삼승을 설하는 것이 불요의경으로 해석하는 것이 아니다.

　『묘법연화경』에서 성문이 적정의 삼매에 머무는데, 부처님께서 설득하여 대승에 들어감을 설하는 것은, 보리로 회향한 성문 아라한이 적정삼매에 머물러 오래되면 부처님께서 대자대비로 삼매에서 깨워 당신이 이 도만으로는 궁극적 열반에 들어가지 못하기 때문에 대승의 도에 입학해야 한다고 말씀함으로 인해 이기적인 마음에서 벗어나 이타행을 위해 대승에 들어가게 된다는 의미이다. 또한 보리로 회향한 성문 아라한은 자신의 몸을 숨겨두고 천신들도 보지 못하게 하고 상하지 않게 하고 가피를 주며 장수한다. 화현의 몸으로 거듭 열반에 드는 모습을 보여줌으로 깨달을 때까지 도를 배워 결국 위없는 보리를 원만히 성취한다.

이것들이 경에 따르는 유식학의 주장이다.

나. 구경일승을 주장하는 방식

구경일승을 주장하는 방식을 설함에 두 가지가 있다. 구경일승임을 경으로 확립함과 구경일승임을 논리로 확립함이다.

①구경일승임을 경으로 확립함

『승만경』에서는

> 박가범께서 일승의 도를 설하신 이 법은 또 여래께서 무리 중 최고라고 말씀하셨고, 여래의 사자후는 핵심적인 올바른 4도리를 갖춘 것이 틀림없기 때문이다.
>
> 박가범의 믿음과 같은 것들에 대해서는, 여래께서 2승의 방편을 성취하셨기 때문에 성취하신 그것들도 대승의 자체이기 때문으로 확실하다.
>
> 부처님(박가범)의 승, 이것의 '명칭'은 없는데 부처님께서 올바르시다면 이에 일승은 올바른 승이 확실하며, 올바른 승에 속한다.

라고 하고, 『성제품』에서는

> 문수여, 여래께서는 누군가에게는 대승을 가르치시게 되고, 누군가에게는 성문과 독각을 가르치시게 되었다면, 그것은 완전히 청정하

430

지 않고, 망집하는 과실로 되고, 대자대비도 과실로 되고, 법에
대해 예를 수용하는 것으로도 된다.

라고 하고, 『능가경』에서는

천승과 범천승, 그와 같이 성문승과
여래승과 독각승, 이것들을 나는 설했다.
발심할 때까지는 승들과 만날 수 없다.
마음이 완전히 변한다면 승도 없고, 승에서 벗어남도 없다.
승의 안립이 있든 없든, 일승이라고 나는 말한다.
범부들은 완전히 불요의로 (말하지만)
나는 (범부들과) 다른 승을 말한다.[398]

라고 설하였다. 『능가경』에서는

대혜보살아, 성문승의 수행자들은
성문의 승에서 해탈한 자는 아니지만
그들은 대승의 구경을 가진 자이다.

라고 하고, 『묘법연화경』에서는

당신이 윤회의 고통들에서 벗어났지만

---

398 『능가경』 경부經部(mdo sde), 경장經藏(bka' 'gyur), 라싸판, 173쪽, ba, 6줄.

당신은 아직도 완전히 구경열반에 도달한 것이 아니니
불승 그것을 추구해야 하리!

라고 설하였다. 『장엄의 현현경』에서는

무량정등각광불無量正等覺光佛 등께서는 그들에게 번뇌 아닌 무지를
없애기 위해서
광명의 현현으로 깨치게 해서, 보리심을 일으켜 벗어날 때, 지옥에
가는 것과 같이 차례대로 보배로운 보리자량을 쌓아 세간의 스승이
되겠다고 경에서 예언하신다.

라고 하고, 또한 같은 경에서

위대한 성문들 또한 유여와 무여라고 하는 두 열반을 성취하였고,
대비와 지혜 둘을 가지지 않고 윤회에 대해 두려워하는 마음과
전생에서 추진된 힘으로 도출된 생生을 완전히 멸했기에 '열반'에
든다고 알려진, '열반'의 이름을 가진 무상으로 3계에 태어나는 것에
서 벗어나, 벗어나겠다는 마음으로 후득지에 '완전 청정 불국토에,
무루의 실상에 삼매에 들어 연화장에 태어난다.'

라고 설하였다.
이는 어떤 성문 아라한이 행고行苦를 완전히 적멸한 적정계를 경험함
으로써 수 겁 동안 삼매에 드는데, 유정의 목적에서 초월한 정등각자들

께서는 연민의 광명으로써 이끌어 세우시어 제불諸佛로부터 성스러운 가르침을 거듭 들은 후에 광대한 2가지 자량資糧을 쌓은 대승의 길에 입문해서 부처가 되는 것이라는 의미이다.

②구경일승을 논리로 확립함

구경일승을 논리로 확립함에 여섯 가지가 있다. 일체중생이 불성을 가짐, 중생 마음의 장애는 일시적임, 마음의 본성은 밝음, 자성주불성自性住佛性은 법성임을 확립함, 구경삼승을 설한 경의 의도, 결론이다.

ㄱ. 일체중생이 불성을 가짐.

구경일승이다. 왜냐하면 일체중생이 확실히 성불하게 되기 때문이다. 즉 일체중생이 불성을 가지기 때문이다. 불성을 가진다면 성불한다고 충족한다. 왜냐하면 일체중생이 불성을 가진다면 중생들이 근본적으로 성불하는 것이 가능하며, 자신이 노력하면 성불하지 못하는 이유가 없기 때문이다.

　『능가경』에서는

　　이처럼 망념妄念을 가진 유정들이 망념이 없는 것을 깨치는 것처럼
　　그와 같이 그들은 나의 몸, 불법佛法이라고 하는 것을 성취한다.

라고 설하였다. 이는 이유가 성립된다. 왜냐하면 일체중생은 불성을 본래부터 가지고 있기 때문이다.

　『여래장경』에서는

여래께서 (세상에) 출현하시든 출현하지 않으시든
이 중생들은 언제나 여래장如來藏을 갖고 있는 자이다.

라고 설하였다. 이 의미는, 일체중생의 여래장은 여래께서 세간에
출현하시면 존재하고, 출현하지 않으시면 비존재하는 것이 아니며,
부처님이 설법하는 것에 의존하지 않고 항상 중생들의 마음속에 존재한
다는 것이다.

『승만경』에서는

여래장은 모든 중생에게 편재遍在한다.

라고 설하였고, 『아비달마경』에서는

시작 없는 때부터 가지는 계, 모든 법처이다.
이것이 존재하기 때문에 윤회에 도는 것과 열반하는 것도 가능하다.

라고 설하였다. 이 경은 무착 논사께서 『대승보성론주석』에서 여래장
이 일체중생의 마음속에 있다는 근거로 인용하였다.

용수보살께서

그것을 모르기 때문에 (중생들이) 삼계에 도는 것이니
일체중생의 마음속에 머무는 그 법성에 예경합니다.[399]

---

399 「찬탄게송」, 논장論藏(bstan 'gyur), 데게판(sDe dge), ka, 63쪽, ba 2줄.

434

라고 설하였다. 『보성론』에서는

원만불신圓滿佛身은 (중생들에게) 퍼지기 때문에, 법성에 구분 없기
때문에,
종성이 있기 때문에, 모든 유신有身들이 항상 여래장을 갖는다.[400]

라고 설하였다.

이 게송의 의미는, 일체중생이 항상 불성을 가지고 있다는 것이다.
왜냐하면 원만한 불신인 부처님의 행위는 차별 없이 일체중생에게
비춰지기 때문이고, 또한 일체중생의 마음의 본성으로 청정한 법성에
대하여 구분이 없기 때문이고, 일체중생에게 자성의 장애와 일시적
장애, 이 두 가지 장애로 청정함을 가진 법신으로 변하게 된 종성을
가지기 때문이다.

『대승보성론』에서

돌 속에서 금 조각을 보지 못하는 것처럼
완전한 청정함은 그것을 본다.
세간의 여래장은 그와 같다.[401]

라고 설하였다.

이 게송의 의미는, 일체중생에게 여래장인 자성으로 청정한 불지佛智

---

400 『보성론』, 논장論藏(bstan 'gyur), 데게판(sDe dge), 유식, 56쪽, na, 2줄.
401 『대승보성론』, 여래품.

가 생길 수 있는 자성주불성自性住佛性은 존재하지만 중생의 마음에 일시적으로 장애로써 그것이 가려지기 때문에 보이지 않는 것이다. 그러나 마음의 장애를 차례로 닦으면 그것이 보인다. 이것은 돌 속에 금 조각이 존재하지만 가려져 있어서 보이지 않는 것과 같다.

『대승보성론석』에서

> 요약하면, 세 가지 이유로 일체중생이 항상 여래장을 가지는 것이라고 부처님께서 설하였다.[402]

라고 설하였다.

ㄴ. 중생 마음의 장애는 일시적임

구경일승이다. 왜냐하면 일체중생은 결국 성불하게 되기 때문이다. 즉 일체중생의 마음속에 두 장애를 습기까지 대치법으로 수습하면 (두 장애는) 마음속과 분리될 수 있는 일시적인 것이기 때문이며, 이들(중생 마음의 장애)의 뿌리는 견고하지 않기 때문이다. 예를 들면 끈을 뱀으로 착각하는 식과 같다. 이 또한 욕망 등과 다른 번뇌들은 아집에서 생기며, 아집은 대상의 실상을 전도되게 인식하여 착란하기 때문에 견고한 것이 아니다. 착란하면 견고하지 않은 것을 충족한다. 착란하는 것은 대상의 실상을 잘못 인식하기 때문에 착란하는 것이고, 이러한 식에는 대상의 실상을 여실하게 보는 식으로 해침을 받는 까닭이

---

[402] 『대승보성론석』, 논장論藏(bstan 'gyur), 데게판(sDe dge), 유식부, 88쪽, na, 6줄.

다. 무아를 인식하는 지혜로 번뇌들의 뿌리인 아집을 해친다. 왜냐하면 일체법이 실공인 것이 법성이기 때문이다.

『양평석』에서

이것[403]은 견고한 것이 아니다. 그의 원인에 방해가 있기 때문이다.

라고 설하였다.

이 문장의 해탈을 확립하는 논리방식은 앞에서 설명하였다. 이숙온異熟蘊의 원인인 아집에 강력한 해침이 존재하기 때문에 윤회의 온을 멸함도 존재한다고 능립한 것이다. 처음에 어떠한 강력한 식이라도 착란하면 반드시 이에 대한 강력한 해독이 존재한다. 이에 대한 강력한 해독이 있으며 이러한 해독을 수습하는 것을 지속하면 그 해독의 힘으로 멸한 대상이 차례로 힘이 약해지고, 해독이 원만하게 증장하는 방식으로 수습하면 멸한 대상이 완벽하게 멸하는 것이 가능하기 때문이다.

마음의 본성이 장애로 물들지 않기 때문에 장애들은 일시적이며, 대치의 조건들이 모이면 언제나 장애들이 마음속에서 갈라질 수 있다는 이 점은 소승과 대승과 유식중관 어느 학파도 인정한다. 중관학의 특별한 것은 마음이 실공實空의 본성인 까닭으로 장애가 마음속과 분리되는 것이 가능하다고 주장하는 그것이다.[404] 이 또한 일체중생의

---

403 윤회를 의미한다.

404 여기에는 장애에 두 가지가 있다. 일시적인 장애와 궁극적인 장애이다. 첫째는 번뇌장과 소지장 등의 일반적인 장애들이다. 이것이 존재하는 장애이다. 둘째는 자성이라고 표현하는데, 즉 자아이다. 인아와 법아의 둘로 나누는데, 이것이

마음은 일시적인 장애로 청정해지는 것이 가능하다. 왜냐하면 마음은 자성의 장애로 청정하기 때문이다. 마음이 자성의 장애로 청정하지 않은, 즉 자성으로 성립된다면 이에 대한 원인과 조건으로 변화시키는 것이 불가능하게 되지만, 마음이 자성의 장애로 청정한 것에는 원인과 조건으로 변화시킬 수 있다. 그렇다면 장애를 청정하게 한 원인들을 모으고 청정하게 한 장애들도 일시적이기 때문에 청정하지 못한 것이 불가능한 까닭이다.

『보성론』에서

자성으로 청정하기 때문에
번뇌는 본래부터 멸한 까닭이다.[405]

라고 설하였다. 예를 들면 아나함 같은 경우, 번뇌를 멸하여 아라한을 증득하는 것이 가능하다고 모든 학파가 인정한다. 만일 아나함의 마음이 자성으로 성립되면 그 마음이 번뇌의 때에서 벗어나는 체계들이 타당하지 않다고 앞에서도 설하였고 앞으로도 설할 것이다. 아나함이 자신이 본래부터 가지는 번뇌에서 벗어나 해탈을 증득하는 것이 가능하다면 그와 같이 다른 일체중생들도 모든 장애에서 벗어나 해탈하는 것도 가능하다. 왜냐하면 어떤 중생은 마음의 장애에서 벗어날 수 있고, 어떤 중생은 마음의 장애에서 벗어나지 못하는 이유는 타당하지 않기 때문이다. 중생의 일체 마음이 (진리) 실제의 희론戲論에서 벗어난

존재하지 않은 장애이다.

405 『양평석』, 논장論藏(bstan 'gyur), 데게판(sDe dge), 유식 55쪽, ba, 3줄.

438

것이 조금의 차이도 없기 때문이고, 법성의 본성에도 조금의 차이가 없기 때문이다.

중생의 마음은 본래부터 밝고, 세존 부처님께서 일체지를 가지고, 대자대비를 가지는 이 세 가지 이유로 일체중생이 모든 장애에서 벗어날 수 있음이 확립되고, 장애가 일시적임이 성립되면 이 논리로써 일체중생이 결국 성불함과 구경일승임을 능립할 수 있다.

ㄷ. 마음의 본성은 밝음

중생의 마음의 장애는 일시적이다. 왜냐하면 중생 마음의 본성은 밝기 때문이다. 예를 들면 허공과 같다. 허공은 먼지와 구름 등으로 일시적인 장애로써 가려지는 것이 가능하지만, 허공의 자성은 어떠한 장애로도 가리지 않고 오직 빈 곳에 해당한다. 그와 같이 중생의 마음은 일시적인 장애로써 가려지고 오염되는 것이 가능하지만, 중생 마음의 자성으로 청정하여 밝은 자성주불성은 번뇌장과 소지장 등 어떠한 장애로도 오염되지 않고 변함없는 법성이다. 이 또한 토대인 중생의 마음이 장애를 가지고 있을 때 특성인 마음의 본성은 자성주불성이며, 토대인 중생의 마음이 장애에서 벗어날 경우에 특성인 마음의 법성은 보리와 여래라고 한다.

『보성론』에서

마음이 밝은 자성, 그것은
허공과 같이 변함이 없다.

그릇된 생각으로 생긴 욕망 등
객진번뇌客塵垢로써 오염되지 않는다.[406]

라고 하였고, 또한

이것에 제거해야 하는 것도 없으며
건립해야 하는 것도 없다.
실제를 올바르게 보는 것,
실제를 봄으로 벗어난다.[407]

라고 하였다. 또한 『보성론』에서

청정함과 번뇌를 가지기 때문이며
번뇌의 잡염을 얻기 때문이며
번뇌가 없기 때문이며
원만 성취하여 무분별하기 때문이다.[408]

라고 하였다.

---

406 『보성론』, 논장論藏(bstan 'gyur), 데게판(sDe dge), 57쪽, ba 1줄.
407 『보성론』, 논장論藏(bstan 'gyur), 데게판(sDe dge), 51쪽, ba 5줄.
408 『보성론』, 논장論藏(bstan 'gyur), 데게판(sDe dge), 56쪽, ba 1줄.

ㄹ. 자성주불성自性住佛性은 법성임을 확립함

이하 학파들이 불성의 사례로 성자의 네 가지 종성과 무루식의 씨앗 등을 주장하는 것은 앞에서 말하였다. 이 학파는 중생 마음의 법성을 자성주불성自性住佛性임을 인정한다. 불성은 부처님의 공덕 등 성자의 무루법들이 생기는 토대여야 하는 것은 상하의 모든 학파들이 똑같이 인정한다. 이 학파는 자성주불성이 불지의 힘(力) 등 공덕들의 토대이 며 일시적인 모든 장애를 청정하게 할 수 있는 것이라고 한다. 뿐만 아니라 본성의 측면에서 궁극적 실상이어야 하고, 원인과 조건으로 조작할 수 없어야 한다고 주장한다. 자성주불성이 중생 마음의 궁극적 실상이어야 하는 이유는 무엇인가. 중생 마음의 법성이 부처의 공덕들 이 생기는 토대라는 의미는, 부처의 공덕들을 열리게 한다는 뜻이다.

예를 들면 풍부한 열매를 가진 나무의 씨앗과 같다. 과시果時에 풍부한 선한 열매를 가진 부처님의 나무가 생기는 것은 인시因時에 중생 마음의 본래부터 가진 보배로운 보물과 같은 씨앗인 마음의 본성, 이것으로 열리기 때문이다.

또한 중생 마음의 법성은 두 가지 장애를 멸하는 도의 인식대상이기 때문에, 삼승의 견도와 수도의 무간도가 이것을 수습함으로써 장애를 청정하게 하여 각각의 보리를 얻게 한다. 또 삼승의 모든 공덕들을 성취시키는 토대이기에 이것을 불성이라고 한다.

이 또한 자성주불성은 선지식이나 붓다의 원력 등 원인과 조건으로 인해 생기는 것이 아니라 일체중생이 무시이래로부터 가지고 있고, 과시에 법신으로 변하는 것이다. 장애로 청정하지 않은 마음이 도를 실천함으로써 장애를 제거하여 청정하게 될 경우, 지법신으로 변한다.

그때 중생 마음의 법성은 자성법신으로 변하는 것이다. 요약하면, 중생 마음은 실제로 성립되면 선지식이 설법하든, 자신이 도를 실천하든 성불하는 것이 불가능하며, 과시의 부처의 공덕들이 생기는 것도 불가능하게 된다. 중생 마음은 실제로 성립되지 않기 때문에 변화시킬 수 있으므로, 조건이 모이면 어떠한 결과도 생길 수 있다. 그러므로 과시의 모든 공덕의 문을 열고 생기는 토대가 된 마음의 본성은 자성주불성이라고 한다.

『보성론』에서

보물과 열매의 나무처럼
불성은 두 가지로 알아야 한다.
무시이래로 가진 자성주불성과
올바른 실천으로 얻는 종성이다.

라고 설하였다.

자성주불성은 두 가지 특징을 가진다. 중생 시점에 지하의 보물과 같다. 왜냐하면 무시이래로부터 내려오고 과시의 모든 공덕으로 생기는 토대가 되고, 두 가지 법신의 공덕의 문을 열어 과시에 법신으로 변하는 것이기 때문이다.

또한 자성주불성은 결과인 성불 시점에서는 열매가 가득 열린 나무와 같다. 왜냐하면 일시적 모든 장애를 소멸했기 때문에 불지의 궁극적 모든 공덕의 열매들의 토대이기 때문이다. 장애를 가지는 중생 마음의 본성은 자성주불성이며 불성이다. 도를 실천하는 수행자가 이를 인식

하여 수습함으로써 모든 장애가 청정하게 되고 모든 공덕들이 증가되는
토대인 마음의 법성이기 때문이다.

요약하면, 자성주불성은 중생 마음의 궁극적 실상이며, 일체 중생이
무시이래로부터 마음속에 가지고 있으며, 붓다의 모든 공덕의 토대이
며, 일시적 모든 장애를 청정하게 하는 대상이고, 성불할 때 자성법신으
로 변하게 되는 것이다.

『법화경』에서

보살 종성이라는 것은 법성을 취하여 허공과 같이 광대하며 자성으
로 광명이다. 이에 머무는 보살은 과거의 부처님들의 종성에 태어난
것이며, 미래의 부처님들의 종성에 태어난 것이며, 현재의 부처님들
의 종성에 태어난 것이다.

라고 설하였다. 『대보적경(大寶積經, dKon mchog brtsegs pa'i mdo,
དཀོན་མཆོག་བརྩེགས་པའི་མདོ་)』에서는

유위가 조금도 없는 곳이 무위이며, 무위는 성자의 종성이다. 이
종성은 허공과 동등함으로 차이가 없다. 이 종성은 일체계의 법의
본성이기에 법의 하나의 본성 때문에 항상한 것이다.

라고 설하였다. 『반야이만송』에서는

수보리여, 보살들은 분별과 분석이 없기 때문에 무착과 일체법이

존재하지 않음을 배워야 한다.

라고 설하였다. 이를 『반야이만송』 주석서에서

분별과 분석은 사물과 그의 상에 집착함인데, 이것이 없는 것이 무착임을 알아야 한다. 존재하지 않음은 제법의 진여를 의미한다. 그러므로 법의 진여는 성자의 법을 깨닫게 하는 원인이므로 자성주 불성, 즉 성취의 토대이다.

라고 설하였다. 『반야명론』에서는

법성의 동의어임에 허물이 없다.

라고 설하였다.

일체중생은 확실히 성불할 것이다. 왜냐하면 모든 중생이 차별 없이 부처의 종성을 가지기 때문이다. 또한 일체중생이 종성을 가진다는 것은 부처님의 가피나 자신의 노력으로 인해 얻는 것이 아니라 중생들이 본래부터 가지고 있는 것이다. 종성을 가지고 있기에 노력하면 미래에 언젠간 성불할 수 있다는 것이다. 불성은 허공과 같은 것이다. 예를 들면 허공은 모든 유색의 문을 열며, 또한 원인과 조건으로 조작되지 않으며, 원인과 조건을 모아서 새로 성립되는 것이 아니며, 본래부터 존재하며, 어떠한 조건으로 변하지 않는 법성이다. 그와 같이 중생의 마음 자성은 불성이며, 또한 업과 번뇌로 조작되는 것도 아니며, 노력과

444

붓다의 가피 등 원인과 조건으로 새로 만들어지는 것도 아니며, 중생들에게 본래부터 존재하며, 어떠한 조건으로 변하지 않는 마음의 궁극적 실상인 법성이다.

또 『반야명론』에서 이렇게 설하였다.

다른 이들이 '종성種姓은 육처의 특성이다. 이에 대한 두 가지가 있는데, 연으로 증득함과 자성주불이다'라고 유식학의 주장을 표현하였는데, 유식학은 중생들에게 무시이래로부터 끊임없이 내려온, 법성으로 증득한, 무루식의 씨앗을 불성이라고 주장한다. 그것을 부정하는 것이 자성주불에 대한 자성으로 표현한 의미를 말해야 한다. 원인의 개수라 하면 연으로 증득하는 것 또한 원인이기 때문에 이와 무슨 차별이 있는가? 법성이라 하면 허물이 없다.

요약해서 해석하자면, 무루식의 씨앗은 자성주불성自性住佛性이 아니다. 자성주불성이면 자성으로 머무는 의미를 가져야 하는데 자성으로 머무는 의미를 가지지 않기 때문이다. 무루식의 씨앗은 자성으로 머무는 의미를 가지지 않는다. 왜냐하면 원인과 연으로 제작할 수 있기 때문이다. 원인과 연으로 제작할 수 있으면 조작이 되기 때문에 자성이 될 수 없으며, 자성이면 본성이어야 하고, 본성이면 본성과 개조는 모순이라는 점은 앞에 자성을 설했을 때 말했다.

예를 들면 물의 뜨거움은 원인과 조건으로 새로 제작했기 때문에 물의 자성이 아닌 것과 같다. 무루식의 원인이기 때문에 자성주불성이라면 증장성增長性 또한 자성주불성이 되어버린다. 그러므로 자성주불성이 법성임을 인정하면 아무 허물이 없다.

ㅁ. **구경삼승을 설한 경의 의도.**

구경일승이라면 구경삼승을 설한 경의 의도는 무엇인가? 구경삼승을
설한 경들은 언설 그대로 인정할 수 있는 요의경이 아니며, 의도를
가진 불요의경이다. 또한 이 경의 의도, 경의 의미, 경의 언설 그대로
인정하면 타당하지 않음, 이 세 가지로 불요의경임을 해석한다.

첫째, 구경삼승을 설한 의도는 대승의 종성을 가지더라도 당분간
심오한 의미를 설한 근기가 되지 못한 어떠한 제자를 교화하기 위해서
설하는 것이다. 이렇게 설한 의도는, 제자들이 계와 바람이 다양하게
존재하기 때문에 일시적으로 각각의 승의 도에 데리고 가야 함을 의도한
다.

『무비찬탄경』에서는

법계에 구별이 없기에 주요한 '승乘의 구별'이 없지만
당신께서는 유정有情들을 섭수하기 위해 삼승三乘으로 말씀하셨
네.[409]

라고 하였다.

둘째, 이렇게 설한 의미는 능취와 소취가 실체로 각각으로 공한

---

409 『무비찬탄경』, 논장論藏(bstan 'gyur), 데게판(sDe dge), 찬탄, ka, 68쪽, na,
7줄.

이공이 실제로 성립함을 부정하지 않고, 대승의 이끌어야 하는 제자들을 섭수하기 위해서이다.

『묘법연화경』에서는

대 선인께서 삼승을 설한 것
부처들이 방편에 능숙한 것이다.
승이 하나이며, 둘로 존재하는 것이 아니다.
이끌기 위해서 삼승을 설한 것이다.

라고 설하였다. 『보리심석』에서는

두 가지 승乘들도 대승이 출현하므로
윤회의 길에서 지친 이들에게 휴식의 대상 자체는 아니다.

라고 설하였다.

셋째, 이 경들이 언설 그대로이면 타당하지 않다. 의타기성과 원성실성을 실제로 성립하는 꼴이 된다는 논리로써 해가 된다.

ㅂ. 결론

구경일승을 능립하기 위해 일체중생은 결국 성불할 것이라는 것이 성립한다. 그 이유로 일체중생의 마음속에 불성을 가진다는 것을 경과 논리로 확립한다. 그 이유로 차례대로 중생 마음의 장애는 일시적이며,

중생 마음의 본성은 자성주불이며, 마음의 자성은 밝음이라는 등을 확립하였다.

또한 중생들이 기본적으로 마음의 자성은 광명이며 실공이기 때문에 장애에서 벗어나는 것이 가능하여, 세존 부처님께서는 일체중생에 대한 대자비심을 수 겁 동안 수습했기 때문에 장애를 청정하게 하는 방편을 어떤 중생에게는 가르치고 어떤 중생에게는 가르치지 않는다는 차별을 가지지 않으며, 일체지를 가지기에 이러한 설하는 방법을 모르는 것도 아니다. 그러므로 그 방편을 부처님께서 중생에게 설하시지 않은 것이 아니다.

이들은 『여래장경』과 『승만경』의 의도임을 미륵 논사께서 『대승보승론』에서 밝히시고, 그 다음 무착 논사께서 『보승론석』에서 매우 명확하게 확립하였다. 그리고 여래장을 설할 때 가리는 장애의 9가지 예시와 9가지 의미, 가리는 대상의 9가지 예시와 9가지 의미를 설하였다. 이에 대한 자세한 것은 다른 기회에 말하고자 한다.

여래장을 설하는 의미는 다음과 같다. 중생들에게 여래장이 존재함을 모르면 많은 허물이 생기게 된다. 자신에게 불성이 있다는 것을 모르면 내가 어떻게 성불할 수 있을까 하여 마음의 힘이 약해지고, 다른 중생에게도 이 중생이 어떻게 성불할 수 있겠나 하면서 타인에 대해 무시하고, 마음의 본성을 모르면 자타의 고통을 생기게 하는 탐진을 대치하지 못해 탐진의 원인인 실상에 미혹된 증익, 일시적인 모든 장애들을 정화시킬 수 있고 여래의 모든 공덕들이 생길 수 있는 토대인 여래장을 없다고 보는 손감, 원만 성취의 주된 원인인 중생에 대한 자비로 생긴 보리심에 대한 주된 장애인 나에 대한 집착으로 인한 이기심 등의 다섯 가지 허물들이 생긴다. 여래장을 설한 목적은 이러한 다섯 가지 허물들을 제거하기 위해서이다.

『보성론』에서

예전에 이러한 체계를 건립하여
또 다시 여기 『보성론』에서
다섯 가지 허물을 제거하기 위해서
불성이 있다고 설한 것이다.

라고 설하였다.

또한 중생들이 여래장이 존재함을 알게 되면 많은 공덕들이 생기게 된다. 자신에게 불성이 있다는 것을 알게 되면 내가 성불할 수 있다고 생각하여 보리심을 일으키고, 다른 중생도 성불할 수 있다고 생각하면서 자비의 대상인 이 중생들을 위해 보살의 행에 정진하며, 마음의 본성을 앎으로써 탐진의 원인인 실상에 미혹된 증익을 제거하고, 제법의 실상을 앎으로써 여래장을 없다고 본 손감을 제거하며, 나에 대한 집착과 이기심을 제거하여 원만 성취의 주된 원인인 자비와 보리심을 실천하게 되는 공덕들이 생긴다.

요약하면, 중생들이 여래장이 존재함을 경과 논서들을 통해 배우고 자타의 모든 존재에게 불성을 가짐을 알게 되면 이로써 성불하기에 환희심으로 성불하고자 하는 마음이 생기며, 이로써 정진력이 생기고, 정진하면 속히 불지에 가는 등 여러 공덕들이 생긴다. 앞에서 말한 것처럼 여래장의 의미를 잘 알고서 자타의 모든 중생이 성불하게 됨을 믿음으로써 다섯 가지 허물을 제거하여 다섯 가지 공덕을 성취하기 위해 바다같이 깊고 광대한 보살의 행을 실천해야 한다.

(5) 번뇌를 멸하려면 공성을 깨달아야 함

『팍빠뒤빠(འཕགས་པ་སྡུད་པ་ལས།)』에서

안내자가 없는 수천만 명의 맹인들,
길을 모르면 도시에 어떻게 갈 수 있는가?
지혜의 눈이 없는 다섯 가지 바라밀은
안내자가 없기에 보리를 접촉할 수 없다네.

라고 설하였다. 『보리심석』에서

누군가가 공성을 모르면 그에게 해탈의 몫이 없다.

라고 설하였다. 『찬법계송』에서는 다음과 같이 설한다.

두 가지 무아를 보면 윤회의 씨앗을 멸하게 될 것이네.
마음을 정화하는 최고의 법은 무자성이네.[410]

---

410 『찬법계송』, 찬불집讚佛集(bstod tshogs), 논장論藏(bstan 'gyur), 데게판(sDe
   dge), ka, 66쪽, 3줄.

또한 『찬법계송』에서

무상을 모르면 당신(부처)이 해탈이 없다고 설하였네.
그러므로 당신이 대승에서는 그것(공성)을 완벽하게 설하였네.

라고 설하였다. 『사백론』에서

대상에 대해 무아를 보면 윤회의 뿌리를 멸하게 될 것이네.
그러므로 모든 번뇌는 무명을 멸함으로써 사라지게 되네.
의존하고 관계하여 생기는 것을 보면 무명이 생기지 않네.
그러므로 온갖 노력으로 오직 이 말을 설해야 한다네.[411]

라고 설하였고, 또한

둘 없는 해탈의 문과 악견惡見을 멸하게 한
일체 붓다의 대상이 되는 것, 무아라고 한다.[412]

라고 설하였다. 『석량론』에서는 설한다.

---

411 『사백론』14품, 중관부中觀部(dbu ma), 논장論藏(bstan 'gyur), 데게판(sDe dge),
    25게송, 11게송.
412 윤회의 뿌리에는 아집 외에는 없다. 윤회의 뿌리에는 별개의 두 가지 취하는
    방식이 있을 수 없기 때문에 윤회의 뿌리를 자르는 도道 역시 하나밖에 될
    수 없다. 『사백론』12품, 중관부中觀部(dbu ma), 논장論藏(bstan 'gyur), 데게판
    (sDe dge), 13게송.

아가 있다면 타인을 인식하여 나에게 집착하고 타인을 배척한다. 이것들과 관련됨으로써 모든 허물이 생겨나게 된다.[413]

실집은 아집我執이고 실상은 무아無我이다. 그리고 무아를 체득하기 위해서는 삼학三學을 닦아 청정한 계율이 바탕이 된 허물이 없는 삼매를 성취하고, 분석하는 지혜의 힘으로 실상의 의미에 대해 거듭 탐구함으로써 번뇌를 제거해야 한다. 이를 위해서 공성의 지혜가 필요하다. 왜냐하면 번뇌장(煩惱障, kle śāvara, ཉོན་སྒྲིབ་བ་ཤེས་སྒྲིབ་, nyon mong pa'i sgrib pa) 인아집人我執은 자신의 행상과 상반되는 공성의 지혜로써 멸해야 하기 때문이다. 소지장(所知障, jñeyāvaraa, ཤེས་སྒྲིབ་; shes bya'i sgrib pa) 또한 이 공성의 지혜로 멸해야 한다.

『삼매왕경(三昧王經, Samādhirājasūtra, མཏོ་ཏིང་ངེ་འཛིན་གྱི་རྒྱལ་པོ་, Ting nge 'dzin gyi rgyal po'i mdo)』에서는 다음과 같이 설한다.

부처님들이 법을 설한 모든 것은, 모든 법의 무아이다.[414]

아집은 공성의 지혜 이외에는 다른 어떤 방법으로도 멸할 수 없다. 아집은 대상의 실상에 대해 전도되어 있기 때문에 오직 대상의 실상인 무아를 지각하는 지혜를 수습함으로써 멸할 수 있다. 예를 들면 허수아비를 사람으로 보는 것과 같다. 허수아비를 멀리에서 보면 사람으로 착각하는 마음이 생긴다. 이러한 생각과 행상이 상반된 허수아비를

---

413 『석량론』 2품, 221게송.
414 『삼매왕경』, 경장經藏(bka' 'gyur), 경부經部(mdo sde), 라싸판, 165쪽, ba, 5줄.

허수아비로 지각하는 마음이 생기면 허수아비에 대해 사람으로 인식하는 마음이 사라진다. 그와 같이 아我에 대해 집착하는 전도된 마음과 아의 실상인 공성을 인식하는 지혜의 두 가지 식은 한 대상에 대해 상반된 행상을 가지는 식이기 때문에 대치법이 될 수 있다.

『입중론』에서 부정대상에 대한 바른 대치법에 대해 뱀의 비유를 들어 다음과 같이 설한다.

> 자신의 집에 뱀이 있음을 알고서
> 여기에 코끼리가 없다고 의심을 제거하여
> 뱀에 대한 두려움을 제거하는 것은
> 오호라! 이는 타인의 웃음거리가 될 것이다.[415]

멸하고자 하는 부정대상을 바르게 알지 못하면, 마치 코끼리가 없다는 생각으로 뱀에 대한 두려움을 제거하는 것과 같이 어떤 번뇌도 제거하지 못하게 된다. 근본번뇌인 아집에 대해서도 공성의 지혜 외에 다른 대치법으로 닦으면 잠시 번뇌를 가라앉게 할 수는 있겠지만, 완전히 사라지게 할 수는 없다.

욕망을 제거하기 위해 부정관을 수습하고 화냄을 제거하기 위해서 자애를 수습한다. 이 두 가지 대치법은 욕망과 화를 잠시 압도할 뿐이고, 그 뿌리를 영원히 제거하거나 다시 생기지 않게 할 수 없는 것과 같다. 왜냐하면 부정관과 자비심은 탐진의 뿌리를 해치지 못하기 때문이다.

---

415 『입중론』, 중관부中觀部(dbu ma), 논장論藏(bstan 'gyur), 데게판(sDe dge), 141 게송.

탐진의 뿌리는 아집이며, 이와 취하는 행상이 상반되지 않으면 그것을 완전히 제거하지 못하기 때문이다.

욕망의 대치법인 부정관으로는 욕망을 해칠 수 있지만 화냄에 대해서는 해치지 못하고, 그와 같이 화냄의 대치법인 자비심으로는 화냄을 해칠 수 있지만 욕망을 해치지는 못한다. 뿐만 아니라 어떤 경우에는 자비로 인해 욕망을 일으킬 수 있고 부정관으로 인해 화가 일어나기도 한다. 한 대상에게 자비심과 욕망 두 가지가 동시에 생기는 것이 가능하기 때문에 이것은 취하는 방식이 상반된 식이 아니며, 서로에게 해를 끼치지 않는다.

따라서 욕망의 대치법인 부정관을 관상하거나 화의 대치법인 자비심을 관상하는 이 두 가지는 일시적인 대치법으로서 근본 부정대상을 압도할 뿐 제거하지는 못한다. 연기인 공성의 의미를 수습하는 것만이 삼독 모두의 대치법이 된다. 이것이 궁극적인 대치법이자 근본 대치법인 까닭이다.

그리고 이것은 지止와 관觀의 수행을 함께 수행해야만 가능하다. 육바라밀 중 보시, 지계, 인욕 등에 대해 아무리 지의 힘이 뛰어나더라도 관의 힘이 없으면 윤회에서 영원히 벗어나는 도道가 되지 않는다. 『입보리행론』에서는 다음과 같이 설한다.

지止를 완벽하게 가지는 (공성을 깨닫는) 관觀으로써
번뇌를 제거해야 함을 알아야 한다.[416]

---

[416] 『입보리행론』 8품 지혜품, 중관부中觀部, 논장論藏(bstan 'gyur), 데게판(sDe dge), 4게송.

454

『사백론』에서는 다음과 같이 설한다.

실상을 보면 성지聖地를 증득한다. 실상을 조금 보면 선도善道에 간다.
그러므로 아我를 생각하면 현자는 항상 지혜를 발생시켜야 한다.[417]

『사백론주』에서 이 게송을 해석하길, 실상을 보면 성지聖地인 열반을 증득하게 되고, 조금 본다는 것은, 실상에 대해 단지 조금만이라도 보게 되면 천신天神과 인간의 선도에 간다는 것이라고 설명한다.[418] 즉 지와 관 수행을 함께 닦아 실상을 깨달으면 열반을 증득할 수 있고, 그렇게 하지 않고 지 수행만을 닦더라도 선한 공덕이 생겨 선도에 가게 된다는 의미다. 하지만 지 수행은 외도들에게도 존재하기 때문에 그것만으로 윤회에서 벗어날 수 없고 반드시 관 수행을 함께 닦아야 한다. 관을 통해 공성의 의미를 지각한 지혜를 수습함으로써 아집을 멸해야 하며, 다른 도로써는 아집을 제거하지 못한다.

『월등삼매경(月燈三昧經, Candrapradīpa Sūtra, ཟླ་བ་སྒྲོན་མེ་མདོ; zLa ba sgron me mdo)』에서 다음과 같이 설한다.

---

417 『사백론』, 중관부中觀部(dbu ma), 논장論藏(bstan 'gyur), 데게판(sDe dge), tsha, 3쪽, 8품, 21게송.

418 'dod don mi shes pas de kho na nyid mthong ba yod na gnas kyi mchog mya ngan las 'das tha 'thob la/ cung cad ste chung ngu gcig mthong na lha dang mi'i 'gro ba pa'o// འདོད་དོན་མི་ཤེས་པས་དེ་ཁོ་ན་ཉིད་མཐོང་བ་ཡོད་ན་གནས་ཀྱི་མཆོག་མྱ་ངན་ལས་འདས་ཐ་འཐོབ་ལ་ཅུང་ཟད་སྟེ་ཆུང་ངུ་གཅིག་མཐོང་ན་ལྷ་དང་མིའི་འགྲོ་བ་པའོ།

지의 힘으로 흔들림이 없게 되고

관의 힘으로 산과 같이 될 것이다.

『수습차제(修習次第, Bhāvanākrama, སྒོམ་རིམ་, sGom rim)』초편에서는
다음과 같이 설한다.

오로지 사마타만을 닦아 익히는 것으로는 유가행자들은 장애를
멸하지 못하고 잠시 번뇌를 억누를 뿐이다. 지혜의 광명이 생기지
못하면 잠복된 번뇌의 습기를 완전히 제거하지 못할 것이다.[419]

『수습차제』중편에서는 다음과 같이 설한다.

세존의 모든 말씀은 바르게 설해진 것으로, 직접적으로 혹은 간접적으
로 궁극의 실상을 분명하게 밝혀서 오로지 궁극의 실상으로 나아가게
하는 것이다. 궁극의 실상을 안다면 마치 빛이 나타남으로써 어둠이
제거되는 것처럼 모든 (전도된) 견해의 그물에서 벗어나게 된다.
단지 지止만으로는 본래지가 청정하게 되지 못하며 장애의 어둠도
제거되지 못한다. 지혜로 궁극의 실상을 올바로 수습한다면 본래지가
아주 청정하게 될 것이다. 오직 지혜에 의해서 궁극의 실상을 깨닫게
되고, 오직 지혜에 의해서 장애 또한 완전하게 제거될 것이다. 그렇기
때문에 나는 지에 머물면서 지혜로써 궁극의 실상을 온전히 추구해야
지, 단지 지만으로 충분하다고 생각하지 않으리라.[420]

---

[419] 『수습차제와 유가행수습입문』, 까말라쉴라 저, 쉐릭빠르캉 출판, 1999년, 62쪽.

456

또한『수습차제』에서

지만으로 만족하지 말아야 한다. 궁극의 실상이란 어떤 것인가?
묻는다면, '승의로 일체 사물이 인人과 법法의 본성이 공한 것'인데,
이 또한 지혜바라밀로 깨달아야 하고 다른 것으로는 아니다. 『해심밀
경解深密經』에서 '세존이시여 보살이 제법들의 무자성을 어떤 반야
바라밀로 취하는 것입니까?', '관자재보살이여! 지혜바라밀로 파악
한다.'라고 그처럼 설한 것과 같다. 그렇기 때문에, 사마타에 머물면
서 지혜를 수습해야 한다.

선정으로 번뇌를 누른다. 지혜로써는 잠복된 번뇌를 완전히 제압한
다고 말하였다.[421]

라고 설하였다.

『최성보살부장대승경(最聖菩薩部藏大乘經, Bodhisattvapiṭaka-nā
ma-mahāyānasūtra, བྱང་ཆུབ་སེམས་དཔའི་སྡེ་སྣོད 'Phags pa byang chub sems
dpa'i sde snod ces bya ba theg pa chen po'i mdo)』에서는 다음과 같이
설한다.

그러므로 모든 장애를 멸하여 완전히 청정한 지혜를 원하는 자는
지止에 머물며 지혜를 수습해야 한다.

---

420 위의 책, 72쪽.
421『원측소에 따른 해심밀경』 9장, 원측 지음, 지운 역주, 연꽃호수, 2009, 576쪽.

『대보적경』에서는 다음과 같이 설한다.

계율에 머물며 삼매를 증득한다. 삼매를 증득하면서 지혜를 수습한다. 지혜로써 청정한 지를 증득한다.

지는 마음이 대상에 산란하지 않게 자유자재로 머물게 하는 것이며, 무아의 실상을 지각한 힘으로 아견我見 등의 사견들을 멸함으로써 견고하게 하는 것이 관의 힘이다. 윤회의 뿌리는 아를 집착하는 미혹이기 때문에 실상에 대한 지혜의 밝음이 없으면 이러한 무명의 어두움을 제거하지 못한다. 관 수행을 통해 무아의 지혜가 생기면 남김없이 제거할 수 있다.

이때 성취하는 대상은 일시적인 하계下界의 고통을 멸하거나 상계上界의 행복을 얻는 것이 아니다. 이 정도는 외도들의 가르침에 의해서도 도달할 수 있지만, 완전히 윤회에서 벗어날 수 없다. 지와 관을 함께 수습함으로써 지관쌍수가 된 삼매의 토대로 점차 미지정未至定과 근본정根本定으로부터 색계와 무색계에 올라가, 윤회의 마지막인 유정천有頂天까지 도달할 수 있다.

많은 생 동안에 거듭 유정천에 올라가더라도 욕계와 색계에서 영원히 벗어난 것이 아니기 때문에 업이 다하면 이하의 계로 떨어진다. 번뇌를 일시적으로 제압만 해서는 윤회에서 완전히 벗어나지 못하는 것은 근본무명을 직접적으로 대치하지 않았기 때문이다. 직접적인 대치법은 미혹인 무명과 취하는 행상이 상반된 무아를 인식하는 것이다. 그러므로 윤회에서 벗어나길 원한다면 무아의 지혜에 대해 노력하고 정진해야 한다.

  일반적으로 번뇌를 멸하는 방식에는 두 가지가 있다. 세속도로써 멸하는 방식과 출세간도로써 멸하는 방식이다. 전자는 멸하는 대상의 허물을 보고 생기지 않게 하는 것으로 일시적인 대치법이다. 후자는 멸하는 대상의 근본 원인이 무엇인지를 보고 그 원인을 해체시키는 것으로 근본적인 대치법이다. 예를 들면 전염병에 걸린 친구가 있는 경우, 그 병의 허물을 보고 친구를 멀리하기만 하면 일시적으로 병에 걸릴 위험은 없지만 언젠가 그 친구를 만나게 되면 바로 병에 걸리는 것과 같고, 만일 전염병을 고칠 수 있는 약을 주어 병을 낫게 하면 그 병이 자신에게 걸릴 위험이 영원히 사라지게 되는 것과 같다. 이처럼 출세간도에서 부정대상인 아집을 제거하게 되면 모든 번뇌가 제거된다. 따라서 인무아의 지혜를 관상하여 모든 허물을 일으키는 번뇌의 뿌리인 아집을 제거해야 한다.

  『삼매왕경』에서는 다음과 같이 설한다.

  세간 사람들이 삼매를 수습할지라도
  그것은 아상我相을 무너뜨리지 못한다.
  번뇌가 더욱더 (그대를) 산란케 할 것이다.
  이는 웃다까 라마뿟다가 삼매를 수습하는 것과 같다.
  만일 제법의 무아를 하나하나 관찰하고
  낱낱이 그것을 분별하여 수습한다면
  바로 그것이 열반을 성취하는 결과의 원인이니
  다른 원인은 어떤 것이든 그것으로는 적정을 얻지 못한다.

『반야바라밀경(Prajñāpāramitā sūtra, ཤེར་ཕྱིན་གྱི་མདོ; Sher phyin gyi mdo)』에서는 다음과 같이 설한다.

사리불이여, 일체법을 모든 면에서 확실하고 완전하게 깨닫고자 하는 자는 지혜바라밀을 배워야 한다.

『대승집보살학론』에서 인용한 『반야경』에서 설한다.

사리자여, 또한 대보살은 부처를 완전히 성취하기를 원하거나 대사 大士의 32상과 80종호를 성취하기를 원하거나, 모든 생애에 전생을 기억하거나 보리심이 쇠퇴되지 않고 보살행의 억념을 성취하기를 원하거나, 악지식과 악친구를 완전히 멸하기를 원하거나 불보살과 모든 선지식을 기쁘게 하기를 원하거나, 마귀에 속한 모든 천신을 교화하기를 원하거나 모든 장애를 정화시키길 원하거나, 일체법에 막힘없음을 성취함을 원한다면 지혜바라밀을 배워야 한다.

『'Jug yongs su gtad pa'i le'u, འཇུག་ཡོངས་སུ་གཏད་པའི་ལེའུ』에서 설한다.

아난다여, 지혜바라밀을 이 세상에서 수행하는 한 여래도 머문다는 것을 알아야 한다. 아난다여, 그때까지 여래께서 법을 설하는 것도 알아야 한다.

『금강경』에서는 다음과 같이 설한다.

예를 들면 사물(부정대상의 아)에 빠진 보살(아집을 가진 이)이 보시를 행하는 것은 눈을 가진 자가 어둠에 가면 아무것도 안 보이는 것과 같음을 알아야 한다. 이와 같다. 아침에 해가 뜨면 눈을 가진 이가 다양한 색色을 보는 것과 같이 사물에 떨어지지 않은 어떤 이(공성을 보는 이)가 보시를 행하는 보살임을 알아야 한다.

눈이 있어도 어둠 속에 들어가면 아무것도 안 보이는 것과 같이 공성을 모르는 자는 어떤 행을 하여도 어둠 속에서 헤매는 것과 같다. 공성을 안다는 것은 지혜바라밀로써 다른 행을 이끌 수 있다는 것이기에 어떤 바라밀을 행하여도 깨달음의 길로 나아간다. 마치 아침에 해가 뜨면 눈을 가진 이가 다양한 색色들을 볼 수 있는 것과 같다. 이처럼 관 수행을 통해서 깨닫게 되는 공성의 지혜는 모든 행의 안내자와 같으며, 이 지혜를 통해 근본번뇌뿐만 아니라 이에 뒤따르는 다양한 수번뇌 또한 제거할 수 있는 자량을 갖게 된다.

8) 자립인(自立因, རང་རྒྱུད་ཀྱི་རྟགས།)을 인정하지 않음

귀류논증학파에서 자립인自立因을 인정하지 않음을 설한다. 이것은 보통 소립所立을 이해하는 방편으로서 논증식의 체계를 인정하지 않는다는 것이 아니다. 그러나 주장(宗), 비유(喩), 원인(因)이라는 '세 가지 양상(三相, tshul gsum)'을 자성으로 성립된 논리로써 반론자에게 소립을 지각한 비량比量을 생기게 한다는 논증식의 체계를 인정하지 않는다. 즉 자성으로 성립된 자립인을 부정한다.

자립인을 부정한 대상인 주요 반론자는 자립논증학파이다. 자립파는 제법이 승의뿐만 아니라 세속으로도 실재로 성립됨을 인정하지 않는다는 이유로 중관학파라고 하면서도 자성으로 성립된 논증식을 인정하기 때문에 실재로 성립됨을 인정하게 된다고 이 점을 귀류논증학파 입장에서 비판하는 것이다.

자성으로 성립된다고 인정한다면 의미상으로 '실재성립'을 승인하게 되기 때문에 중관학파의 견해로는 타당하지 않다는 것이다.

세 가지 방식이 반론자와 입론자 둘 모두에게 공통으로 성립되는 자증인을 인정하는 것은 많은 허물의 토대가 되기 때문에 중관학파이면 자립인을 인정한다는 것이 타당하지 않다.[422]

또한 자증이 없다고 한다면 다른 대상을 지각하지 못하는 허물이 발생한다고 본다.

이 학파(귀류논증학파)에서 자립인(rang rgyud)을 인정하지 않는 것은, 일반적으로 증명대상(sgrub bya)을 분별하는 방편으로서의 논리

---

422 이에 대해 광대하게 알고 싶으면 제 쫑카빠의 선설善說을 찾아야 한다.

체계(gtan tshig gi rnam gzhag) 그 자체를 인정하지 않는 것이 아니다. 다만 '세 가지 양상(三相)'이 '자기 측면에서 성립하는 논리(rang ngos nas grub pa'i rtags)'를 통해 대론자가 증명대상을 분별하는 추론을 할 수 있도록 하는 그러한 논리체계를 인정하지 않는 것이다. 귀류논증학파의 자립인의 논리를 부정하는 가장 주요한 반론자는 바로 자립논증학파이다.

자립논증중관학파에서는 법이 '승의(勝義, don dam pa)'로서는 물론, '명언(名言, tha snyad)'으로도 진실로 성립한다고 인정하지 않으므로 중관학파라고 주장하지만 자성으로 성립된 논리의 체계 즉, 자립인을 인정하기 때문에 의미상으로는 진실로 성립됨을 인정하게 된다고 귀류논증학파에서 비판한다.

자립인을 인정하지 않음을 설함에 다섯 가지가 있다. 자립인 논증의 유래, 자립인의 의미, 청변(靑辨, bhavaviveka, legs ldan) 논사가 자립인을 어떻게 인정하는가, 월칭(月稱, zla ba grags pa) 논사가 자립인을 부정하는 방식, 결론이다.

(1) 자립인 논증의 유래

『중론』에서

자생自生이 아니며, 타생他生이 아니다.
이생이 아니며, 무인생도 아니다.
어떠한 사물도 어디서든 생生한 것이 결코 존재하지 않는다.

라고 설하였다.

『중론』의 이 문장에서는 사물들이 승의적으로 자自·타他·자타 양자·무인無因의 네 가지 극단(mtha' bzhi), 즉 4구에서 무생無生이라는 것을 주장한다.

이러한 주장에 대해서 불호 논사(sangs rgyas bskyangs)와 청변 논사는 여러 주석서를 저술하였으므로 다르게 해석하였는데, 월칭 논사는 청변 논사의 주장을 반박하였으므로, 자립인(rang rgyus kyi rtags)의 체계가 타당한지 타당하지 않은지에 대해서 다양한 논쟁이 생겼다. 여기에 대해서는 차례대로 설명할 것이다.

(2) 자립인의 의미

자립인이란 '자성으로 성립된 소량(所量, gzhal bya)'에 대하여 '오류 없는 양 논자의 발견한 대상임을 공유한 현현(thun snang)으로 성립된 유법(有法, chos can) 위에서 대론자(snga rgol)는 추론하고자 하는 대상이 그 논증인因으로 제시하는 것, 이것이 가정 상의(brtags pa mtha' bzung) 자립인의 정의이다.

또는 반론자(phyi rgol)의 인정하는 바를 포섭하지 않고 자성으로 성립하는 방식(tshul)을 양 논자에게 공유되는 현현으로 확립함으로써, 삼상三相을 갖추는 논리의 유법有法과 원인, 비유 등을 앎으로써 논증 대상을 지각한 비량이 생겨나게 하는 것을 '자립인'이라고 한다.

(3) 청변(靑辨, bhavaviveka, legs ldan) 논사가 자립인을 어떻게 인정하는가

자립논증학파의 주장에서는 실재로 성립하는 것(bden par grub pa)은 개념(tha snyad)으로도 동의하지 않지만, 자기 측면에서 성립하는 것(rang ngos nas grub pa)과 자성自性으로 성립하는 것(rang bzhin gyis grub pa), 그리고 자상自相으로 성립하는 것(rang gi mtshan nyid kyis grub pa)은 동의한다. 왜냐하면 어떤 법이든 자신의 측면에서 성립되지 않는다면 그 법이 있다고 건립할 수 없기 때문이다.

일반적으로 존재한다면 모두 바른 인식(blo tshad ma zhig)을 통해 건립('jog pa)되어야만 한다. 왜냐하면 마음이 그 대상을 건립한다는 것은 곧 마음이 그 대상을 획득(발견)한다는 의미이기 때문이다.

또한 마음이 대상을 획득한다는 것이 대상의 자상(rang mtshan)을 현현하는 측면에 착란하지 않아야 한다고 주장한다. 왜냐하면 자립논증학파는 분별지(rtogs pa)와 무분별지(rtog med) 어느 것이든 그것이 바른 인식(tshad ma)이라면, 그 인식이 바른 인식이 되는 현현 대상(snang yul) 혹은 취한 대상(zhen yul)의 자상의 현현하는 측면에 착란하지 않는 식임을 인정하기 때문이다.

그것은 그러하다. 자립논증학파는 제법이 대상의 자기 측면에서 성립된다는 것을 기본으로 하는데, 그 또한 대상을 건립하는 마음을 분별과 무분별지로 구분하여, 분별지인 바른 인식이라면 분별지가 자신이 바른 인식이 되는 대상은 '취한 대상(zhen yul)'이며, 그 취한 대상(zhen yul)의 자상(rang mtshan)을 현현하는 측면에서 착란하지 않아야 하며, 무분별지인 바른 인식이라면 자신이 바른 인식이 되는 대상은 '현현 대상(snang yul)'이며 '현현 대상'의 자상을 현현하는 측면에서 착란하지 않아야 하기 때문이다. 만약 그렇지 않고 분별지나 무분별지가 자신이 바른 인식이 되는 대상, 그것의 자상의 현현함의 측면에서 착란하면 그 마음은 대상을 건립할 수 없다고 생각한다.

그러므로 생겨야 하는 대상과 생기게 하는 원인·알아야 하는 대상과 아는 바 등 어떠한 행위(能)와 행하는 자(所) 들은 자기 측면에서 성립되지 않는다면 그러한 모든 구조는 불가능하게 되고, 연기의 체계 또한 파괴되므로 자립인을 명백하게 인정해야 한다고 주장한다.

(4) 월칭(月稱, zla ba grags pa) 논사가 자립인을 부정하는 방식

『명구론(쁘라산나빠다)』에서

"전도된 것(phyin ci log pa)과 전도되지 않은 것(ma log pa)은 별개이기 때문이다"라고 하며, 또는 "비유로도 같은 것이 없다."[423]

등으로 설하였다.

『명구론』에서 자립인을 반박한 말씀을 간략하게 설명한다면, 자립인을 부정하는 방식에는 두 가지를 설한다. 유법(有法, chos can)이 성립하지 않는 측면의 허물을 가리키는 것과 그 허물로 인해 자립인도 성립되지 않음을 가리키는 것이다.

---

423 『명구론』, 중관부中觀部, 논장論藏(bstan 'gyur), 데게판(sDe dge), 9쪽, ba, 7줄.

가. 유법(有法, chos can)이 성립하지 않는 측면의 허물을 가리키는 것

여기에 두 가지가 있다. 승의(勝義, don dam pa)라는 특성을 적용하는 것이(khyad par sbyar ba) 무의미하다는 것과, 보편적 유법[424]에 적용한다(spyi tsam)는 응답에 대해 반박함이다.

① 승의(勝義, don dam pa)라는 특성을 적용하는 것이(khyad par sbyar ba) 무의미하다는 것

먼저 청변 논사 자신이 제시한, 자생自生하지 않는다는 것을 건립하는 논리는 이러하다. "눈 등의 내부의 처(處, skye mched)는 승의로 자생하지 않는다는 것이 명백하다. 왜냐하면 존재하기 때문이다. 비유는 식(shes pa)이 존재하는 것과 마찬가지이다." 이는 바로 이러한 논리로써 자생이라고 주장하는 반론자(phyi rgol)인 상카야(grangs can pa)[425]에게 대론자인 자립논증중관학파가 자생을 부정한 논리이다. 이러한 청변 논사의 논리에 대하여 월칭 논사는 이렇게 반박한다.

자생을 부정하는 논리에 대하여 승의(don dam pa)의 특성을 적용하는 것은 타당하지 않다. 만일 승의의 특성을 적용한다면 승의의 특성을 유법有法[426]에 적용하는 것인가? 아니면 법(法, chos)에 적용하는 것인가?

첫째, 승의의 특성을 유법에 적용하는 것은 타당하지 않다. 만약 적용한다면 유법이 성립하지 않음으로 종법(宗法, phyogs chos)이 성립

---

424 논제.

425 상카야: 수론학파로서 외도의 학파.

426 논제.

하지 못하는 허물이 생긴다. 왜냐하면 대론자(snga rgol)인 중관론자는 승의인 눈(mig) 등을 인정하지 않기 때문이다. 그리고 세속(kun rdzob pa)의 유법을 세워도 유법이 성립하지 못한다는 허물을 제거하지 못한다. 왜냐하면 반론자인 상카야가 그것을 성립할 수 없기 때문이다.

둘째, 승의의 특성을 법에 적용하는 것도 옳지 않다. 첫째로 대론자인 중관학파 자신의 측면에서 필요가 없고, 둘째로 반론자인 상카야에게도 필요가 없고, 셋째로 세간의 일반 사람들의 측면에서도 필요가 없기 때문이다.

첫째, 이는 대론자인 중관론자가 자생을 명언(名言, tha' snyad)으로도 인정하지 않으므로, 중관론자에게는 생生만을 부정하면 승의와 세속 어느 것으로든 생이 부정되기 때문이다.

둘째, 반론자(phyi rgol)인 상카야는 이제(二諦, bden pa gnyis) 모두에서 무너졌으므로(nyams pa), 이 논자에게는 자생이 세속과 승의 두 가지의 측면에서 부정되어야 하기 때문이다.

셋째, 세간인들은 결과가 원인에 의지하는 것과 원인으로부터 결과가 생겨나는 것만을 주장할 뿐, 결과가 자自·타他 어디로부터 생기는지 분석(btags pa)하지 않기 때문이다.

② 보편적 유법[427]에 적용한다(spyi tsam)는 응답에 대해 반박함

이에 대해 두 가지가 있다. 답변을 말함과 그것을 부정함이다.

---

427 논제.

ㄱ. 답변을 말함

이에 대한 청변 논사의 반박은, 『반야등론석』에서 이렇게 설하였다.

그런데 '어떻게 소리(sgra)가 무상하다'라는 것에 법과 유법은 보편성
(spyi nyid)을 세우는 것이지, 특성을 적용한 것이 아니다. 왜냐하면
특성을 적용한다면 추론(rjes su dpag pa)과 추론 대상의 명언(名言,
tha' snyad)이 없기 때문이다. 이처럼 만약에 사대(四大, 'byung ba
chen po)로 된 소리를 (유법으로) 삼는다면 이는 반론자에게 성립되
지 않는다. 반면에 허공(nam mkha')의 공덕(인 소리)을 (유법으로)
삼는다면 이는 우리 불교도에게 성립되지 않는다. 마찬가지로 바이
쉐시까가 소리가 무상하다고 주장할 경우 '소작(所作, byas pa)의
소리'를 (유법으로) 삼는다면 이는 다른 논자에게 성립되지 않는다.
반면에 현증한(mngon par gsal bar bya ba) 것(소리를 유법으로 삼는다
면)이라면 이는 자신에게 성립하지 않는다. 마찬가지로 무엇이든지
소멸('jig pa)하는 것 또한 만약에 원인을 수반하는 것이라면 우리
불교도에게 성립하지 않는다. 반면에 원인이 없는 것이라면 이는
상대편에 성립하지 않는다. 그러므로 이와 같이 여기서는 법[428]과
유법(논제)을 보편상으로만 세운다.

이와 같이 설한 의미는 이러하다. 청변 논사가 말하기를 유법이
성립하지 않는다는 허물은 없다. 예를 들자면 불교도가 바이쉐시까에
소리는 무상하다고 능립할 때, 사대('byung 'gyur)와 허공의 공덕 무엇으

---

[428] 귀결문, 한 논리의 성립해야 하는 법, 부정해야 하는 법.

로든 그것의 특성을 적용하지 않고 보편상으로 소리만을 유법으로 삼는 것이다. 왜냐하면 사대로 비롯된 소리를 유법(논제)으로 삼는다면 대론자(phyi rgol)인 바이쉐시까가 성립하지 않고, 허공의 공덕인 소리를 유법(논제)으로 삼는다면 반론자인 불교도에게 성립하지 않기 때문이다.

마찬가지로 중관론자가 상카야에게 눈 등은 자생이 아니라는 것을 능립할 경우, 승의나 세속 어느 것으로도 그것의 특성을 적용하지 않고 눈 등의 보편상만을 유법(논제)으로 삼는다. 왜냐하면 승의로 성립된 눈을 유법(논제)으로 삼는다면 반론자인 중관론자에게 성립하지 않으며, 세속으로 성립된 눈을 유법(논제)으로 삼는다면 대론자인 상카야에게 성립하지 않기 때문이다. 그러므로 승의의 특성이 적용된 것을 유법(논제)으로 삼지 않으므로, 유법이 성립되지 않는다는 허물은 없다고 청변논사가 말한다.

ㄴ. 그것을 부정함

『명구론』에서

> 그것은 그렇지 않다. 여기서 무생無生을 건립할 법이라고 주장할 때, 그때 그것만을 그 (논리의) 토대인 〈전도된 유법(논제)으로서 얻는 아我의 사물〉[429]은 무너지는 이것으로써 자신이 인정한 것이다. 전도된 것과 전도되지 않은 것은 별개이다.[430]

---

429 착란한 식의 인식대상.

430 『명구론』, 중관부中觀部, 논장論藏(bstan 'gyur), 데게판(sDe dge), 9쪽, ba 7줄.

라고 설하였다.

그의 의미는, 자립논증학파의 주장은 타당하지 않다. 중관론자가 실재론자(dngos smra ba)에게 눈 등이 승의로 존재하지 않는다는 것을 능립할 때, 눈의 보편상만을 유법(논제)으로 삼으면 타당하지 않다. 유법(논제)인 눈이 중관론자가 전도된 인식('khrul ba'i tshad ma)으로써 얻은 대상이라고 주장하며, 실재론자는 그것이 전도되지 않은 인식으로써 얻은 대상이라고 주장한다. 전도된 인식의 대상과 전도되지 않은 인식의 대상은 서로 모순됨으로 그것의 얻는 대상도 서로 모순된다. 그러므로 공유된 유법이 존재하지 않는다라는 것이다.

그러므로 눈 어두운 이(rab rib can)들의 앞머리(skra shad) 등과 마찬가지로 전도된, 존재하지 않는 것을 존재하는 것으로 파악할 때, 그때에 존재하는 의미가 어떻게 가능하겠는가. 눈이 어둡지 않은 사람이 머리카락 등에 대해서와 마찬가지로 전도되지 않으므로 올바르지 않게 증익增益되지 않은 그때, 세속인 유가 아니게 되는 의미가 조금이라도 어떻게 가능하겠는가. 그러기 때문에 스승(용수)께서 말씀하시기를

만약에 현량(mngon sum) 등의
어떠한 대상이 존재한다면
능립하거나 부정하는 것이
그것은 없으므로 나에게 비판할 것이 없다.[431]

---

[431] 『명구론』, 중관부中觀部, 논장論藏(bstan 'gyur), 데게판(sDe dge), 27쪽, na,

그와 같이 '전도된 것과 전도되지 않은 것은 별개이다'는 것. 그
이유로 전도되지 않은 때에는 전도된 것이 있지 않으므로, 유법이
되는 세속의 눈이 어디에 있겠는가. 그러므로 논제인이 성립되지
않은 명제(phyogs)의 허물과 성립되지 않은 논리의 허물을 제거하지
못하므로, 여기에 알맞은 답변이 아니다.[432]

라고 설하였다.

그 의미는 이러하다. 청변 논사가 눈 등이 자생이 아니라고 능립한
논리(rtags sbyor)의 유법에 대하여 이제二諦의 어떤 것으로도 적용하지
않고, 눈 등의 보편상만을 유법으로 세워서 공통된 유법을 인정하는
것은 이치에 맞지 않다.

그대(청변 논사)가 유법인 눈 등을 인지하는 그 인식('jal ba'i tshad
ma)이 눈 등의 자성(rang bzhin)에 대한 전도되지 않은 인식임을 인정하
는 것은 타당하지 않다. 그렇다면 유법인 눈 등은 전도되지 않은 인식의
대상이 되므로 승의제가 되어버린다. 이는 이치에 맞지 않다. 왜냐하면
유법인 안 등은 전도된 인식의 대상이므로 세속제이기 때문이다.

충족한다. 전도된 거짓의 인식의 대상과 전도되지 않은 거짓이 아닌
인식의 대상은 서로 모순되기 때문이다. 또한 전도된 법과 전도되지
않은 법은 직접모순(dngos 'gal)이기 때문이기도 하다. 그러므로 그대는

3줄.

432 『명구론』, 중관부中觀部, 논장論藏(bstan 'gyur), 데게판(sDe dge), 9쪽, ba, 7줄.

유법이 성립하지 않는다는 허물을 제거할 수가 없다.

"비유로도 같지 않다"는 말의 의미는 이러하다. 소리가 무상임을 능립한 논리와 안 등이 승의로 존재 아님을 능립한 논리는 같지 않다. 불교도가 바이쉐시까[433]에게 소리가 무상임을 능립하는 논리를 건립할 때, 양 논자에게 허공의 공덕과 사대의 공덕 중의 그 무엇도 아닌 소리의 보편상만을 유법(논제)으로 삼을 수 있다. 왜냐하면 양 논자의 유법(논제)인 소리에 대해 바른 인식이 되는 방식을 공통된 두 가지 식(tshul mthun pa'i blo)이 있기 때문이고, 이 두 식은 자신이 바른 인식이 되는 공통의 대상인 유법의 소리라는 것을 제시할 수가 있기 때문이며, 그것 또한 듣는 대상이 이것이기 때문이다.

중관론자가 눈 등이 자생이 아니라는 것을 능립할 때, 양 논자가 유법인 눈 등에 대해 바른 인식이 되는 방식이 일치한 두 식이 없는데, 유법을 인지한 두 가지 마음은 자신이 바른 인식이 되는 대상인 공유된 유법을 인지한다고 제시할 수가 없기 때문이다. 왜냐하면 또한 양 논자의 입장에서 바른 인식이 되는 방식이 일치한 식도 없으며, 두 가지 바른 인식이 바른 인식이 되는 공유되는 대상은 하나도 없기 때문이다. 한쪽이 눈 등에 대해서 바른 인식이 되면 눈 등의 자성에 대해서도 바른 인식이 되어야 한다고 주장하지만, 다른 한쪽이 그에 반대하여 주장하기 때문이다.

---

433 6파 철학 중 하나.

나. 허물로 인해 자립인도 성립되지 않음을 가리키는 것

위에서 설한 것과 같이 여기서는 공유된 유법이 없는 것처럼 공유된 논리도 없다. 왜냐하면 어떠한 논리를 건립하더라도 양 논자에게 공통으로 성립된 바른 논제인이 없기 때문이다.

(5) 결론

위에서 설명한 것처럼 자립논증학파는 스스로를 중관학임을 주장하면서 자성으로 성립하는 논리, 즉 자립인을 인정하는 것이 이치에 맞지 않다. 자성으로 성립한다고 주장하면 실제로 성립한다는 의미로 주장하는 것이 된다. 그러므로 사실상 중관학파로 타당하지 않다. 귀류논증학파에서는 이렇게 논증한다.

삼상(三相, tshul gsum)[434]이 양 논자의 공통으로 성립된 자립인을 인정하는 것은 여러 가지 허물이 생겨나는 원천이기에, 중관론자라면 자립인을 인정하는 것은 이치에 맞지 않다. 위에서 부정대상을 파악함과, 중관의 견해를 확립했을 때, 자성으로 성립됨을 파악(ngos 'dzin)함과 그것을 어떻게 부정하는가에 대해서는 이미 말한 바와 같다. 자성으로 성립하는 것이 없다면 자성으로 성립된 논리 또한 있을 수 없기에, 그러므로 자립인은 존재하지 않는다. 이것들을 잘 이해하려면 귀류논증과 자립논증의 부정대상의 차이와 인정하는 바와 주장의 미세한 차이들을 구별하여 알 필요가 있기에 매우 알기 어려운 부분이다.

---

434 세 가지 양상(tshul gsum)은 각각 phyog chos, rje rkyab, ldog kyabs으로, 이 세 가지 양상이 성립할 때 바른 논리(rtags yang dag)라고 한다. 귀류논증학파에서는 '자립인(rang rgyud kyi rtag)'을 인정하지 않는다.

474

자세히 알고자 한다면 제 쫑카빠께서 설하신 중관사상의 다섯 가지
선설, 이것들과 그의 해석을 현명한 이들이 잘 설명한 것들을 보아야
할 것이다.[435]

---

435 1. 붓다빨리따의 저술에 대해 청변 논사가 반론을 저술하였고, 월칭 논사는
청변 논사를 반박하였다. rgol ba gnyi는 대논자(snga rgol)와 반론자(phyi rgol)를
말한다. 2. 귀류논증학파에서는 자립인을 인정하지 않는다. 다만 가정하고 있을
뿐이므로 '가설상의' 자립인이라고 한다.

VII. 마무리 글

승리자의 말씀의 핵심인 심오한 공성은 매우 깊고 미세하기 때문에 소소한 노력으로서는 완벽하게 알기는커녕 거친 이해 정도도 하기 어렵다. 그러므로 공덕의 지원을 가지고 꾸준히 노력해야 한다.

현생에 청정한 견해가 완벽하게 생기지 못하더라도 다음 생에 깨달을 수 있는 습기 정도는 심어야 하는 것이 중요하다. 그러므로 이 책을 읽고 사유하는 누구든 중도의 의미에 대한 습기 정도는 심을 수 있길 희망한다.

회향문

이 논서를 저술함으로 생긴 선한 구름에서
이락의 원천인 부처의 가르침의 보배로운 싹이
일체중생의 보약으로 익으며
허공과 같은 모든 중생이 이 도를 깨닫게 하소서.

자비와 연민으로 선한 행위를 모든 이에게 가르치며
무변의 견해로 학자들의 마음을 기울이고
자비의 대 보물이신 현재의 구세자,
존자님께서 중생의 영광으로 장수하게 하소서.

불교를 배우는 이들은 해탈을 추구하는 자이고, 이러한 해탈을 증득하기 위해서는 해탈의 원인인 방편과 지혜 두 가지가 필요하다. 방편은 고통에서 벗어나고자 하는 마음과 보리심이다. 윤회에서 벗어나고자 하는 마음은 해탈에 다가가는 도의 토대이고, 이러한 마음을 자신을 향해 일으키는 것이 출리심이고 타인에게 일으키는 것이 자비심이다. 보리심은 깨달음을 향해 가는 길의 토대이다. 지혜는 무아를 깨달은 지혜를 말하며, 이것은 매우 알기 어렵기 때문에 복덕자량의 도움이 필요하다. 복덕자량을 충분이 쌓아 무아를 설하는 경과 경을 해석하는

478

논서에 대해 문사수聞思修를 함께 닦는 등 원인을 부족함 없이 가져야 하므로, 고행을 감수해야 한다.

성불의 원인 두 가지 중 여기서는 견해의 부분을 할 수 있을 만큼 해석하였다. 글 중에 잘못된 부분들과 단어의 오류가 있다면 모두 필자의 허물이므로 법안을 가지는 분들에게 참회한다.

이 글을 쓴 공덕이 있다면 부처님의 보배로운 가르침의 핵심인 해탈에 다가가는 중도가 더욱 밝아지고, 또한 쇠퇴되지 않고 지속되어 하늘과 같은 중생들이 행복하고, 특히 오탁악세에 부처님의 가르침이 쇠퇴되지 않고 이 지구상의 모든 곳을 발전시키는 원천이며 수많은 인간들을 만족시키는 보약이 된 보살마하살, 우리 티벳인들이 매우 극심한 고통에 빠져 있는 상황에서 현생에 대한 두려움을 구제할 뿐만 아니라 법의 가르침으로 윤회와 해탈의 모든 두려움으로부터 영원히 구제하신 귀의처, 제자인 나에게도 해탈과 보살, 밀교의 세 가지 계와 법맥을 주신 영원한 귀의처, 나의 계사이신 달라이라마 텐진 갸초께서 중생과 가르침을 위해 장수하시기를 기원하며 모든 의도를 장애 없이 성취하시기를 기원한다.

바다 같은 경론을 들음이 부족하여
실상의 의미를 분석하는 힘이 약하므로
이 논서를 쓰는 데 오류가 있으면
밝은 지혜를 가지는 자들에게 참회한다.

겔룩파의 본사인 삼대 사찰 중 간댄사원의 장쩨 게쎼
동국대학교 경주캠퍼스 티벳대장경역경원 연구초빙교수
게쎼 텐진 남카

감사의 글

이 중관의 책(심오한 중도의 새로운 문을 여는 지혜의 등불)이 성공적으로 마무리되도록 애써주신 여러분들에게 감사의 말씀을 드리고 싶습니다. 은혜로운 선지식인 스승들께 다시 한 번 감사드립니다. 또한 교정에 도움을 주신 게쎼 스님들과 도반들에게 감사드립니다. 동국대 경주캠 퍼스 총장님을 비롯한 많은 관계자 분들께 감사의 말씀을 드리며, 제가 가르침을 전달함에 꾸준히 지원해주신 후원자들께도 감사의 말씀을 드립니다. 마지막으로 이 책을 출판해주신 운주사 관계자 여러분들께 감사드립니다.

제가 이 책을 저술하는 데 있어 인연이 되신 모든 분들이 세세생생에 올바른 견해를 가짐으로써 성불의 길로 가기를 기원합니다.

참고문헌

『구사론』9품, 아비달마부, 논장論藏(bstan 'gyur), 데게판(sDe dge), 1733.

『금광명경金光明經』, 경부經部(mdo sde), 경장經藏(bka' 'gyur), 데게판(sDe dge), 1733.

『공칠십송』, 중관부中觀部(dbu ma), 논장論藏(bstan 'gyur), 데게판(sDe dge), 1733.

『구사론자석』, 아비달마부, 논장論藏(bstan 'gyur), 데게판 (sDe dge), 1733.

『능가경』, 경부經部(mdo sde), 경장經藏(bka' 'gyur), 데게판(sDe dge), 1733.

『대운경大雲經』, 경부經部(mdo sde), 경장經藏(bka' 'gyur), 데게판(sDe dge), 1733.

『명구론』, 중관부中觀部, 논장論藏(bstan 'gyur), 데게판(sDe dge), 1733.

『문수사리신변경文殊師利神變經』, 경부經部(mdo sde), 경장經藏(bka' 'gyur), 데게판(sDe dge), 1733.

『미륵해탈경』, 화엄부華嚴部(phalchen), 경장經藏(bka' 'gyur), 데게판(sDe dge), 1733.

『반야등론』, 중관부中觀部, 논장論藏(bstan 'gyur), 데게판 (sDe dge), 1733.

『보만론』, 중관부中觀部(dbu ma), 논장論藏(bstan 'gyur), 데게판(sDe dge), 1733.

『불설해용왕경』, 경부經部(mdo sde), 경장經藏(bka' 'gyur), 데게판(sDe dge), 1733.

『불호주중론』, 중관부中觀部, 논장論藏(bstan 'gyur), 데게판(sDe dge), 1733.

『사백론석』, 중관부中觀部, 논장論藏(bstan 'gyur), 데게판(sDe dge), 1733.

『삼매왕경』, 경부經部(mdo sde), 경장經藏(bka' 'gyur), 데게판(sDe dge), 1733.

『성대집보정다라니대승경聖大集寶頂陀羅尼大乘經』, 경부經部(mdo sde), 경장經藏(bka' 'gyur), 데게판(sDe dge), 1733.

『성여래비밀경』, 보적부寶積部(dkon brtsegs), 논장論藏(bstan 'gyur), 데게판(sDe dge), 1733.

『십지경』, 화엄부華嚴部(phal chen), 경장經藏(bka' 'gyur), 데게판(sDe dge), 1733.

『연기경緣起經』, 경부經部(mdo sde), 경장經藏(bka' 'gyur), 데게판(sDe dge), 1733.

『우파리소문경優波離所問經』, 보적부寶積部(dkon brcegs), 경장經藏(bka' 'gyur), 데 게판(sDe dge), 1733.

『육십송여리론』, 중관부中觀部(dbuma), 논장論藏(bstan 'gyur), 데게판(sDe dge), 1733.

『입중론』, 중관부中觀部, 논장論藏(bstan 'gyur), 데게판(sDe dge), 1733.

『입중론자석』, 중관부中觀部, 논장論藏(bstan 'gyur), 데게판(sDe dge), 1733.

『잠뻴짜규('jam dpal rtsa rgyud)』, 경부經部(mdo sde), 밀교(bka' 'gyur), 데게판(sDe dge), 1733.

『중관광명론』, 중관부中觀部, 논장論藏(bstan 'gyur), 데게판(sDe dge), 1733.

『중관심론』, 중관부中觀部(dbu ma), 논장論藏(bstan 'gyur), 데게판(sDe dge), 1733.

『중관이제론』, 중관부中觀部(dbu ma), 논장論藏(bstan 'gyur), 데게판(sDe dge), 1733.

『중관이제론석』, 중관부中觀部(dbu ma), 논장論藏(bstan 'gyur), 데게판(sDe dge), 1733.

『중론』, 중관부中觀部(dbu ma), 논장論藏(bstan 'gyur), 데게판(sDe dge), 1733.

『집학론』, 중관부中觀部(dbu ma), 논장論藏(bstan 'gyur), 데게판(sDe dge), 1733.

『찬법계송』, 찬불집讚佛集(bstod tshogs), 논장論藏(bstan 'gyur), 데게판(sDe dge), 1733.

『화엄경』, 화엄부華嚴部(phal chen), 경장經藏(bka' 'gyur), 데게판(sDe dge), 1733.

『회쟁론』, 중관부中觀部(dbu ma), 논장論藏(bstan 'gyur), 데게판(sDe dge), 1733.

『ཡེ་ཤེས་སྙིང་པོ་ཀུན་ལས་བཏུས་ཀྱི་འགྲེལ་བ(Ye shes snying po kun las btus kyi 'grel ba)』, 논 장論藏(bstan 'gyur), 데게판(sDe dge), 1733.

『དབུ་མའི་མན་ངག་རིན་པོ་ཆེའི་ཟ་མ་ཏོག་ཁ་ཕྱེ་བ (dBu ma'i man ngag rin po che'i za ma tog kha phye ba)』, 논장論藏(bstan 'gyur), 데게판(sDe dge), 1733.

『가전연경迦旃延經』

『관소연연론(觀所緣緣論, Ālambanaparīkṣā, dmigs brtags)』

『금강경金剛經』

『대보적경大寶積經』

『대승밀엄경大乘密嚴經』

『대승아비달마경』

『대승아비달마집론大乘阿毘達磨集論』

『명구론(明句論, Prasannapadā, tshig gsal)』

『반야바라밀경(Prajñāpāramitā sūtra, Sher phyin gyi mdo)』

『석량론(釋量論, Pramāṇavārttika, rnam 'grel)』

『섭대승론攝大乘論』

『성문교경聲聞敎經』

『성의지증상의락품대승경聖依止增上意樂品大乘經』

『수습차제(修習次第, Bhāvanākrama, sGom rim)』

『양평석량評釋』

『'Jug yongs su gtad pa'i le'u』

『월등삼매경(月燈三昧經, Candrapradīpa Sūtra, zLa ba sgron me mdo)』

『유식이십송唯識二十頌』

『입보리행론入菩提行論』

『중관장엄론(中觀莊嚴論, Madhya mālaṃkāra-panjika, dBu ma rgyan)』

『최성보살부장대승경(最聖菩薩部藏大乘經, Bodhisattvapiṭaka-nā ma -mahāyāna-
sūtra, 'Phags pa byang chub sems dpa'i sde snod ces bya ba theg pa chen
po'i mdo)』

『출세간찬出世間贊』

『해심밀경(解深密經, Sandhinirmocana Sūtra, dGongs pa nges par 'grel ba)』

『현관장엄론現觀莊嚴論』

『원측소에 따른 해심밀경』, 원측 저, 지운 역주, 연꽃호수, 2009.

『수습차제와 유가행 수습 입문』, 까말라쉴라 저, 쉐릭빠르캉, 1999.

게쎄 텐진 남카 (དགེ་བཤེས་བསྟན་འཛིན་ནམ་མཁའ་, 1969~)

8세에 간댄사원으로 출가하였으며, 12세부터 34세까지 『반야경』, 『중관론』, 『구사론』, 『계율』 등 5대경五大經을 수학하고 강의하였다. 2000년에 '게쎄하람빠'(불교학 학위 중 최고의 지위)를 받았으며, 2001년에는 규메 밀교사원에서 1년 동안 밀교를 수학하며 현교를 강의하였다. 2002년 규메 밀교사원에서 3대 사찰(간댄, 대뿡, 쎄라)의 게쎄 하람빠 스님들과 함께 치른 게쎄 최종 시험에서 1등을 수상하였으며, 10년 이상 강의한 결과로 겔룩빠 본사인 간댄사원의 교수로 임명되었다. 2004년부터 한국에서 티벳불교를 전파하고 있으며, 2010년부터 동국대학교 경주캠퍼스 티벳대장경역경원 연구초빙교수로 재직하고 있다. 현재 티벳하우스코리아 원장, 랍숨새둡링(삼학사원) 주지 소임을 맡고 있다.

랍숨새둡링   서울시 은평구 연서로 317 동윤빌딩 4층
    T. 070-7762-7262
    http://cafe.daum.net/LabsumShedrubLing
    E-mail: tibet@koreatibet.kr

심오한 중도의 새로운 문을 여는 지혜의 등불

초판 1쇄 인쇄 2015년 4월 3일 | **초판 1쇄 발행** 2015년 4월 10일
지은이 게쎄 텐진 남카 | **펴낸이** 김시열
펴낸곳 도서출판 운주사

  (136-034) 서울시 성북구 동소문로 67-1 성심빌딩 3층
  전화 (02) 926-8361 | **팩스** 0505-115-8361
ISBN 978-89-5746-421-2 93220 값 24,000원
http://cafe.daum.net/unjubooks 〈다음카페: 도서출판 운주사〉